KB249955

서남동양학술총서

유교적 사유와
근대 국제정치의 상상력

구한말 김윤식의 유교적 근대 수용

김 성 배 지음

창비

유교적 사유와
근대 국제정치의 상상력

구한말 김윤식의 유교적 근대 수용

서남동양학술총서

유교적 사유와 근대 국제정치의 상상력
구한말 김윤식의 유교적 근대 수용

초판 1쇄 발행/2009년 8월 21일

지은이/김성배
펴낸이/고세현
책임편집/신선희
펴낸곳/(주)창비
등록/1986년 8월 5일 제85호
주소/413-756 경기도 파주시 교하읍 문발리 513-11
전화/031-955-3333
팩시밀리/영업 031-955-3399 · 편집 031-955-3400
홈페이지/www.changbi.com
전자우편/human@changbi.com
인쇄/상지사P&B

ⓒ 김성배 2009
ISBN 978-89-364-1315-6 93910

21세기에 다시 쓴 간행사

서남동양학술총서 30호 돌파를 계기로 우리는 2005년, 기왕의 편집위원회를 서남포럼으로 개편했다. 학술사업 10년의 성과를 바탕으로 이제 새로운 토론, 새로운 실천이 요구되는 시점이라고 판단했기 때문이다.

알다시피 우리의 동아시아론은 동아시아의 발칸, 한반도에 평화체제를 구축하고자 하는 비원(悲願)에 기초한다. 4강의 이해가 한반도의 분단선을 따라 날카롭게 교착하는 이 아슬한 상황을 근본적으로 해결하는 방책은 그 분쟁의 근원, 분단을 평화적으로 해소하는 데 있다. 민족 내부의 문제이면서 동시에 국제적 문제이기도 한 한반도 분단체제의 극복이라는 이 난제를 제대로 해결하기 위해서는 우선 서구주의와 민족주의, 이 두 경사 속에서 침묵하는 동아시아를 호출하는 일, 즉 동아시아를 하나의 사유단위로 설정하는 사고의 변혁이 종요롭다. 동양학술총서는 바로 이 염원에 기초하여 기획되었다.

10년의 축적 속에 동아시아론은 이제 담론의 차원을 넘어 하나의 학(學)으로 이동할 거점을 확보했다. 우리의 충정적 발신에 호응한 나라 안팎의 지식인들에게 깊은 감사를 표하는 한편, 이 돈독한 토의의 발전이 또한 동아시아 각 나라 또는 민족들 사이의 상호연관성의 심화가 생활세계의 차원으로까지 진전된 덕에 크게 힘입고 있음에 괄목한다. 그리고 이러한 변화가 6·15남북합의(2000)로 상징되듯이 남북관계의 결정적 이정표 건설을 추동했음을 겸허히 수용한다. 바야흐로 우리는 분쟁과 갈등으로 얼룩진 20세기의 동아시아로부터 탈각하여 21세기, 평화와 공치(共治)의 동아시아를 꿈꿀 그 입구에 도착한 것이다. 아직도 길은 멀다. 하강하는 제국들의 초조와 부활하는 제국들의 미망이 교착하는 동아시아, 그곳에는 발칸적 요소들이 곳곳에 숨어 있다. 남과 북이 통일시대의 진전과정에서 함께 새로워질 수 있다면, 그리고 그 바탕에서 주변 4강을 성심으로 달랠 수 있다면 무서운 희망이 비관을 무찌를 것이다.

동양학술총서사업은 새로운 토론공동체 서남포럼의 든든한 학적 기반이다. 총서사업의 새 돛을 올리면서 대륙과 바다 사이에 지중해의 사상과 꿈이 문명의 새벽처럼 동트기를 희망한다. 우리의 오랜 꿈이 실현될 길을 찾는 이 공동의 작업에 뜻있는 분들의 동참과 편달을 바라 마지않는 바이다.

서남포럼 운영위원회
www.seonamforum.net

외교적 상상력을 위하여

    지난 세기말부터 풍미하던 탈냉전과 세계화의 담론이 휩쓸고 지나간 뒤에 국가비전의 설정 문제가 핵심 이슈로 자리잡았다. 그것이 매력국가론이든 강중(소)국론이든 네트워크국가론이든 혹은 선진국가론이든 근자에 거론되는 새로운 국가비전이 지닌 공통점은 외교력에 대한 강조이다. 외교력을 극대화하는 것에 대한민국의 미래가 있다는 것이다. 바야흐로 외교의 시대다.

    실로 우리에게 '외교라는 공간'이 다시 탄생한 것은 1세기 만이다. 19세기 말 조선이 청, 일본과의 제한된 관계——김윤식이 북사동통(北事東通)이라고 표현했던——에서 탈피하여 구미열강과의 전면적 수교를 추진했던 시기부터 1백년 만이다. 일제강점기 35년간은 외교를 할 수 있는 주권 자체가 없었다. 1945년 해방과 더불어 국권을 회복했으며, 1965년에는 일본과의 국교정상화가 이루어졌지만 수십년간 냉전의 굴레 속에서 우리의 유의미한 외교대상은 미국뿐이었다. 1990년대 초탈냉전의 훈풍을 타고 중국과 러시아가 1백년 만에 다시 우리의 외교대상으로 돌아왔으며, 21세기 시작과 더불어 북한이 최종적으로 우리의 외교공간에 입장했다. 외교가 복권된 것이다.

    1백년 만에 외교가 복원되다 보니 우리의 대응도 19세기 말만큼이나 서툴다. 미국과 중국이라는 대국 사이에서의 균형 잡기나 일본을 다루는 방식,

북한과의 관계 설정 등 모든 외교적 현안에서 혼동과 시행착오를 겪는다. 이는 무엇이든 항상 새로 시작하는 문제점에서 기인한다. 자신이 걸어온 길과 고민에 대한 성찰 없이 늘 현재에만 급급하기 때문이다. 한마디로 역사적 상상력의 결핍이다.

현안 자체에 매몰되어서는 현안에 대한 해답을 찾기가 쉽지 않다. 현안을 예리하게 분석할 수 있는 이론과 역사적 상상력이 필요하다. 정치학에서 현안과 이론과 역사는 삼위일체의 관계이다. 이론은 현안 분석에 의해 검증되며 역사에서 자양분을 흡수해야 한다. 그렇지 않을 때 지적 유희에 불과할 뿐이다. 역사는 현안에 대한 상상력과 이론에 대한 자양분을 제공하지만 역사 자체에 매몰될 경우 박제로 전락한다.

오늘날 미래의 국가비전을 설정하고 외교전략을 수립하는 데 있어 우리에게 가장 부족한 것은 역사적 상상력이다. 이상하리만치 우리 정부와 학계에서는 역사, 특히 외교사에 대한 관심이 저조하다. 어쩌면 그것이 우리와 주변 강대국들의 차이인지도 모른다. 우리는 제국 경영의 경험이 없고 수난사만 있기 때문일까. 그러나 자신의 외교사를 뒷전에 두고 제국 경영의 외교적 상상력을 기대할 수는 없는 노릇이다. 아마도 이러한 문제의식이 이 책을 출판하게 한 동기라면 가장 큰 동기일 것이다.

이 책은 본인의 박사학위논문(2001)을 다듬은 것이다. 박사학위논문을 제출한 지도 벌써 7년이 지났다. 그사이 학자로서는 비교적 긴 '외도'가 있었다. 정부의 외교안보 분야 실무자로 5년을 보낸 것이다. 이 기간에 외교안보 현안에 대한 이해도는 높아졌을지 모르지만 자신의 학문적 깊이를 더하고 학문적 성과를 내는 데는 소홀했다는 것을 자인할 수밖에 없다. 본인의 박사학위논문 주제인 김윤식의 정치사상에 대한 연구도 크게 진전된 것이 있다고 말하기 어렵다. 따라서 이 책을 출판할 것인지도 적지 않은 고민을 했다. 그러나 본인의 학위논문 이후에도 해당 주제에서 아직 새로운 연구성과가 나오지 않은 것이 변명거리가 되었다. 아울러 현안을 다루면 다룰수록 역사적 상상력에 대한 필요를 절감했다는 점도 다시 강조하고 싶다. 지난 5년간 주로 현안에 천착했지만 그 결과로서 내놓는 것이 역설적으로 현안 분석이 아니라 역사적 성찰이 된 셈이다.

이 책을 출판하는 데 평생의 스승이신 서울대 외교학과 하영선 선생님의 독려가 가장 큰 힘이 되었다. 선생님께서는 현안과 이론과 역사에 대한 통찰력을 겸비한 보기 드문 학자로서 우리 시대의 모든 정치학자에게 귀감이 되시는 분이다. 선생님께서는 본인의 학위논문이 허점투성이의 졸작임에도 아직 김윤식에 대한 단행본이 없다는 이유로 적극적으로 출판을 격려해주셨다. 김용구 선생님은 국제정치에서 외교사의 중요성을 일깨워주시고 외교사에 눈을 뜨게 해주셨다. 그밖에도 학부에서 대학원 박사과정에 이르기까지 십수년 동안 서울대 외교학과 선생님 한 분, 한 분의 가르침이 없었다면 저자는 없었을 것이며 이 책도 없었을 것이다. 서남재단은 공직 근무로 말미암은 본인의 특수한 사정을 이해하고 출판의 기회를 주셨다. 서남재단의 동양학술총서 프로그램이 없었다면 본인의 박사학위논문을 책으로 펴낸다는 것은 아예 엄두도 내지 못했을 것이다.

이 책의 출판을 누구보다 기다린 사람은 아내일 것이다. 학자라면 당연히 저서가 있어야 하는 것 아니냐며 선의의 스트레스를 주었다. 불안정한 삶으로 연속된 남편을 만나 결코 넉넉지 못한 삶의 동반자로 살아가는 김일태씨에게 미안함과 감사의 마음을 전하고 싶다. 사랑하는 아들 종진에게도 좋은 영향을 주리라 믿는다.

무엇보다 평생을 후세 교육과 자녀 뒷바라지에 헌신하신 아버지, 그리고 오로지 사랑으로 자식들을 기르시고 재작년에 유명을 달리하신 어머니의 영전에 이 책을 바치고 싶다.

2009년 8월
김성배

제1장

서론

1. 19세기 구한말: 역사, 국제정치 그리고 국가전략

그동안 19세기와 구한말에 대한 연구는 우리 학계에서, 특히 정치학계에서는 상대적으로 소외되었던 분야이다. 여기에는 다양한 사정이 있을 것이나 가장 큰 이유 중 하나는 동시기가 기껏해야 일제의 식민지로 전락하는 과정, 말하자면 '망국사'에 불과하다는 인식 때문일 것이다. 여전히 19세기 구한말은 우리나라 역사에서 가장 우울한 시기라는 인상이 지배하는 것도 사실이다.

그러나 이러한 역사적 공백은 대단히 위험한 일이다. 우리의 근대 형성에 가장 큰 영향을 미친 역사적 계기를 들라면 근대의 전파, 일제의 식민지화, 냉전과 분단을 빼놓을 수 없으며, 특히 19세기 말은 우리의 근대가 구조화되기 시작한 지점으로서 오히려 집중적 연구가 필요한 시기이다. 서세동점(西勢東漸)의 역사적 도전에 대응하기 위한 우리 나름의 다양한 고민과 시도가 있었음에도 그것이 결과적으로 식민지화로 가는 과정에서 나타난 실패 사례에 불과하다는 이유로 등한시한다면 우리의 현재를 이해하는 것도 미래를 예측하거나 준비하는 것도 허술할 수밖에 없다.

최근 19세기 구한말에 대한 관심이 많이 증가하면서 동시기에 대한 연구도 다양하게 나오고 있다. 그런데 동시기에 주목하는 이유는 관심과 동기에 따라 다양하다.

그중 하나는 비교적 오래된 경향으로서 일종의 역사학적 관점이라고 할 수 있다. 조선이 자력으로 근대화할 수 없었다거나 일제의 식민지 지배가 조선의 근대화에 이바지했다는 식의 식민사관에 대응하기 위한 내재적 발전론적 관점에서 소위 개화파에 대한 연구가 비교적 활발히 이루어진 편이다. 최근 들어서는 중간파 관료나 왕실 등 다른 정치세력으로까지 연구대상이 확대되고 있는 것이 특징이다.

최근 10여 년간 부각되는 것은 정치학적 또는 국제정치학적 접근법이다.

우리의 근대적 삶에 가장 압도적인 영향을 미친 것은 근대정치, 특히 근대국제정치이며, 이는 19세기 말 구미에서 전파된 것이라는 측면에 주목하는 연구이다.[1) 오늘날 우리가 당연시하는 근대국제정치체제가 실상은 유럽적 질서의 세계적 확산에 불과하다는 것을 재확인하면서 그 과정에서 나타난 전통과 근대의 긴장에 주목한다. 전통의 무게가 근대의 수용에 어떤 영향을 주었으며 전통과 근대의 긴장이 어떻게 해소되어 가는지를 천착하고자 한다.

이러한 접근법은 탈근대담론에 대한 학계의 더욱 폭넓은 관심과도 자연스럽게 접목된다. 한동안 우리 학계에서는 탈근대이론이 유행처럼 번진 적이 있으나 그것이 서양 이론의 단순한 답습이 되지 않으려면 우리의 근대에 대한 이해가 선행되어야 한다는 반성이 있었다. 즉 탈근대를 논하려면 먼저 우리의 근대가 어떻게 구조화되었는가를 먼저 규명해야 하며, 이는 19세기 말에서 시작될 수밖에 없다는 인식이다. 근대의 전파는 조선이라는 백지에 모사되듯이 이루어진 것이 아니고 전통과의 상호작용하에 진행되었으며, 그 과정에서 전통과 근대 간의 긴장이 발생하게 되었다는 것이다. 이렇듯 서세동점의 19세기와 식민지시대를 거치면서 한국의 근대가 구조화되는 과정을 구명하는 작업은 현재에 대한 역사적 재구성에 기초하여 미래에 대한 예측과 대응을 모색한다는 측면에서 탈근대에 대한 관심과 연계된다.

동시기에 주목하는 또다른 동기는 일종의 국가전략적 관심에서 비롯된 것이다. 많은 이가 오늘날 한반도를 둘러싼 국제정치 구조와 19세기 구한말의 유비성에 주목한다. 오늘날의 주변 정세는 냉전적 대립의 종식에 따라 국익을 앞세운 강대국 정치가 본격화되고, 그 과정에 우리가 전면적으로 개입되

---

1) 일찍이 동주(東州)는 정치행위의 장소적 의미권이라는 문제에 착안하여 국제정치의 권역성(圈域性)과 전파이론(傳播理論)을 제기한 바 있다. "정치는 특정한 의미로 통용하는 사회 곧 '장소'적 의미권에서 이해되거나 그렇지 않으면 특정한 의미권에 정복된 국제적 의미권에서 해석되어야 할 것이다." 이용희 『一般國際政治學(上)』(박영사 1962) 49면. 국제정치권과 전파이론에 대한 설명은 같은 책 46~65면.

는 등 19세기 구한말과 많은 유사점이 있는 것이 사실이다. 탈냉전에 따른 19세기적 국제정치의 부활이라고 할 수 있다. 이에 따라 우리가 자주적 근대화에 실패하고 국권 상실에 이르게 된 과정에 대한 반성적 고찰을 통해 오늘날 바람직한 국가전략 수립의 단서를 발견할 수 있다는 기대가 존재한다. 19세기 말에 대한 성찰에 기반을 둔 21세기 『조선책략(朝鮮策略)』의 모색인 셈이다. 물론 오늘날과 19세기 구한말은 유사점뿐만 아니라 차이점도 존재한다. 따라서 19세기 교훈을 21세기에 기계적으로 적용하는 데에는 무리가 있을 것이다. 그러나 전략을 수립하는 데 있어 가장 큰 자산은 역사적 상상력인 만큼 19세기 구한말에 대한 성찰은 충분히 의미있다고 할 것이다. 이는 학문적이라기보다는 대단히 실용적 관심이지만 학문의 존재이유 중 하나가 사회적 실천이고 보면 굳이 격하해볼 문제는 아니다.

이상과 같이 편의상 분류하기는 했지만 19세기 구한말 연구가 내포한 역사적 · 국제정치적 · 전략적 의미는 서로 분리되기 어렵다. 역사적 공백에 대한 복원과 국제정치적 통찰력의 발휘, 그리고 전략적 의미부여가 복합적으로 이루어질 때 동시기 연구는 비로소 빛을 발할 수 있을 것이다.

2. 운양 김윤식: 유교와 근대의 만남

본서는 위에서 언급한 19세기 구한말 연구의 복합적 의미에 두루 관심을 두고 있다. 사실 역사학적 · 정치학적 · 전략적 접근이 엄밀히 구분되기는 어려우며 실제 연구결과에서도 혼재되게 마련이다. 하지만 이 글은 기본적으로 정치학적 접근을 취하고자 하며, 구미의 근대국제정치체제가 확산하면서 나타난 전통과 근대의 긴장에 촛점을 맞추려고 한다.

서세동점에 따른 전통과 근대의 긴장은 비단 조선만 겪은 것이 아니고 동아시아 삼국이 공통으로 경험한 것이었으나, 그 전개양상에서는 다소 차이가 있었던 것으로 보인다.[2] 일본은 중국 중심의 국제정치권에서 벗어나 있었기 때문에 국제질서의 선택 부담은 한결 가벼웠다고 하겠다. 비록 자국 중심의 천하관(天下觀)을 가지고 있었을지언정, 일단 무력으로 굴복된 한에서는 유럽 기준의 문명국으로 인정되는 것에 득의양양했던 것이다.[3] 중국의 경우에도 자국 중심의 특유의 동심원적 세계관으로부터 이적과의 교류에 대해서도 탄력적으로 대응할 수 있었다. 중국은 서양세력이 직접 찾아와 관계를 맺기를 요구하였을 때, 이를 거부하지 않고 기미지의(羈縻之義)로 대응할 수 있었던 것이다.[4] 반면 조선은 해금(海禁)의 닫힌 세계에서 살았을 뿐만 아니라 중화문명의 유일한 보존자라는 방어의식이 강하게 자리잡고 있었다. 따라서 양이와의 교류는 중화문화를 버리고 이(異) 문화에 투항한다는 의미가 있었던 것이다.

이렇듯 지난했던 조선의 근대 수용에 대하여 그간 적지 않은 작업이 진행되어왔으나, 소위 급진개화파를 주된 연구대상으로 삼았으며, 전통적 유교지식인은 등한시되어온 것이 사실이다.

운양 김윤식은 전통적 사유를 의연 유지하면서도 근대의 수용에 적극적인

---

2) 동주의 전파이론에 따르면 전파세력권은 중심부, 근접부, 주변으로 나누어지며, 피전파자가 중심에 근접할 세력일수록 저항의 강도가 심하다고 한다. 같은 책 62~63면.

3) 이용희·신일철 대담 「사대주의—그 역사적 해석을 중심으로」, 이용희 저, 노재봉 편 『한국민족주의』(서문당 1977) 150면. 동일한 관점의 글로서는 이용희 「한일관계의 정신사적 문제: 변경 문화의식의 갈등에 대하여」, 『신동아』(1970. 8); 하영선 「탈근대 지구질서와 한일관계의 미래」, 『한국과 일본—새로운 만남을 위한 역사인식』(나남 1997) 25면. 한편 한·중·일의 근대수용과정에서의 차이를 중화사상 지반의 차이라는 견지에서 접근하는 연구로는 김영작 「한·중·일 3국의 개국에 관한 비교연구」, 『동북아』 창간호(동북아문화연구원 1995) 참조. 일본의 경우는 구미제국에 대해서도 '기능적인 중화관념'을 가지고 있었기 때문에 근대의 수용에서 더욱 적극적일 수 있었다고 한다.

4) 기미지의(羈縻之義)란 상대방이 사신을 보내 조공하면 중국도 답사를 보내 회사(回賜)할 뿐이라는 것으로 관계를 거부하지는 않되, 그 이상의 적극적인 조치를 취하지는 않는다는 의미이다. 기미지의에 대해서는 김한규 「한대(漢代)의 천하사상과 기미지의」, 전해종 외 『중국의 천하사상』(민음사 1988) 참조.

독특한 사유를 전개하였다. 운양과 같은 입장은 동도서기론(東道西器論)으로 분류되기도 한다. 흔히 구한말 근대의 수용을 둘러싸고 전개되었던 대응 양식에는 문명개화(文明開化), 동도서기(東道西器), 위정척사(衛正斥邪)라는 세 가지 입장이 있었던 것으로 지적된다. 문명개화론은 '개화'된 구미의 문명이 '반개(半開)'의 조선보다 발전한 것이라고 보는 진화론적 입장에 따라 구미문명의 전반적 수용을 주장한 반면, 동도서기론은 구미의 사악한 가르침은 멀리하고 그들의 장점만을 받아들이자(斥其敎, 效其器)는 입장을 취하였다. 또한 위정척사론은 조선이야말로 중화의 계승자라는 자부심으로부터 구미를 금수와 같은 존재로 보아 배척하였다. 물론 이러한 유형화는 어디까지나 이념형으로 설정된 것이며, 실제로는 각각의 입장 내에도 다양한 편차가 존재한다. 특히 문명개화론과 동도서기론은 1890년대로 접어들면 상호 수렴되는 양상마저도 보여준다.

김윤식은 1880년대까지는 예악정교를 굳건히 유지한 가운데 서양의 장점만을 받아들이자는 입장을 취하다가, 1890년대 이후에는 동서양의 문명이 서로 암합(暗合)한다는 보편주의적 입장에 따라 서양의 예악정교도 굳이 배척하지 않는 변화를 보여준다. 그러나 성인의 도에 대한 신뢰만큼은 끝까지 버리지 않았다는 점에서 동도서기식 발상은 여전히 살아있었다고 할 수 있다. 아무튼 김윤식은 문명개화, 동도서기, 위정척사의 3분법에 의한 유형화를 전제로 할 때 동도서기론에 가장 부합하는 인물이라고 볼 수 있다.

운양의 사상 중에서 가장 전통적 사유가 짙게 드리우고 있으며, 일생 지속하였던 것은 세계관에 해당하는 부분이다. 운양은 근대 정치와 경제를 적극적으로 수용하는 와중에서도 유교적 세계관만큼은 확고하게 유지하였던 것이다. 그의 유교적 세계관은 크게 '존재-윤리론'과 '존재-시간론'으로 구분해볼 수 있다.

우선 그는 서양의 과학-종교의 이원론에 대응하여 윤리적 존재론의 일원론을 고수하였다. 주지하듯이 구미에서 전파된 근대의 이미지는 신학문과 부국강병을 한편으로 하고, 천주의 인격신관을 다른 한편으로 하는 이중적이었다. 19세기 말 조선의 근대 수용은 표면적으로는 선진문물의 수용으로 보이지만, 이면에는 종교적 심성의 발양이라는 심연의 도전이 자리하고 있었다. 현대 한국 종교의 원형이 대부분 구한말에 태동한 것은 결코 우연이 아니다. 그가 20세기 들어 대동교(大同教)와 대종교라는 종교조직에 참여하고 돈화론(敦化論)을 주창한 것은 종교의 교화적 기능을 인정하여 그것을 추인한 것이지, 종교적 심성의 발로에서였다고 보기는 어렵다.

운양의 존재-시간론 역시 전통적 사유가 고수되었던 부분이다. 구한말 거세게 밀어닥친 사회진화론과 역사발전론의 공세에도 그에게는 정체 또는 진보로 양단될 수 없는 시간의 영역이 존재하였으며, 그 영역은 우주적 차원의 기수(氣數)의 전개에 닿아 있는 것이었다. 그가 '개화설'을 비판하고 '시무설(時務說)'을 제기한 것은 문명적 편견에 대한 불만과 더불어 개화설이 내포하는 진화론적 사고를 이해할 수 없었기 때문이었다. 그에게는 군주제의 몰락과 공화주의 신장, 그리고 사회주의 운동과 민중세력의 고양도 결코 '진보'라는 차원에서 파악되지 않으며, 어디까지나 '시운(時運)'이라는 범주에서 벗어나는 것이 아니었다.

운양의 국제정치관을 보여주는 핵심 개념들로서는 의리(義理)와 신(信), 속방(屬邦)과 독립, 동양대국과 안민평화(安民平和) 등을 들 수 있다. 그런데 이전에 운양이 전통적 인신무외교(人臣無外交) 관념에서 상당히 해방되어 있었다는 점에 주목할 필요가 있다. 그는 해금(海禁), 북사동통(北事東通) 등으로 표현되는 제한적 대외관계에 놓여 있던 조선의 실정을 비판하여, 폐문(閉門)하여 신라, 고려에도 미치지 못한다고 지적하였다. 이는 적극적 외교의 필요성을 의미하는 것에 불과하다.

한편 권력정치와 주권을 특징으로 하는 근대국제정치와 조우하여서도 전통적 사유의 그림자는 짙게 드리워져 있다. 우선 그가 외교의 덕목으로 일관되게 제시하는 '의리(義理)'는 권력정치의 현실을 의식해서인지 시세를 중시

24

하면서도 규범주의적 성격을 완전히 벗어나지는 못하고 있다. 이는 자강 못지않게 신(信)을 강조하는 데에서도 드러난다. 자주권이 없는 근대적 속국(屬國)과 자주권이 보장되는 전통적 속방을 구분하는 1880년대식 논의에는 사대질서 관념이 강하게 묻어난다. 다만 자주뿐만 아니라 독립을 제기하는 식민지 시대에 이르러서는 근대적 주권 관념이 완연히 정착되고 있다. 동종동문(同種同文)을 강조하는 동양대국론(東洋大局論)에는 동양문명권에 대한 전통적 자부심이 투영되어 있으며, 백성을 불안하게 하는 정치는 진정한 화평을 가져올 수 없다고 하는 독립청원서의 논리에서는 안민평화(安民平和)라는 전통적 평화사상의 흔적을 읽어낼 수 있다.

운양의 정치사상의 핵심을 이루는 것은 공(公)의 정치와 사민론(四民論)이다. 그는 일찍이 봉건론(封建論)에서 요순삼대의 봉건제를 예찬하였는바, 그것은 군현제(郡縣制)와 달리 일인의 전제를 막고 공의 정치를 실현할 수 있다는 점에서였다. 이러한 공의 정치론은 갑신정변을 계기로 재상정치론, 갑오개혁기에 이르러서는 정부강화론으로 이어졌다. 그리고 20세기에 들어서는 공의 정치를 보장하기 위한 제도적 장치로 의회설립론을 주창하기에 이르렀다. 여기서 일관되게 유지되는 것은 국왕의 자의적인 권력행사를 제한해야 한다는 발상이었다. 공의 정치라는 유교적 정치이상은 권력의 정당성이라는 측면에서 근대와 반드시 갈등하는 것이 아니었으며, 다만 그러한 정치이상을 실현하기 위한 제도로서는 구미의 의회입헌주의가 장점으로 가지는 것으로 인식되었던 것이다.

한편 운양에게 민(民)은 정치주체로서의 의미가 있지 않으며, 우민관이 의연 지속하고 있다. 그에게 정치주체는 군주와 선비로 제한되고 있으며, 그런 의미에서 그는 근대적 '시민관'을 채택하는 대신에 전통적 '사민관(四民觀)'을 고수하고 있다고 할 것이다. 운양 정치사상의 특징은 근대 정체를 수용하는 데 전통의 논리를 동원한다는 점이다. 그는 의회입헌론을 수용하는 데 공의 정치론을, 구미의 선거제 수용에서는 과거제 더욱 우수하다고 본 요순삼대의 천거제를 원용하고 있다.

운양의 경제사상은 절용론(節用論)에서 부국론(富國論)으로 나아갔다. 자강을 추진하려면 토지에서 산출된 부를 절용하는 것만으로는 부족하며, 새로운 재원을 적극적으로 개발해야 한다는 논리였다. 그는 부국론에 천착하는 과정에서 부국을 위해서는 궁극적으로 민부의 형성이 전제되어야 한다는 부민론(富民論)을 전개하고 있다. 그러나 운양에게 경제주체로서 부민의 정치적 의미는 납세자로 한정된다.

이렇듯 김윤식은 전통 유교사상을 상당히 유지하면서 근대를 수용하는 매우 독특한 사유방식을 보여주고 있다. 그런데 사상가보다는 문인으로 유명하며, 사상가이기보다는 정치가에 가까운 것이 사실이다. 따라서 그의 저작에서 정치사상에 관한 부분은 체계적으로 제시되어 있기보다는 단편적인 편린들인 경우가 허다하다. 이에 따라 그의 정치사상은 몇가지 핵심 개념으로 요약되기보다는 다수의 정제되지 않은 개념으로 나타난다. 그러나 그는 구한말 근대에 대한 동도서기적 대응을 대표한다는 점에서, 그의 정치사상이 비록 편린들의 집합이라고 하더라도 하나의 정치사상으로서 다루기에는 부족함이 없다고 본다. 김윤식의 정치사상에 대한 연구의의를 정리해보면 다음과 같다.

첫째, 그간 조선의 근대사상 연구는 김옥균을 위신한 개화당에 집중되어 왔다. 그러나 개화사상이 비록 선구적이라고는 해도 당시 유교에 뿌리박고 있던 조선의 일반적 경향을 대표한다고 보기에는 무리가 있는 것이 사실이다. 김윤식은 전통을 재해석함으로써 근대를 수용하려고 하는 더욱 폭넓은 경향을 대변하고 있으며, 그런 점에서 당시 조선의 전형적 발상을 검증할 수 있는 적절한 인물이라고 생각된다. 말하자면 19세기 말 조선의 근대 대응양식에서 문명개화론, 위정척사론과는 구분되지만, 그간 충분히 연구되지 못한 하나의 전형을 검토한다는 데 김윤식 연구의 일차적 의의가 있다고 할 것이다.

둘째, 김윤식은 당대 대석학인 유신환의 문하생으로 공부할 때부터 장래의 대제학으로 촉망받을 만큼 유교적 수양에 철저했으며, 오랜 기간 수양한 (마흔살에 대과에 급제) 유학자로서 전통적 유교사상에 충실했던 지식인이다. 따라서 그에 대한 연구는 조선에서 전통과 근대의 긴장을 전형적으로 보여준다는 점에서 주목할 만한 가치가 있다.[5]

셋째, 김윤식은 식민지시대에 이르기까지 살아남아 망국의 역사를 증언해주는 인물이며, 그가 개진한 망국론은 내재적 발전론만큼이나 귀중한 자산으로 취급되어야 한다. 갑신·갑오 이후의 한국근대사는 망국사로서 외면되어왔다. 그러나 식민사관의 극복이라는 명분으로 발전에 대해서는 내인론을 주창하면서 망국에 대해서는 외인만을 제기하는 것은 균형 잡힌 시각이라고 할 수 없다. 흥국(興國)을 위해서라도 망국(亡國)에 대한 치밀한 분석이 요구된다. 그런 의미에서 김옥균과 같은 '근대의 스타'뿐만 아니라 김윤식과 같은 '망국대부'의 삶과 사상 역시 철저히 연구될 필요가 있는 것이다.

넷째, 김윤식은 19세기 말 조선에서 영선사, 외무독판, 외무대신 등의 요직을 역임한 한국 근대정치사에서 빼놓을 수 없는 정치적으로 비중있는 인물이다. 그는 조선이 근대국제정치에 편입되게 되는 대미수교를 담당하고, 각종 부국강병 정책을 주도하였을 뿐만 아니라 임오군란, 갑신정변, 거문도사건, 한러밀약, 갑오경장, 명성황후시해사건, 아관파천, 한일병합 등 한국 근대사의 주요 사건에 빠짐없이 연루되어 있다. 따라서 그의 사상과 행적에 대한 연구는 한국 근대사의 많은 의문점을 풀 수 있는 단서를 제공해줄 수 있을 것으로 기대된다. 예컨대 소위 급진개화파와 온건개화파가 대립하게 된 이유, 민영익의 행적과 관련된 의문들, 한러밀약사건의 시말, 친러파의 형성과정, 갑오경장의 성격, 경술국치 전후의 정세 등을 구명하는 데 있어서

---

5) 김윤식의 유교적 전통에 대한 집착은 불교에 심취했던 유대치, 김옥균, 박영효, 기독교에 귀의한 서재필, 윤치호 등 급진개화파와 좋은 대조를 보인다.

그에 대한 연구가 이바지할 수 있는 바가 적지 않다.

다섯째, 한국 근대사회사 연구에도 기여할 수 있다. 그는 개항에서 식민지 시대에 이르기까지 방대한 양의 일기를 남김으로써 당시의 사회사를 엿볼 수 있게 해준다. 우리는 그를 통하여 19세기 구한말 조선 사대부의 전모와 유배생활의 실제에 접근할 수 있다. 특히 제주도의 양대 민란에 대한 연구에서 그의 일기는 빼놓을 수 없는 사료이다.

여섯째, 김윤식은 사상가나 정치가로서보다는 문인으로서 더욱 유명할 정도로 풍부한 지적 용량의 보유자이다.[6] 그는 이건창, 황현, 김택영과 함께 당대를 대표하는 문인이다. 면천(沔川) 유배시 벗 황석연을 강진으로 보내면서 작성한 다음과 같은 시에서도 그의 면모가 잘 드러난다.

창명만리 경계에 대지가 의연하여,
선산(仙山)이 있는 것을 세상은 잘 모른다.
청해진은 장보고의 위엄과 명성을 전하며,
백련사의 유적은 혜일(慧日) 선사를 받들고 있다.
떠돌다 마침내 남쪽에 유(遊)하는 뜻을 두었으니,
고향이 그리워 북망할 적에,
헤아려 무사함을 읊조리고,
맑게 갠 창가에서 매일 차를 시험해본다.[7]

---

6) 일찍이 『동아일보』는 운양을 추모하는 글에서 그를 '정치가적 시인'이자 '시인적 정치가'로 평가하였다. 『동아일보』 1922. 1. 23.

7) 『續陰晴史(上)』, 230면. "滄溟萬里限坤維 洞府仙山世少知 淸海威名張使節 白蓮遺跡 慧禪侍 浮湘縱邃南遊志 陟岵應多北望時 料得吟餘無簡事 晴窓日日試茶旗."

　　김윤식은 위의 시에 주석을 달아서 강진에는 선산(仙山)이 있는데 신라의 혜일(慧日) 선사가 절을 지어 거주했다는 것, 지금의 완도인 청해진에서는 신라 신무왕 때 장보고가 해적을 소탕한 공적이 있다는 것, 당진에는 다산(茶山)이 있어 좋은 차가 많이 나는데 정약용이 이를 처음으로 발견했다는 사실 등을 기재하고 있다.

해상왕 장보고, 혜일 선사, 다산 정약용을 동시에 인용하는 위의 시는 역사적으로는 신라, 고려, 조선을 섭렵하고, 문무와 유불의 경계를 넘나드는 김윤식의 상상력을 잘 보여주고 있다. 또한 운양의 문학적 소양은 그의 사상을 한층 유연하게 하였는바, 운양은 학문과 문학의 겸비 필요성을 강조하였다.[8] 문학·역사적 소양과 정치적 식견을 두루 갖춘 것이 조선의 전통적 지식인이라고 할 때 김윤식은 이에 부합하는 아주 적절한 인물이다. 따라서 그에 대한 연구는 전통과 근대의 조우를 정치적인 면에서뿐만 아니라 인문학적 영역에서도 조망할 수 있는 장점이 있다고 할 것이다.

사실 김윤식만큼이나 논란이 많은 인물도 없을 것이다. 특히 정치가로서 그의 행적은 친청과 친일을 넘나들었으며 사후에는 장례 형식 문제로 사회적 논란을 불러일으키기도 했다. 또한 잦은 정치적·사상적 변신, 그리고 사상과 행동의 괴리 또는 사후 정당화 양태를 보여주는 것도 사실이다.[9] 따라서 역사적 인물로서의 김윤식에 대한 평가는 이런 모든 부분을 총체적으로 고려해야 할 것이다. 그러나 본서에서는 김윤식이라는 인물에 대한 역사적 평가보다는 그의 사상적 전개 궤적을 추적하는 것에 역점을 두려고 한다. 구한말의 대표적 정치참여형 유교지식인이 근대에 어떻게 대응하였는가를 담론으로 재현해냄으로써 유교와 근대국제정치의 만남의 한 유형을 보여주고자 하는 것이다.

---

8) "수사(修辭)는 신라 말에 시작되었고 의리(義理)의 학문은 고려 말에 시작되었다. 조선에 이르러서는 의리를 사령(辭令)으로 삼았으니 학문과 문장이 하나의 도에서 나오게 되었다. 만약 문장이나 학문 한 가지에만 전념하면 다양한 폐가 생긴다. 문장은 화려함을 위주로 한다거나, 학문은 훈고와 어록에 젖어 문이 아니라고 상호 비방하여 두 가지 도로 나누어지고 말 것이다. … 우인 이응진(李應辰)은 학문과 문장은 새의 양 날개와 같아서 어느 한쪽에만 전념하는 것은 날개 한쪽을 못 쓰는 것과 같다고 말하곤 하였다." 「素山遺稿序」, 『金允植全集(下)』(1891) 150~51면.
9) 역사적 인물로서 김윤식에 대한 대표적 평가로는 정옥자 「운양 김윤식(1835~1922) 연구」, 고병익선생회갑기념사학논총간행위원회 『고병익선생회갑기념사학논총』(한울 1985).

3. 선행 연구와 본서의 접근법

(1) 조선의 근대 대응에 대한 연구

조선의 근대 대응에 대한 연구는 전통과 근대의 상호작용 또는 근대에 대한 대응이라는 견지에서 접근해야 할 것이다. 일찍이 동주는 전통에서 근대로의 이행의 문제를 '국제질서권'의 '전파'라는 차원에서 접근하였다.[10] 김용구 교수는 이를 '비교문명권' 혹은 '비교국제관계사'라는 차원으로 포착하여 근대국제질서의 확산과 정착을 상이한 문명권간의 상호작용 견지에서 다루는 다양한 작업을 전개하는데, 조선은 구미국제질서와 천하질서 사이의 세계관 충돌로 분석한 바 있다.[11] 최근에는 이러한 문제의식에 따라 전통과 근대의 복합적 상호작용을 다루는 구체적 연구가 활발히 진행되고 있으며,[12] 다수 박사논문이 나오고 있는데,[13] 전통과 근대의 긴장을 국내정치 영역에까지 확대하는 것이 특징이다. 본 연구 역시 기본적으로는 이러한 문제의식의 연장선에 있다고 하겠다. 그외 동시기를 다룬 역사학계의 연구성과를 연

10) 이용희『일반국제정치학(상)』(박영사 1962).
11) 김용구『세계관 충돌의 국제정치학―동양 禮와 서양 公法』(나남출판 1997). 김기혁 교수도 일찍이 동 문제에 천착한 바 있다. 김기혁『동아시아 세계질서의 종막: 조선ㆍ일본과 중화제국』[Kim Key-Hiuk, *The Last Phase of the East Asian World Order: Korea, Japan and the Chinese Empire, 1860~1882* (University of California Press 1980)].
12) 하영선「유길준의 문명개화론: 전통과 근대의 복합화」한국정치학회 1997년 9월 월례발표회 논문; 장인성「유길준에 있어서의 도덕과 정치―자기-타자 인식의 정치적 사유」한국정치학회 1997년 9월 월례발표회 논문; 김봉진「유길준의 근대국가관―문명론적 고찰」, 한국정치학회 1997년 9월 월례발표회 논문.
13) 최근 전파-수용, 전통-근대의 상호작용이라는 방법론을 가지고 문명개화론을 분석한 것으로는 정용화『유길준의 정치사상 연구: 전통에서 근대로의 복합적 이행』(서울대 박사학위논문 1998); 김현철『박영효의 근대국가 구상에 관한 연구』(서울대 박사학위논문 1999); 김수암『한국의 근대외교제도 연구』(서울대 박사학위논문 2000) 등이 있다.

구대상별로 개괄하면 다음과 같다.

개항기와 구한말의 정치사상에 대한 연구는 김옥균, 박영효 등 개화당(이른바 급진개화파)을 중심으로 전개되어왔다. 개화당의 사상이 주목을 받았던 이유는 동 사상에서 자발적 근대화의 가능성을 발견할 수 있다는 차원에서였다. 내재적 발전론이 역사학계의 지배적인 패러다임으로 자리잡으면서 경제사에서는 자본주의 맹아론이 그리고 사상사에서는 개화당의 사상(이른바 개화사상 혹은 문명개화론)이 주목받았던 것이다.[14] 반면 김윤식, 김홍집, 어윤

---

14) 야마베 겐따로(山邊健太郎), 신국주 등에 의하여 기껏해야 친일파의 사상으로 치부되었던 개화당의 사상(개화사상)이 주목받기 시작한 것은 강재언에 의해서였다. 그는 내재적 발전론의 시각을 취하여 "개화사상은 북학파 사상의 영향을 받아 그 혁신사상으로서의 뼈대가 이루어졌다"고 주장, 이후 근대사 연구의 키워드가 된 '실학과 개화사상의 연관성'이라는 문제를 제기하였다(姜在彦「開化思想·開化派·甲申政變」,『朝鮮近代史研究』東京: 日本評論社 1970, 59면). 반면 아오끼 코이찌(靑木功一)은 '개화사상'의 형성을 외인론적 시각에서 보고, 개화사상이 후꾸자와 유끼찌(福澤諭吉)의 저작을 매개로 하여 형성되었다고 주장하였다(靑木功一「朝鮮開化思想と福澤諭吉の著作」,『朝鮮學報』52호, 1969). 한편 오길보(吳吉寶)와 후지마 쇼다이(藤間生大)는 개화사상의 형성에서 중인층이 수행한 역할에 주목하면서 실학과 개화사상의 연관성을 강조하는 강재언에 대하여 실학과 개화사상은 연결보다는 어느 싯점에서 단절되었는가가 더욱 중시되어야 할 것이라고 비판하였다(吳吉寶「朝鮮におけるブルジョア革命運動」,『歷史科學論文集』평양: 사회과학출판사 1970; 藤間生大『近代東アジア世界の形成』東京: 春秋社 1977). 이광린은 1960년대 이래 '개화기'를 집중적으로 연구하면서 한국개화사 연구의 개척자적 위치를 점하고 있다. 그의『한국개화사연구』(일조각 1969)는 강재언의『近代朝鮮と思想』(1971)과 함께 '개화사상'에 관한 논저의 개시가 된 저작인데, 개화사상의 목표가 서양의 사상이 아닌 기술만을 받아들이겠다는 것이었다고 주장하여 비판을 받기도 하였다. 그의 또다른 저서인『개화당연구』(일조각 1973)에서는 개화사상가들을 온건파와 급진파로 나누고 급진파인 개화당의 인물과 활동에 대하여 고찰하였는바, 개화사상에 대한 최초 분류작업이라고 할 것이다. 이에 대하여 강재언은 변법개화파와 개량적 개화파라는 분류기준을 제시한다. 이광린의 급진개화파, 온건개화파의 분류는 역사학계 통설이 되었으나, 일부에서는 급진의 반대는 점진이며, 반대로 온건의 반대는 과격이라는 점에서 그 분류기준의 부정확성과 사상적 지반을 드러내주지 못한다는 한계를 비판하였다. 개화사상의 개념이나 본질에 대한 명확한 규정을 시도한 작업

중 등 중간파 개명관료들의 사상은 상대적으로 등한시되어왔다. 온건개화파 또는 동도서기론[15]으로도 분류되는 이들의 사상은 기껏해야 개화사상의 한 단계 정도로 규정되었거니와,[16] 최근에는 개화사상에 포함할 수 없는 보수적인 논리라고 강조하는 경향이 두드러지고 있다.[17] 그래서인지 이 중간파 개명관료들에 대한 연구성과는 그리 많지 않은 편이다. 김홍집에 대한 논문이 몇 편 있으나 그의 정치행적을 추적함에 그친 형편이며,[18] 어윤중의 경

으로 김영작의 「韓末ナショナリズムの研究」(1975)가 있다. 여기서 그는 "전기 개화사상의 특징은 산업화에 의한 부국강병을 꾀하는 양무론과 사회·경제·정치의 제 측면에서 개혁을 꾀하는 변법론이 동일한 역사적 단계에서 국가적 독립과 민족적 통합을 목표로 하여 상호 연관, 상호 보완적으로 전개된 것이다"라고 규정하여 개화사상의 근대 지향적 성격을 분명히 밝혔다(金榮作 「韓末ナショナリズムの研究」(東京大學出版會 1975, 156면).

15) 동도서기론을 단일한 그룹으로 묶는 방식에는 의문의 여지가 있다. 소위 동도서기론은 갑오개혁을 지나 1890년대 말에 이르러서는 수구적인 '구본신참론(舊本新參論)'과 진보적인 '변법론'(김윤식, 박은식, 장지연)으로 분화한다고 지적하는데(박찬승 「19세기 후반 동도서기론의 전개」, 『근대이행기의 사회와 사상』, 서울대 한국문화연구소 제5회 학술토론회 논문집 1993, 73~76면), 이것은 그들의 문명론에 본디 차이가 있기 때문이었다. 이에 대해서는 3장에서 상술한다.

16) 한우근 「개항당시의 위기의식과 개화사상」, 『한국사연구』 2집, 1968.

17) 최근에는 김옥균 등 갑신정변 주도세력의 사상만을 개화사상으로 규정하거나, 개념상의 혼란을 피하려고 문명개화론으로 명명하고 동도서기론과의 차별성을 강조하는 경향이 강하다. 이완재는 "채서사상은 물론이고 동도서기론까지도 개화사상에 포함하는 것은 곤란하지 않을까 생각된다"고 주장하였다. 이완재 『초기개화사상연구』(민족문화사 1989) 41면. 주진오 역시 "김윤식, 어윤중 등을 … 학계에서는 이들을 온건개화파로 부르는 것이 통설이다. 그러나 이들의 사상적 내용은 엄밀히 말해서 동도서기론이었다"고 지적하고, 조선을 개화되지 못한 상태, 즉 야만으로 파악하고 이미 개화된 나라의 경험을 적극적으로 수용해야 한다는 사고가 문명개화론의 사상적 특징이라고 규정하였다. 주진오 「개화파의 성립과정과 정치·사상적 동향」, 『1894년 농민전쟁연구 3』, 역사비평사 1993, 174면.

18) 정제우 「김홍집의 생애와 개화사상」, 『사학연구』 36호, 1983; 배한권 「김홍집내각의 성격에 대하여」, 『마산교대논문집』 2집, 1971.

32

우도 사정이 다르지 않다.[19] 김윤식은 상대적으로 연구성과가 있어서 그에 대한 연구는 전체 온건개화파 연구의 기초가 되고 있다.

동시기에는 개화당과 중간파 개명관료들만이 개화 정국을 독점했던 것은 아니며, 고종과 명성황후를 정점으로 하는 왕실도 나름의 논리에 따라 개혁을 추진하였다. 이와 관련하여 고종의 정치구상에 대한 이태진의 연구, 명성황후의 정치적 역할에 대한 이배용의 연구,[20] 민씨정권의 대청정책을 분석한 구선희의 연구 등이 있다. 이 연구들은 대체로 왕실의 무능과 보수성을 강조한 식민사관에 대항하여 왕실도 개혁성과 자주성이 있었음을 논증하는 데 역점을 두고 있다.

위정척사론에 대한 기존 연구는 동 사상을 민족주의적인 것으로 보느냐 봉건적인 것으로 보느냐에 따라 대별된다. 홍순창, 최창규, 김영국 등은 전자의 입장을 취하는 반면,[21] 이이화, 진덕규, 신용하 등은 후자의 입장을 견지한다.[22] 총성의의 최근 연구는 위정척사론에 대한 편견의 시정을 요구한다. 그는 위정척사파에게서도 의미있는 변화가 발견된다면서 그 근거로 도통우위론의 상대화를 제시한다. 또한 위정척사론과 개화사상 사이의 인식의 갭이 양립할 수 없을 정도는 아니며, 임오군란에서 갑오개혁에 이르는 10여 년간 사이에는 '그들도 역시 나라이다(彼亦國也)'라는 인식, 또는 '채서(採西)'를 매개로 하여 합류의 가능성이 있었다고 주장한다. 또한 국왕의 실정을 개탄하면서 유약한 고종으로서는 국권을 유지할 수 없다는 인식도 개화

---

19) 이광린 「一齋 魚允中」, 『개화기의 인물』(연세대학교 출판부 1993).

20) 이배용 「개화기 명성황후 민비의 정치적 역할」, 『국사관논총』 66집, 1995.

21) 홍순창 「한말민족의식의 성장과 채서사상」, 『조선학보』 90호, 1979; 최창규 『근대한국정치사상사』(일조각 1972); 김영국 「한말 민족운동의 계보적 연구」, 『한국정치학회보』 3호, 1969.

22) 이이화 「척사위정론의 비판적 검토」, 『한국사연구』 18호, 1977; 진덕규 「위정척사론의 민족주의적 비판의식」, 『한국문화연구논총』 31호, 1978; 신용하 『근대한국사상사연구』(일조각 1986).

파와 공유하고 있었다고 지적한다.[23] 위정척사론에 대한 연구는 근대와 치열하게 갈등한 전통의 실체를 측정하는 작업이라고 할 만하다.

(2) 김윤식 연구

김윤식에 대한 연구는 1960년대부터 시작되었는바, 청에의 영선사행(권석봉, 1961), 토지개혁 구상(김용섭, 1975), 제주도 유배시의 행적(강재언, 1976) 등의 부분 작업들이 간헐적으로 출현하였다.

1980년대에는 개화당에 이어 온건개화파에 대한 관심도 제고되기 시작하였는데, 이에 따라 김윤식 연구도 비교적 활발하게 진행되었다. 김윤식의 생애와 개화론에 대한 연구(정옥자, 1984), 김윤식의 개혁구상을 자강론 차원에서 접근한 연구(최진식, 1984), 영선사행시의 대미 수교교섭에 대한 연구(송병기, 1984), 독립청원서에 대한 연구(金文子, 1984; 남부희, 1987), 김윤식의 대외관 및 개혁구상에 대한 연구(原田環, 1984, 1985; 趙景達, 1985, 1987) 등이 동시기에 이루어진 작업들이다.

비교적 최근 연구로는 김윤식의 사상을 박규수의 뒤를 잇는 '유교적 레쎄페르'로 개념화하는 기무라의 연구(木村幹, 1994), 김윤식의 철학사상에 주목한 이희평의 연구(李熙平, 1994), 보편주의적 유교지식인의 자기변용이라는 관점에서 분석한 장인성의 연구(장인성, 1995), 김윤식을 최후의 중화사상가로 묘사한 연구(李嘯谷, 1999)가 있다. 단행본급의 연구는 아직 부재한 가운데 박사학위논문이 국내외에서 한두 편 나와 있다(최진식, 1990; 이상일, 1996; 장인성, 1995).[24]

---

23) 총성의 『위정척사차와 개화파 지식인의 대외인식변화 비교연구』(고려대학교 박사학위논문 1994).

24) 姜在彦 「濟州道流配期の金允植」, 『季刊三千里』 6号, 1976; 최진식 「김윤식의 자강론 연구」, 『대구사학』 제25집, 1984. 4; 정옥자 「운양 김윤식(1835~1922) 연구」, 고병익

정리하자면 김윤식 연구는 연구자 개인의 부분적 관심사로부터 시작하여 1980년대에는 온건개화파 사상가로서 주목되었으며, 1990년대 이후로는 '전통과 근대'의 상호작용이라는 문제의식에 입각한 연구가 개시되었다고 할 수 있다. 이에 따라 적지 않은 연구성과가 축적되는 것은 사실이지만, 기존 연구의 문제점으로는 크게 다음과 같은 점을 지적할 수 있다.

첫째, 김윤식의 생애 전반이 아니라 특정 시기에 주목함으로써, 사상 전개의 다이내믹을 놓치는 것은 아닌가 하는 점이다. 대부분 연구가 1880년대까지의 저작과 활동을 주된 대상으로 하고 있으며, 1890년대 이후의 행적을 다루는 경우에서도 갑오개혁기, 경술국치시의 태도, 독립청원서 제출에 국한되어 있으며, 두 차례의 유배시기, 애국계몽운동기, 일본 방문, 경술국치 이후의 활동과 저작에 대한 규명은 등한시되고 있다. 이에는 김윤식이 유배에 처하면서 현실정치와 유리되었으며, 국내외 정세도 일제의 식민지화로 치닫기 때문에 큰 의미를 찾기 어렵다는 선입견이 작용하는 것으로 보인다. 그러나 개항에서 시작하여 갑오개혁, 대한제국기, 애국계몽운동기, 식민지 시대

<hr />

선생회갑기념사학논총간행위원회 『고병익선생회갑기념사학논총』(한울 1985); 金文子 「3・1運動と金允植─獨立請願書事件を中心に」, 『寧樂史苑』 29호, 1984. 3. 奈良; 原田環 「19世紀の朝鮮における對外危機意識」, 『朝鮮史硏究會論文集』 21, 朝鮮史硏究會 1984; 原田環 「1880年前半の閔氏政權と金允植─對外政策を中心にして」, 『朝鮮史硏究會論文集』 22號, 1985. 3; 趙景達 「朝鮮における小國主義と大國主義の相剋─初期開化派の思想」, 『朝鮮史硏究會論文集』 22集, 1985; 「金允植における民衆觀の相克」, 『アジア硏究』(中央大) 11號, 1987; 남부희 「김윤식의 독립청원서에 대하여」, 『경희사학』 14(박성봉교수회갑기념논총 1987); 이상일 「운양 김윤식의 정치사상 연구」, 『태동고전연구』 6집, 한림대 태동고전연구소 1990. 2; 「운양 김윤식의 사상과 활동 연구」, 동국대 박사학위논문 1996; 木村幹 「朝鮮近代の自國認識と小國論─金允植にみる朝鮮ナショナリズム形成」, 『愛媛法學回雜誌』 第21卷 第2~3號, 1994 ~95; 이희평 「김윤식의 동도적 세계관 일고」, 『동양고전연구』 제3집, 1994; 張寅性 「19世紀儒教知識人にみる開國と普遍主義」, 동경대 박사학위논문 1994; 「쇄국・개국 공간의 대외사유」, 『동북아』 제2집, 1995; 李嘯谷 「朝鮮王朝末期にける 「中華思想」 の實踐: 雲養金允植の場合」, 朝鮮史硏究會例會報告 1999. 5.

를 두루 경험하면서 끊임없는 사상적 변신을 꾀하였다는 점이야말로 김윤식의 특징이라고 할 수 있다. 따라서 그의 생애와 사상을 전체로서 조망하지 않고 특정 시기에 국한하는 것은 이러한 풍부한 연구자원을 스스로 버리는 것에 지나지 않는다고 할 것이다.

둘째, 최근 연구는 김윤식의 사상을 단순히 온건개화파의 사상으로 조명하는 것에서 벗어나서 전통적 지식인이 근대의 도전에 어떻게 대응하였는가를 규명하려고 하였다는 점에서 진일보한 면모를 보여준다. 그러나 김윤식이 근대적 시공간에 연장하려고 하였던 전통의 실체에 대한 규명은 충분하지 않다는 느낌이다. 그가 근대적으로 재해석하려고 하였던 전통은 기존 연구에서처럼 소국주의, 유교적 레쎄페르, 중화사상 또는 유교적 보편주의 등 하나의 잣대로 규정할 수 없을 만큼 용량이 풍부하며, 시간상으로는 요순삼대의 정치적 이상에까지 닿아 있다. 이러한 것들을 입체적으로 보여주려면 우주관·역사관·문학관·종교관 등에 걸친 다면적 접근이 필요한 것이 아닌가 한다.

(3) 본서의 접근법

본서는 정치학적 접근을 기본으로 하면서도 역사학적 접근을 병행하여 사용할 것이다. 한국의 정치학은 인문학적 상상력보다는 사회과학적 행태분석에 주력해온 것이 사실이다. 즉 구미의 근대정치 경험을 기초로 형성된 구미의 이론을 한국의 정치현실에 적용하는 것이 일반적이다. 그러나 근대적 정치공간의 형성을 전제로 하는 구미의 정치이론을 전통과 근대의 복합공간인 한국의 근대에 적용하는 것은 무리가 있다. 더욱이 근대의 도전과 이에 대한 대응이 활발히 모색되던 개항기와 구한말에 근대정치이론의 분석틀을 적용하는 것은 무모한 일이다. 동시기를 실감나게 재생하려면 사회과학으로서의 정치학의 분석도구 못지않게 역사학적 천착이 요구된다. 근대적 정치공간이나 주체를 전제하는 근대적 개념들을 무리하게 적용하기보다는 동시대인의 삶과 생각을 당시의 역사적 맥락에서 드러내는 것이 동시대 분석의 대전제라고 할 것이다. 본 연구는 김윤식의 사상을 분석하는 데 있어서 그의 삶과 사건들과의 연관성에 주목하고자 하며, 그 과정에서 역사학적 구체성을 확보하기 위하여 노력할 것이다. 한편 단순한 사실들의 늪에 빠지지 않기 위해서는 정치학적 분석력이 요구된다. 본 연구는 김윤식과 관련한 사실들의 규명만을 목표로 하지 않으며, 근대의 도전에 대한 그의 대응양식을 살피고, 그러한 가운데에서 어떻게 한국적 근대의 정치공간이 창출되어 나왔는가를 규명하고자 한다. 이를 위하여 필요한도 내에서 주권, 정당성, 민족주의 같은 정치학의 개념들도 활용할 것이다.

본 연구는 전통 유교관료의 근대 대응 문제를 다루는 만큼 동시기 연구의 전형적 분석틀인 '전통과 근대'라고 하는 문제설정을 피할 수 없으며, 이를 적극적으로 활용할 것이다. 다만 본 연구는 동 분석틀을 사용하는 데 있어서 다음의 몇가지 경향과는 입장을 달리하고자 한다.

첫째, 전통에서 근대 초극의 잠재력을 발견하려는 경향이다.[25] 이 경향의 취약점은 현재에 대해서 침묵한다는 것이다. 전통과 근대의 복합적 매트릭스 구조인 현재에 대한 구체적 분석이 없이 탈근대에 대한 정치적 선언만이 있을 뿐이다. 전통의 천착을 통해 얻어지는 시간영역의 확장은 탈근대를 위한 상상력의 원천이 될 수는 있다. 그러나 현재에 의해서 매개하지 않는 전통과 탈근대의 만남은 공허할 뿐이다. 근대가 전통의 지양이었듯이 탈근대는 근대의 지양으로서 나타나는 것이기 때문이다.

둘째, 전통에 대한 분석을 통하여 근대의 편재성을 확인하려고 하는 시도이다. 이는 (비서구의) 전통적 사유에서도 (보편적) 근대 사유의 맹아를 발견

---

25) 함재봉 『탈근대와 유교』(나남 1998)가 대표적이다. 저자는 "유교는 포스트모더니즘을 통해서 드러나는 근대사상의 한계와 공백을 이해하고 메우는 데 있어 매우 적절한 비교적인 관점 내지는 대안을 제공해준다"고 하여 이러한 입장을 분명히 밝히고 있다.

할 수 있다고 하는 근대지향적 시각이다. 보편주의에 대한 신념은 존중할 수 있지만, 역사발전의 다양한 경로를 무시해서는 안될 것이다. 또한 그 과정에서 역사의 단계적 발전을 상정하는 것은 더욱 위험한 일이다.[26]

셋째, 전통을 단지 근대화 과정에 활용되거나, 그것을 억제한 것으로 해석하는 경향이다.[27] 이는 둘째 경향과 마찬가지로 구미의 근대를 보편으로 전제하는 구미중심적 사고이다.

넷째, 전통과 근대를 대립적인 것으로 보고나 양자를 기계적으로 분리하는 사고이다.[28] 연구자들은 부지불식간에 전통적 요소와 근대적 요소를 고

---

26) 마루야마 마사오(丸山眞男)의 사상사적 방법론이 이 경향을 대변한다. 그는 자신의 대표적인 저작 『日本政治思想史研究』(1952)를 통하여 토구가와(德川) 일본에서의 근대적 사유의 형성, 근대적인 주체적 인격의 형성을 논하여 근대의 보편성과 보편사적인 역사발전론의 입장을 취하였다. 그의 후기 저작인 『忠誠と反逆』(東京: 筑摩書房 1992), 『丸山眞男講義錄』(東京: 東京大學出版會 1998)에서는 '문화접촉에 의한 사상의 변용'이라는 관점을 취하여 보편사적인 발전단계론을 일부 수정하고 있다. 그러나 그는 자신의 사상 속에 유럽문화의 추상화가 있다는 것을 시인하고 그것을 인류보편의 유산으로 적극적으로 해석함으로써 보편주의 입장은 버리지 않았다.

27) 슈워츠(B. Schwartz)는 중국적 천하질서가 현대중국을 설명하는 데는 더이상 유효하지 않다고 결론지음으로써 비서구사회에서의 전통과 근대 간의 비연속성을 옹호하는 입장을 취하였다. B. Schwartz 「The Chinese perception of World Order: Past and Present」, John K. Fairbank ed. *The Chinese World Order: Traditional Chin's Foreign Relations* (Cambridge: Harvard University 1968). 이러한 비연속성을 고수하는 이상 전통은 기껏해야 근대의 수용을 위하여 활용되거나 근대의 수용을 교란하는 기능을 수행할 뿐인 것이다.

28) 이는 대부분 연구자가 부지불식간에 범하게 되는 오류이다. '서구의 충격과 중국의 반응'(western impact-chinese response)이라는 미국학계의 주류적 분석틀이 지닌 문제점을 지적하면서 중국 자체의 내적인 과정에 주목할 것을 주창한 폴 코헨(Paul Cohen) 역시도 '전통-근대'의 분석틀이 지닌 긴장을 감지하고 있었다. 그는 자신의 저서 *Between Tradition and Modernity: Wang T'ao and Reform in Late Ch'ing China* (Cambridge: Havard University 1987) 곳곳에서 전통-근대 분석틀의 함정을 논한다. 그는 심지어 제목에 'Between' 대신에 'Beyond'를 사용하려고도 하였다고 한다. *Discovering History in China* (New York: Columbia University 1984) xii면.

정화하여 비서구적 근대를 양자간의 갈등과 기형적인 결합으로서 묘사한다. 그러나 전통적인 것과 근대적인 것은 전적으로 갈등하는 관계가 아니다. 근대적인 것 중에서도 전통적인 것과 쉽게 융화될 수 있는 것이 수용되며, 전통 중에서도 근대에 연장되는 것이 존재한다.[29) 구미에서의 근대가 전통적인 것과 근대적인 것의 분자결합적 구조가 아닌 것처럼 비서구에서의 근대 역시 비서구적 전통과 근대 간의 기형적 결합이 아니다.

본 연구는 전통과 근대라는 분석틀을 사용하는 데 있어서 위의 접근법들이 지닌 문제점이 노정되지 않도록 유의할 것이다. 본 연구는 근대를 낳는 토양이자 근대 차제를 규정하는 것으로서의 전통이라는 입장을 취하며,[30) 근대 속에 전통이 여하히 살아있느냐는 점에 주목하고자 한다. 그런데 이러한 작업은 불가피하게 우리의 전통이 도대체 무엇이었는가를 규명하는 것을 필요로 한다. 본 연구는 김윤식의 근대 대응양식을 밝히는 데 주된 목적이 있지만, 이러한 과정에서 그가 원래 가지고 있었던 전통적 사유의 특질을 구명하는 데도 역점을 둘 것이다.

본 연구의 기본 사료는 운양 김윤식의 저작이다. 운양의 저작으로는 『운양집(雲養集)』 『운양속집(雲養續集)』 『음청사(陰晴史)』 『속음청사(續陰晴史)』 『임갑영고(壬甲零稿)』 『동사일기(東槎日記)』 『천진담초(天津談草)』 『동감문초(東鑑文鈔)』가 있다. 이 중에서 『운양집』 『운양속집』은 문집인데, 『운양집』은 1914년과 1916년에 각각 초간본과 중간본이 간행되었으며, 『운양속집』은 그의 사후 문인 이빈승(李斌承)에 의하여 1930년에 발간되었다. 아세

---

29) 이러한 점에서 단순한 세속화로서의 근대화와 보편자에 대한 의탁(依託)이라는 전통을 배경으로 하는 변증법적 발전으로서의 근대화를 구분하는 마루야마 마사오의 지적은 좋은 참고가 된다. 丸山眞男 『丸山眞男講義錄(第7冊)』(東京: 東京大出版會 1998) 146~47면.

30) 浜下武志 『近代中國の國際的契機 ─ 朝貢貿易システムと近代アジア』(東京: 東京大學 出版會 1990) 18면.

아문화사의『김윤식전집(金允植全集)』은『운양집』의 중간본을 다시 인쇄한 것이며『운양속집』은 누락되어 있다.『음청사』『속음청사』『동사일기』는 일기문이다. 김윤식은 자신의 일기를 '음청사'라고 명명하고, 1865년부터 일기를 작성하였는데, 이 중에서 1881년 9월부터 1883년 8월까지의 기록인『음청사』와 1887년부터 1921년까지 35년간의 기록인『속음청사』가 전해지고 있다. 1883년에서 1887년간에는 공사가 다망하여 일기를 작성하지 못하였는데, 이를 후일 면천 유배기간중 '추보음청사(追補陰晴史)'라는 제목으로 추록하였다. 그는 1차 일본 방문(1908. 7. 15~9. 6) 기간중 일기는『동사일기』라는 제하에 별도로 기록하였는데 전해지지 않는다.『임갑영고』는 임오에서 갑신년간의 주자(奏咨), 교령(敎令), 서독(書牘), 치제문(致祭文), 조회문(照會文), 그리고 공사의 왕복문서를 묶은 것이나 역시 전해지지 않는다.『천진담초』는 청에 영선사로 갔을 당시의 청국 관료들과의 필담을 엮은 것인데, 내용은『음청사』와 거의 일치한다. 서울대학교에 필사본(중앙도서관 고도서번호 4206-17)이 남아 있다.『동감문초』은 신라 이후 우리나라의 대표적인 시문들을 발췌하여 편집한 것인데, 세 권만 필사하여 두어서인지 현재에는 전해지지 않으며, 단지 그 서문이『운양집』에 실려 있다.

　본 연구는 김윤식 저작의 정밀 분석에 역점을 두려고 한다. 김윤식의 입장에 일방적으로 경도되지 않으려면 관련 사료와의 비교·검토가 필요한 것이 사실이다. 그러나 김윤식의 사유와 삶을 원형에 가깝게 규명하는 것이 최우선 과제가 아닌가 한다. 기존 연구에서는 김윤식 저작 중 일부분에만 집중함으로써 그의 사상의 전모를 드러내는 데에는 부족한 감이 없지 않았다. 즉 그의 생애의 전반기에만 촛점을 맞추는가 하면, 문집이나 일기문 어느 한쪽에 치우친 연구가 많았다는 것이다. 기존 연구에서는 김윤식의 두 차례 유배지에서의 생활, 애국계몽운동기와 식민지시대의 행적이 고스란히 남아 있는『속음청사』에 대한 정밀한 검토가 미진한 실정이다. 또한 일기문과 문집을 비교·검토하지 않음으로써 그가 남긴 글이 어떠한 맥락에서 작성된 것이지, 반대로 그의 정치적 선택이 어떠한 사상에 기반을 둔 것인지를 충분히 드러내주지 못했다는 것이다. 김윤식의 일기문은 구한말 정치사의 한 단면을 적나라하게 보여주고 있으며, 그의 문집은 구한말 사상사의 주요한 경향을 대변한다. 김윤식은 그는 일기문과 문집을 고스란히 남김으로써 구한말 한 유교지식인의 사상을 입체적으로 조망할 기회를 우리에게 부여한 셈이다.

본서는 다음과 같이 구성되어 있다. 먼저 2장에서는 김윤식의 생애를 다룬다. 그는 1835년에 태어나 1922년 향년 88세로 별세할 때까지 역사적 격동기를 살아가면서 수많은 사건에 관계하고 있으며, 그 과정에서 변신에 변신을 거듭하고 있다. 8차에 걸친 시기구분은 유자, 외교관, 정치가, 유배객, 계몽운동가, 동양학자, 독립지사로 이어지는 그의 삶의 극적인 전개를 보여주게 될 것이다.

3장은 김윤식의 근대대응 양식 중 철학에 해당하는 부분이다. 조선의 전형적인 지식인상은 문학자, 유학자임과 동시에 정치가인 사대부의 모습이었다. 따라서 근대의 도전에 따른 김윤식의 정치사상 변모를 살피려면 철학 수준에서의 대응에 대한 검토 역시 필수다. 그는 근대 정치·경제와 외교를 적극적으로 수용하는 와중에서도 전통적 세계관은 의연 유지하고 있는데, 본서에서는 이를 유교적 사유의 연속으로서 그려보려고 한다.

4장은 김윤식의 국제정치관을 다룬다. 김윤식에게 이상적인 국제질서상은 고대의 봉건 모델이지, 군현제 이후 등장한 거대한 '하나의 중국'과 조선과의 일대일 관계, 더욱이 명·청 이후의 해금 모델은 아니었다. 그는 중국과의 교류가 활발하였던 전대와 폐문·해금의 조선 5백년간을 비교, 비판하는 방식으로 인신무외교 관념에서 탈피하여 근대국제질서에 적응하려고 하였다. 그러나 근대국제질서가 고대 봉건적 국제질서와 같을 수 없다는 점이 긴장의 요소가 되었다. 그의 국제정치관에 대한 이해를 위해서는 자주, 독립, 의리, 신, 안민(安民), 동양 등과 같은 핵심 개념에 대한 이해가 필수적인바,

이를 각 절에서 정밀 검토한다.

5장에서는 근대 정치·경제의 수용을 다룬다. 철학 수준에서는 유교적 사유가 상당부분 지속되는데 반해서 정치·경제 영역에서는 상당한 변화가 감지되고 있다. 이는 입헌주의와 자본주의라고 하는 생소한 제도를 수용하게 따른 불가피한 과정이었다고 보인다. 다만 그는 근대 정치와 경제제도를 수용하는 과정에서도 전통의 논리를 적극적으로 동원하고 있는데, 본 논문은 전통논리의 동원방식에 관심을 두었다. 본 장은 전통과 근대가 어떻게 접합될 수 있는지를 보여주게 될 것이다.

마지막으로 결론에서는 김윤식의 사유와 구상에서의 특징을 분명히 정리하고 19세기 구한말 연구의 현재적 의미를 검토한다.

제2장

김윤식의 생애와 조선의 근대

1. 유학적 수양

김윤식은 인조·효종 때 영의정을 지낸 문정공(文貞公) 김육(金堉)의 9대
손으로서 본관은 청풍(淸風), 자는 순경(洵卿), 호는 운양(雲養)이다(이하 운
양이라고 칭한다). 증조부는 돈령참봉 증 이조참의 김기건(金基建), 조부는 증
이조참판 김용선(金用善)이다. 부친은 증 이조판서 김익태(金益泰), 모친은
전주이씨로 헌종 원년(1835년) 10월 3일 경강(京江) 두호(荳湖)에서 태어났
다. 운양은 여덟살이 되던 1842년 부모를 사별하고, 그 다음해에 경기 양근
의 귀천(歸川) 숙부 김익정(金益鼎)의 본가로 옮겨 성장하였다. 특히 숙모
반남박씨는 연암 박지원의 손녀이며 박규수의 사촌누이로 후일 운양이 박규
수의 문하에 들어가게 되는 인연이 되었다.

운양은 아홉살부터 열네살까지는 소산(小山) 김상필(金尙弼)에게 사촌형
인 김만식과 함께 가숙 수업을 받았다. 열여섯살부터는 당대의 대석학 봉서
(鳳棲) 유신환의 문하에 들어가 한장석, 민태호, 민규호, 남정철, 김만식 등
준재들과 동문수학하였다. 당시 조선의 유학계는 유신환의 봉서학파, 임헌회
의 기산학파, 이항로의 화서학파로 대별하였는데, 봉서학파는 명덕주기론의
입장을 취해 명덕주리론의 화서학파와 대립하였다. 명덕주리론이 주기이원
론의 입장에 따라 도덕적 엄격성을 중시, 위정척사론으로 나아가지만 명덕
주기론은 만물의 선함에 대한 낙관적 자세로부터 구미문물 수용에도 상대적
개방성을 보여주고 있다. 운양이 명덕주기론의 봉서학파에서 수학한 것도
구미문물 수용에 개방적일 수 있었던 하나의 계기라고 할 수 있다.[1] 또한 민

---

[1] 개항을 전후하여 운양을 포함한 노론낙론계는 대체적으로 수교와 구미문물 수용에 적
극적인 입장을 보여준다. 이는 단지 낙론계가 집권당이라는 정치적인 이유 때문만은 아
니고 철학적 입장과도 관련된 것으로 보인다. 이에 대하여 일부에서는 인물성이론(人物
性異論)이 서양을 금수로 보는 화이론과 유사한 반면 인물성동론(人物性同論)은 "화이
일아(華夷一也)"의 세계관과 통할 수 있었다고 해석한다. 그러나 이는 수사학적 유비성
에 지나지 않는다. 낙론이 근대화에 호의적일 수 있었던 것은 인간을 포함한 만물의 선

태호, 민규호 등 여흥민씨들과 동문수학하여 관계를 맺은 것도 후일 그가 정계에 진출하는 데 큰 도움이 되었을 것이다.

한편 운양은 같은 시기 숙모와의 인척관계를 인연으로 박규수의 문하에도 출입하였다. 특히 유신환이 작고(1859년)한 이후에는 전적으로 박규수의 지도를 받기 시작하여, 1877년 박규수가 세상을 떠날 때까지 그의 문하에서 수업하였다. 박규수는 북학파의 거두 박지원의 손자로 북학의 실학적 기풍을 온전히 물려받았으며, 대원군의 쇄국정책에 반대하여 대일 수교를 주창한 선각자였다. 박규수는 운양이 과거에 응시하였을 때 필체를 알아볼 정도로 친밀한 스승이었는바,[2] 운양의 사상에 끼친 영향도 적지 않았을 것이다. 특히 박규수는 정계은퇴 후 후진 양성에 전념하였는데, 그의 집에는 김옥균, 박영효, 유길준 등 후일의 개화당 인사들이 출입하였다. 이것이 계기가 되어 운양은 개화당 인사들과도 친분을 맺을 수 있었다.

운양은 31세가 되던 해인 1865년(고종 2년)에 음관으로 출사하여 건침랑(健寢郎)이 되기도 하였으나 말단직에 불과하였으며, 수학에 전념하기 위하여 3년 만에 사직하였다. 마침내 40세가 되던 1874년(고종 11년) 대과에 급제에 한 이후 민씨정권의 후원하에 승진 가도를 달렸다. 1876년(고종 13년) 황해도 암행어사, 1878년(고종 15년) 시강원(侍講院) 겸 사서, 부응교(副應教), 부교리(副敎理) 등을 역임하였고, 1880년(고종 17년) 좌부승지를 거쳐 순천부사에 임명되었다.

함에 대한 낙관적인 신념, 더욱 근본적으로는 선, 사단(四端) 등 윤리적 덕목의 근거를 기(氣)의 '밖'이 아니라 '안'에서 구하는 이기일원론의 체계 때문이 아닌가 한다.

2) 황현 『매천야록』(국사편찬위원회 1955) 99면.

2. 영선사행과 자강론의 실천

운양의 사상과 정책에서 일대 전기가 된 것은 청에의 영선사행(領選使行)
이었다. 1881년 11월 운양은 영선사에 임명되어 학도, 공장 38명을 인솔하
고 출국, 천진기기국의 남국과 동국에 위탁하여 무기, 화학, 전기, 외국어 등
의 근대 교육을 받게 하였다. 그런데 후일 "의약사(議約事)가 십중팔구였고,
학조사(學造事)는 불과 일이에 지나지 않았다"고 스스로 밝힌 바와 같이 운
양이 영선사로 청에 파견된 것은 학도, 공장 들을 유학시킨다는 공식적인 목
적 이외에 미국과의 수교교섭을 추진하기 위해서였다.[3] 그는 리훙짱과 수차
례 회담을 통하여 조약 초안의 검토를 비롯한 제반 문제를 협의하였다. 영선
사행 동안 운양이 접촉한 인물은 수십명이며, 그중에서 담초를 남긴 자만해
도 15명에 이르고 있다. 표 1은 영선사행시 운양이 나눈 주요 필담의 개요
를 정리한 것이다.[4]

표1-1 영선사행시 필담 개요 괄호: 『음청사』 출전 페이지

면담자	직위	회수	필담의 주요 내용	비고
리훙짱 호: 중당 (中堂)	북양대신	9	조선정세(27, 29, 33), 양무자강책(31), 설국사(設局事), 연미사(聯美事, 44), 대미조약 초안 검토 (52), 조선조정 질타(87) 속방조회건(104), 임오군란 후 정세, 묄렌도르프	2회는 임오군란으로 인한 일시 귀국 후의 면담

---

3) 「天津奉使緣起」(1892), 『金允植全集(下)』(아세아문화사 1980) 515면.
4) 본 표는 최진식의 도표를 참고로 하였다(최진식 「김윤식의 자강론 연구」, 『대구사학』
25호, 1984, 62면). 그러나 최진식의 도표는 마건충(馬建忠)과 인건충(印建忠), 나직산
(羅稷山)과 인건풍(印豊錄), 장수성(張樹聲)과 장제군(張制軍) 등 동일인을 별도의 인물
로 기록하는 등 부분적 오류가 있고, 담초의 구체적 출처를 밝히지 않아 불충분한 관계
로 재작성하였다.

			추천(202), 공관 설치 및 설국사(205)	
장수성 (張樹聲) 호: 진헌 (振軒)	서리직예총독통상사무 (署理直隸總督通商事務)	3	상주사절(139), 마건충 체류 요청(143), 임오군란 대처(186)	리훙짱의 모친상으로 대리 면담
주복 (周馥) 호: 옥산 (玉山)	해관도관찰 (海關道觀察)	12	일본관, 연미사(65), 독립설(73), 개해금사(開海禁事, 73), 해로 문제(91), 통역원 파견(93), 미곡 유출(100), 설국사(設局事, 124), 외교고문 초빙(138), 북경 상주사절, 북도개시(北道開市), 러시아와의 육로통상 문제(161), 기계 구입(170), 청군파병 요청(178), 임오군란을 둘러싼 정세(182), 오장경(吳長慶) 소개(184)	실무 절차는 주로 주복과 협의 기타 동석 다수
유지개 (遊知開) 호: 장원 (藏園)	영정도관찰 (永定道觀察)	3	교당(敎堂) 설립사, 속방조항(58), 학도공장 귀환 및 설국사(119)	기타 필담 기록 없는 면담 다수 이유원, 변길운과 절친
허기광 (許其光) 호: 속문 (涑文)	천진기기국총판(天津機器局總辦)	3	일본관, 일본정벌론, 만국공법관(79), 위임정치(81), 노변(魯變)-제변(齊變) 논쟁(157), 자치(自治)-자강(自强) 논쟁(158), 서양관(158), 개광사(開鑛事, 172)	가장 활발한 토론이 이루어짐
유함방 (劉含芳) 호: 향림 (薌林)	천진군기소총판(天津軍機所總辦)	1	단군관, 민족사(94), 일본관(95), 정약용(丁若鏞, 96), 세수원(97)	
반준덕	천진기기국	2	설국사(101), 기계 구입(173)	기타 필담 기록 없는

48

(潘駿德) 호: 매원 (梅園)	(天津機器局) 동국총판 (東局總辦)			면담 다수
왕덕균 (王德均) 호: 소운 (筱雲)	천진기기국 (天津機器局) 남국총판 (南局總辦)	2	기계 구입(168)	기타 필담 기록 없는 면담 다수
서건인 (徐建寅) 호: 중호 (仲虎)	천진기기국 (天津機器局) 남국회판 (南局會辦)	3	외교고문 초빙 문제(141), 번역서 소개(155)	귀국선에서 다시 조우(215)
공조여 (龔照瑮) 호: 노경 (魯卿)		1	성소지장(星軺指掌)과 공법편람(公法便覽) 선물(169)	남국 소속
마건충 (馬建忠) 호: 미숙 (眉叔)	관찰(觀察)	3	해로(116), 민족사 인식, 균안론(均安論, 150)	영어, 프랑스어 능통
나풍록 (羅豊錄) 호: 직산 (稷山)	자사(刺史)	2	서양문명론, 고염무·호위론(胡渭論, 90), 부국론, 부민론, 개광론(開鑛論, 176)	영국 유학
위안스카이 (袁世凱)	오영행군사마 (吳營行軍司馬)	1	최초 대면(189)	
당경성 (唐景星)	초상국총판 (招商局總辦)	2	아세아 지도 구입 문의(118), 안남사(安南事, 126), 개광사(開鑛事, 127)	
묄렌도르프 (穆麟德)		1	개광사(開鑛事), 중국학도 동행 건(209)	최초 대면

그가 접촉한 인물은 리훙짱을 비롯하여 청의 고위 양무관료들이었으며, 그들로부터 양무자강정책을 적극적으로 권유받았다. 이 과정에서 그는 청국 고위 관료들과의 인맥과 국외 정보와 신지식에 대한 식견을 확보할 수 있었다. 특히 그는 국내의 임오군란 소식을 듣고 어윤중과 상의하여 청에 군대파견을 적극적으로 요청하였다.[5] 이를 통하여 그는 군란진압에 공헌하고 국왕의 신임을 확보하여 정치적 성장의 계기를 잡을 수 있었다.[6] 또한 천진기기국으로부터 각종 기계와 과학기술서적을 얻어 돌아옴으로써 후일 기기창(機器廠)을 설치하는 기초로 삼았다.

임오군란의 진압 이후 운양은 통리군국사무아문 협판, 이조참판, 강화유

---

5) 운양이 청에 파병을 요청했던 과정에 대해서는 권석봉 「임오군란시 청측개입의 배경」, 『숙대사론』 6호(1971); 권석봉 「대원군 피수(被囚)문제에 대한 재검토」, 『인문학연구』 3-5집(중앙대 인문학연구소 1976~1977); 김종원 「청의 대조선 적극책의 기연―임오사변시의 파병문제를 중심으로」, 『이해남기념사학논총』(1970). 임오군란에 관한 가장 고전적인 연구로서는 田保橋潔 「壬午政變の研究」, 『青丘學叢』 21호(1935), 유일한 단행본급의 전문 연구로는 藤間生大 『壬午軍亂と東世界の形成』(東京: 春秋社 1987)이 있다.

6) 외국군대의 파견요청은 지금의 관점에서 보면 대단히 반자주적인 발상으로 보인다. 그러나 당시 그는 이러한 갈등을 별로 느끼지 않은 것 같다. 일찍이 그는 청에 영선사로 가던 도중 안시성의 양만춘(楊萬春) 유적을 방문한 적이 있는데, 양만춘의 충정이 역사적으로 높게 평가되지 않는 것을 안타깝게 생각하였다. 일찍이 당태종은 연개소문의 고씨(高氏)왕조에 대한 반역행위를 응징하는 것을 고구려 원정의 명분으로 삼았다고 한다. 그런데 양만춘의 저항은 결과적으로 연개소문의 집권 연장을 도와주는 꼴이 되어버려 고구려와 고씨왕조에 대한 그의 진심이 제대로 평가되지 못하게 되었다는 것이다. 그러나 연개소문의 득세 이후 고구려의 모든 성주가 투항하였음에도 양만춘만은 연개소문에 대한 충성을 거부한 것으로 보아도 그의 행위가 연개소문을 돕자는 뜻은 아니었다는 것이다. 운양은 후일 당태종이 양만춘에게 보내는 글을 모방하여 당 태종의 시각에서 양만춘을 설득하는 글을 작성해보기도 하였다. 이로 보아 양만춘의 행위는 결과적으로 현명한 것이 아니었다고 판단하는 듯하다. 다만 양만춘의 충정만큼은 오해되어서는 안된다는 입장이다. 「擬唐太宗安市班師時諭政府詔」(1889), 『김윤식전집(하)』, 616~17면. 이런 사실로 미루어볼 때 운양은 국내의 반역세력을 진압하기 위해서는 외국군대의 힘을 비는 것도 불가한 일은 아니라는 생각을 하고 있었으며, 이것이 임오군란시 청병(淸兵)의 파견을 요청한 이유 중 하나가 아닌가 한다.

수 등 핵심 관직을 겸직하며 자강정책을 전개하였다. 그는 임오군란시 같이 귀국하면서 절친한 사이가 된 위안스카이(袁世凱)와 함께 강화를 시찰하고 정병 5백명을 선발하여 진무군(鎭撫軍)이라 칭하고 청국식 훈련을 받게 하였으며, 이후 강화전군으로 확대하였다. 또한 운양은 1883년 4월 영선사행 시 가져온 기계, 서적들을 기초로 하고 청국 기술자를 초빙하여 기기창을 설치하고, 박정양, 윤태준, 이조현과 함께 기기국의 총판으로서 이를 관리감독하였다. 한편 운양은 1883년 청의 동문관(同文館)을 모방한 동문학(同文學)을 통리기무아문 부속기관으로서 설립하였다. 동문학은 학생 40여 명을 선발하여 외국어를 교습받도록 하였으며, 장교(掌敎)로서는 그의 사촌형 김만식이 임명되었다. 원래 박영효가 추진하다가 중단된 근대적 신문발간 사업도 이어 받았다. 운양은 통리아문 내에 박문국(博文局)을 설치하고 그의 사촌형 김만식이 담당하도록 함으로써, 1883년 10월 조선 최초의 신문인 『한성순보(漢城旬報)』를 발간하였던 것이다.

3. 갑신정변에서 면천 유배까지

운양은 1882년에서 1884년의 기간에 걸쳐 통리아문의 협판 겸 강화유수로서 각종 자강정책을 적극적으로 추진하였는데, 그 과정에서 친청노선을 견지함으로써 김옥균 등 개화당과는 거리가 멀어지게 되었다. 특히 개화당에 의하여 갑신정변이 일어나자 남정철과 함께 위안스카이에게 출병을 요청하였다.[7] 갑신정변을 전후한 시기의 운양의 행적과 관련하여 제기되는 의문은 다음과 같은 것들이다. 첫째, 흔히 온건개화파로 분류되는 운양의 노선은

---

7) 운양의 갑신정변에 대한 부정적 태도와 위안스카이에 출병을 요청한 과정은 「追補陰晴史」(1891), 『續陰晴史(下)』, 566~69면. 「追補陰晴史」는 갑신정변의 경과에 대해서도 상세한 기록을 남기고 있어서 갑신정변 연구의 중요한 사료이다.

민씨정권보다는 개화당과 친화성이 있는데, 무슨 연유로 갑신정변에 반대하였느냐는 점이다. 둘째, 갑신정변이 수습되자 이번에는 민씨정권과 투쟁하였는데, 이는 갑신정변 진압과정에서 수행한 역할과 모순되지 않느냐는 점이다. 이러한 문제들은 갑신정변 전후의 정치적 역학구도를 밝히는 데 있어서 매우 중요하지만 기존 연구에서는 충분히 해명되지 못했다고 판단된다.[8] 본서에서는 이런 문제들을 중심으로 갑신정변에서 유배에 이르기까지의 운양의 행적을 살펴보려고 한다.

운양은 일찍이 박규수의 문하에서 동문수학한 인연도 있어서 김옥균, 박영효 등 개화당 인사들과 가까운 편이었으며, 갑신정변시 발표된 내각에 예조판서에 임명되는 등 심정적 동조 인물로 간주되기도 하였다. 그러나 임오군란시 일본의 개입을 상당히 우려하여 청군의 파병을 요청한 것에서도 알 수 있듯이, 운양은 일본의 개입과 일본식의 근대화에 부정적으로 인식하고 있었기 때문에 일본을 끌어들인 갑신정변의 명분에는 결코 동조할 수 없었던 것이다. 영선사행시 종사관으로 고락을 함께한 윤태준이 살해되고, 우인으로서 교분을 돈독히 하고 있었던 민영익이 중상을 입는 상황 속에서 갑신정변파를 신뢰할 수는 없었을 것이다.

한편 갑신정변은 전문 외교관료였던 운양을 정치가로 변신시키는 하나의 계기가 되었다. 사실 운양은 갑신정변이 발생하기 이전부터 각종 개혁정책

8) 갑신정변은 해방후 일본, 북한, 중국 학계의 주요 관심사로서 연구되어왔다. 특히 1960년대 들어 『甲申日錄』의 가치와 갑신정변의 성격에 대한 야마베 겐따로(山邊健太郎)와 북한 학계 간의 논쟁에 자극받아 한국에서도 본격적인 연구가 시작되었다. 갑신정변에 대한 국내외의 연구를 종합한 것으로는 한국정치외교사학회 편 『갑신정변연구』(평민사 1985); 『사상과정책』 vol. 1, no. 4(경향신문사 주최 갑신정변 100주년 기념 심포지엄 논문집 1984); 『朝鮮史研究會論文集』 no. 22(朝鮮史研究會 1985. 3) 등이 있다. 북한의 갑신정변 연구를 대표하는 저작으로는 사회과학원 역사연구소 편 『김옥균』(평양: 사회과학원역사연구소 1964)이 있으며, 일본에서의 연구를 묶은 것으로는 한국인문과학원 편집위원회 편 『개화파·갑신정변』(국외한국사관계논문선집 1989)이 있다.

이 효과적으로 실행되지 못하고 있는 것에 대하여 문제를 느끼고 있었다. 각종 정책이 정부의 공식기구를 통하여 일관성있게 집행하지 못하고 수시로 변경되는데다가 소위 국왕에의 별입시(別入侍)가 성행하여 국정의 공식성과 일관성이 훼손되는 지경이어서 각종 자강정책이 별무 효과를 거두지 못하고 있었던 것이다.[9]

운양이 1883년 초 운양이 고종을 알현하여 "바라옵건대 전하께서는 오늘부터 사의(私意)로 강제하지 마시고 공신(公信)의 도를 확립하시기 바랍니다"[10]라고 진언한 것도 이러한 진단에서 비롯한 것이었다. 또한 명성황후를 정점으로 한 척족세력의 발호 역시 개혁에 장애가 되었다. 운양이 윤태준과 상의하여 "오늘부터 구기(拘忌)를 금지한다"는 고종의 지침을 받아 승정원의 벽에 부착한 것은 명성황후의 무축(巫祝)을 비판하여 척족의 정치관여를 견제하고자 한 의도에서였다.[11] 이는 민씨들의 미움을 받게 된 하나의 이유가 되었다. 갑신정변 직후 발표된 국왕의 윤음(綸音)은 운양이 작성한 것인데, 국왕의 국정 간여 배제와 정부 위임을 천명하고 있다.

오늘 이후 너희 만민과 약속한다. 짐은 스스로 총명한 척하지 않고 작은 사무에 간여하지 않으며, 간사한 소인들을 가까이 하지 않을 것이다. 또한 사적

---

9) 개혁정책의 부진에 대한 진단은 민영익이 자신이 수구당이 된 이유에 대해서 설명한 것과 맥락이 일치한다. 민영익은 자신이 수구가 된 이유에 대해 다음과 같이 설명하였다. "임오군란 후 수많은 신법을 만들었지만 털끝만큼도 실행되지 않고 어쩌다 실행되는 것은 폐해가 뒤따랐다. 우리나라는 상하 모두 법의 중함을 알지 못하였다. 현재 우리나라의 대전회통(大典會通)은 5백년간의 대법인데 지금 지켜지는 것은 10 중 1~2에 불과하다. 지금부터 대전회통을 금과옥조로 상하 모두 준수하게 하여 법의 중요성을 알게 한 다음에야 개혁할 수 있다. 따라서 나는 오히려 완고수구의 입장이 되었다."(『時事新報』明治 19年 8月 20日 3면) 상하 모두 법의 중요성을 알지 못하고 지키지 않는다는 것은 정책의 일관성과 공식성이 훼손되는 사실을 지칭하는 것을 뜻한다.

10) 「癸未除夕日進奏新年祝語」(1884), 『金允植全集(下)』(탐구당 1960) 52면.

11) 「追補陰晴史」(1891), 『續陰晴史(下)』(탐구당 1960) 583면.

인 축재를 하지 않으며, 오직 공정하고 바른 것만 경청할 것이다. 임금의 책임은 재상을 선택하는 데 있으며, 재상의 직무는 현량을 추천하는 데 있다. 오늘이후 나라의 난을 다스리는 데 있어 오로지 정부에 책임을 부여하고 위임할 것이다. 정부는 협심하여 정사를 보좌하고, 주저하거나 국왕의 눈치를 보지 말라. … 무릇 사람을 쓰고 사업을 제어하는 있어서 반드시 공론으로 정한 연후에 내게 품하도록 하라. 그러면 내가 따르지 않는 것이 없을 것이다.[12]

상기 윤음의 취지는 갑신정변에 이르게 된 모든 책임을 국왕에게 돌리고 이후에는 정부의 공론에 맡기겠다는 것인데, 사실상 국왕의 항복선언이라고 할 것이다. 갑신정변 이후의 수습과정에서 김윤식, 김홍집, 어윤중은 권력을 완전히 장악하였던 것이다. 그러나 군주가 무제한의 권력을 가지는 정치체제가 근본적으로 바뀌지 않는 한, 이는 어디까지나 공염불에 지나지 않는 것이다. 실제로 김윤식 등이 국정을 장악한 것도 일시적 현상에 지나지 않았으며, 고종은 다시 민씨척족을 등용하는 등 이전의 폐해를 답습하게 되었다.

특히 청일 양국간의 전쟁에 관한 소문이 횡행하는 가운데 왕실은 러시아에 접근하여 안전을 확보하고자 하는 경향이 두드러지게 되었다. 이는 마침내 한러밀약사건으로 실체를 드러내게 되었다. 한러밀약은 이미 1884년 겨울부터 은밀히 추진되었으나, 영국의 거문도 점령기중에 노출되었다.[13] 거문

---

12) 「常參綸音」(1885), 『金允植全集(下)』(아세아문화사 1980) 82~83면.
13) 거문도사건에 대한 연구는 영국의 거문도 점령이 방어적이었다는 것과 공격적이었다는 해석으로 양분된다. 전자는 영국이 한러밀약설과 러시아의 조선 점령설에 자극받아 사전예방적 차원에서 거문도를 점령하였다고 본다. 박준규 「거문도사건의 국제정치적 의의」, 『한반도국제정치사론』(서울대출판부 1984); 서중석 「거문도사건과 국제관계연구」, 『정외학보』 제1권(경희대출판부 1957); F. C. Jones 「Foreign Diplomacy, 1866~1894」, Ph. D. dissertation (Harvard University 1935). 후자는 영국의 거문도 점령이 공세적 전략의 일환으로 실행되었다고 본다. 김영정 「Great Britain and Korea, 1883~1887」, Ph. D. dissertation (Indiana University 1964); E. V. G Kiernan, "The Anglo-Russian Crisis, 1885」, British Diplomacy in China (Cambridge University Press

도사건이 발생하자 외아문독판으로 있었던 운양은 영국군의 즉시 철병을 요청하는 한편 각국 공사관에 조회문을 보내어 협력을 요청하였다.[14] 한편 한러밀약사건에 대해서는 외아문의 공식 인가를 받지 않은 것이라는 이유로 이를 무효화시켰다.[15]

1939). 이용희는 거문도사건이 한러밀약사건과는 직접 연관이 없다고 보고, 점령외교에서 철거외교로의 성격 변화 및 청, 일본, 러시아, 조선 간 교섭과정에 주목하였다. 이용희 「거문도점령외교종고」, 『이상백박사회갑기념논총』(을유문화사 1964).

14) 한 가지 특이한 것은 운양이 거문도사건을 해결하기 위한 외교를 전개하면서 조선의 중립화에 관심을 표명하였다는 사실이다. 그는 1885년 5월 20일 독일영사 젬부쉬 (Zembsch)를 방문하여 약소국의 처지를 언급하는 가운데 유럽에서의 벨기에를 거론하며 조선을 그렇게 만들고 싶다고 말했다는 것이다. Politics hes Archiv des Auswartigen Amtes, Akten betreffend Korea (독일외무성정치문서실 한국관계문서) Bd. 2, A 6926, pr. 24. August 1885 m. 구선희 「개화기 조선의 대청정책 연구」(고려대 박사학위논문 1996) 75면에서 재인용. 만약 독일측 기록이 사실이라면 중립화에 대한 조선인 최초의 의사표명이었던 셈이다. 이어서 5월 25일 젬부쉬가 「조선이 중립화를 원한다」는 보고서를 본국 정부에 보낸 것을 보면 조선정부가 중립화에 대한 비공식적인 의사표명을 한 것은 분명해 보인다. 같은 책, Bd. 1, A 5726, pr. 13. Juli 1885 m. 한편 운양은 6월 27일 독일영사에게 보낸 공식문서에서는 다음과 같이 언급하였다. "다른 나라들 사이에 분쟁이 생겼을 때에는 조선은 중립을 지켜야 하며, 조선은 어떤 국가에도 국토를 빌려 주던가 일시적인 점령을 허용할 수 없다. 이러한 일은 국제법에서는 있을 수 없다. 나는 거문도사건을 각국 대표에게 알리기 위하여 이 글을 보내니 내용을 검토하고 본국정부에 보고하여 우호조약 제1조에 규정한 대로 행해주기 바란다. 우호조약 제1조는 조약국 중 일방이 제3의 국가와 분쟁이 생기면, 다른 일방은 당사국의 요청에 따라 분쟁을 해결하여 우의를 표시하도록 되어 있다." 『舊韓國外交文書』(고려대학교 아세아문제연구소 1965~1971) 德案 1, 73(고종 22년 5월 15일). 이처럼 공식 문서에서는 중립화에 대한 관심이 엿보이기는 하지만 구체적인 제안을 하지는 않았다. 이는 이미 부들러 독일부영사의 중립화안에 대한 리홍짱의 반대가 있었던 이상, 청을 의식하지 않을 수 없었던 사정 때문이 아닌가 한다.

15) 한러밀약사건에 대한 연구로는 Andrew Malozemoff, *Russian Far Eastern Policy*, 1881~1904 (University of California Press 1958); Boris D. Park, *Rossiya I Koreya* (Moskva 1979); 신승권 『*The Russo-Japanese Rivalry*, 1876~1904』(육법사 1981); 신기석 「조선문제에 관한 로청 외교관계—한러밀약사건을 중심으로」, 『한말외교사연구』

운양은 이미 1884년 겨울 갑신정변의 진압 후 위안스카이의 환국에 즈음하여 왕실의 사의로 정사를 집행하는 것이 날로 심해져 결국 조선은 망하고 말 것이라며, 이를 견제하기 위하여 대원군의 환국을 건의하였다. 이에 위안스카이는 대찬성의 뜻을 표명하였으며, 리훙짱과 협의하여 마침내 1885년 10월 대원군을 환국시켰다. 그사이에 발생한 한러밀약사건이 이를 관철하게 된 계기가 되었음은 물론이다. 리훙짱은 대원군에게 국정의 개혁을 신신부탁하였다고 하는데, 정작 환국 이후에는 운현궁에 사실상 유폐되어 외부와의 접촉을 일절 금지당하였다.[16] 운양 역시 민씨척족들의 미움을 사서 1886년 4월 박영효의 부친을 장사지내준 일로 탄핵을 받았는데 위안스카이의 필사적인 구명운동으로 겨우 복직하였다. 왕실의 친러정책은 집요하여 운양이 탄핵받아 출성 대기하는 와중에 2차 한러밀약사건이 발발하였는데, 이는 민영익이 위안스카이에게 밀고하여 좌절되었다.

1886년 겨울 운양은 대원군을 환국시켜 국정을 개혁하려던 일이 '그림의 떡[畵餠]'이 된 것을 탄식하면서 위안스카이와 상의 끝에 한러밀약을 밀고하고 상하이에 도주하여 있던 민영익을 불러 같이 계획을 도모하기로 하였다.[17] 이후 민영익은 다시 귀국하여 대원군의 중용 등을 포함한 국정개혁안

(일조각 1967); 임계순 「한로밀약과 청의 대응」, 『청일전쟁을 전후한 한국과 열강』(한국정신문화연구원 1984) 등이 있다. 말로제모프(Andrew Malozemoff)는 러시아의 조선 정책이 소극적이었다고 지적하였는데, 신승권 역시 비슷한 입장을 취하고 있다. 신기석과 임계순은 한러밀약이 열강의 세력균형을 꾀한 고종의 적극책에서 나온 것으로 평가하고 있다. 김용구 교수는 1, 2차 한러밀약사건을 한러밀약사건과 한러밀약설로 구분하여 평가하고 있다. 김용구 『세계외교사(상)』(서울대학교출판부 1989).

16) 일본측 보고에 따르면 리훙짱은 대원군을 환국 조치하기 전 이를 만류하기 위하여 천진에 파견된 민영익에게 김윤식과 함께 대원군을 적극적으로 보좌할 것을 당부하였다고 한다. 그러나 민영익은 민씨척족들과 대원군의 사이에서 아무것도 하지 못하고 결국 동 계획은 그림의 떡[畵餠]이 되고 말았다. 「大院君淸國ニ誘致セラレショリ歸國シタル顚末」, 伊藤博文 編 『秘書類纂朝鮮交涉資料(下)』 1~6면.

17) 「追補陰晴史」(1891), 『續陰晴史(下)』(탐구당 1960) 582면.

을 제시하였으나 척족들의 견제로 별무 효과를 거두지 못하였다.[18] 그리하
여 마침내 운양은 민영익을 위안스카이의 처소로 불러 눈물을 흘리며, 나라
가 망하게 생겼으니 대원군을 보좌하여 국정을 감독하게 하고, 위안스카이
로 하여금 양조(勳助)하게 하자고 제의하였다. 이 일이 있은 지 며칠 후에
운양은 유배에 처했는데, 민영익이 다시 상하이로 도주한 것으로 보아 그가
밀고하였던 것으로 추정된다.[19]

　운양은 영선사행 이후 자강정책이 성공하려면 내정개혁이 전제되어야 한
다는 것을 자각하였으며, 국왕과 척족세력들의 정사간여 배제를 그 핵심으
로 인식하였다. 그는 갑신정변의 수습을 계기로 이를 관철시키려고 하였으
나 좌절되었다. 이후 거문도사건과 한러밀약사건, 대원군 환국 등 일련의 과
정 속에서 그는 민씨정권과 투쟁하였으며 결국 실각에 이르렀던 것이다.[20]

---

18) 「閔泳翊革政條奏ノ事」, 伊藤博文 編 『秘書類纂朝鮮交涉資料』(中) 68~70면.
19) 「追補陰晴史」(1891), 『續陰晴史(下)』 582면.
20) 이상 갑신정변에서 유배에 이르기까지의 운양의 행적을 정밀하게 검토해보면 민영익
　　에 대한 몇가지 의문을 풀 수 있는 단서를 찾을 수 있다. 민영익에 대해서는 흔히 다음
　　과 같은 의문이 존재한다. 첫째, 그가 개화당과 갈라서고 심지어 개화당의 주적이 된
　　이유가 무엇이냐는 점이다. 둘째, 제2차 한러밀약을 위안스카이에게 밀고한 것과 김윤
　　식과의 밀담을 폭로한 것은 서로 모순적이지 않느냐는 의문이다. 그런데 운양의 기록과
　　일본측 사료를 검토해보면 다음과 같은 점을 알 수 있다. 민영익은 일찍이 개화당보다
　　는 김윤식과 가까웠으며, 그의 개혁 모델과 대외노선 역시 개화당보다는 김윤식과 유사
　　했다. 김윤식과의 잦은 서신왕래(『金允植全集(下)』 315면)와 『時事新報』와의 인터뷰가
　　(주 9) 이를 반증한다. 운양은 민영익을 '벗'이라고 호칭하고 있을 정도이다(『金允植全
　　集(下)』, 133면). 이러한 이유로 운양은 대원군의 환국 과정에서 민영익과 협력하였으
　　며(주 16), 대원군의 유폐로 동 계획이 좌절되자 상하이에 있던 민영익을 다시 부르자
　　고 위안스카이에게 제의했던 것이다. 운양이 위안스카이에게 지금 믿을 사람이라고는
　　민영익밖에 없다고 한 말을 주목할 필요가 있다. 「追補陰晴史」(1891), 『續陰晴史(下)』,
　　582면. 사실 전폭적으로 신뢰할 만한 사이가 아니었으면 대원군 옹립계획을 같이 논의
　　할 수도 없었을 것이다. 민영익이 2차 한러밀약설을 폭로하였던 것, 재차 귀국하여 추
　　진한 국정개혁이 다른 민씨들의 견제로 좌절되었던 것(주 18) 등도 이러한 맥락에서 이
　　해할 수 있다. 물론 민영익-김윤식-위안스카이 간의 3자 연대는 김윤식의 유배로 붕괴

이러한 과정 속에서 그는 민씨정권의 후원을 받는 전문외교관료의 지위를 포기하고 정치가로 변신하였으며, 군사・외교보다 내정개혁을 중시하게 되었다. 이는 초기의 자강정책에 대한 반성을 동반하는 것이었다. 그는 면천 유배중 이러한 내정개혁의 구상을 「십육사의(十六私議)」라는 글로 정리하였다.[21]

4. 갑오경장에서 아관파천까지

운양은 면천 유배중 동학농민전쟁을 목도한다. 그는 동학을 기본적으로 비도(匪徒)로 인식하면서도 동학난의 원인이 민씨정권의 광범위한 실정에 있으며, 이를 해결하는 방식은 내정개혁밖에 없다고 보았다. 그는 선무사 어윤중에게 보낸 편지에서 적도를 백성으로 볼 수 없다며 강경탄압을 주장한 이건창의 상소를 미봉책으로 비판하면서 폐해를 근본적으로 제거하지 않으면 백성의 울분이 해소되지 않을 것이라고 지적하고 있다.[22] 그런데 조정은 그나마 절실한 상소를 올린 권봉희, 이건창, 어윤중, 안효제를 모두 유배에 처하는 한편,[23] 종내에는 청에 원병을 청하였는바 운양은 이로써 더욱 소요하게만 될 것이라고 탄식하고 있다.[24]

그는 일본공사 오또리(大鳥圭介)의 5조 건의안이 조선에 대한 내정간섭의 시작이라는 것을 예리하게 간파하고 있다.[25] 그러나 일본의 내정간섭을 회

하였다. 민영익과 김윤식의 대외노선의 유사성에 대해서는 原田環「1880年前半の閔氏政權と金允植一對外政策を中心にして」, 『朝鮮史研究會論文集』 22号(1985. 3) 참조.

21) 『續陰晴史(上)』, 113면.
22) 「與宣撫都御史魚一齋允中別紙」(1893), 『金允植全集(下)』, 349~50면.
23) 『續陰晴史(上)』, 288~89면.
24) 같은 책 311면.
25) 같은 책 315~16면.

피하려면 서둘러 설치된 교정청(矯正廳)의 실효성에 대해서도 의문을 제기하고 있다. 운양은 비록 일본의 간섭을 받는 한이 있더라도 내정개혁을 단행하는 수밖에 없다고 보았던 것 같다. 그는 일본의 요구가 "세도정치를 혁파하고 정부에 권한을 귀속시키라"는 것이라고 기록하고 있다.[26] 더욱이 그는 대원군이 전권을 장악하고 민씨척족들은 도주하였다는 소식을 듣는데, 이러한 정세는 그가 면천 유배에 처하기 전에 추진하려고 했던 것과 크게 다른 것이 아니었다. 운양은 1894년 6월 22일(음) 강화유수의 임명을 받고 유배지를 떠나 상경하였다. 그는 연이어 군국기무처 위원과 외무독판에 임명되어 갑오정권에 적극적으로 참여하게 된다. 운양은 갑오경장을 일본의 내정간섭을 위한 타율적인 것으로 인식하면서도 개혁이라는 대의에 따랐던 셈이다.[27]

얼마 후 이노우에 가오루(井上馨) 일본공사가 내방하여 갑오정권 조직작업에 들어갔는데, 운양은 이노우에 공사와의 면담에서 이렇게 말하고 있다.

귀 공사가 주의해서 보지 않으면 안되는 것이 있는데, 지금 우리나라에는 두 가지의 독립주의가 있다는 것이 그것이다. 그 하나는 국정을 진작하여 견고한 독립국을 만들어 자국의 권리를 남에게 침해당하지 않으려고 하는 것이다. 다른 하나는 구규(舊規)를 준수하여 독립을 구하려고 하는 것이다. 환언하면 전자는 개명주의이고, 후자는 수구주의이다.[28]

---

26) 같은 책 319면.
27) 이와 관련하여 갑오경장에 대한 평가는 크게 타율론과 자율론으로 나누어진다. 타율론은 갑오경장이 일본공사의 직접적인 지도와 강행으로 이루어졌다고 보며, 자율론은 갑오경장은 조선의 개화파 관료들이 주도하고 일본이 지원한 개혁이라고 본다. 타율론의 대표적 연구로서는 田保橋潔「近代朝鮮における政治的改革」, 朝鮮史編修會 編『近代朝鮮史研究』(京城: 朝鮮總督府 1944); 이선근「갈등 속의 개혁: 갑오경장」, 신석호 등 편『한국현대사(Ⅰ): 시련에 선 왕조』(신구문화사 1969); 천관우「갑오경장과 근대화」, 『사상계Ⅱ(9)』(1954. 12). 자율론의 대표적 연구로서는 유영익『갑오경장연구』(일조각 1990); 이광린『한국사강좌: 근대편』(일조각 1984); 林哲「朝鮮における近代的改革運動に關する一考察」, 『國際關係論研究』 4(東京: 東京大出版會 1973).

여기서 수구주의가 민씨척족 세력을 일컫는 것임은 말할 필요도 없다. 이러한 시각은 왕실의 정치개입 배제를 개혁의 핵심으로 파악하던 이노우에 공사의 입장에도 부합하였다. 다만 이노우에는 대원군 역시 정계에서 은퇴시킬 작정으로 동학당과의 내통사건을 빌미로 퇴진의 압력을 가했다. 대원군의 정치적 영향력을 중시하였던 제 대신의 입장과는 차이가 있었던 것이다. 그러나 운양의 대원군에 대한 집착 역시 서서히 약화되었던 것 같다. 특히 김학우의 암살사건에 접하여 운양은 그가 아까운 인재라며 매우 안타까워하고 있는데, 동 사건이 대원군의 사주에 의한 것이었다는 것이 알려지면서 운양의 대원군관에도 영향을 주었을 것이다.[29] 결국 대원군도 궁극적으로는 왕권의 강화를 모색한 군주주권론자였기 때문이다.

이노우에 공사는 김홍집, 김윤식, 어윤중 등 구대신들, 유길준 등의 신진관료, 그리고 박영효의 거국내각을 구성하였다. 그러나 박영효와 대신들 간의 갈등의 결과 내각이 분열되자, 왕실이 반격의 기회를 잡게 된다. 박영효는 왕실의 지원을 얻어 김홍집 총리를 제거, 일대 분란이 발생하였다. 내각의 갈등은 조일간의 조선협회를 매개로 겨우 봉합되었다. 당시 운양은 박영효와 내각의 결속 문제를 협의하였고, 조선협회 부회장에 추천되었다.[30] 그러나 왕실은 내각의 균열에 편승하여 이번에는 박영효를 반역죄로 제거하기에 이른다. 운양은 박영효가 면직된 지 사흘 후 고종이 향후 각의를 친임하겠다고 선언한 사실을 예외로 기록하고 있는데, 내각이 왕실에 제압당한 사정을 상징적으로 보여주는 것이라고 하겠다.[31] 한편 삼국간섭으로 말미암아 일본의 대조선정책이 불간섭으로 바뀌게 되면서 이노우에 공사의 입장도 왕실과 타협하는 방향으로 선회하였으며, 이에 따라 내각의 권한은 점점 약화

28) 「金允植ト談話筆記」(1894), 『秘書類纂朝鮮交渉資料(下)』, 223면.
29) 『續陰晴史(上)』, 342면.
30) 같은 책 367~68면.
31) 같은 책 369면.

하였다. 유길준은 의주관찰사로 좌천되었고, 예산과 인사에 관련된 권한이 점차 왕실로 넘어갔으며, 상대적으로 왕실의 통제권 밖에 있던 훈련대는 해산의 위기에 몰렸다. 경무청과 훈련대의 충돌을 계기로 훈련대 해산의 칙령이 내려졌으며,[32) 곧이어 명성황후시해사건이 발생하였다. 이후 군신간의 협력서약이 있었고, 칭제건원, 양력시행 등의 조치가 취해졌다. 양력시행을 앞두고 단발령이 내려졌으며, 러시아에의 보호요청설이 횡행하였다. 단발령은 의병운동을 촉발시켰으며, 전국이 어수선한 가운데 아관파천이 발생하였다. 갑오정권의 대신들은 모두 면직되고 체포명령이 내려졌다. 김홍집, 어윤중 등은 사망하였고, 유길준, 조희연 등은 망명하였다. 운양 역시 면직되어 근신하였는데, 마침내 그해 말 제주도 종신유배형에 처했다.

5. 제주도 유배기

운양은 1897년 12월 21일 종신유배 명령을 받고 서울을 떠나 제주도로 향하였다. 운양의 제주도 유배 길에는 그의 오랜 식객이자 문인인 라철이 동행하였다. 그로부터 지도(智島)로 이배(移配) 명령을 받기까지 3년 6개월간을 제주도에서 보내게 된다. 제주도에서의 생활은 비교적 자유로운 편이었다. 유배객들의 신변은 공식적으로는 위리안치(圍籬安置)의 입장이지만 해당 목사의 처분에 따라서는 민가 거주와 여행이 자유로웠기 때문이다.

운양이 유배당했을 당시 제주도에는 유배객이 30여 명이 있었는데, 그중 그가 접촉하였던 인물로는 같이 유배당한 이승오(제주에서 사망), 해배 후에도 자주 교류한 서주보, 정병조, 김사찬, 이태횡, 김경하, 천주교도가 되어 이재

---

32) 운양은 훈련대 혁파의 칙령이 내각이 전혀 모르는 사이에 세 차례에 걸쳐 내려졌다고 기록하고 있다. 『續陰晴史(上)』, 377면.

수의 난에 연루된 최형순, 이용호, 이범주, 장윤선 등이 있었다. 제주도 주민 중에서는 판관과 현감을 지낸 김응빈 형제, 한의사 정현구, 관리 중에는 전 현직 군수인 송두옥, 채구석 등과 친밀하게 지냈다. 또한 운양의 문인이 되어 후일 『운양집』의 편찬에도 참여한 황병욱을 만난 것도 제주도에서였다.

운양은 유배객들과 함께 제주의 명승고적들을 유람하면서 귤원시사(橘園詩社)라고 하는 시회를 스무 차례 정도 개최하기도 하였는데, 여기에는 유배객들뿐만 아니고 제주 출신의 문인도 다수 참여하였으며, 『귤원아집(橘園雅集)』이라고 하는 시집을 내기도 하였다. 운양이 지인들과 함께 답사하였던 고적으로는 유림의 회합장소인 삼천제, 안평대군의 서체가 남아 있는 관덕정, 충암 김정의 처소였던 판서정, 송시열 등 오현의 비석을 안치해둔 오현단 등이 있으며, 사라봉, 영구, 용연, 삼성혈 등의 명승지에도 유람하였다.[33]

그러나 운양의 제주도 유배중 겪은 가장 큰 사건이라고 한다면 방성칠의 난과 이재수의 난이라는 민란이라고 할 것이다. 양난의 체험은 그의 민관에도 적지 않은 영향을 주었다.[34] 방성칠의 난은 제주목사 이병휘의 탐학으로 발생한 난이었다. 즉 이병휘가 화전세, 목마장세와 호포를 과징하고, 환곡을 이용하여 백성을 수탈하자 방성칠을 장두로 하여 주민들이 봉기한 것이다. 방성칠은 화전민 수백명을 선발하여 친군을 조직하고, 제주 3군의 주민에게 봉기할 것을 호소하였다. 특히 방성칠은 제주도의 유배객들을 포섭하여 '문무구수(文武俱修)'를 구축하려고 하였다. 운양 등 유배객들은 이를 피하여 각자 흩어져 도망하였으며, 일본선을 얻어 타고 육지로 도망하려고 하다 실패하기도 한다. 한편 유배객 최형순과 김낙영은 봉기군의 와해를 목적으로 위장 동조하였다. 양인은 관군이 파견되면 역부족이니 일본정부에 원조를 구하여 토지를 받치면 도주로서 대접받을 수 있다고 방성칠을 꾀어 선상에

---

33) 『續陰晴史(上)』, 476~547면.
34) 방성칠의 난과 이재수의 난의 경과에 대해서는 『續陰晴史(上)』, 454~70, 558~89면.

서 주살할 계획이었다. 그런데 천기가 좋지 않은 관계로 출선이 어렵게 되자 계획을 변경, 방성칠의 제주성에의 회군을 막고 성내 주민의 궐기를 호소하였던 것이다. 결국 방성칠은 민관군의 추격을 받아 주살되었으며, 벽도로 도망하였던 이병휘도 면직되었다.

이재수의 난은 내장원의 '세폐'와 천주교의 '교폐'로부터 비롯한 민란이었다. 당시 고종의 총애를 받던 내장원경 이용익(李容翊)은 황실의 재원 확보를 위하여 봉세관을 전국 각지에 파견, 백성의 혈세를 수탈하는 데 열을 올렸다. 제주도에는 강봉헌을 봉세관으로 파견하였는데, 그는 백성의 토지를 공전이라고 우겨 탈취함은 물론 목장, 어망, 심지어 산천초목에까지 잡세를 부과하였다. 육지에 통합된 이래 토지가 척박하다고 하여 세금을 면제받아 오던 제주도에는 사상 초유의 일이었다. 그 과정에서 천주교도들이 봉세관과 결탁하여 과세와 징세를 돕자, 이에 분개한 주민들이 천주교도 주살의 대의로 봉기한 것이었다. 천주교도들의 수성과 봉기주민들의 공성의 장기공방전 끝에 성내의 식량이 바닥나는 등 전세가 천주교도들에게 불리해졌다. 이에 후환을 두려워한 성내주민들이 성문을 열어주었으며 이재수의 민란군은 입성 후 무자비하게 천주교도들을 학살하였다. 그러나 민란의 심각성을 파악한 정부가 강화군을 파견, 무혈 진압하여 사태는 종결된다.

이재수의 난은 봉세관과 천주교도의 결탁에 따른 주민들 수탈이 원인이라는 점에서 지방관의 탐학이 주된 원인이었던 방성칠의 난과는 성격이 다르다. 또한 방성칠이 제주의 독립을 기도한 명백한 역적이었음에 비하여 이재수의 난에서는 천주교도와 봉세관만을 주적으로 하였으며, 난의 과정에서 지방관은 중립적인 위치에 있었다. 방성칠의 난이 화전민들을 중심으로 한 수백명의 핵심 결사단에 의한 것이었다면, 이재수의 난은 거의 전 제주도민이 봉기하였다는 점도 다르다.

운양은 방성칠의 난이 지방관의 탐학에서 비롯된 것이라는 점을 잘 인지하고 있다. 그래서 전 목사의 죄는 방성칠보다 크다는 주민의 분노를 인정하고 있다.[35] 또한 이재수의 난의 본질이 봉세관과 이를 배후에서 조종하는 내장원경 이용익의 작폐에서 비롯된 것이라는 것을 간파하고 있다.[36] 그래서 난의 진압 후에도 백성이 이재수 등의 두목들에게 충성하는 것을 보고 "세폐, 교폐가 골수에 미쳤음을 알 수 있다"고 동정하는 것이다.[37] 그러나 민당이 천주교도와 프랑스 신부 학살이 초래할 위기를 감지하지 못하는 것에 대하여 "심하다 백성의 어리석음이여"라고 탄식하는 운양의 모습에서 우민관의 변화를 발견하기는 어렵다.[38]

한편 운양의 제주도 체험에서 빼놓을 수 없는 것이 여성에 대한 재인식이다. 운양은 여성들의 역할이 큰 제주의 풍속에 대하여 "가정은 아내에게 경청하니 가히 건부(健婦)가 문호를 유지한다고 할 만하다"라는 소감을 피력하였다.[39] 이재수의 난 와중에서 민당에 성문을 개방한 것도 성중 여인네들이었으며, 여성의 큰 역할은 여인 장두 두 사람(각각 퇴기와 현역 기생)의 탄생에까지 이어졌던 것이다.[40] 운양은 제주 여성들이 지나치게 거친 것에 대하여 제주의 여풍은 심히 악독하다고 비난하기도 하였지만, 여성들의 적극적 역할 자체에 대해서는 특별히 거부감을 보이지 않고 있다. 그리하여 제주도 유배시 민치헌이 부녀의 개가를 허가하자는 상소를 올렸다는 소식을 접하고 "만약 시행되면 화합을 가져올 것이다"라며 환영한 것이다.[41] 운양은 일찍이 영선사행시 중국의 전족 풍습을 야만적인 것으로 비판하여 "여자는 인도(人道)의 시작이다. … 욕됨을 멀리하는 데 있어서 남녀는 진실로 다름이 없

---

35) 『續陰晴史(上)』, 468면.
36) 같은 책 559면.
37) 같은 책 589면.
38) 같은 책 568면.
39) 같은 책 460면.
40) 『續陰晴史(上)』, 573~74면.
41) 같은 책 544면. 운양은 후일 장자 유중이 사망한 후 그의 소실을 손녀들과 함께 학교에 보내 교육시키고 개가시켜 자신의 생각을 실천에 옮긴다.

다"고 지적한 바가 있다.[42] 운양은 이러한 개방적인 여성관을 가지고 있었던 만큼 제주도의 체험에서 한층 여성의 역할을 재인식하게 되었을 것이다. 후일 애국계몽운동기에 그가 여성단체의 사회운동에 적극적으로 협력하였던 것도 이러한 인식에 기초한 것이라고 하겠다.

6. 지도 유배기

이재수의 난이 진압된 이후 운양은 유배객들의 민란 관련설로 인하여 1901년 6월 19일 지도로 이배되었으며, 1907년 6월 26일 해배의 전문을 받고 지도(智島)를 떠날 때까지 6년간을 지도에서 생활하였다. 지도에서의 일상은 제주도에 있을 때와 비교하여 상당히 단조로운 편이었다. 교류할 수 있는 유배객의 숫자도 적었을 뿐 아니라 섬의 규모가 작아서 제주도의 민란 같은 큰 사건이 발생할 소지가 없었기 때문이다. 제주도에 있을 때는 유배객들과의 잦은 유람과 시회로 풍류를 즐기었으나, 지도에서는 이따금 군수의 초청을 받아 연회에 참석하거나 생일을 맞아 창부(唱夫)와 기생을 불러 풍류를 즐기는 것이 고작이었다. 특히 지도에서의 마지막 겨울에는 이질과 해소천식으로 반년간이나 드러누워 죽을 고비를 넘기기도 하였다.

지도 유배중에 접촉한 인물로서는 제주도에서 같이 이배를 온 정병조, 김사찬, 지도에서 만난 유배객 정운복(후일 서북학회장, 제국신문 사장을 역임), 김형섭(을미년에 일본사관학교에 파견됨), 제주도에서 운양을 보필하기 위하여 찾아온 황병욱 등이 있었다. 한편 장자 김유증, 문인 라철이 수시로 방문하였고, 면천 유배서 알게 된 영탑사 주지 월해가 지도까지 문안 방문하였다. 또한 매천 황현이 문인들을 데리고 제주도 유람을 와서 운양을 방문하여 같이

---

42) 「弓鞋說」(1881), 『金允植全集(下)』, 6면.

시작을 하기도 하였다.[43]

운양은 그외 대부분 시간을 약초 채집과 각종 서적, 신문 열람과 서신 교환으로 소일하였다. 지도에는 천문동(天門冬)이라고 하는 한약재가 지천으로 널려 있었는데, 일찍이 건강이 좋지 않아 한의학에 관심이 많았던 운양은 약초의 채집과 조제에 열중하였다. 서신은 수일 간격으로 왕래되었는데 주로 가족 친지들이 나라 안팎 소식을 전해주는 내용이었다. 그가 제주도와 지도 유배중에 열람했던 신문으로는『한성신문(漢城新報)』(1897. 6. 10부터),『독립신문』(1898. 11. 30부터),『청의보(淸議報)』(1899. 9. 1부터),『황성신문(皇城新聞)』(1901. 3. 2부터),『대한매일신보(大韓每日新報)』(1904. 2. 15부터),『大東新報』(1904. 5. 24부터),『대판매일신문(大阪每日新聞)』(1905. 8. 31부터),『국민신보(國民新報)』(1906. 1. 28부터),『만세보(萬歲報)』『국민보(國民報)』(1906. 8. 4부터),『朝陽報』(1906. 8. 30부터; 월2회),『경성일보(京城日報)』(1906. 9. 13부터),『자강회보(自强會報)』(1906. 11. 19부터; 월보),『서우회보(西友會報)』

---

43)『續陰晴史(下)』, 29면. 운양에 따르면 황현은 구례 사람으로 나라에 명성이 자자한 문인이었는데, 이건창(李建昌), 김택영(金澤榮)과 함께 절친한 친구로서 운양과도 일식면이 있었다고 한다. 김택영은 운양이 영선사로 떠날 적에 노자와 서적을 챙겨줄 정도로 운양과 매우 절친한 친우였다.『陰晴史』, 4~5면. 김택영은 일제강점기에 상하이에서『매천집(梅泉集)』과『창강집(滄江集)』을 발간하여 국내에 반포하였는데, 매천의 아우가 운양에게도 이를 1부 전해주었다. 총독부는 동 서적들에 시국에 분개하는 내용이 있다고 하여 압수하였다고 한다. 운양은 황현에 대해 "문장이 아름답고 박학 강기하며, 성품은 불결을 용납하지 않아서 을사늑약 후 자결하였다"며 상당히 높게 평가하고 있다.『續陰晴史(下)』, 378면. 황현은『매천야록』에서 운양에 관한 기사를 많이 남기고 있는데, 반드시 우호적이라고만은 할 수가 없다. 그는 김윤식의 문재와 외무독판으로서의 능력을 인정하면서도 운양이 관직에 진출한 이후에는 시속배로 전락하였다고 비판하였다. 황현 저, 김준 역『매천야록』(교문사 1994) 195~96면. 혼란한 시국에의 출사를 거부하고 향리에 묻혀 살았던 황현이고 보면 이런 평가도 무리는 아니라고 하겠다. 한편『매천야록』에는 "김윤식은 70세가 넘어서도 정력이 소년처럼 강하여 첩에게서 아들 둘을 낳아 사람들이 장차 복권할 징조라고 하였다"는 기록이 있는데, 사실 그는 지도에서 운양과 두 아들을 직접 만나보았던 것이다. 같은 책 420면.

(1907. 1. 19부터; 월보), 『제국신문』(1907. 5. 25부터; 순국문), 『태극회보(太極會報)』(1907. 6. 25부터; 동경유학생 발간) 등이 있다. 이 중에서 『한성신보(漢城新報)』와 『황성신문(皇城新聞)』은 꾸준히 열독한 주요 정보원이었다. 운양이 무술정변, 의화단의 난, 독립협회와 만민공동회, 광무개혁, 러일전쟁, 을사늑약 등 국내외 사건에 대한 상세한 소식을 접한 것도 동 신문을 통해서였다. 상기 신문들은 열흘 정도 지체된 시간에 우송되었다.

한편 동 기간 읽은 서적 중 기록이 남아 있는 것을 소개하면 다음과 같다 (괄호는 기록한 날자).

『漁隱叢話』(1898. 8. 8), 『漢魏叢書』(1898. 9. 26), 『皇明通記』(1898. 10. 3), 『復初齋集』(1899. 4. 2), 『唐代叢書』(1899. 4. 2), 『瀛寰志略』(1899. 4. 8), 『西遊記』(1900. 6. 27), 『攝生秘剖』(1900. 9. 27), 『八代詩選』(1901. 2. 25), 『胡傳春秋』(1901. 4. 17), 『蘆沙集答問類編』(1901. 4. 17), 『古今奇觀』(1901. 9. 5), 『戊戌政變記』(1901. 11. 2), 『東史輯要』(1903. 4. 16), 『公法會通』(1903. 4. 27), 『世說抄』(1903. 6. 4), 『麗史提綱抄』(1903. 6. 15), 『明朝記事本末抄』(1903. 6. 23), 『宋名臣錄抄』(1903. 6. 30), 『左傳』(1903. 8. 10), 『經國美談』(1903. 8. 30), 『泰西新史』(1904. 7. 16), 『傳燈錄』(1904. 7. 27), 『越南亡國史』(1906. 9. 29).

편벽되지 않고, 고금과 동서의 서적이 두루 망라되어 있는 것이 특징이다. 이 중 『공법회통(公法會通)』은 『성소지장(星軺指掌)』과 함께 영선사행시 천진기기국의 공로경(龔魯卿)에게 받은 것이다.[44] 『월남망국사(越南亡國史)』는 월남망명객 소남자(巢南子) 판 보이 짜우(潘佩珠)와 량치차오(梁啓超)의 대담을 기록한 것인데, 조선의 망국대부 운양에게도 상당한 영향을 준 것 같다.

---

44) 『陰晴史』, 169면.

한편 러일전쟁과 을사늑약 체결이라는 큰 사건이 운양의 지도유배 기간중 일어났는데, 그는 신문과 서신을 통하여 이에 관한 소식을 상세히 접하고 있다. 운양은 러일전쟁의 전황과 국내외 정세의 변화에 촉각을 곤두세우고 있다. 『황성신문』이 재정난으로 일시 정간되자 발을 동동 구르기도 하였다. 그는 러일전쟁에서 노골적으로 일본을 응원하였던 것으로 보인다. 비록 인용의 형식이기는 하지만 그는 각국이 일본을 지원하는 것을 거론하면서 러일전쟁을 "세계 공전(公戰)"이자 "세계 초유의 의전(義戰)"이라고 평가하고 있다.[45] 운양이 러일전쟁에서 러시아의 패배를 내심 바랐던 것은 그가 일관되게 가지고 있던 부정적인 러시아관과 동양공동체 의식에서 비롯하는 것이기도 하지만, 자신의 신상 문제와도 관련이 있는 듯싶다. 그는 러일전쟁의 발발 직전에 유길준, 조희연 등 을미대신들과 더불어 명성황후시해사건에 연루되었다고 하여 가율(加律)의 탄핵을 받았다. 모두 다섯 차례에 걸쳐 정부와 중추원의 대신들로부터 노륙지전(孥戮之典, 일가족을 모두 연좌제로 처벌하는 것)에 입각한 처벌을 요청하는 상소가 있었다. 운양가의 사람들은 왕복문서를 태우고 은신처로 피신하는 등 매우 급박한 상황이었다. 운양도 마음을 비우고 법정에서 해명이라도 할 수 있다면 원이 없겠다는 심회를 피력할 정도였다.[46] 그런데 정부가 6차 탄핵상소를 준비하던 때에 명헌태후가 승하하는 바람에 일단의 위기를 넘겼던 것이다. 그는 "국가에 큰 일이 있고 주변국 간 전쟁이 임박하여 위기가 점차 완화될 것이라고 한다"며 한숨을 몰아쉬고 있다.[47] 운양은 원래 황실의 전제 권력과 군사력 강화를 중심으로 하였던 광무정권의 정책에 상당히 비판적이었는데, 정부가 주도가 되어 자신에 대한 가율 탄핵을 주청하는 사태를 맞이하여서는 하루 속히 광무정권이 몰락하기를 기원하였을 것이다. 광무정권은 이용익, 이근택(李根澤)등 친러파를 중추

45) 『續陰晴史(下)』, 81면. 운양의 러시아관에 대해서는 4장에서 상술한다.
46) 같은 책 67면.
47) 같은 책 68면.

로 하였으므로 일본의 승리는 광무정권의 몰락으로 이어질 것이 자명하였다. 마침내 러일전쟁이 일본의 승리로 기울자 정부는 일본의 간섭을 꺼려 폐정개혁을 서둘렀다. 이에 대하여 운양은 "누적된 부패가 하루아침에 청산될 수 있겠는가"라며 회의하고 있는데, 이는 광무정권에 대한 그의 불신을 단적으로 보여준다고 할 것이다.[48]

운양은 을사늑약의 체결을 전후한 상황을 상세히 기록해두고 있다. 그는 일본이 러일전쟁에서 승리한 이후 조선이 일본의 속국으로 전락하는 과정을 목도하면서 침통한 심정을 금치 못하였다. 조선은 '일본인 천지'가 되어 유구(琉球)와 다를 바 없게 되었다는 것이다.[49] 운양은 을사늑약의 체결 전후 지인 라철, 이기, 윤주찬, 오기호 등과 서신을 왕래하면서 정세의 변화에 촉각을 곤두세우고 있다.[50] 라철 등은 러일 강화협상에 개입하기 위하여 추진

---

48) 같은 책 79면.

49) 같은 책 134~35면.

50) 라철은 1880년대 중반부터 운양가의 식객이자 문인으로 머물고 있었는데, 1891년 10월 대과에 합격하고 면천 유배지에 있는 운양을 문안 방문하였다(『續陰晴史(上)』, 197면). 그는 아관파천 이후 운양이 광주에서 근신중일 때 찾아와서 공생하였으며, 제주도 유배에도 동행하는 등 운양이 어려울 때 항상 고락을 같이하였다(같은 책 449면). 방성칠의 난 이후 부인이 사망하자 식솔을 거두려고 부득이 낙안으로 일시 귀향하였으나, 운양이 지도로 이배한 후에도 찾아오는 등 가족 이상으로 친밀한 관계를 유지하였다. 운양의 해배 후에도 이러한 관계는 지속되어 운양은 나철의 대종교에 적극적으로 협력하였으며, 라철의 아들 라정문을 대신 교육하는 등 물심양면으로 지원하였다(『續陰晴史(下)』, 359면). 이기(李沂)는 원래 운양과 일식면도 없는 관계였으나 운양의 도학이 높다는 라철 등의 소개로 오늘날의 의리(義理)를 묻는 서신을 보내온 이후로 운양의 지인이 되었다(「答李海鶴沂主事書」(1904), 『金允植全集(下)』, 355면). 그는 구례 사람으로 문재가 뛰어나서 역시 구례에 살던 황현과 교류하였다고 한다. 동학농민전쟁 시에는 전봉준을 찾아가 모사로 써줄 것을 자청하기도 한 전력이 있다고 한다. 금장태 『한국근대의 유교사상』(서울대학교 출판부 1990) 96면. 을사오적 암살음모로 유배하러 다녀온 후로는 호남학회의 핵심 멤버로 애국계몽운동에 진력하였다. 『湖南學報』 1~3호(1908)에 실린 신학문을 주장하는 글 「一斧劈破論」이 일부 번역되어 있다(「一斧劈破論」, 독서신문사 편 『한국사를 빛낸 명논설』, 민성사 1985, 121~29면). 또한 그의

하던 미국행이 좌절되자 동경으로 가서 일본 조야에 조선의 독립과 동양삼
국의 동맹을 요지로 하는 장서를 올리기도 하였는바, 운양에게 보낸 서신에
서 이러한 경과를 자세히 보고하고 있다.[51]

문경(文卿) 라철, 해학(海鶴) 이기, 일사(一史) 윤주찬, 소남(小南) 오기호
등은 라철을 중심으로 한 결사의 멤버들이다. 운양은 지도로 자신을 찾아온
노영현과 정인묵에 대하여 호남의 '지사'로서 라철, 윤주찬과 '동사인(同社
人)'이며, 라철이 운양을 방문할 것을 권하여 내방하였다고 기록하고 있다.
이로 보아 라철을 중심으로 한 결사가 존재했음을 알 수 있다.[52] 라철 결사
인들은 동경에서 장서를 올려 조선의 독립과 한·청·일의 동맹을 주장하였
을 뿐만 아니라, 귀국 후에는 매국대신들을 살해하려고 하다가 사전에 발각
되어 체포되기도 한다.[53] 동 기간에 그들은 운양과 수시로 편지 연락을 주고
받았으며, 운양은 해배되어 경성에 돌아오자 즉시 문병을 가고 있다.[54] 이후
라철 결사는 대종교를 창시하여 민족종교운동을 전개하는데 운양도 적극적
으로 동참한 것은 물론이다.

운양은 마침내 을사늑약이 체결되었다는 소식을 듣고, 조선 인민은 노예
나 금수와 다를 바 없게 되었다며 통곡한다. 그는 을사늑약에 관여한 대신들
의 행적에 대해서도 자세히 인지하고 있다. 즉 이지용, 권중현, 이완용이 찬

토지론에 관한 연구가 있어 참고가 된다(김용섭 「해학 이기의 토지론과 양전론」, 『한
국근대농업사 연구(하)』, 231~58면). 윤주찬은 해남 사람으로 시무에 뜻을 두어 경성
에 체류하고 있었는데, 운양을 지도로 내방한 이래로 지속적으로 서신을 왕래하고 있
다(『續陰晴史(下)』, 8면).

51) 『續陰晴史(下)』, 148면.
52) 같은 책 189면.
53) 같은 책 200면. 재판의 결과 라철은 12년, 이기는 7년, 오기호는 5년의 유배에 처해
졌으며 곧 보석으로 석방되었다.
54) 같은 책 211면. 동 기간에 운양은 라철에게서 세 차례(1905. 8. 1; 1906. 1. 24;
1906. 9. 27), 윤주찬에게서 다섯 차례(1905. 12. 16; 1906. 2. 28; 1906. 6. 18; 1906.
9. 3; 1906. 9. 27)에 걸쳐 서신을 왕래하고 있다.

성하고, 박제순도 부득이하여 이를 따랐으나 한규설에게서 힐난받았다는 사실, 그리고 이지용, 이근택, 이완용, 박제순, 권중현 등이 매국오적으로 낙인 찍혀 문무백관과 백성에게서 강력히 성토, 공격당하였을 뿐만 아니라 자신들의 종들로부터도 조롱당한 사실 등을 일일이 기재해두고 있다. 또한 조병세, 민영환, 홍만식 등 수많은 대신과 관리가 자결로서 의를 지키고, 전국 각지의 백성이 매국대신의 주살과 조약의 무효를 요구한 사실 등도 빠짐없이 기록하고 있다.[55] 후술하겠지만 을사늑약을 둘러싼 이러한 정황들을 익히 아는 운양이 후일 합방사의 하문에 찬성하였다고 보기는 어렵다. 특히 그의 문인과 마찬가지였던 라철, 이기 등이 암살단을 조직하여 매국대신들의 주살을 기도하였던 것을 감안하면 더욱 불가한 일이라고 하겠다.

7. 애국계몽운동과 일본 방문

운양은 1907년 6월 26일 해배의 전문을 받고 한성으로 복귀하였다. 그런데 그의 사면은 주위 인물들의 끈질긴 시도로 성취된 것이었다. 흔히 운양의 사면은 일진회가 주선한 것으로 지적된다. 이에 대하여 황현은 이미 70세 이상 방면의 조서가 있는데도 운양만 누락된 것을 일진회가 누차 정부를 공박하여 관철한 것이라고 기록하고 있다.[56] 당시 신문들은 일진회의 운양 구명운동을 보도하고 있었으며, 황현 역시 이를 참고로 한 것 같다.[57] 그러나 장자 김유증이 보낸 편지에 따르면 운양의 특면은 각 단체와 정부가 일성으로 주장하여, 고종이 난색을 표명하였음에도 관철시킨 것이라고 하였다.[58]

---

55) 을사늑약 체결을 둘러싼 정황의 기록은 『續陰晴史(下)』, 160~68면.
56) 『매천야록』, 726면.
57) 『續陰晴史(下)』, 205면.
58) 같은 책 206면.

여러 정황을 종합해볼 때 운양의 최종적으로 특별사면된 데에는 일진회의 역할이 있었던 것이 사실이나, 그에 앞서 운양과 절친하였던 정부대신들과 일본정부의 강력한 주선이 있었던 것으로 보인다.

　이미 을사늑약의 체결 전 고종은 일본황실 박공왕(博恭王)의 간청으로 운양을 석방하라는 명령을 내렸다가 취소한 일이 있는데, 당시 이 일은 신문에 보도까지 되었다.[59] 일본정부는 1880년대 이래 운양에게 호감이 있었으며, 만약 이완용 내각이 붕괴하면 박제순 내각 내지 김윤식 내각이 거론될 정도였다고 한다.[60] 정부대신 중에는 박제순과 조중응의 역할이 각별했던 것 같다. 박제순은 일찍이 운양이 외무독판을 지내던 시절 협판으로서 보좌한 전력이 있는데, 일본총독부의 기록에는 평소 운양에게 사사하였다고 되어 있다. 그는 외무대신이 되었을 때 하야시 공사에게 "나로서는 제주에 있는 김윤식 선생을 구할 수만 있다면 무슨 희생도 마다하지 않겠다"고 말할 정도였다고 한다.[61] 이후 하야시 공사는 고종을 알현하여 김윤식이 재능이 있으니 사면하여 쓰자고 하였으나, 고종은 "공사는 어떻게 윤식이 재능있음을 알고 추천하는가. 군주만큼 신하를 아는 사람은 없다"며 허락하지 않았다는 것이다.[62] 조중응은 일찍이 러시아당의 탄핵을 받아 절명의 위기에 처했을 때 운양의 도움으로 목숨을 건진 일이 있으며, 갑오개혁시에는 운양의 밑에서 외부 참의와 교섭국장을 역임하여 운양과 인연을 맺었다. 운양의 사면건이 제기되었을 때 그는 법부대신의 지위에서 사면을 주도적으로 처리할 수 있었다. 그는 운양이 해배되자 인천까지 마중을 나가 영접하고, 주야로 빙문할 정도로 열성이었으며, 이후에도 지속적으로 친밀한 관계를 유지하였다.[63]

---

59) 『梅泉野錄』, 597면; 『續陰晴史(下)』, 142면.
60) 細井肇 『漢城の風雪と名士(近代朝鮮論影印叢書 第17券 政治史1)』 森山茂德 解說 (東京: ぺりかん社 1997) 75면.
61) 牧山玄濤「子爵金允植」, 牧山玄濤 編 『朝鮮紳士明鑑』(경성: 조선총독부 1910) 138면.
62) 『續陰晴史(下)』, 151면.

1907년 7월 11일 선편으로 인천에 도착한 운양은 자강회 대표 윤효정, 일진회 대표 윤시병 등 사회단체, 법부대신 조중응, 궁내부 대신 박영효 등 정부관료와 일가친척들의 환영을 받는다. 한성의 본가에 복귀한 이후로는 조야 인사들의 방문이 줄을 이었다. 그러나 그가 도착한 며칠 후 헤이그특사사건이 터지고, 뒤를 이어 정미7조약이 조인됨으로써 조선은 식민지의 길로 치닫고 있었다. 암울한 정세 속에서 그는 8월 2일 황실제도국 총재의 임명을 받는다. 제도국은 관료 13인으로 구성된 실권 없는 의전기구였다. 사실 일본이 운양의 특면을 주선한 것은 그를 활용해보자는 의도였으나, 내각총리와 중추원 의장 외에는 그가 맡을 만한 중량감있는 자리가 없었던 것도 사실이다. 11월 29일 제도국이 혁파되자 제실회계감사원경으로 자리를 옮겼고, 1908년 4월 25일에는 중추원 의장, 9월 15에는 국조보감 편집관 및 교정관에 임명되었다.

중추원은 일찍이 독립협회의 의회개설운동 당시 상원의 기능을 부여하려고 하였던 곳이나, 이후 유명무실화되어 헌의를 접수하여 내각에 조회하는 정도의 기능을 가진 실권 없는 기구에 불과했다. 그러나 의회가 없던 대한제국에서 의회를 대신하여 민의를 전달하는 상징성 정도는 있었던 것 같다. 그가 중추원 의장으로서 수행한 역할 중 눈에 띄는 것은 친일분자 송병준의 탄핵건이었다. 중추원이 송병준의 탄핵 헌의를 접수하여 내각에 조회한 것

---

63) 조중응은 김윤식, 어윤중 등의 명을 받고 만주, 외몽고, 바이칼호, 퉁스크 등을 행상의 차림으로 3년간 자유롭게 시찰하기로 계획하고 출발하였으나, 3개월 만에 갑신정변의 소식을 듣고 급거 귀국 『북행록(北行錄)』이라는 국방의견서를 고종에게 제출하였다고 한다. 그런데 이미 세력이 강해진 러시아당 이근택, 한규설, 홍재강 등의 탄핵을 받아 사형의 위험에 처했는데, 김윤식의 구명운동으로 겨우 목숨을 건져 유배에 처했다고 한다. 이후 갑오경장시 외부 참의와 교섭국장을 역임하였고, 명성황후시해사건 때에는 법부 형사국장으로서 이범진, 안경수 등 러시아당을 탄압하였으며, 아관파천 이후에 일본으로 망명한다. 그는 일본망명 기간중 일본어를 마스터하고 을사늑약 이후 이완용의 통역을 담당하여 출세, 법부대신에 오르게 되었다고 한다. 細井肇, 앞의 책 34~41면.

은 두 차례로 1909년 1월 순종 어전에서 싸우다가 칼을 뽑는 무례를 범한 건과 같은 해 12월 일진회를 통하여 경술국치를 주장하는 성명을 발표하여 국시를 혼동시킨 건으로 이용구와 더불어 탄핵되었다.[64] 중추원은 내각대신을 탄핵할 수 있는 권리를 가지고 있지 않았으나, 사안의 중대성을 고려하여 만장일치로 의결하여 내각에 조회했던 것이다.[65] 내각은 정부와 추원은 일체이므로 상호 공박의 권리가 없다고 조회를 반환하였으나, 송병준은 결국 여론에 밀려 면직되었다. 송병준의 탄핵건은 자못 세인의 관심을 끌었던 모양으로,『대한계년사(大韓季年史)』에서도 김윤식의 탄핵건의를 비중있게 기록하고 있다.[66]

한편 운양이 더욱 열의를 기울인 것은 공식 직함보다는 백성을 계몽하기 위한 애국계몽운동이었다. 한성에 복귀하자마자 정미7조약이 조인되어 사실상 일제의 식민지가 된 현실이었으므로, 운양으로서는 인민의 실력을 배양하여 후일 국권회복을 도모하는 것이 긴요하다고 판단하였던 것이다. 애국계몽운동을 전개하면서 주로 협력한 인사들은 운양의 뒤를 이어 일본에서 귀국한 유길준, 조희연 등 을미개혁의 주체들과 장지연, 박은식, 지석영 등 개신유학자들이었다.

우선 교육사업을 보면 1907년 11월 29일 그는 유길준이 주도한 흥사단 (興士團)의 단장에 추천되었다. 부단장에는 유길준, 평의원에는 윤치오 등 20인이 선임되었다. 흥사단은 초등교과서를 편찬하고 강연회를 개최하는 등 교육활동에 주력하였다. 그는 각종 학회활동에도 적극적으로 참여하여 1908년 9월 28일 기호학회장, 같은 해 10월 21일에는 기호학회, 서북학회, 호남학회, 영남학회, 관동학회, 흥사단의 연합체인 교육구락부장으로 위촉되었다. 동 학회들은 교육사업을 위주로 하면서도 정회(政會)의 성격도 더불어

---

64) 『續陰晴史(下)』, 314면.
65) 같은 책 282~83면.
66) 『大韓季年史(下)』(국사편찬위원회 1971) 346면.

가지고 있었던 것으로 보인다. 각급 학교의 건립에도 힘써 유길준, 장박, 조희연 등과 함께 1908년 10월 숭교의숙(교장: 장박, 찬성장: 김윤식)을 설립하였으며, 양원여학교와 보광학교의 교장으로 활동하였다.

운양은 각급 민단의 조직과 사회사업에도 적극적이었다. 정선, 경행 두 지역 민단의 연합체로서 양방의 교육과 위생을 담당하는 정경방민단회 회장으로 추천되었으며, 유길준의 한성부민회, 한성위생회에도 참여하였다. 고아원의 후원도 자청하여 종로상업회의소를 비롯한 유력인사들에 고아원의 재정적 지원을 요청하기도 하였다. 운양은 중추원과 편찬소에 출근하여 업무를 본 다음에는 이틀이 멀다하고 흥사단, 양원여학교, 고아원을 방문하는 등 교육과 사회사업에 심혈을 기울였다. 특히 흥미로운 것은 여성단체에의 참여와 협력이다. 그는 사회봉사단체인 자혜부인회에 참여하였으며, 윤정원, 박에시터 등 여자 유학생의 환국에 즈음한 한국여성단체환영회의 회장으로 추천되기도 하였다. 그가 여성단체의 활동에 적극적으로 협력한 것은 애국계몽운동의 일환이었다고 보이나, 3녀, 손녀, 심지어 타계한 장남의 소실까지 차별 없이 숙명학교에 입학시킨 데서 엿보이듯이 개방적인 여성관을 소유하고 있었기 때문이 아닌가 한다.

운양은 애국계몽운동의 일환으로 종교활동에도 참여한다. 그는 유배시절부터 대동학설(大同學說)에 심취하였는바, 한성 복귀 후 즉시 대동학회에 참여하였으며, 대동교(大同敎)의 총장이 되기도 한다. 종교자유설을 주창한 유명한 '돈화론(敦化論)'은 그가 대동교 총장으로서 집필한 것이다.[67] 또한 그는 라철과의 특별한 인연으로 말미암아 대종교 조직에도 발을 들여놓게 된다. 라철은 을사늑약 체결을 전후한 시기의 외교적 청원과 을사오적 암살이 실패로 돌아간 후 한성과 동경을 왕래하면서 계시를 받아 1909년 단군교를 창시하였는데, 단군교 중광(重光)의 선포식에는 운양도 참여하고 있었다. 단

---

67) 「敦化論」(1910), 『金允植全集(下)』(아세아문화사 1980) 623~24면.

군교는 1910년 7월 대종교로 개칭하였는데, 1915년 10월 조선총독부의 '종교통제안'에 의하여 '종교단체를 가장한 항일독립단체'라고 규정당하여 불법화되었다. 운양은 일기에 단군력을 기재하고 단군하강일을 기념하며, 각종 제문을 작성해주는 등 라철에 적극적으로 협력하였으며, 후일 대종교 청년회장으로 위촉되기도 하였다.[68] 운양은 1916년 9월 라철이 자결하겠다는 의지를 밝히자 "수도자는 마땅히 도를 닦아 때를 기다리는 법이다. 몸을 가볍게 해서는 안된다"며 타일렀다고 한다.[69] 이로 보아 운양은 대종교인보다는 정통 도학자에 가까웠다고 하겠으나 대종교의 민족종교로서의 기능만큼은 높이 사고 있었다.

관직수행과 애국계몽운동 외의 활동중에서 주목되는 것은 강구회(講舊會) 사업이다. 운양은 1908년 2월 8일 결성된 강구회장에 취임하였다. 강구회는 '갑신, 을미의 우국충정을 후손들로 하여금 잊지 말게 하자는 취지'에서 결성되었는데, 주된 사업은 회원간의 교류 외에 사망자 가족에 대한 부조와 사망자들에 대한 시호수여운동이었다. 동 회는 1908년 6월 27일 106명에 대한 애국사자추도회를 개최하였으며, 시호수여운동의 결과 김홍집(忠獻公), 김옥균(忠達公), 김만식(靖孝公) 이하 28명이 시호를 받았다. 강구회는 전현직 대신들을 망라하고 있었으므로 일종의 정회적 성격도 있었는데, 1908년 6월 13도 관찰사 인사에서 10명이 강구회원 중에서 선임될 정도로 파워가 있었다. 당시 대표적인 정회로는 일진회와 자강회의 후신인 대한협회가 있었는데, 운양은 양 단체보다는 강구회에 비중을 두고 있었던 것으로 보인다.

해배에서 경술국치에 이르는 기간에 걸친 운양의 행적 중에서 빼놓을 수 없는 것이 두 차례에 걸친 일본 방문이다. 1차 방일(1908. 7. 15∼9. 6)은 동궁문후관 자격으로서였는데, 생애 최초의 방문이었던 만큼 그의 일본관에 적

---

68) 『續陰晴史(下)』, 552면.
69) 같은 책 444면.

지 않은 영향을 주었을 것이다. 운양은 1차 방일 기록을 『동사일기(東槎日記)』라고 하여 『음청사』와는 별도로 기록하였는데 불행히도 전해지지 않는다. 따라서 당시 일본 신문들의 기사와 『음청사』의 전후 맥락을 통하여 일본 체류중 그의 행적을 추정해보기로 한다.[70]

운양은 1908년 7월 8일 법부대신 조중응에게서 동궁문후관으로 선발되었음을 전달받았다. 이또오 히로부미(伊藤博文)의 귀국에 동행하는 형식이었으며, 수행원으로 정병조, 순종의 어사로서 엄주익과 서병교가 동행하기로 되었다. 7월 15일 그는 이또오 히로부미와 함께 오처함(吾妻艦)에 승선하여 인천에서 출발하였다. 제주도를 지날 적에는 유배시절을 회고하면서 이또오와 더불어 시를 짓기도 하였다고 한다. 운양 일행은 7월 17일 시모노세끼에 도착하여 춘범루(春帆樓)라는 여관에 투숙하였으며, 같은 날 이또오 주최의 연회가 열렸다. 7월 18일 일행은 귀빈차에 탑승하여 동경을 향하여 출발하였다. 운양의 일본 방문은 관광을 겸하는 것으로 되어 있었다. 따라서 운양과 이또오는 미야지마(宮島, 7월 18일 1박), 마이꼬(舞子, 7월 19일 1박; 萬龜樓 여관), 고베(神戶), 오오사까(大阪), 쿄오또(京都, 무박 경유), 기후(岐阜, 7월 20일 1박; 萬松館 여관), 오이소(大磯, 7월 21일, 22일 2박; 滄浪閣 여관) 등을 두루 둘러보는 여유있는 일정이었으며, 엄주익과 서병교는 미야지마에서 열차편으로 바로 상경하였다. 7월 21일 오이소에 도착한 운양은 영친왕이 보낸 어사를 맞이하고, 7월 22일 김무관을 영친왕에게 보내 일본 도착을 언상하였다.

7월 23일 토오꾜오에 입성한 운양은 바로 영친왕에게 문안을 올렸다(이후 토오꾜오 체재 기간에 아자부시麻布市에 있는 동궁의 비어 있는 저택에 체류함). 7월 24일에는 영친왕이 주최한 오찬에 이또오, 스에마쯔(末松謙證)와 자리를 함

---

70) 이하 운양의 1차 일본 방문시의 행적은 『시사신보(時事新報)』『도신문(都新聞)』『만세보(萬歲報)』 1908년 7월 15일부터 9월 7일까지의 기사를 참고하여 정리한 것이다.

께하였다. 7월 27일 영친왕이 순종황제를 대신하여 일본 황후에게 1등 훈장 서봉장(瑞鳳章)을 증정하는 자리에 배석하였으며, 같은 날 일본 천황을 알현하고 오찬에 참석하였다. 7월 31일에는 영친왕이 이또오 공작부인에게 서훈하는 자리에도 배석하였다. 8월 3일 영친왕은 이또오와 스에마쯔의 안내를 받으며 요꼬하마 군항을 관람하였는데, 여기에는 운양도 수행하였다. 일행은 구축함에 승선하여 가나자와(金澤)에 있는 이또오의 별장으로 향하였는데, 일행에는 영친왕, 이또오, 운양 외에 스에마쯔(당시 영친왕의 교양주임), 후루야 비서관, 조무관장, 고대부, 엄주익, 정병조 등도 함께하였다. 일행은 가나자와에서 1박 후 주변을 산책하고 요꼬하마로 귀항하였으며, 신바시의 열차편으로 귀경하였다.

영친왕은 8월 10일부터 8월 27일까지 견학과 피서를 겸하여 이또오의 안내하에 서일본 지역을 유람하게 되었는데, 운양은 신바시역에 나가 영친왕을 환송하였다. 견학 일정이 운양이 토오꾜오로 오던 코스와 대동소이하였으므로 참석하지 않았던 것이다. 영친왕은 나고야(名古屋), 마이꼬(舞子), 오오사까(大阪), 나라(奈良), 오이소(大磯), 하꼬네(箱根) 등을 둘러보았다. 동기간에 운양은 토오꾜오에 체류하였는데, 무슨 일을 하였는지 분명하지가 않다. 다만 시모노세끼에서 『시사신보(時事新報)』와 한 인터뷰에서 후꾸자와 유끼찌(福澤諭吉)의 유적을 둘러보고 싶다고 하였으므로 경응의숙과 시사신보사는 반드시 방문하였을 것으로 짐작된다.[71] 나머지 기간은 토오꾜오 시내 관광과 각종 시회에 초청되어 참석하였던 것으로 보인다. 당시 시회에서 교류한 인물로서는 참석한 인물들로서는 스에마쯔 외에 동경제국박물관

---

71) 운양은 『시사신보(時事新報)』와의 인터뷰에서 후꾸자와 유끼찌에 대하여 언급하기를 "경응의숙의 설립자이자 시사신보의 창립자인 후꾸자와 선생은 미지(未知)의 지기(知己)로서 그 교육방침은 항상 흠모하였는데, 지금은 고인이 되어 생전의 유적에 의하는 것 외에 대할 방법이 없게 되었습니다. 선생의 유적을 방문할 수 있다면 귀사에 치하할 것입니다"라고 하였다. 『時事新報』 1908. 7. 21. 3면.

총장 마따노(股野琢, 호: 藍田), 문인 모리(森槐南)[72]가 있었으며, 당시의 시첩인 『지성산관납량창화집(芝城山館納凉唱和集)』『지성산관경묘창화집(芝城山館輕妙唱和集)』은 합본·편집되어 운양에게 3백부가 우송되었다.[73] 8월 27일 운양은 신바시역으로 나가 영친왕의 귀경을 영접하였다. 운양은 9월 1일 봉황각에서 있은 영친왕의 천황 알현과 별전에서의 오찬에 배석하였으며, 같은 날 일등욱일대수장(一等旭日大綬章)의 서훈을 받았다. 같은 날 저녁에는 이또오가 운양을 위한 작별연회가 아까사까에서 개최되었다. 작별연회에는 이또오와 운양 외에 정병조, 쓰루하라(鶴原) 총무장관, 후루야 비서관, 모리, 에사까(永坂周), 후지나미(藤波) 통역관 등이 참석하였다. 동석에서 이또오가 운양에게 작별을 아쉬워하는 시를 증정하자 운양, 모리, 정병조가 운을 따서 답시를 지었다. 9월 2일 운양 일행은 신바시에서 열차편으로 귀국길에 올랐다.

후루야 비서관이 『시사신보(時事新報)』와의 인터뷰에서 운양의 금번 일본방문은 관광과 영친왕의 문후를 묻는 것에 지나지 않았다고 한 것처럼 운양은 동궁문후와 천황 알현 등의 공식 일정 외에는 대부분 시간을 관광과 시회 참석으로 소일하였다. 따라서 정치적 의미는 거의 없었다고 보아도 무방할 것이다. 다만 생애 최초의 일본 방문이었던 만큼 그의 일본관에는 적지 않은 영향을 주었던 것 같다. 특히 일본 한학자들과의 교류는 '동양의 일원으로서의 일본'이라는 인상을 강하게 남겼던 것으로 보인다. 이러한 인상은 '근대화에 성공한 일본'이라는 이미지와 혼합되어 일본을 구미열강에 대항할 수 있는 유일한 동양국가로서 호의적으로 평가하는 계기가 되었을 것이다. 그러나 중추원 의장으로서 친일정권에 협력하는 심정은 매우 복잡하였던 것 같다. 그는 이러한 복잡한 심경을 다음과 같이 밝혔다. "나를 두고 선

---

72) 『續陰晴史(下)』, 263, 298면.
73) 같은 책 269.

견지명이 있다고 하지만, 나는 혼란한 시대에 처하여 귀국의 지도를 받지 않으면 대한제국은 유종의 미를 거두기 어렵다는 것을 알고, 몸을 함부로 굴려 팔도의 원망이 되고 있을 뿐입니다. 이는 시세요 운명이라고 하겠습니다."[74]

제2차 일본방문은 이또오 히로부미의 조문사절의 자격으로서였다. 운양은 이또오의 사망 소식에 매우 놀라며 자신의 소감을 다음과 같이 기록하였다. "이또오 히로부미는 일본 메이지유신의 공신으로서 세계적으로 저명한 인물이다. 큰·별이 홀연히 떨어지니 산하가 진동한다. 범인은 누구인지 모르겠으나 역시 필시 애국자이니 죽음을 두려워하지 않는 자이다."[75] 운양이 이또오의 죽음에 통쾌해할 수만은 없었던 것은 이또오와의 개인적 인연 때문만은 아니었다. 당시는 경술국치론이 서서히 고개를 들던 싯점이었으며, 이또오의 저격은 합방강경론의 입장을 부추길 가능성이 있었던 것이 사실이었다. 그러나 안중근의 의거 역시 독립을 바라는 애국심의 발로인 만큼 비난할 수 있는 것이 아니었다. 운양의 이러한 이중적 태도는 당시 조선이 처한 딜레마를 그대로 반영하는 것이라고 하겠다. 운양은 안중근의 강개함과 그가 사형선고 후 항소를 거부하며 남긴 말과 글을 일기에 자세히 기록해두었다.[76] 또한 안중근사건으로 체포되었다가 반년 만에 풀려난 이갑, 안창호 등의 서북학회 인사들을 문안 방문하고, 운양이 회장을 맡던 강구회에서는 이들의 무사방면을 환영하는 모임을 개최하기도 하였다.[77] 운양에게 이또오의 인물됨에 대한 평가와 조선의 독립을 견지하는 것은 별개의 차원이었던 셈이다.

이또오의 조문단은 내각대표에 조중응, 원로 및 강구회장으로서 김윤식, 한성부민회장 유길준, 실업가 대표 조진태, 공자교 대표 정병조, 국시유세단 대표 고의준 등으로 구성되었다. 조문단은 1909년 11월 1일 일본에 도착하

---

74) 『時事新報』 1908. 7. 21, 3면.

75) 『續陰晴史(下)』, 306면.

76) 같은 책 321면.

77) 같은 책 322면.

여 토오꾜오행 열차로 갈아탔다. 운양은 열차 안에서 신문을 열람하며 일본의 대한 감정이 극도로 악화하여 신변의 위협까지 감지하였다. 11월 2일 신바시역에 도착한 일행은 토오꾜오시 호텔과 쿄바시구(京橋區)에 있는 후생관에 나누어 투숙하였다. 이또오의 사저에 조문한 운양 일행은 1차 방문시에도 조우한 이또오의 사위 스에마쯔, 이또오의 차남 등을 만나 위로하였다. 운양의 일본 체재중 일본에 유학을 와 있던 운양의 문인 육종윤이 수시로 왕래하였고, 그외 다수 유학생이 내견하였다. 11월 3일의 동궁문후에 이어 11월 4일에는 장례식에 참석하였는데, 조선인들은 신변의 위협을 느낄 정도로 공포분위기가 조성되었다. 11월 5일에는 내각총리 카쯔라(桂太郎)를 접견하였다. 그와의 담화내용을 소개하면 다음과 같다.

카쯔라(桂太郎): 이또오 공이 사망하였으나 대한정책에는 변화가 없을 것이다. 다만 이번 사건의 근원은 발본색원해야 한다.
김윤식(金允植): 사건의 근본이 무엇인지는 모르겠다. 다만 안중근의 옥사로 인해 양민까지 오해를 사서 민정이 더욱 불온해질까 염려된다.
카쯔라: 근본은 내부에 있다. 이를 제거하지 않으면 털끝만큼도 이익이 없다. 헛되이 화를 초래하면 어찌 불쌍하지 않겠는가.
김윤식: 우리나라는 경제가 파탄나고, 폭도가 끊이지를 않고 있다. 낙생의 기미가 있다면 어찌 화를 초래하겠는가.
카쯔라: 귀국의 경제파탄은 잘 알고 있으며, 이를 개선하기 위하여 최대한 노력하고 있다.
김윤식: 귀국이 열심히 해도 우민들은 이해를 못한다. 토지를 남에게 빼앗기지 않을까 의심하고 타국의 압제를 걱정하니, 귀국의 정책은 효과가 없고 그 해악만을 염려할 뿐이다. 모름지기 먼저 양법을 많이 만들어 백성이 이익을 보게 하면 저절로 복종할 것이다. 각하의 책임이 막중하다. 나는 늙었지만 각하의 의견을 돌아가 조야에 전달하겠다.
카쯔라: 각하는 비록 연로하지만 공심이 있으니, 나라를 위해 자중자애하

시라.

　주목되는 것은 운양이 일본 현지의 강경한 분위기 속에서도 일제의 조선
정책 실패가 사건의 근본 원인이라고 지적한다는 사실이다. 11월 6일 운양
은 1차 방문시 안면을 익힌 문인 에사까, 모리와 접견하고, 유길준의 소개로
일한동지회원 만찬회에도 참석하였다. 11월 7일 스에마쯔의 집을 방문하여
그의 부인(이또오의 딸)을 위문한 뒤 유길준, 정운복, 홍긍섭을 뒤에 남기고
먼저 귀국길에 올랐다.[78]

8. 식민지시대

　1910년 8월 22일 완흥군 이재면의 생일잔치에 참석하고 있었던 운양은
급히 입궐하라는 칙소를 받고 어전에 나아갔다. 제대신이 모인 자리에서 순
종은 합방사를 하문하였다. 운양의 기록에 따르면 당시 완흥군은 "망극"하
다고 답하였고, 이완용은 "시세상 어쩔 수 없다(以勢無奈何)"고 하였으며,
운양은 "불가(不可)"라고 답하였고 한다. 그리고 다른 대신들은 '무언'이었
다고 한다. 일설에 따르면 운양은 창덕궁 어전회의에서 "불가불가(不可不
可)"고 하였다고 하여, 이를 '불가(不可) 불가(不可, 옳지 않다. 옳지 않다)로
해석하는 측과 '불가불(不可不) 가(可, 어쩔 수 없이 찬성한다)로 해석하는 측
사이에 오랜 논쟁이 있었다고 한다.[79] 그리고 후자로 해석하는 측은 이후 수
작과 은사금 수령 등 김윤식의 친일행적을 근거로 제시한다. 그러나 정작 운
양 자신은 자신이 합방에 반대했음을 힘주어 역설한다. 후일 독립청원서 사

---

78) 이상 2차 방문시의 행적은 『續陰晴史(下)』, 306~12면의 내용을 정리한 것이다.
79) 정옥자 「운양 김윤식(1835~1922) 연구」, 고병익선생회갑기념사학논총간행위원회
　　『고병익선생회갑기념사학논총』(한울 1985) 189면.

건으로 검사심문을 받는 자리에서 그는 "경술 합병시 나는 극력 반대했으며, 당시에 입시했던 신하는 모두 이를 안다. 그런데 나만 홀로 누명을 써 외간에서는 나를 매국역적으로 비방하였다"고 주장하였다. 그러면 왜 작위를 받았느냐 질문에 대해서는 "수작은 내가 바란 것이 아니었다. 당시 총독에게 받을 수 없다는 글을 보냈는데 답이 없었고, 또 양전하께서 간절히 권하여 부득이 받은 것이다"고 해명하였다.[80] 또한 『대한계년사(大韓季年史)』는 "김윤식이 혼자 이 나라는 전하 한 사람의 나라가 아니라고 반대하였다"고 기록하고 있다.[81] 이로 보아 운양이 합방사 하문에 반대의사를 표명했다는 주장은 일리가 있어 보인다. 다만 이후 수작(受爵)과 은사금을 수령함으로써 세간의 의심을 샀던 것이 아닌가 한다. 『음청사』를 보면 운양은 합방 후 중추원 부의장에 선임되었다는 공함(10월 1일)과 작위 및 하사금 영수증(10월 8일)이 도착하자, 어떻게 하면 좋을지 모르겠다면 난감해하고 있다. 그는 10월 10일 중추원 부의장직과 작위 및 하사금을 받을 수 없다는 진정서를 보낸 것으로 되어 있다. 그런데 같은 날 민병익과 조민희가 각각 군신의 뜻이 다르지 않게 하라는 순종과 고종의 뜻을 전하였으며, 밤에 조중응이 와서 다시 양전하의 뜻이라며 수작 영수증을 재촉하여 받아갔다고 한다. 그는 당일 일기에 "초심과 크게 다르니 이 무슨 인간의 간사함인가. 밤새 잠을 이루지 못하였다"고 적어 괴로운 심정을 토로하고 있다.[82] 아무튼 그는 작위와 은사금을 받음으로써 친일분자라는 오명을 스스로 초래하였다고 할 것이다. 이 점에서 유길준은 작위와 은사금을 끝까지 거부하여 좋은 대조를 보인다.

운양은 합방 후 수년간 두문불출하였다. 지병인 이질과 천식으로 고통받기도 하였지만,[83] 망국대부는 '폐문자정(閉門自靖)'할 뿐이었던 것이다. 중

---

80) 『續陰晴史(下)』, 499면.
81) 『大韓季年史(下)』(국사편찬위원회 1971) 412면.
82) 『續陰晴史(下)』, 337~38면.
83) 그는 수양법(단전호흡)과 사상의학을 시험해보며 건강회복에 주력하였다. 덕분에서

추원 부의장직은 거듭된 권유에도 끝내 수락하지 아니하여 공석으로 있다가 3년 만에 이완용으로 교체되었다. 운양의 두문불출하던 시기에도 이전부터 교류하던 인사들의 방문은 끊이지 않았다. 유길준, 조희연, 박영효, 장박, 윤치오, 윤치호 등 을미개혁의 동지들, 정병조, 정운복, 김사찬 등 유배지 동료, 대원군가의 이재면, 이준용, 박제순, 조중응, 이완용 등 친일관료, 오랜 지기 김택영, 육용관, 이도재, 남정철 등이 수시로 방문하였다. 제자 육종윤과 라철은 토오꾜오와 북간도를 왕래할 적마다 운양을 찾았으며, 문인 황병욱은 북간도로 이민가기 전까지 운양을 곁에서 보필하며 『운양집(雲養集)』(1914)의 발간을 도왔다. 식민지시기에 들어 새롭게 교류한 인물 중 눈에 띄는 이는 최남선과 이상재이다. 운양은 최남선의 호를 따서 「육당서(六堂序)」라는 글을 지어주었는데, 이는 주역의 원리에 빗대어 최남선의 국권회복 의지를 칭송한 것이다.[84] 위안스카이와의 오랜 인연은 이 당시까지 이어져 중화민국총통 위안스카이는 량치차오의 저작 『용언(庸言)』을 운양에게 보내주었으며,[85] 운양은 1916년 위안스카이의 서거에 침통해하며 추도문을 보냈다.[86]

식민지시기에는 특히 전국의 선승, 목사 등의 종교인들, 예술인들, 일본한학자들과의 교류가 매우 활발하였다. 운양가에 출입한 개신교 목사들로서는 와따세(渡賴常吉), 야마모또(山本忠美), 오자끼(小崎, 이상 일본인), 김익두, 차상진, 김영고, 해주 이목사, 안동 김목사, 영국인 게일(奇一)[87] 등이 있다.

인지 78세의 고령이던 1912년에 3남 유곤(裕昆)을 얻는 신기를 보여주었다.

84) 순음(純陰)이 길어지면 양(陽)이 열리게 되는바, 6은 순음의 숫자인즉 양을 기다리는 뜻이라는 것이다. 그는 말한다. "내가 아는 최남선군이 육당이라고 한 것은 순음의 시기에 처하여 다가올 광복의 때를 기다리는 소이이다." 유교문명의 부활은 국권의 광복을 은유한 것으로 해석된다. 「六堂序」(미상, 식민지시대), 『金允植全集(下)』, 189면.

85) 『續陰晴史(下)』, 379면.

86) 「祭中華民國大總統袁公文」(1916), 『金允植全集(下)』, 487~88면. 운양은 위안스카이는 평생지구로서 지기지우는 오직 위안스카이일 뿐이었다고 술회한다. 『續陰晴史(下)』, 439면.

87) 게일(奇一)과는 1902년 지도 유배시 첫 대면하였는데(『續陰晴史(下)』, 17면), 1920

84

또한 승려들로는 보운, 학산(보림사), 경운(선암사 강사), 금봉(선암사), 대운(법암사 강사), 병원(묘향사), 홍숙룡(월정사 주지), 김청호(학산 도제), 최용식(경운 도제) 등이 있다. 이 중에서도 학산선사는 수년간 출입하며 다수 선승을 소개하는 등 운양과 선승들과의 교류역을 자임하였다. 특히 운양은 보운선사와는 연사동지회(蓮社同志會)를 결사하여 교류하는 등 각별한 관계를 유지하였다.[88] 그리하여 보운이 학교를 설립, 불도와 시무를 겸비한 인재를 길러내려고 불교찬화회를 결성하자 이의 취지문을 써주기도 하였다.[89] 그는 서화연구회 회장과 서화협회 부총재에 추천되었으며,[90] 일본미술원 전람회원 사사끼(佐佐木兆治), 마스에(益永十作), 유화가 김관호, 영국 여류화가 쓰찌 등 많은 예술인의 방문을 받았다. 또한 문장가로 유명한 운양의 글을 얻으려고 수많은 일본인 구서자의 방문이 줄을 이었다. 1915년 이후 발행된 조선은행권의 모든 화폐에 운양의 영정이 실린 것은 일본인들이 운양을 보는 시각이 어떠했는지를 잘 보여준다.[91] 한편 운양과 빈번히 교류한 일본의 한학자로서는 스에마쯔(末松謙澄), 아베(阿部充家), 이마제끼(今關壽麿) 등을 들 수 있다. 다만 도학 또는 구학이라 하는 전통 학문은 '동양학'이라는 명칭으로 대체되었다.[92]

동시기 운양이 비교적 활발하게 벌인 사업은 발간사업이라고 할 것이다. 그는 1912년 스승 박규수와 유신환의 문집 『환재집(瓛齋集)』 『봉서집(鳳棲

년에는 영국의 노동자총파업 소식을 들려주었다(같은 책 537면). 그의 부인은 영국 여류화가 쓰치를 데리고 와서 초상화를 그리기도 하였다(같은 책 548면).
88) 「蓮社同志會序」(미상, 191?), 『金允植全集(下)』 182면. 운양에 따르면 연사동지회는 노산 승려 혜원(惠遠)과 진말(晉末) 유학자 도정절(陶靖節) 등의 결사를 모방한 것이라고 한다.
89) 「佛敎贊化會趣旨書」(미상, 191?), 『金允植全集(下)』, 622~23면.
90) 『續陰晴史(下)』, 445, 479면.
91) 운양의 영정을 실은 조선은행권은 조폐공사에서 운영하는 화폐박물관 홈페이지를 방문하면 볼 수 있다. http://www.komsecom/museum/htm/sub02.html
92) '구학'의 '동양학'으로의 대체와 위의 3인에 대해서는 5장 4절에서 상세히 논한다.

集)』과 박규수의 동생 박선수의 『설문해자익징(說文解字翼徵)』을 발간하였다. 각 서적에는 운양이 직접 서문을 달았다. 특히 『설문해자익징』은 한문을 뿌리로 하는 동양학술진흥의 차원에서 발간한 것이다.

운양이 5년 만에 공식 외출에 나선 것은 1915년 5월 제국학사원상 수상 축하연에 참석하기 위해서였다. 학사원상은 그의 방일시 접대역을 맡아 시회를 개최하였던 스에마쯔의 강력한 추천에 의해서였다. 그가 사회활동을 재개한 것은 1916년 7월 경학원 대제학직을 수락하면서부터이다. 그는 경학원 대제학으로서 성균관의 알성식과 문묘석존의 거행을 주관하고, 각도 강사들의 유학 강연을 지도하였다. 운양은 사회활동을 재개하면서 합방 이후 음력·양력만을 표시하던 일기에 새삼 개국연호를 기재하는 등 기운을 차리고, 조선의 앞날에 대해서도 다시 관심을 두기 시작하였다.

운양은 두문불출하는 와중에도 각종 신문을 통하여 시세의 흐름을 예의주시하고 있었던바, 중국의 신해혁명, 제1차 세계대전, 아일랜드와 인도의 독립운동, 일본의 쌀 폭동 등의 의미를 해석하려고 애썼다. 특히 민족자결주의의 고양은 자포자기의 체념상태에 있었던 운양에게 조선의 독립에 대한 희망을 품게 해주었던 것으로 보인다. 그리하여 그는 1917년 겨울 김시학이 발의한 독립청원 계획안에 소극적으로나마 동조 의사를 표명하였다고 한다. 즉 1차대전시 독일의 승리와 일본의 패전을 기대하면서 각계 1만명의 서명을 받아 독일정부에 조선의 독립을 청원하자는 제안에 대하여 관심을 보인 것이다. 다만 각계를 망라하다가는 탄로될 우려가 있으니 공자교를 확장한다는 구실로 유림에서 날인하자고 하였다는 것이다.[93] 그러나 동 계획은 독일의 패전으로 유야무야되었다. 다만 운양은 1차대전의 전세와 전후처리에 깊은 관심을 보여주고 있다. 당시는 전쟁과 내란으로 점철된 격동의 시기였던 만큼 독립의 기회가 언젠가는 올 수도 있다고 생각했을 것이다.

---

93) 이상일 「운양 김윤식의 사상과 활동연구」(동국대학교 박사학위논문 1996) 152~53면.

마침내 1919년 3·1운동이 터지자 운양은 일본정부에 독립청원서를 제출하기에 이른다. 원래 운양은 독립'선언'의 추진에는 소극적이었다. 3·1운동의 발발 이전에 운양은 최남선의 방문을 세 차례 받고 독립선언서에 서명해 줄 것을 제안받았으나, 시기가 너무 이르며 독립선언할 주체인 정부가 없다는 이유를 들어 거절하였다. 대신 그는 독립'청원'을 해보라고 권유하였다고 한다.[94] 운양이 독립청원서를 제출하게 된 직접적인 계기는 3월 1일 국민대회의 이름으로 뿌려진 격문 때문으로 보인다. 즉 동 격문에는 일제가 파리강화회의에서 한국의 독립문제가 제기될 것을 우려하여 한족은 독립을 원치 않는다는 독립불원서를 작성하여 각계 대표의 서명을 받았는데, 김윤식이 유림 대표로 서명하였다는 내용이 있었던 것이다. 운양은 검사심문에서 이 독립불원서에 대하여 증명할 방법이 없고 백 가지 말로도 해명할 수 없어 청원서를 제출하게 되었다고 밝혔다.[95] 운양은 3·1운동의 전국적 확대와 이에 대한 일제의 탄압을 참담한 심정으로 지켜보고 있다가 마침내 독립청원서를 제출하기로 한다. 그는 3월 초순 경학원 부제학 이용직과 청원서에 대한 의견을 나누고, 3월 20일 초고를 작성하여 3월 22일 이용직의 서명을 받았다. 3월 25일 그는 손자 김기수와 이건태에게 각각 조선총독부와 일본 총리에게 청원서를 전달해달라고 부탁하였다. 또한 청원서의 사본을 다수 작성하여 국내의 『경성일보』 『매일신보』와 일본의 신문사들에 우송해달라고 당부하였다. 김기수는 3월 27일 부탁받은 청원서를 모두 우송하였다. 이건태는 3월 26일 청원서를 휴대하고 토오꾜오로 출발하였으나 부산에 이르러 경계가 삼엄한 관계로 총리대신과 신문사에 보내는 청원서 다섯 통을 모두 우편으로 우송하였다.[96] 3월 29일 청원서 제출 사실이 알려져 검경 30여

---

94) 독립선언과 독립청원의 문제는 5장에서 상술한다.

95) 『續陰晴史(下)』, 499면.

96) 청원서의 사본은 『동경조일신문(東京朝日新聞)』 『시사신보(時事新報)』 『보지신보(報知新報)』 『대판매일신문(大阪每日新聞)』 등에 보내졌으나 필자가 확인해본 결과,

명이 운양가에 들이닥쳤다. 종질 김유정, 차남 김유문, 양손 김기수, 내종제 이범우, 외종제 서정순 등을 비롯하여 청원서를 소지하던 내방객들은 모두 체포구금되었으며, 운양은 검사의 심문을 받은 뒤 가택연금되었다. 이용직 역시 구금되었으나 운양은 고령이라는 이유로 가택에서 심문을 받았다. 그는 가택연금 기간중 외신기자들의 방문을 받고 인터뷰에 응하였는데,[97] 조선이 독립되면 능히 독립을 유지할 수 있느냐는 질문에 "조선은 4천년 이래 독립국가였으며, 하루아침에 남의 노예가 되어 복구하고자 하는 것이다"고 강조하고, 독립 후의 정체에 대해서는 '공의(公議)'에 따르는 것이 옳다는 견해를 피력하였다.[98] 7월 11일의 결심공판에서 운양은 징역 2년에 집행유예 3년, 이용직은 징역 1년 6개월에 집행유예 3년, 차남 김유문은 징역 1년, 양손 김기수는 징역 1년 6개월, 이건태는 징역 6개월이 선고되었다.[99] 차남과 손자는 심문과정에서 "일본민으로서 조선의 독립을 주장하는 것은 반역이 아닌가"라는 질문에 "나는 조선민이지 일본민이 아니다. 일본에서 반역이라고 한다면 조선에서는 반역이 아닌가"라고 답하는 등 시종 불굴 강개한 태도를 보여주었다.[100] 재판 후 운양은 경학원대제학의 직함과 작위도 박탈당하여 친일파라는 오명에서 벗어나게 되었다.

재판 이후에는 독립선언서 서명 거절로 불편한 관계가 되었던 이상재, 최남선의 동생 최창선이 찾아오고, 최남선도 석방 후 문안을 들러 서로 노고를 치하하였다.[101] 반면 운양의 학식과 덕망을 존경하여 운양가에 빈번하게 출

이를 보도한 신문은 하나도 없었다. 당시 일본 신문들은 3・1운동 자체에 대한 보도에도 대단히 인색하여, 조선소식란에서 2단 혹은 3단 정도의 분량으로 취급할 뿐이었다.

97) 평소 가깝게 지내던 영국 목사 게일(奇一)이 미국 신문기자 쎼페와 영국 신문기자 퍼쎄와의 인터뷰를 주선하였다.

98) 『續陰晴史(下)』, 495~96면.

99) 항소심에서 김유문과 김기수는 각각 징역 8개월, 10개월에 집행유예 2년씩을 받고 석방되었으며, 이건태는 무죄가 되었다.

100) 『續陰晴史(下)』, 503면.

입하던 수많은 일본인은 발길을 끊었다. 다만 1880년대 이래의 지기 이노우에 가꾸고로(井上角五郎, 호: 琢園),[102] 『매일신보』 사장 시절 두터운 친분을 쌓은 아베(阿部充家, 호: 無佛), 동양학자 이마제끼(今關壽麿, 호: 天彭)는 변함없이 운양을 찾아오는 우의를 보여주었다.[103] 사실 운양의 독립청원서 제출을 일본인들은 다소 당혹스럽게 받아들였던 것 같다. 1922년 일본의 자유토구사(自由討究社)가 편집한 『각종의 조선평론(各種の朝鮮評論)』은 「운양선생의 만절(雲養先生の晚節)」이라는 기사에서 운양을 "조선이 낳은 천재" "조선민족에서 태어난 거유(巨儒)"라고 전제하고, 그의 독립청원서는 해석에 따라서는 반역서라고 할 수 있지만, 어디까지나 고종의 승하라는 정세에 편승한 유학자들이 강요하여 제출한 '예의'이지 '신조'는 아니며, 그런 의미

---

101) 각각 앞의 책, 506, 519, 553면.

102) 운양과 이노우에 가꾸고로(井上角五郎)의 관계는 매우 각별하였다. 원래 이노우에는 후꾸자와 유끼찌 문하의 인물로 처음에는 박영효와 알게 되어 그의 신문발간 사업을 지원하기 위하여 조선에 건너오게 되었다. 그런데 그는 박영효가 한성판윤에서 광주유수로 좌천된 이후 무료하게 시간을 보내고 있었다. 당시 김윤식이 그의 재질을 보고 박문국 주임으로 추천하여 『한성순보(漢城旬報)』의 발간이 빛을 보게 되었던 것이다. 운양은 그가 홍영식을 면전에서 비판하여 "공은 실용에 힘쓰지 않고 서양인의 가죽만을 배우려 하는가"라고 하는 등 식견이 있고, 성품이 강직한 것을 높이 평가하여 평생의 지인으로 삼았다고 한다(「追補陰晴史」(1891), 『續陰晴史(下)』, 576면). 김윤식은 그가 갑신정변의 뒤처리를 위해 이노우에 가오루(井上馨)의 수원으로 왔을 때도 매우 반기며 협조하였고, 후일 그의 지원으로 『한성주보(漢城週報)』를 발간하였다. 이노우에는 당시 운양이 자신이 갑신정변과 관련된 것을 알면서도 반겨 협조하는 것을 보고, 그가 청과 친하지만 내심으로는 조선의 독립을 추구하고 있다고 평가하였다. 『이노우에 가꾸고로 선생전(井上角五郎先生傳)』(東京: 井上角五郎先生傳編纂會 昭和 18年) 75면. 운양은 이노우에가 밖으로는 청의 질시와 안으로는 갑신정변과 일본의 관련설 유포로 곤경에 처했을 때도 그를 극력 비호하였다. 이노우에는 자신의 전기에 운양이 보낸 편지와 서체를 게재하는 등 운양의 덕망을 높게 평가했으며, 운양이 독립청원서 제출사건으로 가택연금당했을 때도 찾아와 돈을 넣고 가는 등 일생 운양과의 우정을 지켰다.

103) 운양과 아베, 이마제끼의 관계에 대해서는 후술한다.

에서 '형식'이지 '주의'는 아니라고 평하고 있다.[104] 운양 자신이 신념이라고 밝힌 것을 애써 형식일 뿐이라고 해석하는 것은 자신들이 일본 최고 영예의 학사원상을 수여하는 등 높이 평가한 인물이 조선의 독립을 주장하는 것에 대한 당혹감의 표현이라고 보인다.

한번 분출된 독립 의지는 죽음을 목전에 두고 더욱 강해져 갔다. 미국의 원단의 내한과 관련하여 조선독립단이 환영회 서명을 요구하자 즉시 허락함은 물론 일본순사가 와서 의견을 묻자 "조선인은 누구라도 국권 회복을 원하니 내 살아생전 국권 회복을 보면 원한이 없겠다"고 답하였다.[105] 또한 강우규의 총독부 폭탄투척 사건과 관련 "강우규의 사형선고시 폭풍뇌우가 돌발하였다고 하는데, 이는 우연이 아니다. 의기가 장렬하니 이런 재이가 생긴 것이다"고 했으며,[106] 민원식이 동경호텔에서 살해된 소식을 접하고도 "항상 매국의 뜻을 위주로 했기 때문에 통쾌해하지 않은 사람이 없다"[107]고 하여 독립을 위해서는 테러도 용인할 수 있다는 자세를 보여주고 있다.

운양은 타계 직전까지도 국내외 정세의 변화에 대한 관심을 늦추지 않았다. 바야흐로 때는 '20년간의 위기의 시대'로 진입하고 있었다. 그는 죽음을 두 달 앞두고 워싱턴회의 소식을 접한다. 그는 워싱턴회의는 만국평화와 불침략을 모토로 하는 '동서양 최초의 대회'로서 만인의 이목을 모으고 있다고 평가하면서 미일관계의 장래에 관심을 집중시키고 있다.[108] 또한 워싱턴회의의 결과 아일랜드는 '자치국'이 되었으나 여전히 불만이고, 인도와 이집트의 독립운동은 더욱 고양된다면서 민족자결주의의 세계적 확산을 직시하고 있다. 특히 그는 미국 극동위원회에서 조선 문제가 처음으로 노출된 사실

---

104) 『各種の朝鮮評論』(東京: 自由討究社, 大正 11年) 11~13면.
105) 『續陰晴史(下)』, 533면.
106) 같은 책 529면.
107) 같은 책 541면.
108) 같은 책 551면.

에 주목하였다.[109] 또한 당시 조선의 사회문제가 되었던 야소교와 제사 문제에 대하여 유교측의 의견을 대변하거나, 황성신문사 전 사장 유근이 사망하자 『동아일보』에 애사를 기고하기도 하였다고 한다.[110]

운양의 타계 한 달 전 작위 하사금의 여분 공채증권 5천원 중에서 3천원이 가인 조석구에 의하여 무단 인출되는 사건이 발생하여 친일의 오명을 벗고자 전전긍긍하던 운양을 괴롭혔다. 1922년 1월 20일 운양은 양손 김기수와 차남 김유문이 각각 일본의 메이지대학 법학과와 중국의 천진학교에 유학중인 상황에서 "영사인간약(永辭人間藥), 장음석보천(長飮石寶泉)"이라는 유서를 남기고 타계하였다. 향년 88세였다.

운양의 타계 후 『동아일보』 주필 장덕수, 중앙학교장 김성수, 중앙기독청년회 총무 이상재 등은 기독교청년회관에 모여 운양의 생전의 공로를 표창하기 위하여 사회장으로 지낼 것을 결정하고, 1월 24일 발기위원총회를 열었다. 총회에서는 박영효를 위원장으로 하는 57인의 장례위원을 선출하였으며, 1월 27일에는 사무분장도 결정하였다. 그러나 사회주의계열에서는 '김윤식사회장반대회'를 조직하여 '봉건적 대지주의 사회장'에 대한 반대운동을 강력히 전개하였다. 이에 운양의 상가에서는 사회장 문제로 세상에 폐를 끼친 까닭에 사회장 거행을 받아들일 수 없다는 뜻을 사회장위원회에 전달하였고, 결국 그의 사회장은 무산되고 말았다. 운양의 사회장 문제로 불거진 민족주의계열과 사회주의계열의 대립은 1922년 3월 조선청년연합회 3차대회에서 연합회의 내분으로 귀결되었다.[111]

---

109) 같은 책 554, 556면.
110) 『동아일보』 1920. 9. 5; 1921. 5. 26. 이상일의 박사학위논문(180면)에서 재인용.
111) 이상 김윤식의 사회장 추진의 경과와 귀결에 대해서는 이상일의 박사학위논문 보론에 전적으로 의존하였다.

제3장

김윤식의 유교적 세계관

1. 존재와 윤리

(1) 윤리적 존재론

개항을 전후하여 본격적으로 조선에 밀려들어 오기 시작한 근대의 이미지는 이중적이었다. 즉 한편으로는 신학문과 부국강병의 이미지로, 다른 한편으로는 천주의 인격신관을 특징으로 하는 서교라는 이미지로 다가왔던 것이다. 말하자면 서도서기(西道西器)로 무장한 존재로 파악되었던 셈이다. 서도와 서기를 분리하여 수용하자는 동도서기 식의 대응도 이러한 대상인식에 따른 것이다.

그런데 신학과 과학의 분리, 우주관과 역사관의 분리라는 발상은 유학적 사유(적어도 주자학적 세계관)에서는 낯선 것이었다.[1] 주자 이후 성명의리학의 전통에서는 고대의 인격적 천관이 이기의 형이상학으로 해소됨과 동시에 우주와 인간을 연속적으로 파악하는 존재론이 확고히 자리잡고 있었기 때문이다. 따라서 근대의 이러한 이중적 이미지는 도학자 김윤식에게 유교적 세계관에의 근본적인 도전이었던 셈이다.

물론 근대의 동습(東襲) 이전에도 주자학 내부에는 항상 철학적 긴장이 지속되어왔다. 윤리학과 정치학을 중심으로 하는 원시유교를 이기의 형이상학으로 재포섭하는 과정에서 필연적으로 배태할 수밖에 없었던 이러한 긴장은 조선의 경우 사단칠정(四端七情)의 이기논쟁(理氣論爭)에서 극명하게 노출되었으며, 근세에 들어서는 인물성동이(人物性同異)를 둘러싼 호락논쟁(湖落論爭)에서 재연되었던 것이다. 한형조의 연구에 따르면 18세기 말 이러한 오랜 논쟁을 목도하던 정약용은 주자학 자체의 재구성을 통하여 이기

---

1) 아울러 서기로 파악된 신학문 자체가 자연계를 다루는 자연과학과 인간과 역사를 다루는 인문학으로 세분화되어 있었다는 것도 생소하게 받아들여졌을 것이다. 신학문에 대한 또다른 호칭으로서 '과학'이라는 말이 사용된 것도 음미해볼 만한 대목이다.

의 존재론에서 윤리론을 분리해내고 궁극적으로는 윤리적 근거를 인격신에 두려고 했다는 것이다.[2] 그러나 정약용의 시도는 하나의 예외에 불과할 뿐 주류 조선유학계에서는 윤리론과 존재론의 긴장이 의연 지속해왔던 것이다.

1) 기수설: 재이설

18세기 조선 유학이 내부적으로 당면했던 철학적 문제는 19세기 말 근대의 동습의 국면에서 매우 현실적이고도 정치적 문제가 되었다. 이러한 도전에 직면하여 김윤식이 취했던 입장은 정약용과는 다른 것이었다. 즉 운양은 윤리적 존재론의 재확인이라는 길을 선택하였던 것이다. '모든 것'으로서의 도가 해체되는 상황에서 성명의리학만큼은 유학의 최종 보루로서 절대 양보할 수 없기도 하였다. 운양의 존재론을 간명하게 보여주는 글은 그가 1892년 겨울에 작성한 재이설(災異說)이다.

여기서 재이란 일식, 월식 등의 기상이변을 중심으로 한 자연계의 이상을 지칭하는 것이다.[3] 그가 재이설을 집필한 것은 서양과학의 재이 부정에 대응하기 위해서인 것으로 보인다. 즉 그는 "서양인들은 관측에 정밀하여 천체의 변화를 예측하는 연유로 인해 천체의 이변을 재이가 아니라고 단언하지만, 이는 보편타당한 이론이라고 할 수 없다"고 지적한다. 그러나 그는 동시에 하늘이 인간사에 감응하여 기상을 변화시킨다는 고래의 속설[4]에 대해서도 단호히 반대한다. "무릇 천지는 하나의 기수(氣數)이니… 어찌 인간을 위하여 상도를 변화시키겠는가. … 하늘이 백성을 사랑하여 재이로써 군왕을 경계한다는 설은 전부 구차한 설이다." 즉 운양은 서양 과학의 재이 부정에

---

2) 한형조 『주희에서 정약용으로―조선유학의 철학적 패러다임 연구』(세계사 1996)
3) 주자학의 체계 내에서의 재이의 의미 및 자연철학과의 관련에 대해서는 야마다 케이지 (山田慶兒)의 『朱子の自然學』(東京: 岩波書店 1978), 김석근 역 『주자의 자연학』(통나무 1991)을 참조할 것.
4) 주로 동중서(董仲舒)의 천인감응설을 염두에 두고 있다.

대해서뿐만 아니라 재이가 인격신(전통적인 천관 및 기독교의 천주관을 모두 포함하여)에 의한 현상이라는 종교적 발상에 대해서도 비판하는 것이다. 이에 대한 대안으로서 그는 이기의 형이상학에 입각하여 재이를 설명하고 있다.

성인께서 춘추를 지으실 적에 삼가여 재이를 기록하였으니 진실로 이치가 없겠는가. 성인께서 어찌 괴설을 즐겨 혹세무민하겠는가. 대저 하늘은 무심하여 기수(氣數)에 맡겨질 뿐이나, 인간이 정리가 있어서 기수(氣數)에 감응하여 길흉화복이 생기는 것이다. 따라서 나는 말한다. 하늘이 인간에 감응하는 것이 아니고, 인간이 스스로 하늘에 감응하는 것이다. 무릇 일월오성지행은 전부 자연의 수(數)인바, 수가 극하면 기(氣)가 따르는 것이다. … 우연에 의하여 (천체의) 평상과 과불급이 위에 나타나면 그 기가 아래로 응하니, 인간이 그 기의 선악에 감응하여 화복이 생기는 것이다. … 천하에 정사를 닦지 않은 나라가 있으면 반드시 그 화를 당할 것이다. 대저 이러한 이상이 있으면 천하의 군왕들은 모두 마땅히 두려워 살펴 돌아보아야 하니, 이는 천하의 모든 땅과 백성에 해당하는 것이다. … 돌림병과 같은 경우와 비유하면, 감응하여 병에 걸리는 자는 자만하여 신섭(愼攝)하지 않는 자이며, 병에 걸리지 않는 자는 선섭(善攝)하여 원기를 잃지 않는 자이다. 가까이는 질병, 멀리는 천체 기상까지 기수(氣數)가 아닌 것이 없으니, 사람이 감응하는 이치는 하나인 것이다. … 따라서 기수(氣數)의 변이가 있어도 도가 있는 나라는 재난을 당하지 않고, 도가 없는 나라는 화를 당하니 이것이 '이(理)'의 상도인 것이다.[5]

그런데 운양이 재이설을 집필하게 된 직접적인 계기는 우인 육용관(陸用觀)이 『의전기술(宜田記述)』에서 제기한 기수설(氣數說) 비판이었다. 육용관은 "하늘은 음양오행을 통하여 만물을 낳지만 길흉화복에서는 오직 인간의 선악에 따르는 것이니 하늘은 간여하지 않음을 알 것이다"고 전제하고, 이어서 "사람과 나라의 흥망이 기수의 자연적 현상임을 어찌 모르겠는가만

---

5) 「災異說」(1892), 『金允植全集(下)』, 21~24면.

은 아직 망하지 않은 시기에 효자, 충신의 마음이 기수에만 집착한다면 어찌 최선을 다할 수 있겠는가. 운명을 아는 자로서는 공맹과 같은 이가 없다. 그런데 공맹은 쇠망기에도 오히려 도를 행하고자 하였다는 것을 모르는가. 따라서 기수설은 군자의 도가 아니니, 나라에 무익하고 선한 마음에 저해가 되는 것이다"고 하여 기수설의 해악에 반대하였다. 운양은 육용관의 주장을 달론이라고 칭찬하기는 하지만, 공자가 춘추에서 삼가 재이를 기록한 것을 들어 반론을 전개한다. 공자가 재이를 다룬 소이는 군왕을 경계하기 위해서였다는 것이다. 그는 기수설을 다음과 같이 옹호한다. "왕안석(王安石)의 불외지설(不畏之說)은 소인의 함정에 빠지는 길이다. 서양인들은 측후에 정밀하여 재이가 허언이라고 하나 고금의 역사가 이를 증거하니 어찌 혹세무민에 불과하겠는가."[6] 운양은 자칫 도학이 존재론을 포기하고 윤리론으로 축소되는 것을 경계하는 것이다.

앞에서도 지적했듯이 이러한 긴장은 유학 내부에 잠재되어 있었던 것인 바, 『논어(論語)』 『맹자(孟子)』와 『대학(大學)』 『중용(中庸)』 간의 긴장으로 파악되기도 한다. 운양의 다음과 같은 언급은 그 역시 이러한 긴장을 의식하고는 있으나 애써 무시하려고 했다는 것을 보여준다. "『주역(周易)』 『중용(中庸)』은 운명에 대하여 비교적 자세히 설명하고, 『논어(論語)』 『맹자(孟子)』는 상대적으로 소략하지만, 그 이치는 하나이다. 『맹자』 역시 성명에 대해서는 상세히 논하였다."[7] 일찍이 조선유학사는 존재론과 윤리론, 일원론과 이원론 간의 긴장의 역사였으며, 19세기 말 서교서기의 도전은 이러한 긴장을 폭발에 이르게 할 만한 계기였다고 할 수 있다. 그러나 운양은 어디까지나 윤리적 존재론의 재확인이라는 차원을 벗어나지 않았던 것이다.

한 가지 첨언하자면 육용관의 글과 운양의 비평을 통하여 조선 유학자들

---

6) 「宜田記述評語三十四則」(1891), 『續陰晴史(上)』, 155면.
7) 같은 글 155면.

이 얼마만큼 마음의 선과 그 근거의 확보에 매달렸는지를 가히 짐작할 수 있다. 사단칠정론(四端七情論)과 인물성동이론(人物性同異論)은 결국 전부 이와 관련된 논쟁에 불과하다. 이는 인격신의 존재와 원죄의식, 그리고 계율을 통하여 선의 확보가 비교적 용이했던 서양과는 대조적으로 기껏해야 범신론의 세계에 살았던 유학자들의 피할 수 없는 운명이기도 하였다.

한편 운양도 기수설이 자칫 범하기 쉬운 결정론은 경계하고 있다. 그는 호환이 기수의 작용에 따른 것이라는 설에 의문을 제기한다. "혹자가 말하기를 사물이 성하면 쇠하는 것이 이의 상도이니 인간이 지나치게 번성하면 하늘이 호환을 내려 이를 감소시킨다고 한다. 이때를 당하여 환을 면하면 행운이며, 면하지 못하는 것은 운명이라고 한다. 또한 이는 기수이니 호표(虎豹) 역시 그 이치를 아는 것은 아니라고 한다. 허, 이 설이 과연 믿을 만한가."[8] 운양에게 기수는 어디까지나 자연의 수이지, 하늘이 인간사에 간여하는 방식으로 행사되는 것은 아니다. 또한 기수에 감응하여 길흉화복을 초래하는 주체는 어디까지나 인간이다. 더욱이 호표와 같은 동식물은 기수를 따지기에 앞서 인간의 선악에도 감응하는 존재임에랴.

운양은 재이설을 통하여 자신의 존재론을 정리하였을 뿐만 아니라 일상생활에서도 천체와 자연계의 이상을 예의주시하고 이상이 있으면 자신의 주변을 삼가고 나라의 장래를 염려하였다. 이는 그가 '수신제가치국평천하'의 유교이념에 얼마나 철저했는가를 보여주는 대목이며, 사상을 사상으로서 그칠 뿐만 아니라 실천에 옮기는 전형적인 유학자였음을 증명한다. 그는 주로 천체의 변화를 예의주시하고 있으나 질병과 기타 기이한 자연현상도 종종 재

---

8) 「虎豹說」(1892), 『金允植全集(下)』, 8면. 한편 이희평은 호표설을 당시 국제정세에 비유한 것으로 보는데, 이는 다소 무리가 있는 해석이다. 설사 국제정세에 비유할 수 있다고 해도 기수설과의 관련 하에서 보아야 할 것이다. 또한 그는 "희기신연호(噫其信然乎)"를 필자와는 정반대로 "슬프다. 진실로 그러함이여"이라고 긍정하는 의미로 해석하고 있다. 이희평 「김윤식의 동도적 세계관 일고」, 『동양고전연구』 제3집(서울동양고전학회 1994. 10) 654~55면.

이로서 감지되고 있다.

우리는 운양의 재이에 대한 시각을 통하여 그의 형이상학이 퇴계의 이기이원론(이기호발론: 주리론)의 전통보다는 율곡의 이기일원론(주기론)에 가깝다는 것을 엿볼 수 있다. 이는 그가 율곡을 계승한 기호노론 학맥 출신으로서이기일원론의 입장을 견고하게 유지한 유신환과 박규수에게 사사한 것과 무관하지 않을 것이다.[9]

개항을 전후하여 운양을 포함한 노론낙론계는 대체로 수교와 구미문물 수용에 적극적인 입장을 보여준다. 이는 단지 낙론계가 집권당이라는 정치적인 이유만은 아니고 철학적 입장과도 관련되어 있기 때문이다. 이와 관련하여 인물성이론(人物性異論)이 서양을 금수로 보는 화이론과 통할 수 있으며, 인물성동론(人物性同論)은 '화이일야(華夷一也)'의 세계관과 통할 수 있다고 추정되기도 한다.[10] 그러나 이는 수사학적 유비성에 지나지 않는다. 낙론이 근대화에 호의적일 수 있었던 것은 인간을 포함한 만물의 선함에 대한낙관적인 신념, 더욱 근본적으로는 선, 사단 등 윤리적 덕목의 근거를 기(氣)의 '밖'이 아니라 '안'에서 구하는 이기일원론의 체계 때문이 아닌가 한다. 이와는 대조적으로, 주리론의 문제의식이 선과 윤리의 근거를 기의 '밖'에서찾으려 했던 이원적 발상이었던 만큼 동류의 서교서기에 대해서는 비타협적일 수밖에 없다는 것을 위정척사론은 잘 보여주고 있다.[11]

---

9) 반면 화서학파는 노론계이면서도 명덕주리설(혹은 심주리설)을 취하여 위정척사론으로치달았다. 주요 인물들로서는 화서 이항로, 김평묵, 최익현, 유인석이 있다. 화서학파 외에 당시 주리적 경향이 강했던 인물들로는 호남의 기정진, 영남의 이진상 등이 있다.

10) 금장태 『한국유학사의 이해』(민족문화사 1994) 81면.

11) 위정척사론에서 서양을 금수로 본다는 의미는 인륜이 없기 때문에 금수와 다를 바 없다는 것이다. 「嶺南萬人疏」, 『承政院日記』(高宗 18年 2月 26日) 참조.

2) 인물성동이론

운양의 윤리적 존재론은 자연계에 대한 태도에서도 강하게 감지된다. 그런데 조선 유학에서 자연과 인간의 관계는 대립적인 관계에 놓인 적이 없었다. 소위 인물성동이 논쟁(호락논쟁)에서 노정된 긴장도 실은 만물의 보편적인 윤리적 속성과 인간의 고도로 윤리적인 속성을 어떻게 동시에 확보할 것이냐의 문제였다.[12] 동 논쟁이 형식논리상으로는 자연과 인간의 대립을 상정하는 것처럼 보이지만, 자연의 윤리적 속성이 의심된 것은 아니다. '같다'고 할 경우는 자연의 윤리적 속성이 고양되는 차원이고 '다르다'고 할 경우는 인간의 인간다운 면이 강조되는, 어느 면에서든 상향적이었다.[13]

운양이 살았던 시대는 인물성동이 논쟁은 이미 일단락되고 심주리(心主理)·주기(主氣) 논쟁이 진행중인 상황이었다. 그는 기본적으로 전대의 인물성동이 논란 자체를 부정적으로 인식하고 있다. 하지만 굳이 따지자면 사단의 유무에 의한 인간과 자연계의 차이에 주목하기보다는 만물의 근원적 선함을 신뢰한다는 점에서 동론에 가까운 편이다.

선왕의 시대에는 성인의 교화로 민속이 숙선(淑善)하여 백성이 자신의 성이 중함을 알고 자신의 몸을 돌보았다. 전국시대에 이르러 사악함과 거짓됨이 날로 번성하여 백성이 악업을 자주 행하고 마침내 자신의 성에 어두워져 교화되지 못함과 같았다. 이에 공맹께서 성선의 설을 밝혔으니 그 말씀이 지극하였다. 그후 세상이 하강하고 이치가 어두워져 순자(荀子), 양주(楊朱), 한자(韓

---

12) 호락논쟁은 권상하(權尙夏)의 문하에서 발단한 것으로서 한원진(韓元震)이 기질지성 (氣質之性)의 차이에 따른 사단(四端)의 유무라는 인물성의 차이에 주목하였던 것에 대하여, 이간(李柬)은 본연지성(本然之性)의 측면에서 인물성구동(人物性俱同)을 강조하였다. 여기에 호서 학자들은 주로 한원진을, 낙하(경기)의 학자들은 주로 이간의 주장에 찬동하였으므로 호락논쟁이라고 하게 되었다.
13) 한형조 「조선조 후기 인물성동이론, 그 논쟁의 기원에 대하여」, 『한국학대학원논문집』 (정신문화연구원 1993. 12) 39면.

子)의 설이 성행하였다. 그런데 주돈이(周敦頤), 장재(張載), 정자(程子), 주자(朱子)에 이르러 다시 근본을 궁구하여 사람과 사물의 생장이 선에서 비롯함을 밝혔던 것이다. 선이란 곧 천이며, 천이란 호생(好生)의 덕이다. … 성의 판별은 여기에서 그쳐도 충분하였을 것이다. 나는 마땅히 고집하여 이 도를 잃지 않을 것이다. 그러나 알고자 함이 과도한 자들은 침묵하여 고인의 뒤에 머무르려고 하지 않았다. … 이에 성왕이 훈민하신 취지와 공맹이 근원을 따진 의와 정주자(程朱子)가 밝힌 일원이체(一原異體)의 요지는 다시 전부 어두워지고 사람과 사물은 혼동되어 판별할 수 없게 되었다.[14]

성(심성과 인물성)을 판별하는 문제는 선왕과 공맹, 정주자에 의하여 해명이 되었는데 후학들이 미묘한 논의를 좋아하여 혼란스러워졌다는 판단이다. 그는 인성과 물성의 동일함과 차이점은 전부 주자가 정식화한 '일원이체(一原異體)'의 명제에 의해 설명될 수 있다고 본다. 즉 만물이 일원에서 나왔다는 것에 주목하면 이는 같고 기는 다르다. 반대로 각각의 이체(異體)에서는 기는 서로 근접하나 이는 절대 같지가 않다는 것이다. 여기서 일원이라는 것은 만물 생성의 처음의 단계이고 이체라는 것은 생성되고 난 연후의 것을 의미한다고 한다.[15] 근본적 원리임과 동시에 각각의 사물에도 내재한다는 이(理) 개념의 이중성이 혼란의 원인이었던 셈이다. 이렇듯 운양은 인물성동이 논쟁 자체를 부정적으로 보고 있지만 주자로 충분하다고 판단하고 있는 만큼 퇴계보다는 율곡의 제자라고 하겠다. 또한 굳이 따지자면 만물의 선함을 강조한다는 점에서 이론(異論)보다는 동론(同論)에 가깝다고 할 것이다.

---

14) 「庸言」(미상), 『金允植全集(下)』, 509~10면. 이 글은 량치차오의 저작 『용언(庸言)』을 모방한 저작으로 보인다. 『역언(易言)』이 쉬운 말이라는 뜻이라면 『용언(庸言)』은 통상적인 말이라는 뜻이다. 운양은 이 글에서 조선 유학 논쟁의 핵심적 난제였던 성의 문제를 다루고 있다. 학자들은 복잡미묘한 논리로 성의 문제를 다루고 있지만, 그렇게 하는 것은 군자의 도가 아닌바, 성현이 성을 판별한 것은 백성을 교화하기 위한 통상의 취지였다는 것이다.

15) 같은 글 508~509면.

그런데 여기서 한 가지 지적하고 싶은 것은 인물성동이 논쟁에 접근하는 방식의 문제이다. 우선 동 논쟁에는 철학적 수준의 문제뿐만 아니라 정치적 차원의 문제가 관련되어 있는 것으로 보이는데, 지금까지의 연구에서는 철학적 수준에만 천착하여 전체적인 맥락을 놓치는 것이 아닌가 한다. 한편 철학적 수준에서는 주기·주리론, 일원·이원론의 적용, 그리고 진보성의 평가에 상당한 혼동이 있는 것 같다.

첫째, 인물성동이이론(人物性同異論)을 주기 또는 주리로 나누는 데 있어서의 혼동이다. 학계 통설은 동론(낙론)을 주리론, 이론(호론)을 주기론으로 볼 수 있다는 것이다.[16] 이는 대체적으로 낙론이 본연지성(本然之性), 호론이 기질지성(氣質之性)을 강조한다는 것에 근거하고 있다.[17] 그러나 본연지성이나 기질지성의 강조를 곧바로 이나 기의 중시와 동일시하는 것은 지나치게 단순한 해석이다. 본연지성의 강조는 인간과 자연의 연속성을 담보하려는 것이고, 기질지성의 강조는 인간과 자연의 불연속성을 강조하기 위하여 동원된 개념일 뿐이다. 그리고 기질의 차이에 따른 불연속성을 최종적으로 확정하는 것은 기가 아니라 이인 것이다(이체에서 기는 같되 이는 결코 같을 수

---

16) 배종호『한국유학사』(연대출판부 1974) 205면; 이병도『한국유학사』(아세아문화사 1987) 384면; 윤사순「유학의 자연철학」,『조선유학의 자연철학』(예문서원 1998) 55면; 금장태『한국유학사의 이해』(민족문화사 1994) 81면.

17) 인물성구동(人物性俱同)을 주장하는 자는 중용천명지성장구(中庸天命之性章句) 주자주(朱子註)에 "인과 물이 생함에 각기 그 부여한 바의 이를 얻음으로 인하여 건순오상(健順五常)의 덕이 되니 이른바 성이라"고 한 것을 근거로 사람뿐만 아니라 동물도 오상의 덕을 성(본연지성)으로서 부여받았다는 것을 강조한다. 이에 대해 인물성 상이를 주장하는 자는 맹자생지위성장(孟子生之謂性章)의 주자주(朱子註)에 "이로 말하면 인의예지의 품부(稟賦)를 어찌 물이 득전(得全)하리오"라고 한 것을 근거로 인과 물의 차이를 강조한다. 배종호『한국유학사』(연세대학교출판부 1974) 209면. 이러한 인과 물, 그리고 인과 물 내부의 다양한 차이를 결정하는 인자가 기질지성이라는 것이다. 이와 관련하여 권상하(權尙夏)는 성을 일원으로서의 성(類概念), 분수(分殊)의 성(種概念), 기질지성(特殊概念)으로 삼분하였다. 같은 책 207면.

없다는 것). 즉 인물성이론이 기댈 수 있는 최후의 언덕은 결국 맹자일 수밖에 없다. 운양의 지적에 따르면 각각은 이의 서로 다른 측면에 주목하는 것이다. 즉 동론은 호생의 덕이라는 '이'가 같음(好生之德也 此所謂理同者也)을, 이론은 사단의 유무라는 '이'가 다름(無是四端者爲物, 此所謂理絶不同也)을 강조하는 것이다.[18]

호락논쟁이 율곡의 주기론을 계승한 노론 내에서의 논쟁이라는 것을 고려하면 호론과 낙론을 주기, 주리로 구분하는 것은 무의미하다고 할 것이다. 그러나 굳이 주기, 주리로 구분하려고 하면 본연지성과 기질지성 어느 일방의 강조보다는 이와 기의 관계에 주목하는 것이 옳다고 본다. 주지하듯이 율곡이 이와 기의 불상리(不相離)라는 일원성, 퇴계가 불상잡(不相雜)의 이원성을 중시하였다. 그런데 율곡을 주기론, 퇴계를 주리론으로 호칭하는 것이 틀리지 않는다면 인간만의 속성으로서 사단을 강조하는 인물성이론이 퇴계의 이원론적 발상에 가까운 것이 아닐까. 특히 호론이 낙론의 심체본선론(心體本善論)에 반발하여 심체에 선악이 있다고 주장하고, 나아가 도덕적 견제의 필요성을 강조한 것은 퇴계가 이기호발설(理氣互發說)을 제기한 맥락과 매우 유사하다. 일찍이 퇴계는 동물의 이발(理發)을 말하지 않음으로써 인간과 비인간계 사이에 넘을 수 없는 곧을 파놓은 바 있다.[19] 운양의 경우를 보면 그는 기수설이라는 명백히 주기론적 존재론을 취하는 가운데, 만물의 선함을 전폭적으로 신뢰하는 동론의 입장이다. 인간과 자연이 연속되어 있는지 단절되어 있는지가 문제의 핵심이다. 특히 구한말의 강력한 주리론자인 이항로가 집권 낙론의 개항정책에 반발하여 위정척사를 제기한 맥락까지를

---

18) 「庸言」(미상), 『金允植全集(下)』, 509면. 전자는 우주의 구성원리로서의 이로서 원리(principle)에 견줄 수 있고, 후자는 각각의 객체에 내재하는 이념으로서 플라톤의 이데아(idea)에 유사한 개념이다.

19) 한형조 「조선조 후기 인물성동이론, 그 논쟁의 기원에 대하여」, 『한국학대학원논문집』(정신문화연구원 1993. 12) 38면.

염두에 두면 낙론의 인물성동론의 입장을 주리론이라고 분류하는 것은 무리가 있다고 하겠다.[20]

둘째, 자연과 인간을 분리해서 보는 사고야말로 '근대적'이라는 점에 착안하여 인물성이론을 '진보적'이라고 보는 입장의 문제점이다.[21] 이는 호론(인물성이론)의 문제의식에 대한 오해에서 발생한 것이다. 호론이 인간과 자연의 차이에 주목하려 했다고는 해도 그것은 어디까지나 인간이 인의예지라는 사단을 가진 고도로 윤리적 존재라는 차원에서였다. 따라서 윤리적 선의 근거를 어떻게 확보할 것이냐의 문제였지, 근대 서양에서와 같은 주체와 대상의 분리, 대상으로서의 자연이라는 문제가 아니었다.

비단 호론뿐만 아니라 유기체적 자연관을 가지고 있었던 조선 유학에서 자연과 인간을 절대적으로 분리해보는 사고는 나타나지 않는다. 사실 진보라는 개념 자체가 자연과 인간의 분리, 나아가 우주와 역사의 분리를 전제하고 있다고 한다면 주기·주리론의 어느 쪽도 여기에 해당하지 않는다. 특히 주기일원론의 입장은 윤리적 근거를 철저히 존재의 '안'에서 구했던 만큼 일부의 주리론자들이 보여주었던 종교적 심성에의 귀의 가능성도 원천적으로 봉쇄되어 있다. 정치적 입장으로서 진보성을 논할 수 있을지언정 조선 유학

---

20) 배종호 교수는 호락논쟁을 설명하면서 호론을 주기론, 낙론을 주리론으로 규정하였다. 배종호『조선유학사』(연세대학교출판부 1974) 205면. 그러나 명덕주리주기 논쟁의 소개에서는 낙론계 학자들은 모두 명덕주기설을 주창하였다고 기술하고 있다. 같은 책 290면. 낙론을 상황에 따라 주리론, 주기론으로 일관성 없이 규정하는 것이다. 이러한 모순은 호락논쟁을 해석하는 과정에서 기본적으로 주기론에 입각해 있는 노론을 무리하게 주기·주리로 나눈 것에 그 원인이 있다고 할 것이다.

21) 강재언씨의 사례이다. 강재언『한국의 개화사상』(비봉출판사 1981) 44~45면. 나아가 그는 인물성이론을 주기론으로 분류하는데, 이는 '주기론=진보적'이라는 막연한 선입견 때문이 아닌가 한다. 그는 인물성이론이 더이상 진척되지 못하였다는 것에 아쉬움을 표명하기까지 한다. 그러나 인물성이론이 더욱 진보적이라는 강재언씨의 주장을 따르게 되면 오히려 집권낙론파=인물성동론이 근대문물 수용에 더욱 호의적이었다는 사실에 당혹할 수밖에 없을 것이다.

에 진보의 개념을 적용하는 것은 무리가 있다고 하겠다.

재론하지만 낙론의 정치적 입장이 구미문물의 수용에 적극적이었던 것은 만물의 선함에 대한 낙관적인 신념과 그에 따른 문화적 개방성 때문이다. 그러한 맥락에서 인간의 윤리적 덕성의 고양을 위해서는 '이'의 감시가 필요하다고 보는 주리론적 발상과는 구분되는 만큼 주기론으로 분류될 수 있지 않을까 하는 것이다.

(2) 도와 종교

1) 도학과 종교

도라고 할 경우에는 크게 보아 두 가지 용법이 있다. 즉 '형이상을 도라고 한다'라고 할 경우의 도와 흔히 '성인의 도'라고 할 때의 도가 있다.[22] 전자는 도기론(道器論)의 도로서 주로 형이상학적 원리를 지칭하는 것으로 사실상 주자학에서의 '이'의 의미로서 사용된다.[23] 반면 후자는 성현들의 가르침 일체라는 신념의 체계라는 의미를 함축한다. 이러한 성인의 도는 주자학적 요소를 포함하면서 그것보다 범위가 넓다. 공맹의 가르침은 주자학적 요소에 포함할 수 있다고 하더라도 요, 순, 우, 탕, 문, 무, 주공, 공자가 밝혀놓은 예악정교가 있다. 이른바 선왕의 법과 제도라고 할 때의 법과 제도이다. 유교가 종교냐 아니냐는 세간의 논란에 정답은 없어 보이지만, 도학이 유교라는 이름의 종교로 성립할 수 있다면 이러한 신념의 체계로서의 성인의 도에 기반을 두고 있다고 할 것이다. 20세기 초반에 전개되었던 공교운동 역시

---

22) 「形而上者謂之道, 形而下者謂之器」, 『周易』 繫辭傳上 12節; 「易有聖人之道四焉」, 『周易』 繫辭傳上 10節.

23) 일반적으로 주자학은 네 가지 정도의 요소로 구성되는 것으로 이해되고 있다. 즉 이기의 존재론, 성즉리(性卽理)의 윤리학 또는 인간학, 경(敬)과 격물치지(格物致知)의 방법론, 기타 주석학과 정책론 등이다. 시마다 겐지, 김석근·이근우 역 『주자학과 양명학』(까치 1986) 96면.

마찬가지이다.[24)]

전 절에서도 검토하였듯이 주자학 내부에는 항상 윤리론과 존재론 간의 철학적 긴장이 내포되어 있었는바, 그것은 천이 인격적 성격을 가지고 있었던 원시유교를 이기의 형이상학으로 포섭하는 과정에서 배태된 것이라고 지적된다. 사실 조선유학사에서 전개된 이기논쟁, 호락논쟁, 심주리-주기 논쟁은 주자학이 내포하고 있었던 이러한 긴장이 주기적으로 폭발한 것에 불과한지도 모른다. 그리고 과학과 인격신을 두 얼굴로 하는 근대의 도전에 직면하여 도학자의 입장에서 인간의 종교적 심성을 어떻게 해석해야 하는가 하는 문제에 봉착했던 것이다.

여기서 지적하고 싶은 것은 구한말의 양명학과 심주리설이 종교적 심성과 친화성이 있어 보인다는 사실이다. 예컨대 박은식은 양명학적인 문제의식으로부터 대동교로, 이진상의 아들 이승희는 블라디보스토크로 망명하여 공교운동에 헌신하기도 한다. 또 한 가지 지적하고 싶은 것은 심주리론은 양명학의 문제의식과 매우 유사해 보인다는 점이다. 특히 이진상의 심즉리(心則理)설은 사실상 양명학의 명제와 동일하다. 박은식도 심주리설의 화서학파에서 양명학으로 나아갔다. 그렇게 보면 화서학파의 명덕주리론은 배타적인 윤리의 강조로 인해 정치적으로는 위정척사론으로 나아갔지만, 다른 한편으로는 종교적 심성과도 친화성이 있었다는 흥미로운 사실을 발견할 수 있다. 반면 엄격한 이기일원론을 계승한 명덕주기론에서 종교적 심성을 기대하기는 어려운 것이 사실이다.

이러한 문제에 대하여 운양은 어떤 입장이 있었을까? 구한말의 명덕 논쟁에 대한 짧은 비평의 글을 통하여 그의 입장을 추론해보기로 한다.

---

24) 박은식, 장지연 등이 주도한 대동교는 공교운동의 일종이라고도 할 수 있으나 상제
   신앙관을 채택하는 이승희의 공자교나 공자를 선성후현을 넘어서는 유일한 교주로 취
   급하는 이병헌의 공자교와는 다르다.

선현은 명덕(明德)을 심(心)이라고 하였는데, 후학들은 이를 따라 연구를 계속하여 영명의 심체라고 하는 것의 미묘한 분석에 매달려 이를 이에 속한다 혹은 기에 속한다고 분분히 논쟁하였다. … 명명덕(明明德)은 하나의 강령으로서 격물치지에서 수신제가치국평천하에 이르기까지 모두 그 범위 내에 있는 것이다. 만약 이를 겸포지행(兼包知行)이라고 부른다면 그것은 가할지 모르겠으나 심체만을 지적하는 것은 온전하지 못하다. 생각건대 명명덕이라고 하는 것은 나의 광명의 덕을 행하는 것이다. 즉 수신하는 것이다. 『대학(大學)』의 가르침은 수기치인에 있을 뿐이다.[25]

위의 글은 구한말의 명덕주리-주기 논쟁(혹은 심주리-주기 논쟁)에 대한 비평이다. 즉 그는 구한말의 명덕주리-주기 논쟁이 명덕의 문제를 지나치게 심오하게 해석하고 있는바, 명덕은 준덕(峻德)의 자세로 수기치인하는 것일 뿐이라는 입장을 취하고 있다. 그런데 명덕주리-주기 논쟁은 심의 본질 천착에 매달리는 만큼 깊이 다루게 되면 양명학이 제기한 문제에 봉착할 수밖에 없다. 위의 인용문에서 겸포지행(兼包知行, 지행합일)이라는 양명학에서 강조하는 문제가 제기된 것도 우연이 아니다. 위의 글에서 그는 수신의 논리를 내세워 심주리-주기 논쟁의 예봉을 피해가고 있으며, 동시에 양명학적인 논란을 피해가고 있다.

운양은 명덕주기론의 봉서학파, 유신환의 문인 출신이다. 따라서 그가 명덕주리론보다는 명덕주기론에 가까웠을 것은 능히 짐작되는 바이다. 또한 다른 곳에서는 양명학에 대한 비판적 언급도 엿보인다.[26] 따라서 그에게서

---

25) 「明德說」(미상), 『金允植全集(下)』, 29면.
26) "혹자는 다음과 같이 말한다. 기(器)의 대성(大成)은 심성의 이륜(彛倫)만 같지 못하니 어찌 기예라는 말단을 대우하는가. 만물은 전부 자신에 갖추어져 있으니 자신에게서 구하는 것으로 족한 것이다고 나는 말한다(운양의 판단으로는— 역주) 이는 (어디까지나) 박(博)한 연후에 반약(反約)함을 이르는 것이다. 무릇 박한 연후에야 반약할 수 있다는 것이 맹자의 가르침을 지키는 것이요, 박하지 않고도 약하는 것은 왕양명의 치양지(致良知, 경험하지 않고도 안다는 말— 역주)의 논리이다." 「宜田記述評語三十四則」(1891),

종교적 심성이 발양되기를 기대하기란 어려워 보인다. 과학과 인격신을 두 얼굴로 하는 구미의 근대에 대한 운양의 대응방식은 어디까지나 유교의 윤리적 존재론을 재확인하는 것이었다. 즉 윤리의 근거를 존재의 '밖'이 아니라 '안'에서 구하려고 했던 것이다. 다만 그는 위의 인용문에서도 엿보이듯이 이기론과 양명학적 논란 자체를 거부하는 태도를 보여주고 있는데, 이러한 자세가 20세기 들어 대동학설과 종교자유론을 채택하게 되는 여지를 주는 것이 아닌가 한다. 그러나 그것도 종교적 심성의 발로였다기보다는 종교의 교화적 기능을 인정하여 그것을 추인한 것으로 해석되어야 할 것으로 보인다.

구한말 근대의 도전에 직면하여 도는 몰락의 길을 걷게 되었다. 성인의 도는 유교라는 이름의 종교답지 않은 종교로 재편되었으며, 형이상의 도는 성리학의 잔해로 남았다. 그리고 오늘날 도라면 보통 도술만을 떠올리게 되었다.

2) 성인의 도와 사도

운양의 종교자유론에 대한 검토에 앞서 우선 그의 다른 도에 대한 비판의 논리를 살펴보기로 한다. 다른 도에 대한 비판의 논리는 종교자유론에도 불구하고 의연 지속하였던 그의 유교적 사유의 원형을 잘 드러내주기 때문이다.

운양의 다른 도에 대한 비판의 글들은 대부분 종교라는 말이 일반화되기 이전에 작성된 것들이다. 종교는 명치 초기 일본에서 번역된 릴리전(religion)의 번역어인데, 어휘적 의미로 보면 '근본이 되는 가르침'이다. 문자 자체에서 주는 뉘앙스만큼이나 종교의 교화적 또는 계몽적 기능에 착목한 번역어이다. 종교라는 용어가 사용되기 이전에 도학에서 다른 종교나 학설을 지칭

『續陰晴史(上)』, 153면.

하는 명칭으로서는 설(說), 가(家), 도(道) 등이 있다. 종교라는 용어가 긍정적 역할을 사실상 전제하고 있음에 반해 설, 가 등은 (도로 호칭된 것은 제외하더라도) 다소 현혹적이라는 느낌마저 주는 것이 사실인데, 기본적으로 정사와 백성에 미치는 영향이 충분히 검증되지 않은 것으로 받아들여진다. 훗날 운양은 종교자유론의 입장을 개진하면서, 이전에는 벽이설(闢異說)을 주장하다가 갑자기 바뀐 이유가 뭐냐고 하는 의혹에 대해 이렇게 변론한다. "교라고는 하나 마음에 해를 끼치고 정사를 어지럽히면 벽이할 수 있다. 하지만 삼가 그 교를 지켜 항상심을 잃지 않는다면 어찌 벽이하겠는가."[27] 사실 운양은 무차별적으로 이단을 공격하지는 않았으며 백성에 대한 악영향을 주는 설에 집중되었다. 대표적인 것이 천당지옥설과 풍수설 비판이다.

천당지옥설 비판: 선왕의 형상제도 vs 음계의 심판

그는 사교가 창궐하는 이유는 정사가 제대로 이루어지지 않기 때문이라고 인식한다. 즉 선왕의 시대에는 형벌과 포상의 제도가 바르게 운용이 되었기 때문에 사설이 침투할 여지가 없었는데, 상벌이 위정자의 마음대로 행사되어 선악의 분별이 없어지자 백성이 '구차한 마음'을 가지게 되었다는 것이다. 당시 불교가 전래하면서 천당지옥설을 지어 유혹하자 믿을 곳이 없던 백성이 이를 따르게 되었다는 것인데, 현하의 천당지옥설에 따르면 염불하면 죄과를 면해주고, 추천하면 승천한다고 하니 살아서 악업을 지어도 죽어서 복을 받는 식이라면서 상벌의 불공정함이 음계(陰界)보다 심한 곳이 없다고 탄식한다.[28]

앞서 재이설의 검토에서도 살펴보았듯이 운양은 '화복은 인간이 스스로 초래하는 것'이라는 입장이 있다. 따라서 '화복의 권한'이 인간의 세상이 아

---

27) 「敦化論」(1910), 『金允植全集(下)』, 623~25면.
28) 「天堂地獄說」(1892), 『金允植全集(下)』, 16~18면.

니라 '음계'에 속한다는 논리를 인정할 수는 없었을 것이다. 또한 지옥을 보았다든지, 수명을 연장받았다든지, 세상 돌아가는 일을 훤히 펜다든지, 약처방을 자유자재로 하는 현상에 대해서도 어디까지나 이기의 존재론에 입각, '심령'이라는 기의 작용으로 설명하고 있다.

한편 운양의 비판은 천당지옥의 유무 자체보다는 그 설에서 주장하는 내용에 촛점이 맞추어져 있다. 그는 "천당이 없어도 그만이나 있으면 군자가 갈 것이고, 지옥이 없어도 그만이나 있다면 소인이 가는 것이다"고 하는 주장에 감탄하면서 "선한 생각이 일어나면 이것이 곧 천당이고 악한 생각이 일어나면 이것이 곧 지옥이니 이 점에 있어서는 유도와 불가가 같다"고 부연하고 있다.[29]

풍수설 비판: 제사의 예 vs 분묘 숭배

화복을 세상에서의 행적에서 구하지 않는다는 점에서 풍수설 역시 벽이의 대상이 되었다. 운양의 판단으로는 '자손의 화복이 조상의 분묘에 관계된다'는 주장에 풍수설의 허무맹랑함이 있었다. 인간이 양택(陽宅)을 취하는 것은 초목을 옥토에 심으면 무성해지고 척토에 심으면 시드는 것처럼 당연한 이치라고 할 것인데, 장가(葬家)는 이러한 양택의 설을 음택(陰宅)에도 끼워 맞추어(傅會) '산 사람의 이치를 죽은 사람에게서 구하는' 망설이라는 것이다.[30] 설사 산의 이치가 있다고 하더라도 그 위에는 하늘의 이치가 있는 법이라는 주장이다.

운양은 풍부한 민족사 지식에 기초하여 풍수설의 허망함을 다음과 같이 설파한다. "삼국시대에는 장가(葬家)의 설이 있었다는 설을 들은 적이 없다. 고려초 도선이라는 승려가 있어 신안동국장사(神眼東國葬師)라고 칭했으니

---

29) 같은 곳.
30) 「風水說(下)」(1892), 『金允植全集(下)』, 14면.

이를 시조로 하고 있다. 고려 태조 왕건의 능도 도선이 점지한 것으로서 대대로 복을 전해주는 묘가 되었어야 마땅했을 것이다. 그런데 수엽 이후 혼란이 극에 달하여 5대에 걸쳐 정권을 무신 최씨에게 빼앗기고, 9대에 걸쳐 몽고의 지배를 받았으며, 역사도 475년에 그쳐 삼국에도 미치지 못하니 이는 무슨 연고인가. 또한 단구(丹寇)의 환란으로 태조의 관을 봉은사로 옮기고 몽고의 침입으로 다시 강화로 옮기는 소동이 벌어지니 무슨 길지(吉地)가 이러한가. 동방 장사(葬師)의 시조 도선의 술수의 망령됨이 이러하니 더 일러 무엇하겠는가."[31]

물론 풍수설을 경계하는 것과 조상을 정성으로 섬기는 것은 별개의 문제이다. 그는 역사적 고증을 통하여 제사와 분묘를 엄격히 구분하고 고대에 중시된 것은 제사이지 분묘가 아님을 강조한다. 제사의 취지는 죽은 자를 살아 있는 것처럼 모셔서 사람들로 하여금 그 근본을 잊지 않게 하는 것이다. 반면 고인들은 죽은 자를 묻더라도 분을 하지는 않았으며(墓而不墳), 더구나 묘를 바꾸는 일은 있을 수가 없었다는 것이다. "조상을 섬기고 연모하는 것은 종묘에 제사하는 것에 있을 따름"인데, 이러한 선왕의 전례가 바뀐 것은 한나라 명제(明帝) 때의 일로서 명제는 만고의 죄인이라는 지적이다.[32]

이러한 풍수설 비판의 논리는 "화복은 도덕 수양의 공과에 따라 기 감응의 원리 또는 공정한 상벌제도에 의해 주어지는 것"이라는 일관된 논지의 연장선에 있다. 흥미로운 점은 운양이 선대의 고증에 진력하면서 자신의 사상적 근거를 철저히 요순삼대와 공맹에 둔다는 사실이다. 당시 풍수설에 대한 세간의 신봉은 엄청나서 이에 대한 비판은 자칫 선조에 대한 불효로서 낙인찍히기 쉬운 상황이었다.[33] 자신이 풍수설을 비판한 본의는 묘를 돌보

---

31) 「風水說(中)」(1892), 『金允植全集(下)』, 11~12면.
32) 「風水說(上)」(1892), 『金允植全集(下)』, 9~10면.
33) 고종이 왕이 된 것 자체가 남연군묘 때문이라는 풍설이 있고 보면 짐작할 수 있는 일이다. 운양은 덕산 보덕사 주지승 학율의 방문을 받고 '보덕사창건기(報德寺刱建記)'

지 않거나 성묘하지 않겠다는 뜻이 아니라고 해명하는 것도 이러한 사정 때문이다.[34] 이러한 상황에도 그것이 성인의 도에 어긋난다고 준열히 비판하는 것을 보면 요순삼대에 대한 운양의 신뢰는 강하다. 운양이 훗날 대동학설을 취한 것은 느닷없는 전환이 아닌 셈이다.[35]

를 써준 적이 있다. 보덕사는 남연군에 대한 효성과 묘의 공덕을 기리려고 1865~85년에 걸쳐 세워졌는데, 위의 글에는 보덕사 건립의 사정과 함께 사찰이 흥하면 국가도 흥한다는 흥국사 관련 속설의 황당함을 들어 남연군묘의 풍수관련설을 우회적으로 비판하고 있다(『續陰晴史(上)』, 146~47면. 음 1891. 2. 16). 운양은 실제로 남연군묘를 방문하기도 하는데, "자고로 이산에는 왕기가 있다고 칭하여졌는데 과연 묘소를 옮긴 이후 10년 뒤 용흥(龍興)의 경사가 생겼다. 이를 두고 장사(葬師)들이 요란하게 풍수를 떠들어도 무리는 아니다"는 감회를 피력하고 있다(『續陰晴史(上)』, 273. 음 1893. 5. 5).

34) 「答黃紫泉鍾敎書」(1892), 『續陰晴史(上)』, 214~16면. 시우(詩友) 황노인이 자칫 묘를 수리하거나, 성묘하지 않겠다는 의도로 오해되지 않을까 우려된다는 내용의 편지를 보내오자 이에 답장한 것이다.

35) 고전의 인용 빈도에서도 사서보다는 오경이 많으며 사서를 인용한다고 해도 『논어(論語)』 『맹자(孟子)』 『중용(中庸)』이지 『대학(大學)』을 인용하는 경우는 거의 없다. 또한 정주자를 인용하는 경우도 거의 없는데 특히 『주자어록(朱子語錄)』에 대해서는 "우리나라 사람들은 주자를 연모하여 비단 설경(說經)뿐만 아니라 소장고문(疏章古文)까지 어록을 사용하는데, 중국인들이 이를 보면 크게 비웃을 것이다"고 하여 그 가치를 폄하하고 있다. 「宜田記述評語三十四則」(1891), 『續陰晴史(上)』, 148면. 다만 주자 본인에 대한 평가만큼은 신중하여 극력 비판도 옹호도 하지 않았다. 운양은 주자에 대한 논란에 빠지기보다는 직접 삼대와 공맹으로 귀의하는 길을 택하는 것이 아닌가 한다. 다음의 예는 비록 간접인용이기는 하지만 이러한 운양의 입장을 보여준다. "이민익(李敏益) 공은 송나라 유학자들과 우리나라 선현들과의 동이득실(同異得失)을 논하면서 "주자의 설도 전후 모순이 없는 것은 아니지만 그 연유를 세밀히 연구해보면 하나의 이치이니 후학이 단지 하나의 단서에 집착하여 망령되게 비평하는 것은 어찌 현자의 지나친 폐가 아니겠는가'라고 하였다고 한다. 이 하나의 말만 보아도 공이 순정(純正)함을 알 만하다고 하겠다." 「沔川鄕校通文」(1888), 『續陰晴史(上)』, 61면. 운양은 이민익의 모범적인 예처럼 선현 학설의 동이에 관한 논란에 탐닉하는 것을 경계하는 한편 논란의 여지가 있는 주자보다는 고전에 천착하는 것이 더욱 이롭다고 판단하는 듯하다.

노장과 선종 비판: 하학상달 vs 돈오

운양은 자신의 도와 노자의 도를 다음과 같이 분별한다. "노자가 이르되 욕심을 가지지 않으면 마음이 어지럽지 않다고 한다. 따라서 노자의 도를 취하는 부류들은 대개 사물로부터 고립되어 수신하고 성을 기르는 것을 현허지역(佐虛之域)에서 구한다. 그러나 우리의 도는 그렇지 않으니 사물의 내에서 행하는 것이다. 매일같이 욕심을 보되 욕심의 폐단을 짓지 않는다. 따라서 어려운 것이다."[36] 물론 이러한 태도는 출사(出仕)를 중시하는 입장과 연결되어 있지만, 출사를 하지 않더라도 세간의 내부에 거할 것을 권장한다.[37] 그는 위의 글을 박종렬에게 써주면서도 자신을 잊지 않을 수만 있다면 천만인 중, 즉 서울에 거할 것을 권하고 있다. 또한 제자 육종윤이 서울에 유하면서도 자수하여 사물에 빠지지 않고 항상 영정하려고 자신이 거하는 방을 영정제(寧澹齋)라고 칭하는 것을 칭찬하고 있다. 진실로 사물에서 구하지 않는다면 어찌 서울에 유하느냐는 비판에 대해서는 "진실로 구하지 않는데 반드시 서울에 유하지 않을 이유가 있는가"는 반문으로 옹호하고 있다.[38]

노자의 도가 단욕(斷欲)에 있다면 자신의 도는 극욕(克欲)에 있는바, '단욕은 쉬우나 극욕은 어렵다'는 주장인데, 여기서 극욕을 위해 요구되는 것이 학문이라는 것이다. 이는 자연스럽게 선(禪)에 대해 비판으로 이어진다. "학문의 도는 일상적으로 접하는 것으로부터 분리되지 않는다. 사물을 떠나 학문을 논하면 선적(禪寂)에 빠지니 이는 학문이 아닌 것이다."[39] 선종과 성인

---

36) 항상 운양의 가르침을 따르던 박종렬이 처세의 방법을 묻자 써준 글이다. 「書贈朴琮烈」(1889), 『金允植全集(上)』, 327~28면.

37) 운양의 스승 유신환이 출사를 하지 않으면서도 세간에 거한 대표적인 인물이다. "근자의 유자들은 출사하지 않는 것을 높이 사면서 산속에 숨어 지내지만 선생은 이를 못마땅하게 여기고 홀로 서울에 거하면서 도를 강론하셨다." 김윤식 「鳳棲先生文集跋」(1912), 『兪莘煥全集』, 584~85면.

38) 「寧澹齋記」(1890), 『續陰晴史(上)』, 124~25면. 이 당시 육종윤이 기거하던 방은 운양의 서울 집이었다.

의 도의 차이는 돈오(頓悟)와 하학상달(下學上達)의 차이인 것으로 설명된다. "그렇지 않으면 단계를 뛰어넘는 것이 되어 선종의 돈오와 같게 되는데 이러한 이치는 없다. 교육의 법도는 순서에 따라 착실히 밟아 나가는 것에 있다. 시서예악으로 시작하여 치평천하에 이르러 성명을 알게 되니, 즉 하학 상달의 순서이다. 그렇지 않으면 공적(空寂)에 빠지기 쉽다."[40]

이렇듯 운양은 근본적으로는 자신의 도와 노자의 도, 자신의 도와 선종을 준별하고 있으나, 문장을 지을 적에는 종종 노장(老莊)과 선종의 논리를 차용하기도 한다. "가함은 불가함이 없으면 그 가함을 이룰 수 없으니 불가함 역시 가함이다(可非不可, 則不能成其可, 又曰不可亦可)"라는 변증의 논리는 선종의 발상과 마찬가지다.[41] 춘목을 벌목하여 가야금을 만들지 않는 이유에 대해 "저 앞에 삼삼하게 서 있는 나무들은 전부 나의 가야금이다. … 사시의 변화에 따라 빠름과 느림, 맑고 탁해짐을 반복하여 대개 자연의 계절과 어울린다"라고 설명할 때는 노장의 무위자연설과 조금도 다르지 않다.[42] 확실히 그의 문학적 상상력은 사상적 유연성의 밑거름이 된 듯하다.

기독교관: 공맹의 도 vs 묵자의 도, 겸애와 호승

운양의 기독교관은 다소 이중적이었다. 즉 한편으로는 기본적으로 기독교가 사교라는 입장을 견지하면서도 다른 한편으로는 하나의 도로서의 가능성을 인정하고 있다. '서교=사교'라는 인식은 전통적 도학자의 일반적인 경향으로 새삼 언급할 필요조차 없지만 서교의 도로서의 가능성을 인정한 것은 대단히 독특한 발상이었다.

운양은 비교적 초기부터 서교가 묵자설과 암합(暗合)한다는 사실을 '발

---

39) 「書贈朴琼烈」(1889), 『金允植全集(下)』, 327면.
40) 「宜田記述評語三十四則」(1891), 『續陰晴史(上)』, 151면.
41) 「八可亭記」(1891), 『金允植全集(下)』, 238면.
42) 「琴庄記」(1892), 『金允植全集(下)』, 241면.

견'하고 있다. 즉 청국에의 영선사행시 천진기기국 총판 허기광의 방문을 받고 다음과 같은 필담을 나누고 있다.

김윤식(金允植): 서양인들은 형제인륜이 없다고 하는데 이 말을 과연 믿을 수 있겠습니까.

허기광(許其光): 최근 점차 윤기(倫紀)를 알아가니 거의 중국의 풍습에 물들고 있는 것[漸染華風]이라고 하겠습니다. 서양인들을 보면 누구나 부모의 초상을 청사에 걸어 놓고 아침저녁으로 문안하는데 가히 취할 수 있는 태도라고 하겠습니다.

김윤식: 대개 서양인들은 묵자의 설(상귀尙鬼, 겸애兼愛, 상기교尙技巧)을 들은 것이 아니겠습니까.

허기광: 듣고 보니 그럴듯하군요.[43]

또한 면천 유배시의 글에서도 이러한 입장을 확인하고 있다. "묵자의 도는 세 가지이니, 겸애(兼愛), 교사(巧思), 상귀(尙鬼)이다. 이러한 가르침이 만리 밖의 구주에서 행해질 줄 누가 알았겠는가. 굳이 도모하지 않았어도 암합하니 기이한 일이다."[44] 묵자는 맹자와의 동시대 인물로서 맹자에게 논쟁을 걸어오기도 하였다. 서교를 묵자와 암합한다고 보는 것은 도로서의 가능성을 인정한 것이라고 볼 수 있다.[45]

---

43) 「向夕許束文來訪筆談」(1882), 『陰晴史』, 158면.
44) 「宜田記述評語三十四則」(1891), 『續陰晴史(下)』, 150면.
45) 운양은 서교가 묵자와 암합할 뿐만 아니라 동도의 영향을 받아 교리를 더욱 세련화시키게 될 것이라는 판단도 하고 있다. "소위 예수의 가르침이라는 것은 천당지옥설에 불과한 것으로 우민들을 꾀고 있으나 점차 동방의 견문을 얻어듣게 되면 석가모니의 경우에서처럼 점차 동도에 물들어 옛 교리를 변화시키지 않을지 어찌 알겠는가." 「宜田記述評語三十四則」(1891), 『續陰晴史(上)』, 150면. 그에 따르면 불교도 처음에는 천당지옥설에 불과하였는데 노장사상을 차용하여 처음으로 달마견성(達摩見性)이라는 오묘한 이치를 만들어내었고, 송나라에 이르러서는 성명설의 영향을 받아 분별하기 어렵

기독교에 대한 운양의 이중적인 입장은 개신교와 가톨릭에 대한 차별적인 인식과도 관련되는 것 같다. "서교는 야소교와 천주교의 구별이 있는데 그 기원은 하나다. 야소교는 미국에서 숭상하는 것으로서 야소교인들은 안분자족하여 국가의 금령을 범하지 않는다. 천주교는 프랑스에서 숭상하는 것으로서 천주교인들은 성질이 강항하고 호승심(好勝心)이 있어 본국에 있어서는 군주와 투쟁하고 타국에 있어서도 정사에 반드시 간섭한다. 자신의 교도들을 보호한다고 여러가지 폐단을 만들어내어 종종 전쟁에까지 이르기도 한다."[46] 그래서 통상조약 외에 따로 교약을 체결하여 선교사와 교도를 다른 상민과 동일시, 송사가 있을 경우는 공판법에 의하여 다룰 수 있도록 하려고 했으나 척사론이 비등하던 당시의 물정상 그러지 못하였다며 후회하고 있다.[47]

이러한 운양의 우려는 현실화되어 천주교도와 일반백성간의 분쟁이 자주 발생하고 피해를 보는 백성이 속출하였는바, 운양은 제주도 유배시 그 직접 현장을 목격하게 되니 소위 '이재수의 난'이었다.[48] 물론 운양은 이재수의

게 되었다는 것이다. 그런데 사실은 성명학이 도교, 불교의 영향을 받았다는 것이 지금의 일반적인 해석이다.

46) 「附論明立教約」(1890), 『金允植全集(上)』, 505면.

47) 같은 글 506면.

48) 당시 고종의 총애를 받던 내장원경 이용익은 황실의 재원 확보를 위하여 봉세관을 전국 각지에 파견, 백성의 혈세를 수탈하는데 열을 올렸다. 제주도에는 강봉헌이라는 자를 파견하였는데, 강봉헌은 공전이라 하여 백성의 토지를 탈취함은 물론 목장, 어망, 심지어 산천초목에까지 잡세를 부과하였는데, 토지가 척박하다 하여 세금을 면제받아오던 제주도에는 사상 초유의 일이었다. 그 과정에서 천주교도들이 봉세관과 결탁하여 과세와 징세를 돕자 분개한 주민들이 천주교도 주살의 대의로 봉기한 것이었다. 따라서 원인에서 지방관, 즉 제주목사 이병휘의 탐학이 주된 원인이었던 '방성칠의 난'과는 성격이 다르다. 또한 방성칠이 제주의 독립을 기도한 명맥한 역적이었음에 비하여 이재수의 난에서는 천주교도와 봉세관만을 주적으로 하였으며, 난의 과정에서 지방관은 중립적인 위치에 있었다. '방성칠의 난'과 '이재수의 난'의 경과에 대해서는 『續陰晴史(上)』(각각 454~70, 558~89면)에 자세히 기록되어 있다.

난의 본질이 봉세관이라는 관료의 작폐, 나아가서 이를 배후에서 조종하는 내장원경 이용익의 작폐, 말하자면 광무 반동정권의 실정에서 비롯된 것이라는 것을 간파하고 있다.[49] 그러나 직접적으로는 봉세관과 천주교도들의 내통, 즉 천주교도들이 앞장서서 봉세관의 수탈을 돕고 신부들이 이를 엄호하고 나서자 백성이 봉기한 것이고 보면 천주교의 폐단이라고 해도 부인할 수 없는 상황이었다. 그리하여 난의 진압 후에도 백성이 이재수 등의 두목들에게 충성하는 것을 보고 "세폐, 교폐가 골수에 미쳤음을 알 수 있다"고 동정하는 것이다.[50]

'이재수의 난'의 경험은 운양의 천주교관을 더욱 부정적으로 만들었을 것이다. 그래서인지 그는 해배 후 목사, 승려들과는 활발하게 교류하면서도 신부와의 접촉에 대한 기록은 거의 발견되지 않는다. 어디까지나 가설이지만 가톨릭보다 개신교를 호의적으로 평가하는 원인에는 교리상의 문제도 있는 듯싶다. 즉 개신교가 캘빈의 예정조화설에 따라 현세에서 신의 축복을 증명하려고 하는 경향이 강하였던 것이 유교의 현세주의와 부합하였던 것이 아닌가 한다. 운양은 천당지옥설 비판에서도 엿보이듯이 화복을 내세의 심판에 위임하는 사고에 대하여 강한 거부감이 있기 때문이다. 또한 개신교도가 다수 포진하였던 서북학회 인사들의 강개함에 대한 감탄도 무시할 수 없을 것이다. 구한말의 비분강개함을 상징하는 안창호, 강우규 등의 인사들은 대부분 야소교인들이었던 것이다.[51]

---

49) 『續陰晴史(上)』, 559면.

50) 같은 책 589면.

51) 운양은 서북학회 인사들에 대하여 상당히 긍정적으로 평가하고 있다. 예컨대 서북학회에 초대되어 참석한 소감을 다음과 같이 적고 있다. "최후에는 안창호가 연설하였는데 격앙감개하였다. … 바야흐로 서북의 구름이 열려 풍기가 일진하니 삼남의 처져 있는 모습과 같지가 않다."(『續陰晴史(下)』, 239면). 또한 홍사단에서 영유이화학교(永柔李花學校) 생도들을 초청하여 연설회를 개최했을 때도 "생도 60여 명이 모두 인물이 준수하고 거동이 활발하니 양서 지방의 흥함을 볼 수 있다."(『續陰晴史(下)』, 253면)

3) 돈화론: 종교자유론

운양이 종교자유론의 입장을 명확히 표명한 것은 1907년 지도 유배에서 해배되어 한성에 복귀, 애국계몽운동에 참여하고 있던 때이다. 그러나 이전에도 타 종교에 대한 태도는 비교적 관용적인 편이었다. 명백히 사설로 지목하여 비판한 것은 천당지옥설과 풍수설 등 백성과 정사에의 해악이 심각한 경우에 한정되었다. 특히 면천 유배시 영탑사 승려들과의 교류를 통한 불교의 체험은 그의 종교관을 매우 유연하게 한 것 같다. 그가 1887년 여름 면천 유배에 처해 영탑사에 머물던 첫해 겨울 주지승 월해는 매일 저녁 운양을 찾아 불가의 이야기를 들려주었다고 한다.[52] 당시 그에게 써준 글에는 "서로 지향하는 바는 다르지만 의기가 투합하였는데 월해로부터 명산을 유람한 일들과 청한지담(淸閒之談)을 들으니 점차 번뇌가 사라지고 심지가 청량하게 되어 자못 마음을 다스릴 수 있었다"고 술회하고 있다.[53] 심지어는 법당에 가서 주송(呪誦)을 하였다는 기록도 있다.[54] 운양은 영탑사에 머물면서 많은 선승과 교류하게 되었는데, 그가 제주도에 유배중일 때도 찾아오는 등 한번 인연을 맺으면 계속 이어지는 그러한 관계였다. 그리하여 속칭 불일(佛日)이면 연등을 하고 즐길 정도로 불교에 대해서는 친숙감을 느끼게 되었다.[55]

한편 그가 종교의 계몽적 기능에 본격적으로 주목하게 된 것은 해배 후 한성에 복귀하여 종교재단의 각급 학교 설립을 목도하면서부터라고 할 것이다. 이미 1886년 배재학당, 이화학당, 제중원의 설립에 관여한 적이 있다.[56]

당시 서북학회를 주도했던 인물들로서는 정운복, 안창호, 이갑 등이 있다.

52) 『續陰晴史(上)』, 25～26면. 승려 정기는 팔도명산을 두루 섭렵하고 금강산에서 곡기를 끊고 4년간 수도하였는데 종일 일을 하여도 힘들지 않고 밤새 주송하여도 잠이 오지 않는다는 기이한 승려라고 기록하고 있다.

53) 「贈月海師」(1888), 『續陰晴史(上)』, 52면.

54) 『續陰晴史(上)』, 93면.

55) 같은 책 265면.

56) 그는 1908년 이화학당의 운동회에 참석하여 대성황인 것을 보고 "20년 만에 이렇게

또한 갑오경장시에는 일본 일련종의 승려 사노(佐野前勵)의 부탁을 받고 3명의 승려유학생을 선발하여 일본 시즈오까현(靜岡縣)의 신숙에 파견한 적도 있다.[57] 그가 대동교와 대종교에 참여한 것도 종교적 심성의 발로라기보다는 백성 교화에서 종교라는 씨스템이 가지는 장점에 착목하였기 때문으로 보인다. 그리하여 마침내 종교자유의 논리를 다음과 같이 제시한다.

인간의 습성은 비록 달라도 본성의 선함은 같다. 각 종교의 종지는 비록 달라도 그 소이의 선함은 같다. 대저 인간은 지켜야 할 것이 없으면 항상심을 잃고 항상심이 없으면 사교에 빠지게 된다. 이것이 선할 것을 권하여 항상심을 지키게 하는 소이이다. … 서양 각국 역시 사람의 마음을 강제할 수 없음을 알고 인민의 신앙의 자유를 허용하고 보호하여 마침내 세계의 보편적 규칙이 되었다. 사람들은 이 규칙이 서양에서 나온 줄로만 알고 선왕의 도도 본래 이와같은 줄은 모르고 있다. 공자께서는 이단을 공격하는 것은 해롭다(攻乎異端: 공攻은 당연히 공격攻擊의 공攻의 의미이다—운양 주)고 말씀하셨다. … 맹자의 시대에 양주와 묵자가 맹자를 위해하였으나 맹자께서는 말로써 벽하시며 말씀하셨다. 내가 어찌 다툼을 좋아하겠는가. 부득이할 뿐이라고 그러나 양주와 묵자의 도는 폐지되지 않았으니 후세에 수련을 위주로 하는 것은 모두 양주의 부류이고 겸애를 위주로 하는 것은 모두 묵자의 부류이다. 지금에 이르러 병행되어 세상에 가득 차니 능히 확연(廓然)하지 않은가. … 중용에서는 말한다. 만물은 더불어 자라나 서로 해가 되지 않는다. 도는 병행하여 서로 폐가 되지 않는다. 소덕은 천류(川流)하고 대덕은 돈화(敦化)하니 이는 천지가 큰 소이이다. 소덕이 천류한다는 것은 모든 부류가 부동함을 지칭한다. 대덕은 돈화한다는 것은 모든 부류를 포용하여 대동으로 귀화함을 지칭하는 것이다. 넉넉하여 크도다. 무편부당(無偏無黨) 왕도탕탕(王道蕩蕩)하니 황극의 도가 아닌가. 만약 같다고 결당하고 다르다고 공격하여 치우치는 것은 왕도의 정치가 아니다. 비단 무익할 뿐만 아니라 해가 된다.[58]

___

일취월장한 것은 전부 교인(敎人)의 힘"이라고 찬탄하고 있다. 『續陰晴史(下)』, 255면.
57) 『續陰晴史(上)』, 359, 362면.

여기서 제시된 것은 종교의 교화적 역할과 도의 병행이라는 입장이다.[59] 종교의 계몽·교화적 기능에 주목하는 것은 동아시아의 일반적인 경향이었다. 특히 메이지 초기 일본의 기독교에 대한 인식은 상당히 긍정적이었다. 이는 서양의 부강해진 근본적 원인으로서 기독교의 역할에 착목하였기 때문이다. 이와꾸라(岩倉) 사절단의 기록은 이러한 인식을 잘 보여주고 있다.[60] 나아가 일본에서도 서양의 기독교와 같은 존재의 필요성을 절감하는데, 이를 위하여 천황이라는 상징을 활용하려고 했다는 것을 자인하고 있다.[61] 조

---

58) 「敎化論」(1910), 『金允植全集(下)』, 623~24면.

59) 운양은 맹자가 '부득이'하여 양주, 묵자를 비판하였다는 논리로 맹자 역시 이단에 대하여 관용적이었다고 변론하고 있으나 지나치게 편의적인 해석으로 보인다. 사실 맹자는 상당히 논쟁적이고 역설을 즐기는 인물이었다. 이로 말미암아 운양은 '맹자를 위한 변명'을 자주 늘어놓아야만 했다. 예컨대 운양은 인물성동이 논쟁, 심주리주기 논쟁 등 성에 대한 지나친 논란은 무익하며 성인들이 백성을 선하게 교화하려 했던 취지로 족하다는 입장이었다. 또한 다른 도를 비판하는 데 있어서도 지나치게 사변적인 논의보다는 선왕의 기본적인 법도에서 나는지의 여부로 족하며, 이 점에서 한유(韓愈)의 불교 비판방식을 높이 사고 있다. 그런데 맹자가 양주, 묵자를 배척한 방식은 다르지 않느냐는 의혹에 대해 양주, 묵자는 워낙 유자랑 비슷하여 '부득이' 깊게 분별하지 않을 수 없었다고 변명해주고 있다. 더욱이 맹자에 의해 2장에 걸쳐 비판받은 고자(告子)와 관련해서는 고자는 선왕의 법도를 연모하였을 뿐만 아니라 심성론에서도 대단히 비슷해 그의 심성론을 조목조목 비판하지 않을 수 없었다고 변명해주고 있다. 이러한 맹자를 위한 변명은 다소 무리가 있어 보이지만 역으로 운양이 다른 도에 대하여 그만큼 관용적이었다는 것을 반증한다고 하겠다. 「庸言」(미상), 『金允植全集(下)』, 511~12면.

60) 『特命全權大使美歐回覽實記』(東京: 岩波文庫 1977) 1권 162면, 2권 43면, 3권 245면을 참조할 것. 3권의 일부를 인용해보면 "세계 각국의 국민은 종교를 믿어 인심을 단결시키는 것이 국민간 교제뿐만 아니라 정치와 전쟁에까지 영향을 미친다." 한 가지 흥미로운 사실은 운양의 경우에서처럼 개신교와 가톨릭에 대한 차별적 평가가 나타난다는 것이다. 미국, 영국, 독일 등의 프로테스탄트 국가가 높은 점수를 받은 반면, 프랑스, 이태리, 러시아 그리고 동구 일원의 그리스정교 국가들은 상대적으로 낮게 평가되었다. 같은 책 345면.

61) 『保古飛呂比(佐佐木高行日記)』(東京: 東京大學出版會 1974) 五, 293면. "미국에서는 교법이 성행하여 그 교법으로 풍속을 유지시키는 것이 또한 신묘한 일이다. 일요일

선의 경우도 사정은 마찬가지여서 박영효는 기독교의 허용과 함께 유교의 부흥에 대한 희망을 피력하고 있다.[62]

운양은 도의 병행이라는 입장만큼이나 실제로도 많은 종교인과 교류하고 있다. 대동교, 대종교는 자신이 교인이니까 논외로 하더라도 상당히 많은 목사와 선승과의 교류가 눈에 띄는데, 2장에서 소개한 것처럼 대부분 식민지시대에 들어서이다. 특히 김익두 목사는 운양의 친척으로서 불면불식하며 2주간 주야로 설교하였는데, 일심기도를 통하여 치료된 병자가 부지기수였다고 한다.[63] 장녀 홍실도 귓병에 효험을 보는 등 자못 인정하지 않을 수 없는 상황이었는데, 운양도 '진실로 기이한 일이다'며 놀라고 있다. 이제 종교는 단순히 백성을 교화하는 것만이 아니라 기적을 만들어내기도 하는 불가사의한 대상이 되었다. 한편 면천 유배시에 이어 보운선사, 학산선사 등 다수 선승과의 교류가 지속되고 있다.

주지하듯이 운양은 대동교와 대종교에 적극적으로 참여하고 있는데, 그것이 종교 씨스템이 가지는 장점에 주목하였기 때문이라는 것은 앞서 지적한 바와 같다. 특히 천도교의 성장이 하나의 자극이 되지 않았는가 한다. 본래

에는 대통령, 부통령으로 시작하여 일체의 중책을 맡은 공직자들이 교회에 나가 설교를 듣는다. 과학자들은 종교를 믿지 않는다고 하더라도 일체의 인민을 유지하는 도구라고 한다면 중책의 공직자들도 성실히 설교를 듣는다는 것이다. … 일본에 있어서는 고유의 신도(神道)를 가지고 하든지, 공맹의 도를 가지고 하든지, 사람들이 성실히 되지 않고서는 사람들이 자신의 뜻을 다하고, 도회(都會)에서 인간의 업무를 수행할 수 없다고 할 것이다."

62) 朴泳孝 「朝鮮國內政二關スル朴泳孝建白書」, 日本外務省 編 『日本外交文書』 第21卷, 文書番號 106 金甲千 譯 「朴泳孝의 建白書―內政改革에 대한 1888년의 上疏文」, 『한국정치연구』 2호(서울대학교 한국정치연구소 1990. 6) 283면. "종교라는 것은 인민이 의지하는 것이며, 교화의 근본입니다. 그런 까닭에 종교가 쇠하면 나라도 쇠하고, 종교가 융성하면 나라도 융성하는 것입니다. … 아! 유교를 다시 부흥시켜 문덕을 닦을 것 같으면, 국세도 또한 그것을 따라 다시 융성할 것을 기약하여 기다릴 수 있을 것입니다."

63) 『續陰晴史(下)』, 536면.

그는 동학을 비도(匪徒)의 집단으로 격하하고 있었는데, 동학의 잔당이 불과 몇해 만에 다시 엄청난 교세를 자랑하게 된 것에 놀라며 의아해하고 있다.[64] 운양은 손병희라는 인물이 불초가 아님을 인정함과 동시에, 동학이 본래의 취지를 변경, 서교, 불교, 동학을 합쳐 천도교라고 개칭한 과정에 주목하고 있다. 결국 구미의 근대적 종교 씨스템의 채택의 교세 확장의 원인이 아닌가 판단하는 것이다. 운양은 본래 근세 유학보다 고대 성인들에 대한 신뢰가 강했다. 따라서 종교 씨스템의 장점을 간파한 이상 대동교의 취지에 적극적으로 찬동한 것은 당연한 일이었는지도 모른다.

그렇다면 대종교의 경우는 어떠한가. 물론 2장에서 검토한 것처럼 대종교 교주 라철과의 각별한 관계가 있었다. 그러나 운양에게 단군은 절대로 낯선 존재가 아니었다. 조선의 유학자들이 일반적으로 단군-기자-위만의 삼조선관을 가지고 있었던 것처럼 그 역시 단군은 유일무이한 건국시조로서 자리매김하여 있었다.[65] 영선사행시 청관료들이 기자조선 이전의 고대사에 대한 설명을 요청하자, "기성의 동래(東來) 이전에 단군이 평양에 도읍하여 요와 병립하였으며, 하나라 우왕시 아들 부루(扶婁)를 도산회의(塗山會議)에 보냈다고 합니다. 또한 명태조시 권근이 사신으로 중국에 왔을 당시 황제의 명령으로 단군을 주제로 시를 지은 적이 있습니다"[66]라고 답하여 단군관의 일단을 제시한 바 있다. 또한 1891년 작성한 「추보음청사(追補陰晴史)」의 서문에서도 "우리 단군 성조께서 부탁하신 것이 막중할 뿐이다(我檀君聖祖付託之重而已)"[67]라고 기술하고 있는데, 이러한 인식을 확장하면 단군을 성인의

---

64) 같은 책 171면.

65) 일찍이 동주(東洲)가 지적한 것처럼 조선의 유학자들은 사대의 명분과 전통의 고수를 공존되는 것으로 이해했다. 특히 양성지(梁誠之)는 세조에의 건의문에서 사대의 명분과 더불어 조선의 고속(古俗)을 반드시 지켜야 한다고 주장하였다고 한다. 이용희·신일철 대담 「사대주의 — 그 역사적 해석을 중심으로」, 이용희 저, 노재봉 편 『한국민족주의』(서문당 1977) 159면.

66) 「與劉藹林談草」(1882), 『陰晴史』, 94면.

반열에 올리는 것이 결코 어려운 일이 아니었을 것이다. 그런데 한 가지 지적하고 싶은 것은 대종교와 대동교의 상호 보완적 관계이다. 운양은 대동교 활동을 하는 과정에서 동류의 공자교가 중국의 국교화를 추진하는 것에 대해서는 분명한 반대의 입장을 취하고 있다.[68]

　　최근 중국인들이 공자교를 국교로 삼고자 하여 각 종교에서 치우친다고 떼를 지어 일어나 반대하고 있다. 이에 공자교 사람들은 혹시 유감이 없을 수 없겠으나 성인의 도는 지대하여 내외가 없다. 무릇 혈기가 있는 자는 존중하고 가까이하지 않으려는 자가 없는데, 지금 일국의 국교로 한정하면 도리어 작은 것이 아닌가. 마땅히 반대하는 바이다.[69]

성인의 문도를 자처하는 운양에게 성인의 도를 중국의 국교화한다는 것은 중국이 이를 독점하겠다는 발상에 불과하였다. 성인의 도는 비단 중국에서뿐만 아니라 동아시아에서 공통으로 계승되었고, 나아가 서양에도 전파되어야 귀중한 가르침인데, 이를 일국의 국교로 한정한다는 것은 있을 수 없는 일이었다고 하겠다. 여기서 대종교는 문제가 다르다. 대종교는 민족의 건국 시조인 단군을 신앙의 대상으로 하는 만큼 보편종교로서의 근거가 취약한 편이다. 따라서 무리하게 보편종교로 확대하는 것보다는 민족을 단결시키는 구심으로 활용하는 것이 더욱 바람직하다고 볼 수도 있기 때문이다.[70] 이 점

---

67) 「追補陰晴史」(1891), 『續陰晴史(下)』, 557면.
68) 블라디보스토크의 공자교인 이승희도 공자교의 국교화를 요청하는 서한을 위안스카이 총통에게 보낸 적이 있다. 이 점에서도 대동교와 공자교는 동류이면서도 차이가 있다고 하겠다.
69) 「敎化論」(1910), 『金允植全集(下)』, 625면.
70) 주지하듯이 대종교는 민족종교로서의 성격을 분명히 밝혔으며 상당수의 애국계몽운동가와 독립운동가가 참여하는데, 예를 들면 박은식, 신채호, 지석영, 주시경, 서일, 김좌진, 신규식, 안재홍, 신익희 등이 있다. 금장태 『한국근대의 유교사상』(서울대학교 출판부 1990) 97면.

에서 일본이 천황을 신앙의 대상으로 한다는 사실이 적지 않게 참고가 되었을 법하다. 아무튼 운양에게 대동교와 대종교는 이러한 상호 보완적인 관계에 있었다고 생각된다.[71)]

운양은 돈화론(敦化論)에 입각하여 다양한 종교인과 교류하고 스스로 민족종교에 헌신하기도 하지만, 성인의 도에 대한 신뢰만은 죽는 순간까지 조금도 변치 않았다. 예컨대 1921년 대종교 청년회장으로 위촉되자 고사 끝에 수락하였으나, 10여 일 후 어떤 교도가 등단에 올라 공자를 비난하는 발언을 했다는 소식을 듣고는 청년회장의 망첩(望帖)을 돌려보낸다.[72)] 또한 1920년 『동아일보』가 연일 공자를 모독하는 논설을 기재하자 당시 유림의 행동강령에 따라 '동아일보 사절'이라는 방을 대문에 부착하면서 "소위 개화당이라 하는 자들이 이를 비호하니 도의 무너짐이 이 지경에 이르렀다"고 탄식하는 것이다.[73)]

---

71) 한편 운양이 동학 계열의 종교를 부정적으로 인식한 것은 그의 동학=비도관에서 보았을 때 당연한 귀결이기도 하지만, 민중 종교의 속성을 경계하는 의미도 있었던 것이 아닌가 한다. 경술국치를 주창하였던 일진회의 이용구는 본디 동학의 지도자 출신으로서 동학의 잔당을 모아 진보회를 결성, 일진회에 합류하였다. 그는 후일 손병희의 천도교가 진보회를 탈퇴한 후에도 시천교를 창시하여 일진회에 잔류하였다. 이러한 이용구의 행적을 잘 목도하고 있던 운양에게 민중 종교의 입장은 반드시 민족 전체의 입장과 일치하지는 않는 관계로 인식되었던 것이 아닌가 한다. 그가 '시국의 전복'을 취지로 하고 있다는 일본 대본교(大本敎)의 기사를 접하여 동학당과 같은 부류로 인식하는 것도 민중종교 불신의 표현이라고 하겠다. 『續陰晴史(下)』, 535면.
72) 같은 책 552면.
73) 같은 책 526면.

2. 존재와 시간

(1) 우주와 역사의 연속성

조선 유학에서 자연과 인간, 우주와 역사는 연속적 속성이 있었다. 유학자로서 운양 역시 19세기 말 구미의 근대과학의 세례 속에서도 죽는 순간까지 양자의 분리를 감지한 적이 없다. 일종의 만물상감설(萬物相感說)이라고 명명할 수 있는 운양의 우주론은 그의 저작의 수도 없이 많은 부분에서 발견되지만, 우주와 역사, 자연과 인간의 관계라는 차원에서 대표적인 몇가지 사례를 소개하면 다음과 같다.

『김효자행록후(金孝子行錄後)』
학성의 효자 김용돈의 행장을 보았는데 부모가 아프면 문득 기체가 불편해졌다고 하니 이는 혈기(血氣)가 정성에 통한 것이다. 기도할 적에는 신이 응하니 이는 귀신이 그 정성을 격(格)한 것이며, 겨울에 뱀을 구하면 큰 뱀이 스스로 오니 이는 미물이 그 정성에 감응(感應)한 것이다. (효성의 지극함이) 가깝게는 자신의 몸으로부터 신격(神格), 물감(物感)의 현상에까지 이르니 효경에서 말하는 효제의 도는 신명에 통한다는 것은 이것을 이름이 아닌가.[74]

부모와 자식 간에는 무슨 일이 생기면 멀리 떨어져 있어도 알 수 있고, 인간의 효성이 지극하면 귀신과 미물도 감동한다는 발상은 우리의 전통적 관념에 따르면 새삼스러운 일도 아니겠으나 그 메커니즘이 기(氣)의 작용으로 설명된다는 것이 유학적 존재론의 특징이라고 하겠다. 순환계(血氣)를 위시한 신체의 모든 기능이 기의 운동으로 설명되는 것은 한의학적 상식에 속하는 일이다. 귀신이 격(格)하는 이치도 기의 감응에 따른 것이다. 유학에서

---

74) 「金孝子行錄後」(1887), 『續陰晴史(上)』, 22면.

의 '귀신'의 개념 자체가 서양의 '영혼'과는 사뭇 다르다. 사실 영혼이라는 말은 천주교의 소울(soul)의 번역어로서 만들어졌을 뿐이다. 유한한 육체의 대립개념으로서 영원불멸의 속성이 있는 영혼이라는 개념은 유학에는 존재하지 않는다. 인간이 죽으면 이(理)의 속성이 있는 성(性)과 기(氣)의 속성이 있는 정(精)으로 분리되어, 기의 무한한 운동의 공간인 자연으로 돌아갈 뿐이다. 귀신과 혼백은 정(精)에 속하는 것으로서 오로지 기의 작용에 불과하다. 기독교의 귀신(천당 또는 지옥으로 가게 되는 영혼과는 구분된다)이 기본적으로 악의 범주에서 벗어나지 않는 것에 비해 유교의 귀신은 원한을 품었을망정 선악의 속성이 있는 것은 아니다). 따라서 미물, 귀신을 포함한 자연은 기의 작용이라는 면에서 인간과 연속되어 있다. 다만 인간은 만물의 영장이라 기질의 순도나 본연지성으로서 이(理)의 체현에서 자연계와 구분된다는 것이 노장(老莊)과의 차이점이라고 할 것이다. 이 글은 운양의 주기일원론적 입장을 잘 보여주고 있다고 하겠다.

『전당추색루기(錢塘秋色樓記)』
　　명황제 홍무(洪武) 사신으로 명에 갔던 강희맹이 전당(錢塘)이라는 연꽃을 가지고 왔다. 그의 사후에는 외손 권씨 가문에 전해져 권씨 가문과 흥망성쇠를 같이하였다. … 근래 권보운이 안산에 있던 연꽃을 집 앞의 연못에 옮겨와 심고 정자를 전당추색(錢塘秋色)이라고 명명하였는데, 이 꽃은 현공이 옮겨 심고 명가에서 대대로 보호하여 5백년에 이르렀으니 어찌 심상하다고 하겠는가. 왕조가 바뀌면 능곡(陵谷)도 변하는 법. 이 꽃은 미물로서 만리 밖까지 풍랑하여 와서 지금에 이르렀다. 일찍이 홍광유사(弘光遺事)를 보니 남도가 전복된 이후 옛날의 번화했던 지역이 황무지가 되었다. 이를 보고 어떤 이가 탄식하여 말하기를 연못도 찾을 수 없거늘 연중의 꽃을 일러 무엇하리. 이 꽃의 성쇠(盛衰)는 천하의 수(數)에 관계되니 어찌 권씨 가문뿐이겠는가.[75]

---

75) 「錢塘秋色樓記」(1889), 『金允植全集(下)』, 231~32면.

이 글은 운양이 면천 유배중 우인 권학여(호: 보운甫雲, 관직: 시랑侍郎)가 낙향하여 자신의 우거를 농춘당(農春堂), 정자를 전당추색(錢塘秋色)이라고 이름 부치자 이에 대하여 평한 것이다. 운양은 조선시대 다른 선비들과 마찬가지로 원예에 관심이 많아 꽃의 분류와 재배에 관한 상당한 지식을 보유하고 있었다. 여기서 흥미로운 것은 꽃의 성쇠를 사람, 가문, 나아가 왕조의 성쇠와 연동한다는 점이다. 현대적 감각으로는 이를 단순히 왕조나 인간의 다양한 선호에 따른 것이라고 치부할 수도 있겠으나, 사실 그것은 자연을 인간의 작용 대상으로 보는 관념이라고 할 수 있다. 이에 비하여 운양은 왕조의 성쇠와 꽃의 성쇠를 기수(氣數)의 작용이라는 점에서 하나의 과정으로 보고 있다. 자연사와 인간사를 연동해보는, 즉 우주와 역사가 분리되어 있지 않다는 것이 유학적 존재론의 특징이다.

『계구상양가(鷄狗相養歌)』
금수는 우둔하나 사악함이 없으니 일단의 감응의 이치가 있다. … 오직 인간이 만물의 영장인 까닭에 미물로 하여금 인간에게 감응하게는 할 수 있으나 미물 상호간에는 감응하지 못한다고 생각하였다. 그래서 일찍이 한동생(韓董生)의 행장에 나오는 닭이 개를 보호한다는 설을 의아하게 여기었으나, 지금 황노인가의 일을 보니 과연 그러한 이치가 있는 듯하다. 즉 일찍이 황노인이 살쾡이의 해를 염려하여 닭을 개와 같이 두었는데, 처음에는 개가 닭을 쫓아내곤 했으나 주인의 일장 설교 이후 개는 닭을 돌보아 병아리를 품어주고, 반대로 개가 사냥을 나가면 닭이 강아지를 품어주는 등 상호 양육하게 되었다고 한다. 특히 닭을 잡아먹은 이후에는 개가 병아리들의 의모가 되어 이를 양육하는 지경에까지 이르렀다. … 이를 보고 내가 이르기를 이는 단지 한집안의 징조만이 아니고 장차 국가의 체상(體祥)과 관련된 일이다. 옛날 백제시대 한성의 한 집에 어느 말이 머리는 하나인데 몸은 둘인 소를 나아 이웃 나라를 병탄할 징조라고 하였는데, 과연 그후 진한과 마한을 병합하였다. 이에 견주어보면 천지에 화기가 가득하여 장차 국가의 덕이 넘쳐나 원방(遠邦)의 사람들로 하

여금 감복하게 하여, 육대주가 일가가 되는 징조가 미리 나타난 것이 아니겠는가.[76]

운양은 유배지 면천에서 다양한 인물들과 교류하게 되는데 황종교(호: 자천紫泉)는 70대의 노인으로서 시작에 능해 운양의 절친한 시우가 되었다. 위의 글은 황노인가에 가서 닭과 개가 서로 양육하는 것을 보고 느낀 소감을 적은 것이다. 운양이 직접적으로 언급한 것은 아니지만 그가 인물성동론의 입장을 취하고 있음을 알 수 있다. 미물이 인간에 감응할 뿐만 아니라 미물 상호간에도 감응할 수 있다는 것을 인정하고 있기 때문이다. 앞서 재이설에서 하늘이 인간에 감응하는 것이 아니라 인간이 스스로 하늘에 감응하는 것이라는 논리가 제시되었는바, 그의 존재론이 천인감응설(天人感應說)과는 다르다는 것을 확인할 수 있었다. 이제 미물 상호간에도 감응한다는 차원에 이르러서는 그의 입장을 천인감응설에 대하여 만물상감설(萬物相感說)이라고 명명할 만하다. 그의 존재론에서 천(天)은 단지 화생(化生)의 덕과 기수로서 임할 뿐이며, 우주와 역사의 전개는 만물상감의 기의 작용이다. 그런 의미에서 우주와 역사는 불가분의 관계에 있는바, 백제의 고사나 계구상양(鷄狗相養)의 사례에서처럼 때로는 자연계에서 먼저 역사의 전개방향을 징조로서 체현하기도 한다는 것이다.

『무제(無題)』

서해 청어는 해서지방에서 나니 청나라의 황해와 통한다. 동해 청어는 동래 등지에서 나니 일본해와 서로 통한다. 북어는 원산 등지에서 나니 러시아 해삼위해와 서로 통한다. 옛날에는 서해 청어가 가장 풍요로워 매년 봄 2~3월이면 온 나라에 가득 차 질리도록 먹었는데, 계미·갑신년 이래 20년간은 절종(絶種)하여 한 조각 구경도 할 수 없었다. 청의 운이 쇠망하여 정유 이후로 거

---

76) 「鷄狗相養歌」(1892), 『續陰晴史(上)』, 203면.

의 국권을 상실했는바, 서해 청어의 절종과 감응한다고 하겠다. 동해 청어는
매년 겨울에 나는데, 그 수가 극히 적다. 그런데 서해 청어가 쇠멸한 이후 갑
자기 동해 청어가 증가하여 금년에는 더욱 풍성하다. 인근에 포식하지 않는 집
이 없으니 옛날 서해 청어와 비등한 상황이다. 또한 통영 대구 역시 풍성하여
절도 궁촌까지 파는 자가 계속 이어지니 통영 역시 일본해와 상통하는 관계로
일본 흥왕의 징조(徵兆)에 감응(感應)한다고 하겠다. 금년에는 원산 북어(北魚)
역시 대풍인데, 러일전쟁이 우리나라 해면에서 시작되는 관계로 북어가 동어
(東漁)와 더불어 넘쳐나니 그에 감응(感應)하는 이치라고 할 만하다. 미물이
기수(氣數)와 관련됨이 이러하니 천진의 두견이 남사(南士)의 용사(用事)를 안
다고 하는 고인의 말이 허무맹랑한 것이 아님을 헤아리겠다.[77]

『무제(無題)』
　　나라 안의 가뭄이 매우 심하여 기호지방은 적지(赤地)가 되었으며, 공주와
군산은 더욱 심하다. 다만 경성(鏡城)과 부산은 비가 족히 왔는데, 두 곳은 러
시아와 일본의 인접지역이니 특이한 일이다.[78]

위의 두 글은 운양이 제주도에서 이배하여 지도에서 유배생활을 하고 있
을 당시의 일기문인데, 특히 전자는 『황성신문(皇城新聞)』이 재정난으로 일
시 정간되어 시사를 알 수 없어 무척이나 답답해하던 당시에 적은 것이다.
신문이 없어도 자연현상을 통해 시세를 파악한다는 흥미로울 뿐만 아니라
그의 우주·역사관을 잘 대변해주고 있다. 동 기록은 그의 의리관·러시아
관·일본관과 더불어 보아야 그 의미가 더욱 드러나지만 이에 대해서는 후
술한다. 여기서는 다만 그의 우주·자연관이 역사관과 얼마만큼 밀착되어
있는지를 확인하는 것으로 충분할 것이다. 한편 우주관과 역사관이 미분리
되어 있는 만큼 그의 시간관에는 '진보'라는 개념이 존재하지 않는다. 역사

---

77) 『續陰晴史(下)』, 74면. 1904. 2. 10.
78) 『續陰晴史(上)』, 596면. 1901. 7. 25.

의 '진보'라는 개념은 우주관에서 역사관이 분리되어야만 성립할 수 있다는 것은 앤더슨이 『상상의 공동체』(*Imagined community*)에서 설명한 바와 같다.[79]

(2) 의리순환의 시간관: 시운과 진보

김윤식의 역사·시간관의 골간을 이루는 것은 의리론(義理論)이다. 그런데 본래 그의 의리론에는 의리순환(循環), 시세판단, 출사의 진퇴라는 세 가지의 요소가 존재한다.[80] 이 중에서 국제정세와 관련한 시세판단은 4장 3절, 출사의 진퇴는 5장 2절에서 다루고, 여기서는 의리순환의 역사관과 시세판단의 일부만 분석하는 것으로 한다.

운양은 지도에 유배중에 있던 1904년경 해학(海鶴) 이기(李沂)[81]라는 인물에게서 편지를 받는데 도학적 견지에서 볼 때 오늘날의 역사를 어떻게 볼 것이냐는 질문을 받은 것 같다. 이에 대하여 운양은 다음과 같이 답하고 있다.

---

79) Benedict Anderson, *Imagined Community*, Revised Edition (New York: Verso 1991) 22~36면.

80) 현재의 용법상으로는 의리란 시세와 상관없이 지조를 지키는 것, 주군, 조직에 대한 충성 또는 동지와의 불배신 등의 편협한 의미로 사용되고 있다. 이는 국권의 상실이라는 뼈아픈 경험, 일제강점기하에서 주군에 대한 충성이라는 일본식의 의리 개념의 영향, 그리고 독재정권에의 협력에 대한 부정적 인식 등이 복합적으로 작용한 결과가 아닐까 한다.

81) 이기(李沂)와는 일식면도 없는 관계였으나, 운양의 도학이 높다는 라철 등의 소개로 이와같은 편지를 보내온 것이다. 리기는 '라철 결사'의 일원으로서 을사늑약을 전후하여 라철, 오기호 등과 함께 도일, 일본의 조야와 국제여론에 한국의 독립과 삼국동맹론을 호소하기도 하며, 귀국 후에는 을사대신들을 주살하려는 음모가 발각되어 옥고를 치르기도 한다. 후에는 라철과 더불어 대종교를 창설에 참여한다. 그는 문재가 뛰어나서 황현 등과 교류하기도 하였고 전봉준에게 모사로 써줄 것을 자청하기도 한 전력이 있다고 한다.

요순삼대에는 요순삼대의 의리가 있고, 진한 이하는 진한 이하의 의리가 있다는 견해를 주셨는데, 이는 금석지언이라고 하겠습니다. 공자께서는 말씀하셨습니다. "은나라는 하나라의 예로 인하여 입은 손익이 있고, 주나라는 은나라의 예로 인하여 입은 손익이 있다. 무릇 우왕과 탕왕께서 정하신 예도 후세에는 도리어 손익을 끼치는데, 하물며 그 이하의 것이야 말해 무엇하겠는가. 주나라에 이어진 백 세대 이후 것이라도 가히 알 수 있는 일이다." 이러한 말씀에 비추어보면 오늘날의 일도 공자께서는 이미 알고 계셨다고 하겠습니다. 주역에서 말하기를 시의(時義)를 따르는 것이 크다고 하였습니다. 불교가 번성한 것도 시운(時運)에 따른 것입니다. 이러한 자연의 세는 성인도 역시 벗어날 수 없어서 그중에서 의리를 행하니, 바야흐로 시운에 부합하여 신식을 좋아하는 것을 헐뜯지 않음을 이르는 것입니다. 그러나 생각해보면 일찍이 당우삼대의 의리는 진한에 이르러 크게 변했고 진한 이하의 의리는 금일에 이르러 크게 변하였습니다. 천도의 순환은 가서 돌아오지 않는 것이 없으니 금일에 말미암아 장차 요순삼대가 다시 회복되지 않으리라는 것을 어찌 알겠습니까. 그 징조는 이미 보이고 있습니다. (이에 대하여—역주) 고견이 어떠하신지 제게도 알려주시지 않겠습니까.[82]

운양은 정교든 왕조든 혹은 풍속이든 변화 자체에 대해서는 상당히 개방적인 태도를 보여주고 있다. 나아가 "시의(時義)를 따르는 것이 크다"는 주역을 인용하여, 변화에 능동적으로 대응할 것을 주문하고 있다. 그에게 요순의 의리가 진한의 의리로 변화하는 식으로 의리가 바뀔 뿐만 아니라 의리 자체가 시세(時勢)의 변화 속에서 실천되어야 한다.

이러한 의리관은 상당히 일관된 것으로서 이보다 10여 년 전 앞서 면천 유배 당시 이방헌에 보낸 답장에서도 "의리란 수시수인(隨時隨人)이니 중용이라고 할 때의 중을 지칭하는 것입니다. 군자는 궁(窮)하면 독선하고 달(達)하면 천하와 겸선(兼善)하니 궁한 것에는 궁한 것의 중용이 있고 달한 것에

---

82) 「海鶴沂主事書」(1904), 『金允植全集(下)』, 355면.

는 달한 것의 중용이 있다고 하나, 독선은 군자가 바랄 것이 아니니 단지 부득이 한 것일 뿐입니다"고 하여 시운과 인정에 따르는 가운데 중용을 취하는 것을 의리라고 정의하고 있다.[83] 이러한 의리관은 소중화론자들의 대명 의리관이나 위정척사론과 매우 대조적인 것으로서, 운양의 의리관에 따르면 소중화론이나 위정척사론은 군자가 취할 바가 아닌 독선에 불과한 것이 된다.[84]

운양의 일기에 나타나는 연호 기재 순서의 변화는 그가 시세의 변화에 얼마나 민감한지 잘 보여주고 있다. 그는 원래 육십갑자에 의한 음력 표기만 하였으나 칭제건원에 따라 건양의 연호를 정하자 즉시 개국과 건양연호를 기재하기 시작하였다.[85] 이후 그의 연호 기재 순서를 보면 건양연호(광무로 개칭 후에는 광무연호), 조선개국 기원, 청 연호(光緒), 일본 연호(明治), 서양력의 순이었다. 그런데 러일전쟁의 개전 이후 일본이 동양의 패권을 장악하면서부터는 청과 일본 연호의 순서가 바뀌었다.[86] 또한 같은 해 요순삼대의 재도래에 대한 신념과 대동학설에 관심을 두기 시작하면서부터는 공자기원을,[87] 라철의 대종교에 관계하면서부터는 단군기원을 기재한 것도 흥미로운 사실이다.[88] 그러나 경술국치 이후 두문불출할 당시는 단지 조용히 양력과 음력만을 기재하였다. 다만 한 가지 특이한 것은 5년여 만에 다시 기운을 차리고 외출하기 시작하면서부터는 다시 조선개국 기원을 사용하고 있다는 사

---

83) 「答李生邦憲書」(1894), 『金允植全集(下)』, 353~55면. 이 역시 "의리라는 것은 강구하지 않으면 숙련되지 않으니 붕우탁마(朋友琢磨)는 예로부터의 도인 관계로 구구하게 몇 말씀 드리겠습니다"고 한 것으로 보아 의리에 대한 질문을 받고 답한 형식의 글이다.

84) 대명의리론(對明義理論)과 소중화론(小中華論)에 대해서는 정옥자 『조선중화사상연구』(일지사 1998)을 참조.

85) 『續陰晴史(上)』, 387면. 1897. 1. 1.

86) 『續陰晴史(下)』, 77면. 1904. 2. 16.

87) 같은 곳.

88) 『續陰晴史(下)』, 317면. 1910. 1. 1.

실이다.[89] 이후 그의 행적을 고려하면 독립에의 의지로 해석해도 무방할 것 같다.

그러나 그의 의(義)의 소재에 대한 판단이 항상 정확한 것은 아니었다. 사실 원래 운양은 정삭복색(正朔服色)의 개혁에 부정적이었다. 비교적 초기의 저작으로 보이는 「개정삭역복색론(改定朔易服色論)」에서 그는 한나라 문왕 시 가생(賈生)의 고사를 들어 정삭과 복색의 개정에 집착하는 것은 "근본을 다스리지 않고 말단을 다스리려고 하는 것"이라고 비판하고 있다. 서둘러서 (躁進) 일을 그르치는 일이 허다하기 때문이다.[90] 그런데 갑오경장의 말기 건양기원과 단발령의 칙소가 내려졌을 때, 그는 주저 없이 이를 실천에 옮기고 외부 관료들에게도 이를 명령하고 있다.[91] 그와 절친했던 학부대신 이도재가 단발과 기원의 그릇됨을 상소하고 낙향한 것과는 대조적이라고 할 것인데,[92] 이는 일찍이 정삭과 복색의 개정을 말단의 문제라고 보았음에도 시세가 어쩔 수 없다고 판단한 연유라고 할 것이다. 그러나 단발령이 계기가 되어 각지에서 의병운동이 폭발하고, 이에 편승 대대적인 반동정책이 시행되었으며, 결국 갑오개혁의 성과마저 무위가 되었다. 이로부터 보면 수시(隨時)에 급급하여 수인(隨人)하지 못한 소이가 아닐까 한다.

백성이 주로 반발한 것은 주로 복색의 문제인 단발령이었으나 칭제건원

---

89) 같은 책 417면. 1915. 4. 21.
90) 한나라 문제 때 가생(賈生)이 정삭과 복색의 개정하여 진나라의 악습을 일소하고 요순삼대의 옛 제도를 복구할 것을 청하자, 문제는 당시의 급선무가 아님을 들어 꾸짖었다는 것이다. 「改正朔易服色論」(미상), 『金允植全集(上)』 461∼62면. 운양은 반문한다. "서경에 이르기를 주무왕이 은나라를 정벌하고도 13년간 기자(箕子)를 방문하여 연호를 개칭하지 않았다고 한다. 어찌 일찍이 정삭과 복색을 개정하는 일이 급선무이었겠는가." 또한 한나라 문제의 정사 방식이 과묵하여 일을 벌이는 것을 좋아하지 않았음에 비하여 한나라 무제는 장황한 일을 꾸미는 것을 좋아하여 태초원년(太初元年)이라 하여 정삭과 복색을 개정하고 천제를 지냈다고 법석을 떨어 천하가 소란하였던 폐를 지적한다.
91) 『續陰晴史(上)』, 386면.
92) 같은 곳.

역시 허상이었는지 모른다. 황제의 지위에 걸맞은 품위유지를 위하여 수많은 국고가 낭비되고 이를 보전하기 위하여 혈세를 거두었던 사실은 운양이 비판한 한 무제의 실정과 크게 다르지 않았다. 또한 건양기원과 태양력의 사용이 당장 백성의 실생활에 별다른 영향을 미친 것 같지는 않다. 운양의 경우는 일요일(공일)이라고 출근을 하지 않는 등[93] 작은 변화가 있기는 하였지만, 백성의 정월은 여전히 양력이 아니라 음력이었다. 하지만 조선이 근대 시간의 지배하에 놓이게 된 것은 부정할 수 없는 사실이었는바, 경술국치 이후에는 조선의 표준시가 토오꾜오 표준시로 조정되면서 일본적 근대의 시간으로 대체되었다.

한편 운양의 역사·시간관이 변화 자체에 대해서는 상당히 개방적임에도 그것에 어떤 정향성을 상정하지는 않는다. 더욱이 역사가 '진보'하고 있다는 관념은 전혀 발견되지 않는다. 다만 위에서 인용한 이기에의 답장에서도 제시된 것처럼 그는 천도는 순환하기 때문에 요순삼대의 의리가 다시 복귀할 것이라는 의리순환설의 입장을 보인다. 또한 "세운이 크게 열리고 국풍이 넓고 장대해져 장차 환순(還淳)하여 옛적의 융성을 만회하게 된다면, 이때에 태어난 것을 기뻐할 따름"이라고 기대를 표명하고 있다.[94]

앞서의 인용문에서 운양은 요순삼대의 의리가 돌아오고 있다는 징조가 이미 나타나고 있다고 했는데, 그 대표적인 증거로 제시하는 것이 구미에서의 유학 연구였다. 그는 다음과 같이 지적하였다.

어제 문득 들으니 독일이 공맹학교를 세워 중국의 유학자들을 강사로 초빙, 학도 수천을 모아놓고 예악성명의 학문을 가르친다고 한다. 일찍이 독일이 한문학교를 열었다는 것을 들은 적이 있는데, 불현듯 이와같이 일변하였다. 옛날 박규수 선생이 병인양요시 모두 서학의 전염을 우려했을 때 선생만은 홀로 우

---

93) 같은 책 353, 368면.
94) 「答沈鍾山書」(1892), 『續陰晴史(上)』, 202면.

리의 도가 서양에 전파되지 않을지(吾道西被之漸) 어찌 알겠느냐고 하셨다. 이 말씀이 장차 증명되지 않겠는가.[95]

나아가 대동학설에 찬동할 당시는 서양의 입헌의회 정치체제가 요순의 대동세계에 '암합'한다는 식의 논리로 요순삼대의 의리가 복귀하고 있음을 주장하였다.[96] 요순삼대를 유교정치의 이상으로 보는 상고주의는 유학자들에게 일반적이다. 하지만 운양의 경우에는 단지 요순의 이상정치를 모델로 하고 있을 뿐만 아니라, 장래에 요순삼대의 의리가 복귀할 것이라는 의리순환설의 입장을 보인다는 점에서 단순한 상고주의와도 구분된다고 할 것이다.

그렇다면 운양은 요순삼대 이후 역사의 전개를 어떻게 평가하는가. 분명한 것은 과거보다 이후가 더 발전하였다는 인식, 과거와 현재 간의 급격한 단절의 반복으로서의 진보라는 발상은 발견되지 않는다. 오히려 고대가 근세보다 낫다는 인식이 있었다. 즉 비단 요순삼대뿐만 아니라 진한 이후의 역사에서도 명·청보다는 당·송에게, 민족사에서는 조선보다 신라·고려에 더 많은 점수를 주고 있다.

예컨대 영선사행시 마건충과의 필담에서 "우리나라는 신라와 고려시 다 사다난하고 전쟁이 많았음에도 불구하고 부강의 실이 있었는데, 무슨 연고인지 점점 빈약해져서 진작할 수가 없습니다"[97]라고 토로한 바 있다. 또한 "조선 5백년간 장상의 인재가 전대의 수준과는 거리가 먼 것은 물론 문예의 말단에 있어서도 백분에 일에 미치지 못한다"[98]고 하여 유교의 나라였던 조선의 유학자가 도리어 자국이 전대보다 못하다는 입장을 보인다. 진정 그에게 역사의 전개는 발전의 과정이 아니었던 것이다.

---

95) 『續陰晴史(上)』, 125면.
96) 『金允植全集(下)』, 178~80면.
97) 「海關署与馬眉叔談草」(1882), 『陰晴史』, 150면.
98) 「東鑑文鈔序」(1890), 『金允植全集(下)』, 146면.

중국의 신해혁명에 대한 운양의 다음과 같은 소회는 그의 역사관에 진보라는 개념이 부재함을 분명히 드러내어주고 있다.

(중국의) 혁명당이 제시한 27개조는 만주족 정부의 제거를 주지로 하고 있다. 또한 황실을 보존한다고 하지만 망한 거나 다름없다. … 신애씨(愛新氏)가 이처럼 초라해진 것을 보니 성쇠(盛衰)의 감이 사람으로 하여금 홍탄을 자아내게 한다.[99]

중국인들의 폭죽 풍습이 올해는 더욱 심하다. 대저 청국을 폐하고 중화민국을 건국하니 상민들의 환호하는 연유이다. 청황실 260여 년을 회고해보면 어진 임금이 대를 이어 어질고 두터운 은혜가 없지 않았음에도 불구하고, 하루아침에 망하고, 민정(民情)이 이와같은 것은 종족이 같지 않은 까닭이다. 가히 슬픈 일이다.[100]

그는 제정의 몰락과 공화정의 수립을 역사의 진보가 아니라 성쇠(盛衰)라는 차원에서 해석하고 있으며, 도리어 청 황실의 몰락에 환호하는 민정의 야속함을 탓하는 것이다. 사회주의 운동의 국제적 고양에 대한 다음과 같은 언급 역시 시세 변화에의 민감성에도 불구하고, 그에게는 역사의 진보라는 관념이 없다는 것을 잘 보여준다.

일본 동경의회는 보통선거권 문제로 민당과 정부당이 난투극을 벌여 의회석이 수라장이 되어 군경도 진정을 못 시킨다고 한다. 또한 제철소 공장들의 동맹파업의 세도 심상치 않다. 대개 러시아 과격파(볼셰비끼─역주) 세력의 팽창이 동서양에 만연하니 일본의 소요도 역시 과격의 의사를 품고 있다. 지금은 대변화의 시기(大變之會)이니 장차 어떤 결말이 초래될지 알 수가 없다.[101]

---

99) 『續陰晴史(下)』, 355면. 1911. 11. 6.
100) 같은 책 361면. 1912. 2. 17.
101) 같은 책 519면. 1920. 2. 17.

일본에도 대본교(大本敎)라는 것이 있는데 우리나라 동학당과 비슷하며, 과격파와 기맥이 상통하여 시국의 전복을 주된 취지로 하고 있다. 체포가 줄을 이어도 막을 수가 없으니 역시 시운(時運)이라고 할 것이다.[102]

영국은 지금 석탄광부의 동맹파업으로 각 공장이 휴업중이며 무정부상태라고 한다. 노동자 형세의 확장이 구미 각국에서 대개 이와같으니 역시 시운(時運)이라고 할 것이다.[103]

이상의 인용에서 엿볼 수 있듯이 운양에게 군주제의 몰락과 공화주의 신장, 그리고 사회주의 운동과 민중세력의 고양도 결코 '진보'라는 차원에서 감지되지는 않으며, 어디까지나 시운이라는 범주에서 벗어나는 것이 아니었다. 구한말 이후 거세게 밀어닥친 사회진화론과 역사발전론의 공세에도 불구하고, 그에게는 정체 또는 진보로 양단될 수 없는 시간의 영역이 존재하였으며, 그 영역은 우주적 차원의 기수의 전개에 닿아 있는 것이었다. 이와 관련하여 유교적 시간관과 중세 유럽의 시간관을 비교해보는 것도 흥미로운 작업이 될 것 같다. 대체로 우주관과 역사관의 일치, 과거-현재-미래의 동시성이라는 점에서 유사하지만 각각 현재가 과거(유교) 또는 미래(기독교)에 의해 저당 잡혀 있다는 점에서 달라 보인다. 즉 기독교는 구세주의 강림이 가장 가치있는 것이고, 유교는 성인의 도가 가장 가치있는 것이었다. 그러나 양자 공히 과거-현재 간 단절의 반복으로서의 진보와 속도라는 근대적 시간관과는 매우 다른 것이었다.

이상에서 살펴보았듯이 근대에 대응하는 과정에서 운양이 전개한 철학적 사유는 시간과 윤리(종교)의 문제가 전통과 근대 사이에 가로놓인 심연이라는 것을 잘 보여준다. 전통사유와 근대사유 간의 긴장은 근대의 정치적 승리

---

102) 같은 책 535면. 1920. 9. 25.
103) 같은 책 537면. 1920. 12. 1.

로 귀결되었지만, 철학적으로는 여전히 미해결의 문제로 남아 있다.

3. 문명관

(1) 시무설: 개화설 비판

흔히 김윤식은 온건개화파로 분류되고 있으나 정작 그 자신은 개화라는 말에 대하여 부정적 인식이 있었다. 자유, 독립 등의 개념은 부담 없이 구사함에도 개화라는 말에 거부감이 있었던 것은 그것이 내포하는 문화적 편견 때문이었다. 그에게 개화라는 말을 인정하는 것은 결국 조선이 야만국이라는 것을 인정하는 것 외에 불과하였던 것이다. 그는 1891년 봄의 일기에서 다음과 같이 말한다.

> 나는 일찍이 개화설을 괴이하게 생각하였다. 무릇 개화라는 것은 오랑캐의 습속에서 벗어나는 것(阿塞諸變 榛伾之俗)과 같은 것이다. 구주의 풍속은 점차 그 습속을 변혁하여 개화라고 한다고 들었다. 동토는 문명의 땅이니 어찌 다시 개화라고 할 수 있겠는가. 갑신의 역적들은 구주를 숭상하여 요순과 공맹의 도를 야만이라 하여 도를 바꾸려 하고 이를 개화라고 칭하였다. 이는 가히 천리를 끊고 관을 거꾸로 쓰는 것이라고 하겠다. 선비와 군자라고 하는 사람들이 입만 앞세워서야 되겠는가. 이 개발변화(開發變化)라고 하는 것은 겉만 번지르르한 말이다. 소위 개화라고 하는 것은 시무(時務)를 일컫는 것이다. 조나라 무녕왕(武靈王)은 중산(中山)을 정벌하기를 원하여 드디어 오랑캐의 복색을 하고, 한나라 이래로는 누차 공주를 단우(單于)에게 시집보냈으니 모두 시세에 따른 것이다. 이 역시 개화라고 할 수 있겠는가.[104]

---

104) 『續陰晴史(上)』, 156면. 음 1891. 2. 17.

'개화'란 야만에서 벗어나는 것인데 동토는 이미 '문명'의 땅이니 다시 무슨 개화를 한다는 것이냐는 반문이다. 김윤식은 개화라는 말과 더불어 개화당 인사들에 대해서도 상당히 비판적인 인식이 있었다. 위의 인용문에도 나오지만 「추보음청사」에서도 "(홍영식은 보빙사절에서 — 역주) 돌아온 후 서양의 제도를 흠모하고 중국을 노예시하여 공맹윤상의 도를 배척하여 거리낌이 없었으니, 이에 그가 이미 이류(異類)임을 알았다. 김옥균, 박영효, 서광범 등은 일본에서 환국한 후 일본을 흠모하여 동양의 영국으로 삼고 사사건건 부러워하여 홍영식과 더불어 배화존양론을 주창하였다"고 비판하고 있다.[105]

그렇다면 개화 대신에 제시하는 시무라는 개념은 무엇인가. 그에 따르면 시무란 "당시 해야 할 일을 하는 것(當時所當行之務)"을 일컫는 것이다. 환자에게는 그에 해당하는 약이 있으니 비록 신묘한 약이라고 할지라도 모든 사람으로 하여금 그것을 먹게 할 수는 없다는 것이다. 따라서 '시기와 나라에 따라(寓各有時局, 各有務)' 시무는 다른 것이다.

---

105) 같은 「추보음청사」의 뒷부분에서는 다음과 같이 김옥균을 동정하는 내용을 싣고 있다. "김옥균 등은 박규수 선생의 문하에서 같이 수학한 동지로서 1881년 청국과 일본으로 떠날 때 같이 나라를 부조하자는 약속을 하였다. … 갑신정변의 이후 나는 정부에 있던 관계로 같이 역적으로 성토하지 않을 수 없었으나 그 행동이 애국에서 나온 것이지 다른 의도가 아님을 알고 있었다." 더욱이 한발 더 나아가 "당시 나는 그들의 의사가 좋은 뜻임을 위안스카이에도 말한 적이 있는바, 그가 만약 이같은 뜻을 나에게 미리 밀통하였다면 나는 마땅히 시기를 보아 도왔을 터인즉 어찌 이와같은 낭패에 이르렀겠는가" 라고 하면서 갑신정변을 도울 의사까지 있었다는 식으로 회고하고 있다. 그런데 그다음에 1908년에야 결성된 강구회 관련 내용이 나오는 것으로 보아서 이는 1891년에 기술한 것도 아니고 1908년 이후에 추서(追書)한 것으로 보인다. 즉 1891년의 싯점만 하더라도 부정적 인식을 유지하고 있었던 것이 아닌가 한다. 아무튼 운양은 김옥균 등의 전반적인 취지에는 동감하였는지 몰라도 '개화'라는 용어의 사용에서만큼은 부정적이었던 것이 분명하다. 「追補陰晴史」(1891), 『續陰晴史(下)』, 565, 577~78면.

일인의 전제를 타파하여 공상의 길을 넓히고 개인들로 하여금 그 힘과 능력을 다하고 권리를 보호하게 하여 국가의 부강을 이루는 것은 서양의 시무이다. 입경진기(立經陳紀)하여 관리를 선발하며, 병사를 훈련시키고 무기를 다스려 사방을 방어하는 것은 중국의 시무이다. 청렴함을 숭상하고 탐욕을 몰아내어 백성을 근휼하고, 조약을 준수하여 우방과 다투지 않는 것이 조선의 시무인 것이다. 우리가 중국을 모방하여 군사력을 키우는 데 전력하면 백성이 궁핍해지고 재정이 바닥나 기초부터 무너질 우려가 있다. 중국이 서양의 제도를 모방하면 명분과 기강이 해이해져 아랫사람이 윗사람의 권한을 침해할[陵替] 우려가 있다. 서양이 동양의 제도를 모방하면 왕의 악정으로 국세가 위약해져 인국에 병탄당하고 말 것이다. 따라서 선법이라도 하루아침에 지구상에 통용될 수 없음이 명백하다고 할 것이다.[106]

운양이 강조하는 것은 개화설이 구미를 모방하려 하는 것에 반하여 시무설(時務說)은 각국의 실정에 맞는 개혁을 제기한다는 점이다. 여기서 우리는 개화와 시무 개념의 차이점에 주목할 필요가 있다. 개화는 기본적으로 진화론에 기초하여 더욱 발전한 단계의 사회와 후진 사회를 구분한다. 또한 이러한 단계론에 입각해보면 서양이 동양보다 발전한 문명이기 때문에 서양을 모델로 하여 개혁해야 한다는 논리구조로 되어 있다. 반면 시무는 발전의 단계를 전제하지 않는다. 서양이 야만의 습속에서 벗어나 문명사회가 되었다면 그것은 그 자체로서 인정할 수 있지만(위정척사론은 서양을 야만사회로 본다는 점에서 시무설과 다르다), 동양 역시 성인이 예약정교를 시행한 이후

---

106) 「時務說, 送陸生鍾倫遊天津」(1892), 『金允植全集(下)』, 19~21면. 이 글은 1892년 5월 18일 천진독리 황기연에게서 육종윤(陸鍾倫)의 천진행에 대한 소식을 듣고 6월 초 육종윤에게 써준 글이다. 육종윤은 앞서 인용된 운양의 친우 육용관의 아들로서 운양의 대표적인 식객이자 문인이었다. 명성황후시해사건 당시 운양의 추천에 의하여 외부참서로 재직하는 등 라철과 더불어 운양이 아끼는 청년이었다. 명성황후시해사건 이후에는 일본으로 피난하여 일본에 거주, 운양의 일본방문시(1907, 1909)에는 일본에서 접견하고 있다. 따라서 이 글은 제자에게 써준 글이라고 보아도 무방할 것이다.

에는 문명사회가 되었기 때문에 다시 개화되어야 할 이유는 없는 것이다. 또한 개혁의 필요성은 인정하지만 동등한 문명사회인 만큼 그 모델은 각자의 조건에 따를 뿐이다. 결국 개화설과 시무설의 차이점은 시간관에서는 진화론과 시세판단론 간 차이의 연장선에 있다.

주지하듯이 개화라는 말은 개화당 인사들에 의하여 일본에서 수입된 용어이다.[107] 그런데 일본에서도 후꾸자와 유끼찌 등 민권당 계통에서 주로 애용한 개념이지 메이지정부의 지도적 정치가들이 애호한 용어는 아니었던 것으로 보인다. 메이지일본 역시 개혁의 성공적 완수를 위해서는 막신(幕臣)들을 위시한 전통적 세력을 끌어안고 나아가야 하는 상황에서 전통을 부정하는 듯한 논리를 개혁의 모토로 내세울 수는 없었기 때문이다. 사실 조선의 개화당에 대한 일본 내의 지지세력들도 주로는 민권당 내지 대륙낭인 계열이지 메이지정부의 정치실력자들은 아니었다.[108] 이렇듯 시무설의 대표적 주창자 중 하나인 김윤식이 '개화'라는 용어를 거부하는 상황에서 김윤식 등 중간파 개명관료들을 '시무개화파'로 명명하는 것은 적절하지 않은 것으로 보인다. 김윤식의 논리에 따르면 '시무개화'라는 말은 형용모순에 지나지 않는다.

(2) 도기론

김윤식은 온건개화파이자 동도서기론자로 분류되기도 한다. 그러나 정작 그는 동도서기라는 용어를 사용한 적이 없다. 주지하듯이 동도서기란 말은

---

107) 이광린 「개화사상 연구」, 『한국개화사연구』(일조각 1969) 참조.
108) 한러밀약사건 이후 이또오 히로부미가 리훙짱에 보낸 서신에서도 김홍집, 김윤식, 어윤중 등의 대신들을 중용하라는 충고를 하고 있다. 국왕의 돌출적 행동을 견제하고 국정의 안정을 위해서는 신중한 중간파 관료그룹의 역할이 중요하다고 판단하였기 때문일 것이다. "日本公使榎本武揚鈔呈外務井上函"(光緒十一年五月二十三日), 『李文忠公全集』譯署函稿 卷之十七.

당시의 용어가 아니라 후세학자들이 명명한 것이다.[109] 물론 1880년대 초반 동도는 굳건히 지키고 서양의 기만 받아들이자는 발상법이 광범위하게 존재하였던 것은 사실이다. 그러나 그것은 엄격한 학문적·철학적 개념이라기보다는 수사학적 의미 혹은 정치적 구호로서 의미가 있는 것이었다. 하지만 척사론이 비등했던 1880년대 초반의 상황에서 동도서기 식의 발상이 가지는 호소력이나 정치적 결집력은 과소평가되어서는 안될 것이다. 대미 수교만 해도 국내 유림의 반발을 우려하여 청국이 대신 주선해주는 우회적 방식을

---

109) 최근 19세기 말 근대에 대한 대응 방식을 문명개화론, 동도서기론, 위정척사론으로 분류하는 것이 상식처럼 되어 있다. 그러나 무엇에 근거하여 이렇게 분류하는 것인지는 대단히 애매하다. 우선 정치세력의 분류방식으로서는 부족하다는 느낌이다. 동시기에 활동하였던 정치세력으로는 고종과 명성황후를 정점으로 한 민씨척족 세력, 개화당, 김윤식 등의 개명관료, 대원군파, 경향 각지의 유림, 그리고 동학농민군 등 다양한 세력이 존재하고 있었으며, 이들간의 연합과 상호작용에 의해 정치지형이 형성되고 있었다. 이를 문명개화, 동도서기, 위정척사로 단순화하기에는 무리가 있어 보인다. 한편 문명론의 분류방식으로는 결정적인 문제점이 있다. 사실 동서양의 만남에서 생성될 수 있는 문명론으로서는 세 가지를 상정할 수 있다. ① 진화론에 입각, 서양을 발전한 단계의 문명, 동양은 야만 또는 '반개'의 후진문명으로 보는 방식(소위 문명개화론), ② 반대로 동양을 진정한 문명으로 보는 방식, 그리고 ③ 동서양문명의 상대성 또는 보편성에 착안하는 방식이다. 소위 동도서기론자로 분류되는 인물들은 ②와 ③에 두루 걸쳐 있다. 김윤식과 더불어 동도서기론의 대표적 인물로 분류되는 신기선(申箕善)의 경우는 어디까지나 ②의 입장에서 벗어나지 않는다. 그는 1880년대에는 개혁정책에 적극적으로 찬동하는 듯하지만 1890년대에 들어 광무정권에서는 소위 '구본신참'의 명분으로 각종 반동수구 정책을 입안하는 데 앞장서고 있다. 이는 그의 문명관이 ②에서 벗어나지 않았기 때문이다. 김윤식은 ③에 해당한다. 그는 초기에는 주로 동서문명의 상대성에 주목하다가 후기로 가면 동서문명의 보편성까지 주장하게 된다. 물론 1880년대 초반 동도는 굳건히 지키고 서양의 기만 받아들이자는 흐름이 광범위하게 존재하였던 것은 사실이다. 그러나 그것은 어디까지나 수사학적 의미 혹은 정치적 구호로서의 의미가 있었다. 민두기 교수의 정확한 지적처럼 동도서기 식의 발상법은 중국의 중체서용(中體西用)이나 일본의 동도서예(東道西藝)와 마찬가지로 이질적 문화를 수용해야 하는 상황에서 거의 보편적으로 일어날 수 있는 하나의 논리구조로서 엄밀한 철학적 개념이나 문명론으로 보기에는 문제가 있다고 하겠다. 민두기 「중체서용론고」, 『중국근대 개혁운동의 연구』(일조각 1985).

택했던 것이며, 운양이 영선사로 청에 파견된 것도 그러한 맥락에서였다.[110] 척사운동은 영남만인소, 안기영사건 등으로 이어졌으며, 운양의 천진 체류중에 발발한 임오군란은 수교정책에 대한 국내정치적 반발을 단적으로 보여주는 사건이었다. 그런 의미에서 최근의 동도서기론의 보수성을 강조하는 논의에는 찬성할 수 없다.[111] 동도서기라는 발상법은 당시 정치적 저변을 확보하고 있던 척사론을 극복하는 과정에서 불가피하게 거칠 수밖에 없었던 과정이었던 것으로 보인다. 임오군란이 진압된 후 운양이 고종을 대신하여 작성한 효유문은 이러한 방법론적 의미로서의 동도서기론을 잘 보여준다.

그 교(敎)는 사악하니 마땅히 음담이나 미색처럼 멀리해야 할 것이지만 그기(器)는 이로우니 진실로 이용후생이 가능한 즉 농상, 의약, 갑병, 선박과 수레의 제도를 어찌 두려워 피하겠는가. 그 교를 배척하고 그 기를 본받는 것은 [斥其敎, 效其器] 병행 가능하니 어긋나지 않는 것이다. 하물며 강약의 형세가 이미 현격히 벌어졌는데 저들의 기를 본받지 않는다면 어찌 저들이 우리를 모욕하고 엿보는 것을 막을 수 있으리오.[112]

운양은 초기에는 주로 동서문명의 상대성에 주목하다가 후기에 가면 동서문명의 보편주의적 속성을 주장하게 되는데, 상대주의적 동서문명론은 전절에서 고찰한 개화설 비판의 논리와 유사하다. 한편 보편주의적 발상도 비교적 초기부터 그 맹아가 발견된다. 즉 영선사행시 나직산(호: 풍록豐祿)과의

---

110) 연미론에 대한 국내정치적 반발이 대미수교에 미친 영향에 대해서는 송병기『근대 한중관계사연구』(단대출판부 1985). 송병기에 따르면 조선이 미국과의 수교교섭을 직접 주도하지 못하고, 리홍쨍에게 위임하게 된 것은 국내의 척사 분위기를 의식하였기 때문이라고 한다.

111) 예를 들면 "동도서기론이란 … 단적으로 표현한다면 구래의 사회체제 위에 접목하다시피 되었을 뿐으로 민족의 자주독립과 근대적 사회건설이라는 당시 민족적 당면과제를 수행하기에는 너무 거리가 먼 것이었다." 이완재, 앞의 책 41면.

112) 「曉諭國內大小民人」(1882), 『金允植全集(下)』, 81면.

필담에서 나직산이 조선의 과거제도를 물은 후에 "고향림(顧亨林, 고염무—역자 주), 호비명(胡朏明)의 학문은 모두 유용한 것입니다. … 제가 영국, 프랑스, 독일의 삼국을 둘러보니 서양의 양법은 고, 호 양 선생의 말에 부합하는 것이 많았습니다"고 하자 운양은 이를 받아 "서양인의 선처는 성인의 범위에서 벗어나는 것이 아니니, 두 선생의 말씀이 서양에서 시행한다고 해도 괴이한 일이 아니며, 또한 가히 고인에 암합한다고 하겠습니다"고 하여 일찍부터 서양문명의 동도 암합설을 제기하고 있다.[113]

운양의 보편주의적 문명관의 면모는 대동학설에서 명백히 드러난다. 그에 따르면 대동학설은 청의 캉유웨이(康有爲)가 처음은 아니며, 캉유웨이보다 70년 전 조선의 이동우라는 자가 산동성 공정모(孔鼎謨)의 가장세전(家藏世傳)에서 얻은 적이 있는바, 원래 공맹에게서 나온 설이라는 것이다. 다만 당시는 군주가 전제하던 시대로 대동의 설을 좋아하지 않았기 때문에' 공개적으로 주창할 수가 없어서 『주역(周易)』과 『춘추(春秋)』에 일부를 밝히고 수제자 한두 명에게만 전한 까닭이라는 것이다. 하지만 비단 공맹뿐만 아니라 백이와 숙제도 요순을 만나지 못한 것을 슬퍼하고, 천하의 도사들 역시 몸은 소강(小康)의 세상에 처해도 정신은 대동(大同)의 세상에 유했다고 한다. 그후 2천년여 년 동안 "무엇이 요순인 줄 모르고(不知堯舜之爲堯舜)" 있자 하늘이 백성으로 하여금 깨닫게 하여 서양에서 수많은 전쟁 끝에 비로소 압제할 수 없음을 알고 의회헌법정치를 펼치게 되었고, 그 풍조가 동양에까지 미쳤다는 것이다. 그래서 결국 "그 심법의 정밀하고 광대한 범위가 대동의 뜻에 암합하여 대동육주설이 나오니, 이때를 만나 공리의 소재는 동서가 없다(夫公理所在無分東西)"라는 논지이다.[114]

이렇듯 보편주의적 문명론에 도달하는 발상을 도기분리(道器分離) 개념인

---

113) 「當日談草」(1882), 『陰晴史』, 90면.

114) 「大同教緖言序」(1910), 『金允植全集(下)』, 178~80면.

동도서기론으로 규정하는 것은 부적절해 보인다. 운양이 보편주의적 문명관에 도달할 수 있었던 것은 그의 발상법이 동도서기론이 아니라 도기론(道器論)이었기 때문이었다. 도기론은 원래 도기분리가 아니라 도기합일의 논리구조로 되어 있다. 운양은 1891년 "형이상의 것을 도라고 하고 형이하의 것을 기라고 하는데, 도는 형상이 없고 기에 거하니 도를 구하는 자는 기를 버리고 장차 어찌하겠는가. 특히 육예는 선왕이 사람들의 재능과 덕을 교육하는 방편이었다"고 자신의 도기론을 제시한다.[115] 신구학 논쟁과 관련하여 운양은 「신학육예설(新學六藝說)」에서 자신의 도기론을 다음과 같이 정리하고 있다.

옛것을 좋아하는 선비는 자만하여 배척하여 말하기를 오늘의 학문은 옛날의 학문이 아니니 이단이며, 외도라고 한다. … 옛날의 학문이라고 하는 것은 삼대의 사람을 가르치는 방편이 아니던가. 삼대의 교육방법은 육예에서 벗어나지 않았다. … 도덕인의는 이(理)이고 육예는 기(器)이다. 도덕인의는 모두 육예로부터 나오는 것이다. 따라서 하학상달이라고 하니 기를 버리고 이만 말할 것 같으면 이를 장차 무엇에 쓰겠는가. … 지금 신학문의 정치·법률·공법·경제는 모두 예의 좋은 도구이다. … 고대 태학의 교육의 방법은 오직 음악에 있었다. 서양인들은 그러한 연고를 알고 음악을 더욱 중시하였으니 융화발양하게 하고 자유와 독립의 뜻을 증진시켜 정치에 이익됨이 적지 않으니 이는 악(樂)의 예가 아니던가. … 오늘날 남자들이 마땅히 익혀야 할 것은 총과 포에 있으니 이는 사(射)의 예가 아니던가. … 오늘날은 수레와 기마를 대신하여 기차와 화선이 있으니 이는 어(御)의 예가 아니던가. … 만국이 교통하는 시대에 언어문자를 배우지 않는다면 어찌 교섭할 수 있겠는가. 따라서 육서 이외에 각국의 문자를 불가불 배우지 않을 수 없으니 이는 서(書)의 예가 아니겠는가. … 지금은 정밀한 이치와 빠른 계산법이 날로 새로워져 전에 모르던 못한 것을 발견하게 되었다. 이는 수(數)의 예가 아니던가. … 지금의 신학문에

---

115) 「宜田記述評語三十四則」(1891), 『續陰晴史(上)』, 153면.

서 사람을 가르치는 것은 모두 이러한 것으로 육예의 학문이니 어찌 이단이나 외도라고 볼 수 있겠는가. 예술은 고금이 다르지만 시세로 말미암아 당세의 필요와 부합되는 것은 마찬가지이다. … 공자의 칠십 제자도 모두 육예로서 명성을 이루었으니, 자로의 군사 다스리는 기술과 공서화의 빈객의 예가 그것이다. … 옛것만 옳고 지금 것은 그르다고 하지 말라. 오늘을 모르고서 어찌 옛것을 알겠는가. 자기만 옳고 남은 그르다고 하지 말라. 백세 후에는 자연히 공론이 있을진저.[116]

요순삼대의 육예에 비유된 신학문은 기(器)로서 도덕인의의 도를 담는 그릇으로 파악된다. 인용문에도 예시된 것처럼 정치·법률·공법·경제·음악·군사학·공학·운수·언어학·수학 등 일체의 신학문이 육예＝기에 해당하는 것으로 설명하고 있다. 이전에는 서양의 '도'에 해당하는 것으로서 수용할 수 없었던 정치·법률 등이 도를 구현하는 도구로서의 '기'로 제시되는 점이 흥미롭다. 한편 예악정교를 핵심으로 하였던 성인의 도는 도덕인의의 형이상학적 이의 원리로 한정된다. 도기분리론에 근거하여 보면 서양의 문물은 여전히 기의 범주에서 벗어나지 않아 가치절하된 듯이 보인다. 하지만 도기합일론의 견지에서 보면 격하된 것이 아니라 성인의 도에 불과한 것으로 격상된 것이다. 유교의 예악정교 역시 도덕인의의 원리를 구현하는 기이고 보면 말이다. 이제 성명의리의 형이상학만이 서양과 다를 뿐 예악정교를 위시한 일체의 동서문명은 사실상 동일한 범주에서 사고되고 있다. 동서양의 다양한 학문은 등가의 것이며, 그에는 접근에는 이제 하등의 장애도 존재하지 않는다.

---

116) 「新學六藝說」(1907), 『金允植全集(下)』, 24~28면.

4. 지식론: 박학주의

운양이 구미의 근대문물 수용에 적극적일 수 있었던 것은 그의 박학주의적 취향과도 무관하지 않은데 도기론이 이를 뒷받침한다. 즉 "예기에 따르면 잡복(雜服)을 배우지 않으면 예를 행할 수 없다고 한다. 이는 기에서 도를 구하고 하학이상달(下學而上達)하는 것을 의미하는 것이다. …『주역』을 보면 군자는 진덕수업(進德修業)한다고 하는데 이는 진덕한 연후에 수업한다는 의미가 아니라 수업하는 과정이 곧 진덕임을 뜻하는 것이다."[117] 이러한 박학주의적 입장은 양명학 비판의 논리로서도 등장한다. "혹자는 다음과 같이 말한다. 기(器)의 대성은 심성의 이륜(彝倫)만 같지 못하니 어찌 기예라는 말단을 대우하는가. 만물은 전부 자신에 갖추어져 있으니 자신에게서 구하는 것으로 족한 것이라고. (이에 대하여—역주) 나는 말한다. 이는 (어디까지나) 박(博)한 연후에 반약(反約)함을 이르는 것이다. 무릇 박한 연후에야 반약할 수 있다는 것이 맹자의 가르침을 지키는 것이요, 박하지 않고도 약하는 것은 왕양명의 치양지(致良知, 경험하지 않고도 안다는 말—역주)의 논리이다."[118]

---

117) 「宜田記述評語三十四則」(1891), 『續陰晴史(上)』, 153면.

118) 같은 책 153면. 그러나 주자학의 격물치지와 방법론 역시 순전히 지식지(知識知)만을 추구하는 주지주의가 아니라 사물에 내재하는 이를 궁리한다고 하는 도덕지(道德知)의 획득을 목표로 하고 있다. 따라서 그것은 소위 실학적인, 더욱이 근대 구미 자연과학의 방법론과는 미묘한 차이가 있는 것이었다. 따라서 실제로는 격물치지론(格物致知論)도 수양론의 연장선에 있었다. 운양의 경우에는 격물치지를 본격적으로 논한 적은 없다. 그는 언제나 하학상달(下學上達)의 원칙만을 거듭하여 강조했을 뿐이다. 주지하듯이 양명학은 주자가 강조한 『대학(大學)』의 격물치지 논리에 반발하였다. 헛되이 격물에 매달리는 것보다는 심성의 정련에 주력하는 것이 이롭다는 것이다. 왕양명 역시 처음에는 주자의 '격물'의 논리를 신봉하여 격물을 실천해보기도 한다. 화단의 대나무를 '격물'하기 시작한 지 사흘 만에 같이 시작한 친구는 노이로제 증상을 보였으며 왕양명도 이레 만에 병이나 성인의 자질은 아무나 가질 수 없는 것이라고 탄식하였다는 것이다. 그 결과

물론 이러한 박학주의적 취향은 운양만의 것이 아니고 격물치지를 신봉하는 주자학자들의 일반적 경향이었다. 그 모범적인 선례가 중국인으로서는 양초산(楊椒山), 조선인으로서는 정약용과 김정희였다. 운양은 영선사행시 명의 명신 양초산의 사당에 자주 분향하고 있는데 "음악, 천문, 지리, 병학, 진법 등 통달하지 않은 분야가 없는 대재로서 백세의 스승이라고 할 것이다"[119]라며 그에 대한 존경심을 표명하고 있다. 그는 중국 양무관료들과의 필담에서도 정약용에 대해서 종종 언급하고 있다. 즉 재원으로서 차의 재배를 권유받자 조선에서는 정약용이 유배시 재배법을 개발한 이후 비로소 차의 존재가 알려졌다면서 정약용을 '박식유기재(博識有奇才)'로 소개하고 있다.[120] 그가 정약용과 김정희 등의 박학풍을 추종하였다는 것은 다음과 같은 일화에서도 잘 드러난다.

　　우리나라 사람들은 신이(辛夷)라는 식물을 알지 못하여 개나리를 신이라고 한다. 그러나 신이는 크고 보라색의 꽃을 피우며 꽃이 피지 않을 때에는 연필과 같으니 개나리와 절대 같지가 않다. 근세 정다산이 명물에 정통하여 개나리가 신이가 아닌 것을 판별하였다. … 다만 지금 소위 개나리라고 하는 것의 이름이 무엇인지 몰랐는데 내가 천진에 있을 때 중국인들에게 물어보았더니 영춘류(迎春柳)라고 하였다. 이로써 신이와 영춘류는 각각 '올바름을 얻었다'

그는 나무 한 포기, 풀 한 포기를 모두 궁구하는 방식을 버리고 심성의 단련에 주력하는 것이 방식을 선택하게 된다. 주자학의 격물치지 논리는 양명학에 견주면 분명히 주지주의적이지만 수신 이외의 방법을 제시하지는 못한다. 운양이 귀착한 것도 수신의 논리 이상의 것이 아니었다. 결국 격물치지의 방법론은 지식지의 영역을 신학문에 내어주고 도덕지의 수양론으로 귀착될 운명이었던 셈이다. 신학문이 단지 공학적 기술뿐만 아니라 자연과학에서 정치 · 법률 · 경제에 이르는 전 분야를 망라하는 지식지(知識知)의 체계임은 운양도 일찍부터 주지하고 있던 편이었다.

119) 『陰晴史』, 25, 49~51면. 양초산은 보정부(保定府) 용성(容城) 출신으로서 북경에 출사하고 북하(北河, 역사적 지명은 역수易水)에 묻힌 관계로 사당이 산재해 있었다.
120) 「與劉薌林談草」(1882), 『陰晴史』, 96면.

(得正). 그런데 무자년 봄 내가 면천 영탑사에 유배중 절 뒤에 있던 신이를 꺾어 꽃병에 넣어두고 신이와 영춘류의 변별을 논하면서 득의양양하고 있었는데, 황노인이 와서 보고 어디서 신이를 얻으셨냐고 하였다. 내가 놀라서 어떻게 신이인 것을 아시냐고 하였더니 추사 김정희 공에게서 들었다고 하였다. 내가 웃으면서 말하기를 간신히 한 가지 사실을 얻었는가 했는데 선배에게 빼앗기니 선배들에게 미치기 어려움을 알 만하다고 하였다.[121]

운양은 면천, 제주도와 지도 유배중 산야에 있는 초목과 금수 등에 많은 관심을 기울이며 그 판별에 열중하였다. 예를 들면 해당화의 분류,[122] 춘나무에 대한 고증,[123] 뱁새의 속성 관찰[124] 등인데, 그는 양봉에도 손을 대다가 벌에게 56방이나 쏘이기도 하였다.[125] 이러한 관심들이 사소해 보이기는 해도 사실 사물의 분류와 명명이야말로 지식의 출발이라고 할 것이다. 이하에서는 운양의 박학주의적 취향과 관련한 일화를 몇가지 분야에서 소개한다. 정치사상과 직접 관련은 없지만 근대로의 이행기를 살아간 전통적 지식인의 의식세계를 살피는 데는 도움이 될 만한 것들이다.

121)「詠辛夷花」(1888),『續陰晴史(上)』, 44~45면.
122) "해당(海棠)에는 세 종류가 있는데, 첩경해당(貼梗海棠)은 그중 하나로서 속명(俗名)은 산단(山丹)이다."「詠貼梗海棠」(1891),『續陰晴史(上)』, 158면.
123) "새로 이사한 집 뜰에 춘목(椿木)이 무성한데 좌전에 따르면 맹자가 금(琴)의 재료로 사용하였다고 한다. 8천년생도 있는 수목으로 장자가 애호하였으며, 절집의 재료로도 쓰는 승목(僧木)이다."「椿木園記」(1892),『金允植全集(下)』, 239~40면.
124) "초료(鷦鷯)의 속명은 뱁새이다. 매일 먹이를 주니 문을 열어도 날아가지 않는다. 지족(知足)하는 생물이라 처지에 따라 능히 안정한다. 아, 인간은 새와 같을 수는 없는가."「詠鷦鷯」(1891),『續陰晴史(上)』, 159면.
125)『續陰晴史(上)』, 227면.

(1) 언어와 문자

운양의 언어문자관을 먼저 요약하여 정리하자면 문화어로서의 한자 고수, 한글의 유용성 인정, '국어'라는 사상의 미숙이라고 할 수 있다. 우선 눈에 띄는 것은 '국문(國文)'과 '국서(國書)'의 구분이다. 즉 그는 영선사행시 리홍짱에게서 귀국은 공사 문자로 무엇을 쓰느냐는 질문에 '국문(한문—역주)을 순용한다고 답하고 이어서 '국서'는 없느냐는 질문에 있으나 부녀자, 상민, 천민들만이 쓴다고 답하고 있다.[126] 한문을 '국문'이라고 하여 '문'자로 구분하는 이유는 그것이 문화라는 함의가 있기 때문으로 보인다. "지금 천하는 동문이라고 하나 문자는 각기 다른데, 뜻이 통하면 문자를 고칠 필요는 없는 것이다"[127]라고 할 때의 문자 역시 한문임은 물론이다. 앞서 인용한 '영신이화(詠辛夷花)'에서 '속명(俗名)'과 '명(名)'을 구분하여 한문 명칭을 마치 학명으로 대우하는 것도 한문에 대한 집착에 불과하다. '가자화'와 '개나리'라는 고유의 명칭이 있음에도 그것으로는 '올바름을 얻은(得正)' 것이 아니라는 인식이다. 이는 막연한 선입견도 있겠지만 '영춘류'의 경우에서처럼 의미를 담아내는 데 있어서 한문이 가지는 장점 때문이 아닌가 한다. 다음의 예는 그런 인식을 바로 보여준다.

> 시경에서 말하기를 요요초충(腰腰草蟲)이라고 하는데, 초충은 부종(阜螽, 메뚜기)로서 이놈은 허리를 으쓱거려 우는 것 같다. 그래서 요요(腰腰)라고 했는가. 고인의 문자 사용의 신묘함은 그 깊이를 알 수가 없다.[128]

이러한 문화어로서의 한문에 대한 집착은 동양 공통의 문화적 코드로서의

---

126) 『陰晴史』, 34면.
127) 「沔川鄕中射稧節目序」(1887), 『續陰晴史(上)』, 16면.
128) 『續陰晴史(上)』, 48면.

'한문'을 재발견하면서 의연 지속한다. 이 과정에는 일본관의 전환이 중요한 계기가 된다. 운양은 초기에는 메이지 개혁을 부정적으로 인식하였다. 그는 천진기기국 총판 허기광과의 필담에서 일본의 메이지 개혁에 대해 "서양의 도를 반겨 수발, 의관, 전장, 법제를 완전히 서양화하여 오직 눈과 코를 같게 하지 못함만을 한탄하고 있습니다. 과거 백년 이래 자못 문풍을 숭상하였으나 오늘날에는 문자를 없애고 양문만을 학습하니 이는 진나라의 정치가 다시 부활한 것이라고 하겠습니다. 동양산천에 신이 있다면 이같은 일을 좋아할 리가 있겠습니까."[129] 이러한 일본관은 '왜양일체(倭洋一體)' 관념과 크게 다르지 않은 것이었다. 그런데 일본을 직접적으로 겪게 되면서부터는 전통을 상당히 유지하고 있을 뿐만 아니라 동양의 대의하에 서양세력에 대항하고 있다는 느낌마저 들게 되었다. 특히 '문자'를 버리지 않았을 뿐만 아니라 도리어 운양에게 '구서(求書)'를 애걸하는 상황에 이르러서는 일본관이 적지 않게 바뀌지 않을 수 없었을 것이다.[130] 그 결과 동양문명과 그 공통의 문화적 코드로서의 '한문'에 대한 애착은 의연 지속되게, 어떤 의미에서는 더욱 강화되게 되었던 것이다. 운양은 이러한 인식에 기초하여 경술국치 직후 온제(溫齋) 박선수가 저술한 『설문해자익징(說文解字翼徵)』의 출판을 의욕적으로 추진하였던 것이다.[131]

---

129) 「與許束文談草略」(1882), 『陰晴史』, 79면.

130) 일본관의 전환과 동양의 재발견에 대해서는 4장 3절에서 자세히 논한다.

131) 박선수는 환재 박규수의 동생이다. 갑신정변의 처리를 위해서 청이 흠차대신 오대징을 파견하자 고종은 청과의 관계를 고려하여 오대징과 우의가 깊었던 박규수의 동생 박선수를 고조판서로 특명하여 접대하게 한 사실이 있다. 「追補陰晴史」(1891), 『續陰晴史(下)』, 575면. 일찍이 박규수는 연행사행시 박선수의 『설문해자익징(說文解字翼徵)』의 초본을 가지고 가서 오대징에게 보여준 적이 있기 때문에 오대징도 매우 기뻐하였다고 한다. 「說文解字翼徵序」(1912), 『金允植全集(下)』, 185~86면. 『설문해자익징(說文解字翼徵)』은 김윤식의 주선과 테라우찌(寺內) 총독의 재정적 지원으로 1912년 출판되었다. 아직 어렸던 삼남 유곤을 서당에 보내 한문의 기초부터 다지게 하려 한 것도 동일한 맥락이라고 할 것이다(『續陰晴史(下)』, 473면). 한편 당시 차남은 청년학교 영어반, 손자

한편 운양도 일찍이 언문의 용이성을 부정하지는 않았다. 그는 면천 유배시 현영덕의 저작『언학편(諺學編)』의 발문의 부탁을 받고 "세상의 말 잘하는 사람들은 고상하고 행하기 어려운 것만 좋아하여 사람들이 듣기는 좋아하나 실천하지는 못하니 그 가르침이 처자에게서 행하여지지 않는다. 지금언학서를 보니 간략하고 알기 쉬워 가까이하여 행할 만하다"고 인정하였다.[132] 그의 일기에는 소위 언문으로 표기된 부분이 종종 등장한다. 예를 들면 '골막' 등 지명을 표기할 경우,[133] '능이(곰 혓바닥)' 등 발음만으로는 그뜻을 알 수 없을 경우,[134] 기타 음차어가 없는 외국인명을 기재할 경우 등이다. 한문의 사용으로 말미암아 가장 곤란을 겪게 된 것은 전신의 문제였다. 남전(南電)을 건설하면서 전자(電字)는 '국서(國書)', 한문, 양문을 상호 참조하여 사용하는 것으로 되었는데,[135] 이로 말미암아 자주 오해가 발생하였다. 지도 유배시 운양에 대한 가율탄핵 주청과 고종의 비답을 알리는 급전이 왔는데 고종 비답의 내용은 '상현지유자재자'라는 것이었다. 이를 운양은 '상현지율자재자(象懸之律自在者)'인 것 같다고 했으나 닷새 뒤 온 편지를 보면 '상헌지유자재자(常憲之有自在者)'였다.[136] 이는 공문서를 순한문으로사용하는 이상 피할 수 없는 문제였던 것이다. 이와같은 다양한 경험을 통하여 운양도 표음문자의 장점에 대해서는 충분히 인지하고 있었던 것으로 보인다.

따라서 한문은 그 자체로 두더라도 공용어로서 한글와 한문의 장점을 아우르는 국한문혼용의 발상이 나옴직도 한 일이다. 일찍이 운양의 주도와 이

기수는 한어(漢語) 야학을 보내는 것을 보면 한문에 대한 집착이 문화적 코드 이상의 것은 아닌 듯하다(『續陰晴史(下)』, 363면).

132) 『續陰晴史(上)』, 6면.

133) 같은 책 48면.

134) 같은 책 92면.

135) 「追補陰晴史」(1891), 『續陰晴史(下)』, 581면.

136) 『續陰晴史(下)』, 55~56면.

노우에 가꾸고로(井上角五郎)의 도움으로 『한성주보(漢城週報)』를 국한문 혼용으로 발간한 경험이 있고, 일본의 혼용 선례가 있는데다가, 차남이 보내는 언문엽서도 인정하고 있는 걸 보면[137] 충분히 가능한 일이었다. 그러나 식민지라는 조건은 공용어로서 '국어'라는 사상의 태동에 결정적 장애로 작용하였다. 조선의 국어는 이미 일본어가 되어버렸기 때문이다. 소위 '국어' 보급학관장 이시이(石井泉)의 방문은 이를 상징적으로 보여주고 있다.[138]

(2) 의학과 신술

운양은 평생을 이질과 해소천식으로 고생하였다. 특히 지도 유배기의 마지막 겨울에는 각종 한약과 개 여섯 마리를 잡아먹고 간신히 살아났으며, 경술국치 후 2년째도 죽을 고비를 넘겼다. 따라서 그가 의학에 관심을 둔 건 당연한 것인지도 모른다. 특히 지도 유배 기간중에는 홍약국이라는 한의사랑 교류하면서 한의학 지식도 깊어져 유배 기간중에는 사물황구고(四物黃狗膏),[139] 한성으로 귀환한 후에는 신곡(神曲), 보양원기고(保養元氣膏)[140] 등의 한약을 조제하여 자신과 가족들에게 시험해보기도 한다. 더욱이 지도에는 맥문동(麥門冬)과 천문동(天門冬)이라는 한약재가 지천으로 널려 있어서 이를 채집하며 소일하고 있다.[141]

흥미로운 점은 양약과 한약의 장점을 두루 살피며 겸용하고 있다는 점이다. 당시는 지석영에 의해 우두법이 보급되기 시작한 시기라서 이를 자녀들에게 접종시키는 것은 물론 본인도 양약의 효험을 체험하고 있다.[142] 그러나

---

137) 같은 책 550, 552면.
138) 같은 책 473면; イ・ヨンスク 『'國語'という思想』(東京: 岩波書店 1996) 참조.
139) 『續陰晴史(下)』, 42면.
140) 같은 책 100, 274면.
141) 같은 책 19면.

양약보다는 도리어 한약의 효과가 있기도 하는 등[143] 양약이 만능이 아니라
는 건 충분히 인지하고 있었다. 특히 그는 갑신정변 당시의 혼란기에도 주역
점을 쳐보고,[144] 악기의 원리에도 주역을 적용하는 등 주역을 '생활화'하고
있는 편이어서 사상의학(四象醫學)에 대한 신뢰가 높았다.[145] 한의학과 양의
학을 겸용하는 운양의 태도는 가히 '동기(東器)+서기(西器)'의 발상이라고
할 만하다. 서양의 기뿐만 아니라 도도 성인의 도에 암합하는 것처럼 동양의
도뿐만 아니라 기도 서양의 기보다 우수할 수 있다. 그가 한성위생회 평의원
과 대한의사총회소(한국 의사들의 의학연구소) 평의장에 추천된 것도 동서의학
에 대한 그의 폭넓은 관심과 무관하지만은 않을 것이다.[146]

한편 운양의 의학에 대한 관심은 신술(神術)에까지 이어지고 있다. 그는
일찍이 『양중결(襄中訣)』『도덕경(道德經)』『소사(素沙)』『음부(陰符)』과
같은 도가 계통의 서적을 탐독하는 등 신술에도 적잖이 흥미가 있었는바, 노
년에 들어서는 생식을 실천해보기도 하고,[147] 문인 황병유와 단우(丹友)를
맺어 단학(丹學)의 내관법(內觀法)을 시험해보기도 하며,[148] 단약(丹藥)을

---

142) 영국 의사 불덕의 진찰과 처방(『續陰晴史(上)』, 357면), 미국 의사 한대위(韓大衛)
   에의 틀리 의뢰(『續陰晴史(下)』, 245면), 화상에 양약을 부쳐 효험을 본 것(같은 책
   526면) 등이 그것이다.
143) 당시의 전지구적 유행독감에 의사들도 속수무책인 상황에서 한약을 먹어 효험을
   보았다는 사람이 많았다(『續陰晴史(下)』, 480면). 또한 운양 자신의 해소천식에도 양약
   보다는 한약이 잘 듣는 편이었다(같은 책 522면).
144) 갑신정변시 아직 일본병이 완전히 패출되기 전 김홍집과 더불어 위안스카이의 군
   영에 있었는데 운양이 다리를 뻗고 앉아 있자 김홍집이 지금 조정이 흉흉한데 어찌 자
   네만 근심하는 빛이 없냐고 하여 주역점이 길하게 나와서이라고 말해 파안대소했다는
   일화이다. 「追補陰晴史」(1891), 『續陰晴史(下)』, 582면.
145) 그는 사상의학의 최동섭에 의하여 소음(少陰)으로 판정되었다고 한다(『續陰晴史
   (下)』, 424면). 그를 진찰한 다른 사상의학의로서는 고제백이 있다(같은 책 523면).
146) 『續陰晴史(下)』, 246, 306면.
147) 같은 책 312면.
148) 같은 책 344면.

복용하기도 한다.[149] 놀라운 것은 격물치지의 원칙 그대로 그의 박학주의가 단지 지적인 호기심의 차원에 머무는 것이 아니라 실천으로 이어지고 있다는 사실이다.

(3) 음악과 미술

본디 유교에서 음악은 백성 교화의 수단이자 군자의 성정을 발양하게 하는 수단으로서 중시되었다. 예악정교라고 할 때의 악, 육예, 즉 예악사어서수(禮樂射御書數)에서의 악이 모두 문자 그대로 음악을 지칭하는 것이다. 근대 이전의 서양도 사정은 비슷하지만 유교문화에서 문학이 소설보다는 시(詩), 부(賦), 사(辭) 등의 운문을 중심으로 발달해왔던 것도 우연은 아니다. 따라서 유학자가 음악을 중시하는 것은 당연할지도 모른다. 하지만 성명의리의 도학이 발달함에 따라 음악의 중요성이 상대적으로 간과되었던 것도 부정할 수는 없을 것이다. 문학과 도학에 대한 강조가 인물에 따라 달랐던 것처럼 음악에 대한 중시도 마찬가지라고 하겠다. 문학을 겸비한 인물일수록, 그리고 사서 중심의 주자학보다 육경의 원시유교를 선호하는 인물일수록 음악을 중시하였던 것이다.

운양은 물론 음악의 중요성을 진작부터 강조하는 편에 서 있다. 그는 삼대에는 오직 음악을 교화의 방도로 삼았음을 지적하면서 "후세에는 음악의 도가 크게 무너졌다. 군왕들은 사치하고 우울한 음악만을 좋아하였고, 아래에서도 이를 본받아 다시는 돌이키지를 못하였다. 그 결과 인재가 전부 떨어

---

149) 그는 이재숙(李載淑)이 74세 고령인데도 정력이 소년처럼 강한 것이 단약의 효험이라는 말을 듣고 단약의 제조를 의뢰하고 있다(같은 책 408면). 그러나 그야말로 제주 유배시 칠순의 고령에도 첩에게서 아들을 얻는 등 "소년처럼 정력이 강하여 장차 복귀할 징조"라는 소문이 돌았다고 한다(黃玹 『梅泉夜錄』). 심지어 그는 경술국치 후 78세라는 믿어지지 않는 나이에 삼남 유방을 얻는다(『續陰晴史(下)』, 373면).

지고 백성은 근심난망이 이어질 뿐이었다"[150]고 음악의 쇠락을 한탄하고 있다. 근세에 음악이 경시된 것을 한탄하면서 음악의 정치교화적 기능을 복원시키려고 한 것은 구미의 근대와 조우한 동양삼국 공통의 발상이었다. 예컨대 이와꾸라 토모미(岩倉俱視) 사절단도 구미 시찰을 통하여 음악을 '재발견'하였던 것이다.[151] 운양 역시 앞서 인용한 것처럼 서양인들은 음악을 중시하여 '정치에 이익됨이' 적지 않다고 지적하고 있다. 실제로 그는 구세군 음악회에 참석, 의미는 잘 모르겠지만 웅장발양하다는 소감을 피력한 바 있다.[152] 이보다 앞서 지도 유배시에는 "마을 사람들이 밭을 갈아 씨를 뿌리는 데 꽹과리, 장구로 격려하니 음악이 사람의 흥을 돋우는 효력이 대단하다"는 인상을 토로하고 있다.[153] 하지만 그는 음악의 정치교화 도구적 기능에만 주목한 것은 아니며 군자의 인격수양에도 효과적이라고 보았다.

특히 운양의 가야금에 대한 애정은 남다른 것이어서 자신의 집을 '금장(琴庄)'이라고 명명할 정도였다.[154] 우선 그는 예의 분류학에 따라 가야금은 '금(琴)'이 아니라 '슬(瑟)'이라는 것을 고증하고 나서,[155] 가야금이 군자의 필수품임을 변론한다. "『논어(論語)』에서도 금(琴)은 언급하지 않지만 슬(瑟)은 세 번이나 출전한다. 현금(玄琴, 거문고)은 용력을 쓰지 않으면 탄주하기 어려우나 가야금은 삼척동자도 쉽게 연주할 수 있을 뿐만 아니라 성정을 정련되게 하니 마땅히 학사대부가 애용해야 한다. 가야금을 창부나 배우의

---

150) 「新學六藝說」(1907), 『金允植全集(下)』, 26면.

151) 『特命全權大使美歐回覽實記』(東京: 岩波文庫 1977) 참조.

152) 『續陰晴史(下)』, 286면.

153) 같은 책 101면.

154) 1891년 운양은 영탑사에서 화정리 춘목원으로 이사했는데, 집 앞에 흔히 가야금의 재료로 쓰이는 춘목 네다섯 그루가 있었다. 그래서 집을 금장(琴庄)이라고 명명하였는데, 춘목을 벌목하여 가야금으로 만들지 않는 이유에 대하여 그 자체가 가야금이기 때문이라고 답하고 있다. 「琴庄記」(1891), 『金允植全集(下)』, 240~41면.

155) 「伽倻琴辨上」(1889), 『續陰晴史(上)』, 99~100면.

음악으로 천대하는 것은 그것이 '슬(瑟)'인 줄을 모르는 무식한 탓이다."[156] 운양 자신이 가야금을 배우고 연주하고 있음은 물론이다.[157]

금슬(琴瑟)에 대한 그의 애정은 '동기(東器)'로서의 금슬의 우수성에 대한 자부심이기도 하였다. 즉 그는 양금(洋琴)에 대해서 "양금은 서양인이 만든 것으로 건륭시 홍대용이 가지고 와서 대중화시켰다. 이는 한고조가 함양에서 13현의 동금(銅琴)을 모방한 듯한데 일찍이 양관(洋館)에는 없었던 것으로 보아 서양에서는 성행하지 못한 것 같다"[158]고 하여 서양악기의 중국기원설을 주장하기도 하였다. 또한 그는 금슬에도 역의 철학적 원리를 적용하는 것을 잊지 않았다. "음악은 양에 속하니 현금(玄琴, 거문고)은 오현 가야금은 십삼현의 기수(奇數)로 하는 것이 이치에도 맞고 쓰임새에도 맞다."[159]

한편 미술에 대해서는 상대적으로 기록이 많이 남아 있지 않다. 하지만 중국의 화가 인경(麟經)의 화양(華陽)·속리첩(俗離帖)에 대한 감상문을 남기고 있고,[160] 최치원의 서비와 김정희의 서책이 있는 장소를 유람한 흔적이 있으며,[161] 제주 유배시 관덕정 현판의 안평대군 서체를 감상한 기록이 있는 것으로 보아[162] 나름의 일가견은 있었던 것 같다. 특히 제주도 유배에서 해배되어 한성에 복귀한 이후에는 많은 미술인과 교류하며 미술계의 일에 관

---

156) 「伽倻琴辨下」(1889), 『續陰晴史(上)』, 101면. 군왕들의 사치하고 우울한 음악을 비판하는 만큼 그는 속악에 대해서도 관용적이다. 그는 두뢰(頭耒, 두레)시 연주하는 농악에도 호기심을 보일 뿐만 아니라(『續陰晴史(上)』, 178면), 잡가도 즐겨 들었다(같은 책 508면).

157) 『續陰晴史(上)』, 62, 273면.

158) 「附洋琴」(1889), 『續陰晴史(上)』, 102면. 실제로는 양금은 구미의 것이 아니라 중근동(中近東)의 악기이다. 중국과 더불어 구미에도 전파되기는 하였지만 구미의 악기가 아닌 만큼 양관에 없었던 것은 당연하다.

159) 「伽倻琴辨下」(1889), 『續陰晴史(上)』, 101면.

160) 「題華陽俗離帖」(1891), 『續陰晴史(上)』, 158면.

161) 『續陰晴史(上)』, 274, 282면.

162) 같은 책 507면.

여하게 된다. 예를 들면 윤영기가 설립한 미술원 총재 피추대, 서화연구회 회장 피추대, 서화협회 부총재 피추천 등이다.[163] 2장에서도 소개한 바 있지만, 그를 방문한 미술인들로서는 서화가 김규진, 일본인 미술원 전람회원 사사끼(佐佐木兆治), 마스에(益永十作), 유화가 김관호, 영국 여류화가 쓰치 등이 있다.[164] 또한 그의 글씨를 얻으려고 감당할 수 없을 만큼의 많은 일본인 구서자의 방문이 줄을 이었다.[165] 미술에서도 동서양을 넘나드는 특징을 볼 수 있다.

---

163) 각각 『續陰晴史(下)』, 323, 445, 479면.
164) 같은 책 421~23, 446, 548면.
165) 같은 책 425, 470~71면.

제4장

유교와 근대국제정치

1. 폐문과 해금에서 외교로

조선이 근대의 동습(東襲)의 과정에서 가장 먼저 직면하게 된 것은 대외관계의 측면이었다. 구미와의 관계가 구미제국의 통상관계의 요구에서 시작되었던 것이고 보면 이는 당연한 일이라고 하겠다. 그것은 구체적으로는 외교관계 수립을 위한 조약의 체결, 그 조약에 따른 상주사절의 수용, 나아가서는 이를 관리하기 위한 외교전담부서의 설치라는 문제로 구체화한다. 이 과정에서 전통적 국제질서와 근대국제질서의 충돌, 그리고 의식 차원에서는 전통적 대외관과 근대 외교 관념과의 일대 충돌이 발생하였던 것으로 지적된다. 문제는 근대와 충돌하게 된 조선의 전통적 질서와 관념이 무엇이었느냐는 것인데, 그것을 질서의 레벨에서는 사대질서, 그리고 관념의 차원에서는 화이관으로 호칭하는 것이 일반적이다.

(1) 폐문과 해금의 공간: 북사동통

구미의 근대국제질서에 편입되기 이전에 작동하고 있었던 것으로 상정되는 동아시아의 전통적 국제질서는 '중국적 세계질서' '유교정치권역' '조공체제' 등 다양한 명칭으로 표현되고 있다.[1] 그리고 구미의 근대국제질서가 주권국가간의 평등한 수평적 관계를 속성으로, 하지만 동아시아 국제질서는 단위체간의 수직적 관계를 특징으로 하는 것으로 지적되고 있다. 사실 일본의 경우를 예외로 한다면 동 지역에 천하관에 기초하고, 예(禮)라는 규범에 따라 규율되며, 조공과 책봉 제도로 운용되는 질서가 작동하고 있었던 것은 부인할 수 없다. 그리고 이 질서는 '중국적'이라는 유럽적 편견과는 달리 참

---

1) J. K. Fairbank ed. *The Chinese World Order* (Cambridge Mass.: Harvard University Press 1968); 이용희 『일반국제정치학(상)』(박영사 1962); 김홍철 『외교제도론』(민음사 1985).

여자가 모두 공유하는 공통의 질서였다. 이와 관련하여 동주는 "천하를 중국으로 해석하고 천하의 예법을 중국이란 나라의 예법이라고 생각하는 것이 바로 유럽적"이라며, 선인들의 머릿속에는 "자기도 포함되는 어떤 국제사회 관념"이 있었다고 하여 '천하질서' 혹은 '사대질서'의 공유를 강조한 바 있다.[2]

전통질서를 근대적 관점에서 해석하는 오류를 피하기 위해서는 이러한 '국제정치권' 또는 '비교문명권'이라는 차원에서의 이해는 말할 필요없이 귀중한 것이다. 다만 중국과 공유하는 것이 있는 반면 조선이 처한 특수한 상황으로부터 오는 차이점도 존재함이 당연할 것이다. 본 논문은 근대국제질서와 구분되는 전통적 국제질서의 작동을 전제로, 소속 행위자간 인식의 차이점을, 일종의 인지적 세계지도(cognitive world map)라는 차원에서 접근해 보고자 한다.[3]

중국인들은 분명히 자신 중심의 동심원적 세계를 그리고 있었을 것이다. 그런데 이러한 동심원적 세계는 소속 단위체 모두가 공유하는 것이었을까. 일본은 자국이 중국과 조공관계에 있지 않았다는 사실에 주목하여 동아시아 조공질서의 복잡성 또는 일본형 화이질서의 존재를 제기하는 연구도 있다. 그렇다면 명실상부하게 동 씨스템 내에 속해 있었던 것으로 인정되는 조선의 세계인식은 과연 중국과 동일한 것이었을까. 물론 중국과의 관계는 어디까지나 수직적인 것으로 인식되었을 것이다. 그러나 중국과 다른 주변국 또

---

2) 이용희・신일철 대담 「사대주의─그 역사적 해석을 중심으로」, 이용희 저, 노재봉 편 『한국민족주의』(서문당 1977) 173면.

3) 이와 관련하여 김용구 교수는 "비교문명권의 시각에서 외교사를 검토한다는 것은 먼저 행위자들이 어떤 문명권에 속하였는지를 따지고, 그 문명권의 기본적인 정신구조의 특징을 찾아낸다는 것을 의미한다. 물론 그 문명권에 속하는 행위자들간에도 그 나름의 개차(個差)가 존재하며 그런 개차의 본질을 파악해야 된다"라고 하여 국제정치권에 대한 이해 및 같은 국제정치권내 행위자간 개차라는 이중의 문제설정을 제시한 바 있다. 김용구 『세계외교사』(전정판 3쇄, 서울대학교출판부 1999) iv면.

는 주변국 상호간의 관계는 조선의 인지적 세계지도의 지평 내에 존재하지 않았다. 청이 중원을 장악한 이후 조선의 서북쪽에는 오직 거대한 '하나의 중국'만이 존재하였고 만주국가의 증발과 동시에 외교의 여지는 사라져 버렸다. 이 세계의 모습은 중국인의 뇌리 속에 있는 세계의 모습과 같을 수가 없다. 동심원적 세계관이란 주변국들과 일대일의 수직적 관계를 맺는 중국에서나 상상할 수 있는 것이다.

조선인의 뇌리에 있던 세계는 유일 초대국인 청, 그리고 자주 분란을 일으켜 가급적 피하고 싶은 상대 일본국으로 구성된 '양단(兩端)의 직선적 세계'하고 할 수 있는바, 운양의 경우는 이를 북사동통(北事東通)으로 표현하고 있다.

우리는 본디 다른 교제가 없어서 북으로 중국과 사대하고 동으로 일본과 통신할 뿐이었다(我國素無他交, 惟北事中國東通日本而已).[4]

운양은 조선이 처했던 상황을 폐문(閉門)으로 표현하기도 하였다. 다음에 인용하는 문장은 주로 조선의 문화적 폐쇄성을 지적하는 글이지만, 운양이 전통적 국제관계를 바라보았던 시각도 잘 보여주고 있다. 그는 삼국, 고려시대와 비교하여 폐쇄적이었던 조선의 상황을 다음과 같이 신랄하게 비판하고 있다.

당 태종시 삼국은 모두 자제를 유학시켜 관예벽옹(觀禮辟雍)하게 하고 토론 강습하게 하였으니 그 문풍을 가히 짐작할 수 있다. … 조선 5백년간 비단 재상의 인재가 전대에 따라가지 못할 뿐만 아니라 문예의 말단에 있어서도 백분의 일에 미치지 못하여 오히려 삼국시대와도 같지를 않다. … 자족하여 남에게서 구하지 않는 것이 이유이다. 일찍이 신라 · 고려 때에는 중국의 학자를 초

---

4) 「天津奉使緣起」(1892), 『金允植全集(下)』, 512~15면.

빙, 우수한 인재들을 선발하여 배우게 했는데, 혹여 초빙 학자가 관직에 임명되어 본국에 돌아가거나 유고로 중단되면 거국적으로 한탄하였다. … 당시에는 생도 파견이 10년만 결여되어도 급급하여 이익을 구하는 뜻이 이와같았는데, 하물며 지금은 폐문(閉門)한 지 5백년이나 지났으니 이어서 학습하는 것을 점점 상실하고 전해 듣는 것의 와전 정도가 어떠하겠는가. … 심하기로는 글을 짓는다는 것이 무엇인지를 모르면서도 요란하게 자칭 소중화라고 한다.[5]

자칫 곡해하면 운양이 모화사상에 철저했던 것으로 해석할 여지도 있는 문장이지만, 운양이 강조하고자 한 것은 중화문화의 우수성이라기보다는 조선의 폐쇄성이다. 사실 구미의 동아시아 진출 이전에 한반도에 의미있는 외부 세계란 중국뿐이었기 때문이다. 반면 운양은 삼국시대 중국과의 활발했던 교류에 높은 점수를 주고 있다. 심지어 설계두(薛罽斗)처럼 조국 신라를 떠나 당나라에 출사한 것도 당연시되고 있다.

창여씨(昌黎氏)는 선비는 조정에 들지 못하면 산림에 묻힐 뿐이라고 하였다. (이에 대하여— 역주) 나는 말한다. 선비는 당세에 쓰이지 않으면 이대(異代)에 출사(出仕)하는 것을 꿈꾼다고. 오호, 이것이 신라의 설계(薛罽)가 당에 들어가 요동의 정벌에서 목숨을 바친 소이던가.[6]

같은 맥락에서 운양은 신라 말 최치원이 당에 출사한 것도 문화교류의 차원에서 이바지한 것으로 평가한다.[7] 신라의 중국과의 활발한 교류에 대한 적극적인 평가는 당연히 그러한 교류를 포용해내었던 당이라는 코스모폴리

---

5) 「東鑑文鈔序」(1890), 『金允植全集(下)』, 144~47면.
6) 「宜田記述評語三十四則」(1891), 『續陰晴史(下)』, 148면. 설계두는 "골품이나 논하고 문족이나 따지며 뛰어난 걸공(傑功)을 보지 못하는 신라"를 떠나 당나라에 들어가 좌무위(左武衛) 장군이 되었다고 한다. 이규태 코너 5144 「한국 출신 중국 장군」『조선일보』 2000. 5. 3, 7면.
7) 「答沈鍾山書」(1892), 『續陰晴史(上)』, 202면.

탄 국가에 대한 호감이기도 하다.[8] 한편 조선이 5백년간 문을 닫았던 상황은 해금(海禁)으로도 호칭되고 있다.

우리나라는 중국에 사대하여 수백년간 서로 지켜주는 전례가 있어왔으나, 해금(海禁)이 이미 풀려 우리나라도 자주(自主)로서 만국 중에 서게 되니….[9]

조선이 전통적 대외관계에서 벗어난다는 것은 단순히 사대질서에서 탈피하는 것이 아니라 해금상태에서 벗어나는 것을 의미하였던 것이다.[10] 따라서 구미제국과 새롭게 수교할 뿐만 아니라 중국과의 소원했던 관계도 재조정하는 것이 당연하였던 것이다. 어윤중이 중국과의 해금 해제와 베이징에 상주사절을 파견하는 문제의 협의차 청에 파견되었던 것도 바로 그런 차원이었다.[11]

---

8) 당에 대한 호감은 당 문학에 대한 예찬으로 표현되어 있다. 같은 글 참조.

9) 「天津奉使緣起」(1892), 『金允植全集(下)』, 514면.

10) 주지하듯이 마건충이 조선의 대미수교를 지원하기 위해 정여창 제독의 함선으로 조선에 파견되게 되는데, 이것이 공식적으로는 수백년 만의 해로를 통한 교통이었던 것 같다. 해로의 상황에 대해서 질문받자 운양은 명나라 의종(崇禎))시 조공사절이 평안도 해구를 통하여 등주(登州)에 이른 일이 있는데 이후로는 다시 폐쇄되었다고 답하였다. 『陰晴史』, 91면.

11) 이에 대하여 중국은 조선에 대한 자국의 지배권이 손상될 것을 우려하여 상주사절의 파견은 양국의 특수관계상 곤란하다는 입장이었다. 해금의 해제는 경제 이익이라는 차원에서 도리어 반길 만한 것이었는데, 다만 청황제에 대한 주청의 형식을 요구하였다. 그런데 이에 대한 운양의 반응이 자못 흥미 있다. 그는 주옥산(周玉山)과의 필담에서 해금 문제와 관련 다음과 같이 말하고 있다. "해금을 푸는 문제는 삼가 사신의 주달(奏達)에 따르는 것이 마땅하니 본 조정도 이의가 없을 것으로 생각합니다. 이것이 어찌 중국 상민들의 처지를 위한 것이겠습니까. 고인이 말하기를 얼굴을 자주 보면 정이 깊어지며, 옛날의 대소국은 상부의 의리로 날로 친하여졌다고 했으니, 이것이 폐방이 듣기를 바라는 바입니다." 「十八日周玉山談草」(1882), 『陰晴史』, 73~74면. 여기서 운양은 해금의 해제를 통하여 양국간의 관계가 더욱 밀접해지리라는 기대를 표명하고 있다. 이는 기본적으로 외교의 복원에 대한 기대라고 볼 수 있다. 그런데 그는 동시에 역설의 형식을 취

구미제국이 동아시아에 진출하여 통상을 요구하였을 때 동아시아 삼국의 반응이 각기 미묘하게 달랐던 것도 우연은 아니다. 중국은 수교 자체를 거부하기보다는 삼고두(三叩頭)를 요구, 자국 중심의 질서에 편입할 것을 요구한 반면 조선과 일본은 수교 자체를 거부했다. 따라서 구미의 근대국제질서와 동아시아 국제질서를 비교할 경우 단위체간 관계의 수평-수직적 속성 못지않게, 단위체간 상호작용의 밀도라는 측면에 주목해야 하지 않을까 한다. 고밀도의 수평적인 구미질서에서는 공통의 세계지도가 존재했을지 모르지만, 저밀도의 동아시아 질서에서는 단위체 각자의 세계가 존재하였을 것이다. 그리고 조선의 세계는 북사동통(北事東通), 폐문(閉門), 해금(海禁)으로 표현되는 제한된 세계였다.[12]

(2) 인신무외교 관념의 탈피

근대적 외교 관념과 충돌한 전통적 대외관을 화이관으로 규정하는 입장은 사실 전항의 사대질서론 또는 중국적 세계질서론의 입장과 연동하여 있다. 화이관에 가장 적합한 세계가 중화를 중심으로 한 동심원적 구조이기 때문이다. 그러나 전항에서도 비판했듯이 이러한 세계는 중국의 것일지는 몰라도 조선의 것은 아니었다.

물론 조선에 강력한 화이관이 존재했다는 것을 부정할 수는 없다. 일본이 근대적인 외교관계의 수립을 요구하였을 때 소위 서계(書契)가 문제시된 것도 일본이 칭제하는 것을 인정할 수 없다는 화이관 때문이었고, 구미제국과의 수교통상이라는 현안이 제기되었을 때 이를 격렬히 반대한 위정척사의

하여 동 안건에 경제적 이득의 문제가 관련되어 있음을 간파하고 있다.

12) 동아시아 삼국이 명, 조선, 도꾸가와 바꾸후 이래로 각각 쇄국, 해금 정책을 시행하여 소원한 관계가 되어버린 과정에 대해서는 고병익 「동아시아 나라들의 상호 소원(疏遠)과 통합」, 정문길 외 편 『동아시아, 문제와 시각』(문학과지성사 1995).

명분도 금수와 같은 오랑캐와는 수교할 수 없다는 화이관에 입각하고 있었기 때문이다. 더욱 거슬러 올라가면 인조 때 청이 사대관계를 요구하였을 때 이를 거부한 것도, 효종 때 대명의리를 내세워 북벌론이 제기된 명분도 기본적으로는 화이관=소중화론이었다.

그러나 소중화 사상에 기초하여 청과의 사대관계를 어디까지나 비정상적인 것으로 간주했던 사고가 있었는가 하면, 다른 한편에서는 평화의 담보로서 청과의 사대관계를 불가피한 것으로 인정한 현실주의적 인식이 있었다. 따라서 조선의 모든 대외관계를 단순히 화이관의 발로로서 해석하는 것은 무리가 있다고 하겠다. 더욱이 등거리 외교라고도 규정되는 원, 송, 요·금과의 사대 또는 교린관계에서는 세력관계의 측정에 따른 현실주의적 인식이 작동한다고 보는 것이 더욱 적실할 것이다. 따라서 더욱 긴 역사적 안목에서 보았을 때 화이관이 대외관계의 준거로서 작동한 것은 조선, 그리고 그중에서도 소중화론의 엄격한 화이론자들의 경우에 한정된다고 하겠다.[13]

그런데 화이관을 문명관이라는 차원에서 접근하면 사정이 다르다. 화이를 준별하는 발상 자체는 상대주의적 문명관을 보여준 홍대용 등 일부의 예외를 제외하면 북학론을 포함한 조선의 유학자들에게서 공통적이었다. 청의 선진문물을 배우자는 북학론도 결국은 청이 중화문명을 계승하였다는 인식에 불과하였다. 사실 화이를 준별하는 발상은 비단 조선만이 아니고 동아시아 일반, 나아가 세계의 공통적인 발상이었는지도 모른다. 이 점에서는 근대 서양이 동아시아를 대하는 태도 역시 크게 다르지 않았다. 그들의 입장에서는 동아시아는 '문명의 기준'에 도달하지 못한 야만에 불과했기 때문이다.

---

13) 따라서 소중화론에서는 문명관과 대외관이 동일하지만, 대외관 자체는 현실적인 국제질서와는 유리되어 있었다. 소중화론자들은 조선이 중화의 계승자임을 자처하는 만큼 중국인들처럼 자국 중심의 동심원적 세계를 상정할 수도 있었을 것이다. 그러나 중국의 중화주의자들(양무관료들도 포함하여)의 경우에서처럼 자국에 충성하면 이(夷)와도 교제할 수 있다는 발상이 나타나지 않은 것은 현실과의 현격한 유리 때문이라고 할 것이다.

따라서 화이를 준별하는 사고를 조선만의 전통적 발상으로, 더욱이 대외관계를 규율하였던 인식의 원천으로 간주하는 것은 문제가 있다고 하겠다. 화이관은 어디까지나 문명관의 차원에서 접근하는 것이 옳다고 본다.

그렇다면 구미의 근대적 외교 관념과 구별되는 조선의 전통적인 대외 관념은 무엇이었는가. 그것은 가급적 외국과의 교제는 피하는 것이 좋다는 인식이었고 이를 상징하는 것이 인신무외교(人臣無外交)라는 관념이었다. 주지하듯이 구미의 근대 국제법 사상은 중세 기독교 왕국의 붕괴와 수평적인 주권국가의 탄생에 조응하는 것이며, 근대적 외교 관념은 주권국가의 등장에 따른 빈번한 전쟁을 대체하는 효과적인 수단으로서 부각된 것이다. 이에 견주어본다면 인신무외교 관념은 조선의 소원한 대외관계에 조응하는 것이라고 하겠다. 즉 중국과의 공식적인 연행사절, 그리고 일본과의 정기·부정기적인 통신사절로 엄격히 한정된 조선의 대외관계를 표현하는 것이 인신무외교 관념이라고 하겠다.

인신무외교라는 관념은 원래 『예기(禮記)』『춘추(春秋)』 등에 기원을 두는 고대의 개념으로서 "인신된 자는 두 군주를 섬기지 않는다(爲人臣者無外交, 不敢貳君也)" "천자의 신하는 외교를 하지 않는다(天子內臣, 不得外交)"는 원칙을 의미하는 것이었다.[14] 그러나 이것은 어디까지나 천자, 제후, 대부 간의 서계적 관계가 작동되던 고대 중국 봉건질서하에서의 예법을 강조한 것으로서 중국과 주변국의 관계를 규율하는 원리로 적용된 것은 아니었다. 인신무외교가 중국과 주변국 관계에 엄격히 적용되기 시작한 것은 중국에서는 명·청, 한국에서는 조선에 들어와서였다.[15]

---

14) 이에 대해서는 이용희 『한국민족주의』(서문당 1977) 147면; 김용구 「공산권에 있어서의 외교 개념」, 『논문집』(서울대 국제문제연구소 1984) 97면; 渡辺昭夫「外交とは何か ─ その語源的な考察」, 『外交フォラム』(no. 56, 1993) 7면; 김수암 「조선의 근대외교제도 연구」(서울대 박사학위논문 2000) 36~37면 등을 참조할 것.

15) 여기에는 몇가지의 국내외적 원인이 있는 것으로 보인다. 첫째, 무엇보다도 중국 자체가 주변국에 인신무외교를 요구하였다. 중국은 명대에 들어오면서 주변국에 엄격한 사

인신무외교의 의미는 크게 보아 첫째, 조선은 중국과 사대, 일본과의 교린 이외에 외국과 교제를 하지 않으며, 할 필요도 없다는 것, 둘째 중국과 일본에 대해서도 신하가 군주와 별도로 교섭할 수 없다는 두 가지 의미가 있었다. 한편 인신무외교 관념은 개항을 전후한 시기에 구미제국과의 수교를 거부하는 명분으로 작용하거나, 역으로 청을 대리로 내세워 수교를 추진하는 명분으로도 활용되기도 하였다.[16]

임오군란시 청국 관료들에게 국내정세를 설명하는 운양의 다음과 같은 언

대·조공을 요구하였으며, 그에 따라 인신무외교가 강조되었다. 중국의 역대 왕조는 끊임없이 이민족으로부터의 침입에 시달려왔으며, 역대 최약체 왕조였던 송을 거쳐 원에 이르러서는 이민족의 직접통치를 경험하기도 하였다. 명은 이러한 폐단을 일소하기 위해 주변국에 가혹할 정도의 조공과 충성을 요구하였던 것이다. 이를 이어서 청대에는 조공사절 이외 일체 왕래를 금지하는 정책을 취하여, 조선과의 해로가 폐쇄되고 책문(국경)의 방비가 강화되는 등 유학생, 상인들의 왕래가 빈번하였던 전대에 비하여 양 지역간의 교류가 현격히 줄어들었다. 둘째, 만주족 국가인 청이 명을 정벌하여 스스로 중국으로 귀화한 이후로는 더이상 강력한 북방민족 국가가 성장할 여지가 없어져 조선으로서는 당·송대 신라와 고려가 누렸던 외교정책의 여지가 완전히 소멸하였다. 이러한 청과의 일대일 관계하에서의 외교란 문자 그대로 군주 몰래 남의 나라와 통한다는 불경스런 이상의 의미가 있을 수 없었다. 셋째, 조선 스스로도 명의 몰락 이후 소중화임을 자처하여 청을 위시한 외국과의 교류를 방기하고, 대원군의 쇄국정책에 앞서서 일찌감치 쇄국의 길로 접어들었다. 더욱이 천주교와 관련된 양차 사화를 겪으면서 이러한 경향은 더욱 강화되었다. 외교는 사교를 유입하여 혼란만을 초래하는 사악한 행위일 뿐이었다. 넷째, 일본도 도꾸가와(德川) 바꾸후 이후로는 국내외 도전세력의 성장을 억제하기 위한 일환으로 해금 등 쇄국정책을 취하였다. 이러한 바꾸후의 정책은 조선의 대외정책과 상호 맞물려, 비록 통신사를 통한 부정기적 교류는 있었다고 해도 전대보다는 조선-일본 간의 교류도 격감하였다. 이와꾸라 사절단의 다음과 같은 기록은 메이지 초기 일본이 외교에 개안하는 과정을 잘 보여준다. "동서양의 풍속과 성정은 매양 달라서 반대가 되는가 싶다. 서양인은 외교를 즐겨하고 동양인은 이를 꺼린다. 이는 쇄국의 여습(餘習)과 더불어 재산에 용심(用心)하는 것이 박하고, 무역을 불급하게 여기는 것에 따른 것이다."『特命全權大使美歐回覽實記』1권(東京: 岩波文庫 1977) 82면.

16) 이에 대해서는 김수암 「조선의 근대외교제도 연구」(서울대 박사학위논문 2000)를 참조할 것.

술은 당시 조선의 대외 관념을 둘러싼 갈등의 본질이 인신무외교를 둘러싼 것이었다는 것을 잘 보여준다.

　우리 군주께서는 국세의 미약과 천하 시국의 변화를 통찰하시고 고립무원에 처하면 종사를 보존하기 어려운 까닭에 중국과 상의하여 각국과 조약을 맺어 종사를 보전하고 백성을 살리는 계책을 삼았던 것입니다. 그런데 저 역적들은 외교(外交)로 원수를 불러들인다 하여 아국 군주의 죄를 선동하고 민심을 혼동시켰습니다. … 우리 군주께서는 대계책을 구하여 외교(外交)에 용심(用心)하시고 일본인에게도 잘 대처하였는데 역적들은 이를 죄로 삼아 감히 거사하였으니….[17]

　운양이 영선사로 청에 파견된 것은 학도, 공장 들을 천진기기국에 위임 교육하여 양무를 학습시킨다는 군기계학조(軍機械學造)와 더불어 미국과의 수교(聯美事)를 추진하기 위해서였는데, 전자보다는 후자의 비공식적인 교섭이보다 중요한 임무였음은 본인 스스로가 밝혔다.[18] 따라서 운양은 행적은 그 자체가 인신무외교의 전통적 관념에서 벗어나는 것이었다. 더욱이 그는 인신무외교에 저촉된다고 하여 전통적으로 금기시되던 청국 인사들과의 접촉을 활발하게 벌임으로써 인신무외교의 족쇄에서 벗어나고 있다.[19] 그런

---

17) 『陰晴史』, 181～82면.
18) 즉 의약사(議約事)가 십중팔구였고 학조사(學造事)는 불과 하나둘에 지나지 않았다고 한다. 「天津奉使緣起」(1891), 『金允植全集(下)』, 515면.
19) 그런데 그는 자죽림(紫竹林)에는 서양 외교관들이 많은데 이들과 상종할 것이냐는 리훙짱의 질문에 대하여 "본국은 본디 각국과 더불어 서로 교류하지 않아 아마도 왕래하기가 곤란할 것 같습니다"고 답하여 인신무외교 관념에서 벗어나지 못한 듯한 발언을 하고 있다(『陰晴史』, 34면). 그러나 이는 그가 정말로 서양 외교관들과의 접촉을 꺼렸기 때문이라기보다 국내에서의 탄핵이 두려웠기 때문으로 보인다. 일찍이 이유원이 탄핵당한 것도 리훙짱과의 서신왕래가 인신무외교에 저촉된다는 근거에서였고 보면 그의 우려를 짐작하고 남음이 있다.

데 청국 관료들과의 교류는 일찍이 그의 스승 박규수의 선례가 있었다. 즉 박규수는 연행사행시 청국 인사들과 교류하며 다양한 정보를 수집하였는데, 당시 인신무외교를 들어 감히 빈번히 교류하지 않는 것이 의리라는 일부 조선 사신들의 고루한 주장을 다음과 같이 비판하고 있다.

이는 참으로 가소로운 말이다. 소위 외교라고 하는 것이 어찌 인신간의 상교를 이르는 것이겠는가. 『예경(禮經)』 본문에도 이러한 설은 없다. 만약 그러한 설이 있다면 공자께서 다른 나라 사신들과 교류한 것이 부당하다는 말인데, 어찌 이런 일이 있을 수 있는가. 설혹 열국 대부들에게는 이러한 설이 있을지 몰라도, 천하가 일가가 되고 사해가 회동하는 세상에 이를 원용하는 것이 어찌 가하겠는가.[20]

그런데 인신무외교의 발상을 버린다는 것은 비단 구미제국과 수교하는 것을 의미하는 것만은 아니고, 조선조에 들어 사실상 단절상태에 있었던 중국과의 다양한 교류를 복원시킨다는 의미가 있었다. 따라서 그것은 외교의 정당성을 복권하는 것을 의미했다.

외교 단절의 어리석음에 대한 운양의 비판은 국내의 사례에 머무르지 않는다. 송나라 소동파(蘇東坡)가 고려의 사신을 헐뜯은 것은 유명한 이야기지만,[21] 운양은 이에 대하여 다음과 같이 평하고 있다.

자첨(子瞻, 소동파— 역주)은 유독 고려사에 있어서는 대단히 의심하고 방비

---

20) 「與沈仲復秉成」, 『朴珪壽全集(上)』, 669면. 반면 일본에 파견된 수신사 김기수는 각국의 예에 따라 8성의 대신들을 방문해달라는 요청에 대하여 국서를 증정하고 수령하는 예만을 행할 뿐 사교(私交)는 행할 수 없다고 거절하였다. 김수암 「조선의 근대외교 제도 연구」, 39면.

21) 동주 역시 이 문제를 언급한 적이 있다. 이용희·신일철 대담 「사대주의—그 역사적 해석을 중심으로」, 이용희 저, 노재봉 편 『한국민족주의』(서문당 1977) 160면.

한다. 이는 이적의 신뢰하기 어려움은 알면서도 동방에 군자의 나라가 있는 것은 듣지 못했음이다. 우리나라는 천성적으로 모화하여 계단(契丹)에게 압박당하는 정세임에도 끝내 송을 잊지 않고 기구 만리까지 찾아가는 정성을 보여주었다. … 그런데 소동파는 이렇게 말한다. "고려는 계단 편의 나라이다. 고려의 사신이 산천 형세를 그리고 허실을 규측하는 것은 선의가 아니다. 이는 천하에 뜻을 두고 있는 자의 소행이다. … 전국시대 권휼모신(權譎謀臣)의 묘책은 해외의 오랑캐에게 하사하지 않는 법이다." 이 어찌 지나친 우려가 아니겠는가. 충을 의심하고 인을 박절당하면 누가 송을 도와주겠는가. 송은 천하의 십분의 팔인데 천하의 금증(金繒)을 거두어 두 북로(北虜)에게 봉납하는 것은 가히 굴욕이라고 할 것이다. … 고려는 계단에게 업신여김을 당하고 있는 나라(狎隣)이다. 송이 만약 계단에 뜻을 가지고 있다면 마땅히 먼저 고려에 통하여야 할 것이다. 소동파는 도리어 스스로 찾아온 사신을 끊고자 하니 나라를 위하여 도모하는 사람으로서 어찌 심하지 않은가. … 오호 자담(子瞻)은 소인인 것이다.[22]

이 글 역시 표면적으로는 모화사상의 표현으로 해석할 소지가 있다. 그러나 운양이 말하고자 하는 주안점은 외교 단절의 어리석음이다. 여기서 대비되는 것은 고려의 의리와 소동파의 협소함이다. 정치적 의리와 문화수용의 선의를 의심하여 외교관계를 단절하는 것은 소인의 발로인데, 특히 송처럼 고립된 상황에서는 멸망을 자초하는 길이라는 것이다. 이러한 비판은 비단 송나라에만 해당하는 것은 아닐 것이다. 즉 중국 문물의 유출을 가급적 억제하였던 청대의 문화적 폐쇄주의, 서양 사교에의 오염을 우려하여 고립을 자초하고 있는 위정척사론에 대한 비판으로 연장될 수 있는 논리이다.

이러한 과정을 통하여 조선은 "외교 정형에 어둡습니다"[23] "본디 외교가 없으니"[24]라는 식의 인신무외교 상황에서 "우리 군주께서는 외교에 용심하

---

22) 「論高麗買書利害箚子」(1870), 『金允植全集(下)』, 570~71면.
23) 『陰晴史』, 45면.

시고"[25]라고 말할 수 있는 외교 복권의 상황으로 변화되어갔다.

2. 유교적 주권관: 자주와 독립

(1) 속방과 속국

운양을 둘러싼 논란 중 하나는 그가 초기에 취했던 친청 사대노선에 관한 것이다. 즉 그가 청과의 전통적인 사대관계를 유지하는 가운데 조선의 생존을 모색하려 한 것이 자주적 근대화라는 과제에 역행한 것이 아니냐는 의구심에 관한 것이다. 독립을 지극히 당연시하는 오늘날의 기준에서 보면 '자주는 가하되 독립은 불가하다'는 주장은 아무리 보아도 사대주의 이상은 아닌 것으로 간주하게 마련이다.[26] 그러나 동 논리를 현재의 기준에 맞추어 평가하는 것은 다소 무리가 있어 보인다. 동 논리의 시대적 의미를 간취하고, 그 적실성을 평가하려면 당시의 담론구조로 들어가 보지 않으면 안된다. 우선 운양은 속방(屬邦)과 속국(屬國)을 별도의 의미로 받아들였던 것 같다.

일본은 일찍이 우리나라가 중국의 속방(屬邦)인 것을 못마땅하게 여기고 있

---

24) 같은 책 89면.

25) 같은 책 181~82면.

26) 이와 관련하여 어윤중은 주복(周馥)과의 대화에서 다음과 같은 발언하였다. "마침 일본에 왕유하고 있을 때였다. 일본인이 우리나라를 독립이라고 칭하였다. 나는 큰소리로 거절하여 말하였다. 자주(自主)는 가하나 독립(獨立)은 불가하다. 청국에 대하여 정삭을 받들고 후도(侯度)를 지켜왔는데 어찌 독립이라고 말할 수 있는가."『淸季中日韓關係史料』文書番號 417(光緖八年四月二十二日), 2卷 593면. 이는 어윤중의 발언이기는 해도 당시 어윤중과 김윤식의 밀접한 관계로 보아 운양의 생각으로 보아도 무방할 것이다.

었다. 김옥균이 재일시 갖은 말로 지원을 요청하자 이를 달갑게 받아들이고, 음성적으로 다께조에(竹添)에게 밀칙을 내려 기회를 보아 방조하도록 하였다. 만약 일이 성사되었다면 겉으로는 존중하여 자주국(自主國)이라고 하였을지 모르나, 실제로는 일본의 속국(屬國)으로 삼아, 안남에 있어서 프랑스와 같이 하였을 것이니 그 계책이 참으로 교묘하다.[27]

속국(屬國)은 근대적 의미의 보호국을 의미하는 것으로 운양에게도 결코 받아들일 수 없다. 운양은 조선은 소국이지만 단군의 건국 이래 4천년간 자주권을 지켜온 나라라는 자부심이 있었다.[28] 따라서 자주권의 상실을 의미하는 속국으로의 전락은 수치이자 결코 수용할 수 없는 일이었다. 반면 속방(屬邦)은 전통적 사대관계에서의 국가로서 조공을 하고, 책봉을 받을지언정 정교 내치에서는 자주권을 행사하는 나라였다. 운양이 조선이 수백년 이래 중국의 속방이었다는 사실을 거리낌 없이 인정한 것도, 속방의 자주성에 대한 확신 때문이었다. 따라서 그는 미국과의 조약에 속방 조항을 삽입하는 문제에 대하여 기꺼이 동조하였던 것이다.

사실 운양은 리홍짱과 대미조약 초안을 검토하면서 조선의 자주권을 수호하기 위하여 상당한 노력을 기울였다. 우선 속방 조항 자체에서도 내치외교의 자주를 명기하는 것은 양보할 수가 없었다. 그는 리홍짱과의 협의 결과를 고종에게 보고하면서 다음과 같이 말하고 있다.

리홍짱은 제1관은 미국 공사가 허락하지 않을 것 같다고 말하였습니다. 제1관이란 황쭌셴(黃遵憲)의 초안에 있는 "조선은 중국정부의 명령을 받든다"라는 것을 지칭하는 것입니다. 신은 이 조관에 대하여 "비단 미국 공사만이 윤허하기 어려울 뿐만 아니라 우리나라도 기왕의 자주권을 이어서 사용하기 어렵

27)「追補陰晴史」(1891),『續陰晴史(下)』, 577면.
28)『陰晴史』, 94~95, 157면.

다"고 지적하였습니다.[29]

리훙짱은 운양과 더불어 이동인의 초안도 검토하였다. 당시 리훙짱은 이동인의 초안에 있는 만국통례를 참조한다는 조항에 대하여 중국과 일본도 불가했는데, 어찌 조선만 가능하겠느냐고 난색을 표명하였다. 이에 대하여 운양은 다음과 같이 반박하였다고 보고하고 있다.

신은 이에 대하여 다음과 같이 답하였습니다. 중국과 일본은 전쟁 후에 조약한 것이라서 미흡하지만, 이번의 조약은 호의로서 수약하는 것이니 어찌 만국통례에 준할 수 없는가. 다만 조선은 약소한 관계로 우위를 점할 수 없을 뿐이니 사사건건 만족할 수는 없겠으나 전쟁 후에 의약한 것과 같을 수는 없다.[30]

그러면 자주권에 대해서는 이렇게 민감한 운양이 독립에 대해서는 소극적이었던 것은 무엇 때문인가. 반면 김옥균 등 개화당 인사들이 독립에 그렇게 집착한 이유는 무엇일까. 자주와 독립이 불가분의 것으로 인식되는 현재의 관념에서는 다소 이해하기 어려운 것이 사실이다. 그러나 독립이라는 말 자체가 당시로써는 낯선 것이었다. 전통적 사대자소의 관계에서는 역관계의 변화에 따라 사대자소의 주체와 대상이 바뀌는 상황은 있어도 주권국가로서 '독립'할 필요성은 도대체가 없었기 때문이다. 부강하지 않은 상황에서 섣불리 독립국인 듯이 하는 것은 허명일 뿐이고, 도리어 속국으로 전락할 위험성이 있다는 것이 운양의 인식이었다. 즉 운양이 독립이라고 할 때는 미국처럼

---

29) 같은 책 57면.
30) 같은 책 56면. 예컨대 세칙(稅則)에서 만국통례는 10~30%인데, 중국과 일본은 5%로 정했지만, 이는 전쟁 후에 의약한 것으로 반드시 참조할 필요가 없다고 지적하였다. 같은 책 56~57면. 그리고 운양은 조약이 조인된 후 청국 관료들에게서 중국, 일본보다 성공적이라는 평가를 들었다. 같은 책 112면.

부강하게 되어 독립하는 경우나, 안남처럼 이름만 독립이고 실질적으로는 속국이 되는 두 가지의 운명이 상정되었던 것이다. 전자는 역부족이고 후자는 결코 밟아서는 안될 전철이었다. 운양은 부강해지기 전까지는 자주권이 보장되는 한 속방으로 남는 것이 현명하다고 판단하였다.

(2) 양득과 양편

운양이 리훙짱과 대미조약 초안을 검토하는 과정에서 속방 조항에 찬성한 것을 두고, 그가 사대주의 혹은 중화사상이라는 전통적 관념에서 벗어나지 못했기 때문이라는 평가가 일반적이다. 더 나아가 운양이 제시한 양편(兩便)이라는 개념에 주목하여 그가 근대국제질서의 도전에 직면하여 '전통＋근대'의 이중적 국제질서를 구상하였다고 추론하는 때도 있다.

물론 운양의 속방론에는 전통적 관념이 일정하게 투영되는 것이 사실이다. 그러나 그가 남긴 담초를 자세히 검토해보면 전통질서에 대한 가치부여보다는 실리적 고려가 많이 작용하고 있다는 것을 알 수 있다. 속방으로 남으면 자주권을 유지할 수 있는 것은 물론 덤으로 안보도 확보될 수 있다는 것이 운양의 판단이었다. 운양은 고종에게 속방 조항의 이점에 관하여 다음과 같이 설명하고 있다.

(조선이 중국의 속방이라는 것을) 각국에 성명하고 조약에 명기[大書]해놓으면 후일 (중국은) 우리나라 유사시 힘써 도와주지 않으면 천하의 웃음거리가 될 것이며, 각국은 중국이 우리나라를 담임(擔任)하는 것을 보고 우리를 가볍게 보지 못할 것입니다. 또한 그 밑에 자주권의 보유를 기재하여 두면 각국과 외교(外交)하는데 무해하여 평등권을 사용할 수 있을 것입니다. 자주권 상실의 걱정도 없고[不觸], 사대의 의에도 배반되지 않으니[不背], 가히 양득(兩得)이라고 하겠습니다.[31]

속방을 명기함에 따라 안보가 확보되고, 내치 외교의 자주를 명기함에 따라 자주권이 확보되기 때문에 양득이라는 논리이다. 그런데 여기서 등장하는 '불촉불배(不觸不背)'라는 표현은 리훙짱이 먼저 제시한 것으로서 문자적 의미만을 보면 '자주권에도 저촉되지 않고 사대의 예에도 배반되지 않는다'는 뜻이다. 리훙짱은 이를 사대관계를 온존시키려는 '근대＋전통'의 의미에서 사용하였을지 모르지만 운양은 어디까지나 '자주＋안보'라는 양득의 차원, 말하자면 실리의 차원에서 수용하였다. 따라서 운양이 중화사상의 연장이라는 차원에서 국제질서에서의 전통과 근대의 절충을 구상하였다는 해석에는 동의할 수 없다.[32] 사대의 예를 배반하지 않는 것이 득이 되는 것은 사대의 예가 가치있는 전통이기 때문이 아니라 조선의 안전판이 되기 때문이었다. 결국 청은 1880년에서 1990년대 초반에 걸쳐 발을 뺄 수 없을 정도로 한반도 문제에 깊숙이 관련되었고, 궁극적으로는 청일전쟁에도 이르게 되었다. 그리고 패전의 결과 침몰의 길을 걷게 되었다. 물론 청을 개입시킨 것이 과연 현명했는지는 논란의 여지가 있다. 그러나 청을 조선의 운명과 연동시키려 했던 운양의 목적은 역설적 의미에서나마 거의 달성된 셈이다.[33]

---

31) 같은 책 57~58면.

32) 李嘯谷「朝鮮王朝末期における「中華思想」の實踐 ─ 金允植 ＜雲養＞の場合」朝鮮史研究會例會報告(1999. 5. 15).

33) 운양은 속방 조항에 따른 청의 자동개입 효과를 통하여 전쟁 억지를 기대하였으나 도리어 전단의 구실이 되기도 한다. 일본은 청군이 동학당을 진압하기 위하여 들어오자 전쟁을 불사할 각오로 동시에 파병하였다. 그러나 조선과 청측이 동시 철병론을 제기하는 등 소극적 태도를 보이자 전단을 찾으려고 혈안이 되었다. 그래서 청군 파병이 속방을 구하기 위해서라는 주일 청국공사의 조회문을 문제삼았던 것이다. 즉 조선이 청의 '보호속방'이라는 것을 인정하는지를 따져 물어서 만약 자주국이라고 답하면 청군의 조선 진주는 자주권 침해이므로 일본이 조선을 도와서 축출하겠다고 통고하며, 보호속방이라고 인정한다면 조선을 자주국으로 명기한 조일수호조약에 위배되는 것을 문제삼기로 하였다는 것이다. 또한 '조선이 청국의 속방이지만 내치와 외교는 자주'라고 답하더라도 청국이 내란에 병력을 파견한 것은 내정간섭이라는 점을 강조하기로 한 것이다. 이에 대하여 조선은 미국인 법률고문 그레이트하우스, 유길준, 위안스카이의 협의로 "조선은 자주

한편 운양은 리훙짱이 속방 조항에 대한 의견을 묻자 "명분이 바르고 말이 순리에 맞아[名正言順] 사리가 양편(兩便)하니 매우 좋을 것 같다"고 답하였는데,[34] 이는 논리상 보았을 때 미국도 이해할 수 있고, 조선으로서도 만족스럽다는 '교섭상의 편의'에 관한 의미이다. 즉 타국이 지나치게 문제 삼지도 않을 것이다(未便過問)는 리훙짱의 말에 대한 수긍의 의미인 것이다. 따라서 '양편(兩便)'이라는 말만을 떼어내어 유길준의 '양절체제(兩截體制)' 개념과 비교하기는 어려울 것으로 보인다.

구미제국과의 수교에서부터 청일전쟁으로 청의 영향력이 일소되고, 그 상징으로서 조청수륙무역장정의 폐지에 이르기까지 조선은 이중적 국제질서하에 놓여 있었다는 것이 일반적 인식이다. 최근에는 유길준의 용법을 빌어 이를 양절체제로 개념화하기도 한다.[35] 유길준이 지적한 양절체제의 존재 여부는 이론의 여지가 없다. 조청수륙무역장정에 명기된 청과의 관계는 구미 열강과는 다른 특수관계였기 때문이다. 그런데 당시 조선이 맺던 대외관계

국이며 청병 파병을 요청한 것도 자주권에 해당하므로 조일수호조약에 조금도 위배되는 것이 아니다"는 답변을 보냈다. 일본은 답변이 교묘하게 예봉을 피해가자 당황하면서도 '실질적인 자주권 침해'를 내세워 전단을 구했던 것이다. 杉村濬(1932), 102~107면. 물론 이는 어디까지나 구실에 불과했으므로 속방조항 자체가 전쟁을 초래한 것으로는 볼 수 없다. 제3국이 청과의 전쟁을 불사하겠다고 나설 때는 속방 조항이 억지력을 가지지 못하는 것은 당연하다고 하겠다. 문제의 발단은 청병의 파병 요청 자체에 있었다. 따라서 운양은 청병 파견 요청에 대하여 도리어 문제를 어렵게 만들 뿐이라고 탄식했던 것이다. 운양은 면천 유배지에서 이러한 속방 논쟁 소식을 접하고 있다. 『續陰晴史(下)』, 317면.

34) 『陰晴史』, 52면.

35) 양절체제(兩截體制)에 대한 연구로서는 原田環 「朝-中「兩截体制」成立前史-李裕元と李鴻章の書簡を通して」, 『朝鮮の開國と近代化』(東京: 溪水社 1997); 原田環 「1880年　前牛の閔氏政權と金允植―對外政策を中心にして」, 『朝鮮史研究會論文集』 22号 1985; 김용구 『세계관 충돌의 국제정치학―동양 禮와 서양 公法』(나남 1997); 정용화 「유길준의 정치사상 연구」(서울대 박사학위논문 1997); 김수암 「한국의 근대외교제도 연구」(서울대 박사학위논문 2000) 등이 있다.

를 이중적 국제질서로 개념화하는 것은 다소 무리가 있어 보인다.

양절체제를 이중적 국제질서로 보는 것은 청과의 특수관계를 전통질서의 연장으로 보고, 동시기 전통질서와 근대질서와 혼재한다고 보는 시각이다. 그러나 청과의 특수관계는 과연 전통질서의 연장에 있는가. 조선에서의 전통질서란 앞서 1항에서 검토하였듯이 '북사동통'의 양단의 대외관계, 그리고 무외교의 해금 상황이었다. 사실 중국과 통상조약을 맺었다는 것 자체가 전통질서에서의 탈각인 셈이다. 청과의 특수관계에서 형식적인 사대의 예와 관련된 것들, 예컨대 조공, 연호, 책봉, 상국(上國)이라는 호칭 등만이 전통적인 것들이다. 반면 최혜국 조항을 위시한 각종 경제 관련 조항 등은 완전히 새로운 근대적인 것들이다. 비록 공사(公使)라는 명칭이 아니라 독립상무위원(督理商務委員 또는 주진대원駐津大員)이라는 전통의 외피를 씌웠지만 상주사절의 파견도 본질상 근대의 것이다.

양절체제의 속성을 전통질서와 근대질서 간의 이중적 국제질서로 규정하는 것은 '전통-근대' 분석틀을 기계적으로 적용한 전형적 오류이다. 구미제국과의 관계가 근대적이라고 해서 청국과의 관계가 전통적이라고 단순화할 수는 없다. 전통에서 근대로의 이행은 순수하게 전통적인 것으로부터 순수하게 근대적인 것으로의 변화가 아니다. 장정체제하의 청국과의 관계 내에는 전통적인 것과 근대적인 것이 혼재한다. 조공, 연호, 책봉, 상국이라는 호칭 등이 전통적이라면 최혜국 조항, 한성개잔(漢城開棧) 등 경제 관련 조항은 근대적이다. 또한 상주사절의 파견 자체는 근대적임에 반해 조선 국왕과 격이 맞지 않는다고 하여 중국 황제가 아닌 북양대신의 명의로 하는 것은 다분히 전통적 발상이다. 전체적으로 보면 근대적 내용을 전통적 형식으로 포장하고 있다는 인상을 준다. 따라서 장정의 체결로 조청관계의 유교적·도덕적 기반은 사실상 상실되고, 근대 세계의 지배구조인 권력적 지배와 경제적 착취구조에 가깝게 변용되었다고 평가되기도 한다.[36] 물론 명분으로 작동하는 전통의 힘도 무시할 수는 없으며, 사대라는 전통적 명분이 조선의 상주사절 파견에 질곡으로 작용하기도 하였다. 이것이 양절체제의 한 측면임은 부인할 수 없다. 다만 양절을 문자 그대로 전통과 근대로 양분하여 이중질서로 개념화하는 것은 곤란하다는 것이다. 그보다는 각각의 관계 내에 전통과 근대가 혼재한 '복합질서'라는 표현이 더욱 적절할지도 모른다.

양절이라는 용어를 처음으로 사용한 유길준의 용법에 따르더라도 양절체제는 '전통+근대'의 이중질서가 아니다. 그에 따르면 "증공국(贈貢國)의 체제가 수공국(受貢國)과 제 타국을 향하야 전후의 양절이오. 수공국의 체제도 증공국과 제 타국을 향하야 역시 전후의 양절이라"고 하여 양절의 한 축을 이루는 청과의 관계를 증공-수공의 맥락에서 정의하고 있다.[37] 그런데 증공국은 근대적 속국과는 달리 "독립주권을 가진 당당한 독립주권국"이라는 것이다.[38] 이렇게 개념화된 증공-수공의 관계를 전통적 사대질서라고 보기는 어려울 것이다. 말하자면 유길준이 양절체제론을 제기한 한 것은 전통질서의 온존이 근대적 주권의 행사에 방해된다는 식의 논리가 아니었다. 그보다는 청과의 특수관계가 조선의 주권에 하등 영향을 미칠 수 없다는 것을 강조하기 위해서였다. 결국 청과의 특수관계란 타 제국에 대한 청의 우월한 지위를 규정한 것에 불과하였다.

그런데 동 기간에 청국의 우위는 과연 얼마만큼 절대적이었는가. 한성개잔 등 조청수륙무역장정으로 인해 청국이 누렸던 특권은 구미열강과의 최혜국 조항에 따라 차례로 공유되었다. 또한 갑신정변 후의 천진조약으로 청일 양국 군대가 철수함에 따라 군사적 우위도 상실되었다. 조선은 외교문제에서는 청국의 간섭을 받았으나, 국내 정치는 전적으로 자주적 입장에 있었기 때문에 위안스카이의 내외정에 대한 간섭에도 한계가 있었다고 한다.[39] 결

---

36) 茂木敏夫「中華世界の「近代」的變容—淸末の邊境支配」, 溝口雄三 外編 アジアから考える2『地域システム』(東京: 東京大出版會 1993) 280면.

37) 兪吉濬『兪吉濬全書Ⅰ—西遊見聞』(일조각 1971) 117면.

38) 같은 책 112면.

국 그는 가장 절친하였던 운양의 면천 유배조차 막아낼 수 없었다. 오직 심각하게 문제가 된 것이 있다면 조선의 상주사절 파견에 따른 영약삼단(另約三端)을 둘러싼 논란이었다. 그러나 이것도 조선이 한러밀약 등을 통한 균세정책으로 청국의 반발을 자초한 측면이 있다.

양절체제를 이중적 국제질서라고 규정하는 것은 청과의 관계를 청산하는 것이야말로 근대적이며 독립에의 길이라는 느낌을 든다.[40] 나아가 청의 지나친 간섭으로 말미암아 조선이 아무것도 할 수 없었다는 변명의 논리로 둔갑하기도 한다.[41] 그러나 동시기야말로 오히려 열강의 세력균형이 확보되어 조선이 개혁에 전념할 수 있었던 기회였다는 주장도 있다.[42] 동시기 조정이 추진한 이렇다 할 정책이라면 상주사절의 파견뿐인데, 과연 청과의 대립을 무릅쓰면서 상주사절 파견에 집착할 필요가 있었을까. 운양은 유배지에 도착한 직후 상주사절 파견에 대한 소식을 접하고, 국가재정이 바닥났는데 어떻게 비용을 감당할 예정인지 모르겠다는 반응을 보이고 있다.[43]

(3) 독립 개념의 수용

운양이 '독립'이라는 개념을 수용한 것이 언제부터인지는 명확하지 않다. 대략 갑오정권 참여부터 을사늑약 사이의 기간으로 보이지만 일기문 이외의

---

39) 井上角五郎(1891), 68면.

40) 사실 이는 당시 일본이 조선에 일관되게 주장한 논지이다. 반청=독립은 일본의 보편적인 인식 패턴이다. 하라다(原田)가 유길준이 양절체제를 비판하였다고 주장한 것도 우연은 아니다.

41) 이는 1880년대에는 청 때문에 갑오경장 이후로는 일본의 간섭 때문에 아무것도 할 수 없었다는 전형적인 망국외인론의 인식패턴이다.

42) 趙景達「朝鮮における大國主義と小國主義の相克」,『朝鮮史硏究會論文集』No. 22, 東京: 綠陰書房 1985, 84~85면.

43)『續陰晴史(上)』, 11면.

기록이 남아 있지 않아 단정하기가 어렵다. 그가 이노우에 가오루(井上馨) 공사와의 면담에서 조선에서의 '두 가지 독립주의'를 언급하는 점으로 미루어[44] 갑오경장기부터는 독립 개념을 소극적으로나마 수용한 것으로 보이지만 단정하기는 어렵다. 또한 제주도와 지도 유배기에 독립협회나 『독립신문』에 많은 관심을 보이고 라철 등이 일본 토오꾜오에서 올린 독립장서에 공감을 표하는 점도 이런 추정을 가능하게 한다. 나아가 을사늑약으로 조선의 외교권이 박탈되어 사실상 일본의 속국으로 전락한 마당에 자주와 독립은 별개라는 한가한 인식을 유지할 수는 없었을 것이다. 한일병합 이후에는 독립 이외의 선택지는 없었다. 특히 민족자결주의의 세계적 확산과 식민지 독립문제의 여론화는 그에게 새로운 인식의 지평을 열어주었다.[45] 독립은 부강한 실력을 갖춘 나라만이 누릴 수 있는 권리가 아니며, 약소민족이라고 하더라도 자신의 운명을 결정할 권리가 있다는 이론은 분명히 신선한 것임이 틀림없었다. 19세기 후반 제국주의 시대의 인식에서 20세기 민족주의 시대의 인식으로의 일대 전환을 맞이하여 운양의 독립 개념도 명확해졌던 것이다. 그리고 이러한 인식에 기초하여 85세의 노구에도 독립청원서를 제출하기에 이른 것이다.

그러면 운양은 실력이 갖춰지지 않은 상황에서 독립이 어떻게 성취 가능하다고 본 것일까. 우선 무장투쟁이라는 발상은 그에게는 낯선 것이었다. 나중에는 근거지 투쟁이나 테러를 용인하는 듯한 자세도 보여주지만 적어도 독립청원서 제출까지의 시기에는 이러한 발상이 나타나지 않았다. 비폭력적

---

44) 김윤식은 당시 조선에는 독립주의를 주창하는 두 세력이 있는데, 하나는 진정한 독립주의로서 개명주의이고 다른 하나는 수구주의에 불과하다고 하였다. 「金允植ㅏ談話筆記」(1894), 『秘書類纂朝鮮交涉資料(下)』, 223면.
45) 그는 사망 직전까지도 아일랜드의 자치를 인정한 워싱턴회의 소식, 인도와 이집트의 독립운동 제고, 미의회 극동위원회의 조선 문제 상정 등 식민지 독립문제의 향방에 관심의 촉각을 곤두세우고 있다. 『續陰晴史(下)』, 554~56면.

인 방식으로는 두 가지 방법이 상정될 수 있다. 하나는 국제공의(國際公議)에 호소하는 것이다. 이는 특히 식민지 본국의 패전과 같은 상황에서 매우 유력한 방법이 된다. 다른 하나는 식민지 본국에 압력을 가하여 독립 허용의 공론을 유도하는 것이다. 운양은 두 가지 방식을 전부 시도해보았다. 3·1운동시 독립청원서의 제출은 후자의 경우에 해당한다. 그런데 이보다 수년 앞서 운양은 전자의 방식에도 관여하였다. 즉 2장에서 살펴본 바와 같이 운양은 1917년 겨울 김시학이 발의한 독립청원 계획안에 소극적으로나마 동조 의사를 표명하였다고 한다.

그런데 운양은 '선언'이 아닌 '청원'의 방법을 택하는 것이 특징이다. 그는 3·1운동이 발발하기 직전인 1919년 2월 평소 친분이 두텁던 최남선에게서 모두 세 차례 방문을 받고 독립선언서에 서명해줄 것을 제안받는다. 이에 대하여 운양은 "이것이 여론이라고는 하지만 경거할 수 없습니다. 지금 나라도 정부도 없는데 누가 선언을 한다는 것입니까. 시기가 너무 이르며 나는 참가하고 싶지 않습니다"고 거절하였다고 한다.[46] 또한 독립선언이란 이미 독립이 된 것을 전제하는 것이므로 그 대신에 일본 정부에 청원을 해보라고 하였다는 것이다.[47]

운동의 목표가 달성되기 전 선언부터 하는 것을 당연시하는 지금의 관념에서 보면 정부도 없는데 누가 선언하느냐는 그의 반론은 궤변이자 변명에 불과하게 보이는 것이 사실이다. 그가 선언이 아닌 청원을 선호한 이유는 무엇일까. 선언은 항쟁의 논리이며 청원은 설복의 논리이다. 유교적 가르침에 충실한 사대부였던 운양으로서는 설복의 논리를 선택하는 것이 당연했는지도 모른다. 사실 그는 장서(長書)나 취지서(趣旨書)는 수없이 많이 써보았지만 선언서(宣言書)는 써본 적이 없다. 그는 다음과 같이 전통적 방식으로 설

---

46) 같은 책 500면.

47) 「金允植 證人訊問調書」 李炳憲 편 『三·一運動秘史』(時事時報社 1959) 754~55면.

복하고 있다.

　　도는 시의에 따르는 것이 귀하고, 정치는 안민(安民)에 목적이 있는 것입니다. … 일본이 한국을 병합한 후 10년이 흘렀는데 다소의 개량이 있었다고는 해도 안민이라고는 말할 수 없습니다. … 맹자는 제선왕에게 "연나라 백성이 기뻐하면 이를 취하되 그렇지 않으면 취하지 말라"고 하였습니다. 제선공은 이렇게 하지 않았다가 끝내는 심히 후회하였습니다. 이는 족히 좋은 귀감이라고 하겠습니다. 대저 시의는 성인도 어긋날 수 없는 것이며, 천심의 향배는 백성에게서 나타나는 것입니다. 백성이 불안하고도 강토를 유지한 경우는 없었습니다. … 일본이 먼저 조선의 독립을 인정하여 대공(大公)의 의를 천하에 시위하고, 전일의 조약 각국에게 두루 알리면 각국 역시 따르지 않음이 없을 것입니다. 이와같이 하면 광명의 덕이 사방을 비출 것이니 어찌 감히 우러러 칭송하지 않겠습니까.[48]

　　당시 일본은 대정(大正) 민주주의로 일컬어지는 시대였다. 동시기 일본의 정세는 각종 요구의 분출과 민권운동의 폭발로 특징지어진다. 특히 3·1운동 전년 쌀 폭동의 시기에는 일본 정국 자체가 위기에 처하기도 하였다. 본국 체제의 위기는 식민지 경영에도 부담을 주게 마련이다. 운양은 이러한 일본의 정국을 예의주시하고 있었다.[49] 이제 운양은 독립을 허용해주는 것이 일본의 국익에도 유익하다는 논리로 설득하는 것이다. 검사의 예비심문에 그는 이러한 논리로 답하고 있다.

　　(그렇게 하면) 소요는 자연히 진정될 것이다. 이름은 비록 독립이라고 하나 귀국의 조선에서의 권리는 전과 동일할 것이다. 이로부터 동양의 정세는 견고해지며 평화의 복을 같이 누리게 될 것이니 이보다 더 좋은 계책이 있겠는가.

---

48) 「對日本長書」(1919), 『續陰晴史(下)』, 607~608면.
49) 『續陰晴史(下)』, 475면.

만약 귀국이 듣지를 않고 도리어 유죄라고 한다면 어찌 후회할 날이 없겠는가.[50]

운양은 '일본에도 공론이 없는 것은 아니다'는 인식이 있었다.[51] 그는 양식 있는 일본인들에게 호소하여 다소나마 독립에 유리한 여론을 조성해보려고 한 것은 아닐까. 청원은 법리상 합법이기 때문에 불법선동을 기도했다는 추궁에도 한결 탄력적으로 대응할 수 있는 여지가 있다.[52] 그런데 그가 청원서를 제출한 싯점은 3·1운동이 상당히 경과하고 나서였기 때문에 선언이나 청원이나 정치적 의미에서 큰 차이가 있는 것은 아니었다. 따라서 그는 손병희의 독립선언을 어떻게 보냐는 질문에 "비록 도는 다르지만 그의 방식이 그르다고 비판하지는 않는다"고 답하는 것이다.[53] 이 싯점에서 그가 장서(長書)의 형식을 택한 것은 익숙하다는 것말고는 별다른 이유가 없어 보인다. 당시는 '양심선언서' 같은 문장 형식은 없었기 때문이다. 그는 독립청원서를 일본총리대신, 총독부에 전달함과 동시에 사본을 국내에는 『경성일보(京城日報)』와 『매일신보(每日新報)』, 일본에는 『동경조일신문(東京朝日新聞)』『시사신보(時事新報)』『보지신보(報知新報)』『대판매일신문(大阪每日新聞)』 등에 배포하였다.[54] 또한 동년 4월 9일에는 자택연금 상태에서 평소

---

50) 같은 책 500면.

51) 을사늑약의 체결을 둘러싸고 일본에서도 비판론이 비등하였다고 한다. 당시 일본의 『만조보(萬朝報)』는 "신약의 본의는 외교통감뿐이었는데 지금의 것은 일본 소정부나 마찬가지"라며 비판조의 기사를 싣고 있었는데, 이에 대해 운양은 "이를 보고 있으니 부지불식간에 얼굴에 땀이 난다. 일본에도 공론이 없지 않다는 것을 알겠다"는 소감을 피력하고 있다. 같은 책 171면.

52) 운양가에 자주 출입하던 이상재 역시 독립선언에는 반대하지만 독립청원에는 찬성한다는 말을 하였다고 한다. 이상일, 앞의 글 169면.

53) 『續陰晴史(下)』, 500면.

54) 필자가 지금까지 확인한 바로는 운양의 장서가 일본 신문들에 게재된 것 같지는 않다. 3·1운동 자체에 대한 보도에도 극히 인색했던 일본 신문들이고 보면 무리가 아니

안면이 있는 영국 게일(奇一) 목사가 데려온 미국, 영국 신문기자들과의 회견에 응하고 있다.[55] 독립 문제와 관련한 회견은 아니었지만 운양은 2년 후인 1921년에도 일본 『구주신문(歐洲新聞)』 『국민신문(國民新聞)』 기자들의 방문을 받는다.[56]

한번 분출된 독립 의지는 죽음을 목전에 두고 더욱 강해져 갔다. 운양은 미국 의원단의 내한과 관련, 조선독립단이 환영회 서명을 요구하자 즉시 허락함은 물론 일본 순사가 와서 의견을 묻자 "조선인은 누구라도 국권 회복을 원하니 내 살아생전 국권 회복을 보면 원한이 없겠다"고 답하였다.[57] 또한 강우규의 총독부 폭탄투척 사건과 관련 "강우규의 사형선고시 폭풍뇌우가 돌발하였다고 하는데, 이는 우연이 아니다. 의기가 장렬하니 이런 재이가 생긴 것이다"고 했으며,[58] 민원식이 동경호텔에서 살해된 소식을 접하고도 "그는 항상 매국의 뜻을 위주로 했기 때문에 통쾌해하지 않는 사람이 없다"고 하여[59] 독립을 위해서는 테러도 용인할 수 있다는 자세를 보여주고 있다.

라고 하겠다. 결국 그의 기대와 달리 여론 환기의 큰 효과는 없었던 셈이다. 그런데 검사는 예비심문시 "동경각신문사개게재차서(東京各新聞社皆揭載此書), 피고지소부탁부(被告之所付託否)"라고 질문하여 마치 게재된 사실이 있는 것처럼 말하고 있으나 분명히 확인되지는 않는다. 같은 책 500면.

55) 같은 책 495~96면. 기자들의 질문 요지는 조선이 능히 독립을 감당할 수 있는가에 관한 것이었다. 이에 대하여 운양은 우리나라는 4천년 동안 독립국이었는데 하루아침에 나라를 잃고 노예 신세가 된 것이라며, 독립을 실행하는 문제는 공의에 따를 문제라고 답하고 있다.

56) 같은 책 545면.

57) 같은 책 533면.

58) 같은 책 529면.

59) 같은 책 541면.

3. 유교적 안보관: 보국안민

일반적으로 구한말 조선이 취했던 외교노선은 균세(均勢)로 정의되고 있다. 세력균형의 번역어로서의 균세라는 개념은 합종연횡(合從連橫)이라는 전통적 사고방식과 크게 다르지 않아 자연스럽게 수용되었다는 것이다. 또한 고종을 위시하여 개화당, 중간파 관료 등 대부분 인사가 균세를 추구하였던 것으로 설명되는 경향이 있다. 그러나 당시 모든 인사가 동일한 발상을 하였으리라고는 생각할 수 없다. 더구나 다양한 외교노선을 선택한 인사가 동일한 발상법으로 묶는 것은 그들간의 정책적인 차이를 설명하는 데 아무런 도움도 되지 않는다.

본서에서는 김윤식은 균세보다는 의리(義理)와 신(信)을 강조한다는 점에 착안하였다. 즉 외교 덕목으로서 의리와 신에 대한 분석을 통하여 고종이나 개화당의 외교노선과는 구별되는 김윤식만의 특징을 드러내 보려고 한다.

(1) 의리와 신

운양은 1885년 한 일본인으로부터 조선이 청국을 가까이하고 일본을 멀리하는 이유가 무엇이냐는 질문과 함께 시국에 대한 의견서를 받은 것 같다. 그는 다음과 같은 답장을 통하여 이에 답하고 있다.

귀국은 우리나라와 순치의 관계인데 지금은 더욱 절실합니다. 근간 왕래를 열었어도 정리가 아직 미약한 것은 소민들이 무지하고 의복과 언어가 달라 의심하고 두려워하기 때문입니다. 청국의 경우에는 왕래가 비교적 잦아서 눈과 귀에 익숙합니다. … 전대부터 사대의 예를 지켜왔으니 현 시국이 변하였지만 군이 전의 규칙을 바꾸지 않았습니다. 소민들도 청국은 우리를 비호하지 해를 끼치지는 않을 것으로 보고 있습니다. 다만 군자는 그렇지 않으니 청국을 배신

할 수는 없으나 외국과도 친하지 않을 수 없습니다. 외국과도 친하려고 하는데 교린의 관계(比隣世交)에 있는 귀국은 일러 무엇하겠습니까. 임오군란은 견문이 부족하여 일어난 것이고, 갑신정변은 견문이 지나친 데서 비롯한 것입니다. 과불급은 모두 중용이 아니니[不中] 변란은 민생을 괴롭힐 뿐입니다. 군자는 무적이며 오직 의(義)에 따를 뿐입니다. 저는 비록 군자가 아니지만 마음속에는 중국과 일본이라는 두 문자가 없으며, 오직 의의 소재만을 보고자 합니다. 의란 무엇입니까. 시조지의(時措之宜)를 이르는 것입니다. 항상 세간에서 내 마음을 헤아려주지 않는 것을 답답해하고 있습니다. 청국과 조금 가까우면 문득 청당으로 취급당합니다. 저는 웃으면서 이를 감내할 뿐입니다. 저는 일찍이 천진에 유하였기 때문에 천진 및 이곳에 주재하는 청국인들과의 교의가 자못 두터운 편입니다. … 이노우에 가꾸고로(井上角五郞)씨는 제가 존경하는 우인입니다. 그는 연소하지만 식견이 저보다 열 배는 뛰어나고 마음이 공평무애하여 막힘이 없어 저도 진심으로 그를 좋아합니다. 지금 보내주신 글을 읽어보니 패연하기 그지없으니 귀국에는 어찌 그리 영재가 많습니까. 저는 비록 늙고 쓸모없는 사람에 불과하지만 해내의 영웅준걸들과 교제하기를 원하고 있습니다.[60]

운양은 백성이 친청 배일하는 것은 무지하고 아직 익숙지 않아서라고 설명하고 나서 자신은 청당이라고 지목되고 있지만 단지 의(義)의 소재에 따라서 행동할 뿐이라고 해명하고 있다. 그런데 의가 무엇인지에 대해서는 단지 시의(時宜)라고 했을 뿐 더이상 구체적인 설명은 없다. 운양은 외국과의 교제에서 의리(義理)와 신(信)을 자주 강조하고 있는데, 그가 말하는 의리란 무엇인지를 좀더 검토해보기로 한다. 그는 면천 유배 당시 이방헌(李邦憲)이라는 자에 대한 답장에서 다음과 같이 의리를 설명한다.

의리(義理)란 수시수인(隨時隨人)이니 중용의 중을 지칭하는 것입니다. 군

60) 「答日本人栗林次彦書」(1885), 『金允植全集(下)』, 321면.

자는 궁(窮)하면 독선하고 달(達)하면 천하와 겸선하니 궁에는 궁의 중(中)이 있고 달에는 달의 중(中)이 있다고 하나, 독선은 군자가 바랄 것이 아니니 단지 부득이한 것일 뿐입니다.[61]

　이러한 의리관은 소중화론자들의 대명의리관이나 위정척사론과 매우 대조적인 것으로서 운양의 의리관에 따르면 소중화론이나 위정척사론은 군자가 취할 바가 아닌 독선에 불과한 것이 된다.[62] 이어서 그는 의리에 어긋난 예와 의리를 취한 예를 다음과 같이 들고 있다.

　송의 남천 초기에는 인심과 장병이 있어 이때를 다스리면 가히 떨치어 광복할 수 있었다. 따라서 주자는 일생의 대의를 회복에 두었던 것이다. 그런데 세월이 흘러 편안해지자 인재가 떨어져 자수(自守)로도 충분치 못하게 되었다. 그러나 재상 가사도(賈似道)는 도리어 척화의 뜻을 품어 나라의 망국을 재촉하였다. 우리나라 임진왜란시 군신이 쫓겨 다니고 두 능이 범해지는 굴욕을 당하였으니, 이는 가히 백세가 지나도 보복해야 하는 원수하고 할 만하다. 그러나 사태가 진정되고 난 후에 사계 김장생 선생은 화호를 권하였으니 의리(義理)가 한 가지를 고집하지 않는다는 것은 이와같은 것이다.[63]

위의 구체적 예를 보면 운양이 말하고자 하는 바를 이해할 수는 있으나, 의리라는 개념 자체의 자의성은 피할 수 없을 것 같다. 다만 운양의 의리론은 위정척사파의 명분론적 의리론과 달리 상당히 현실주의적인 것을 알 수 있다. 이는 그가 노론낙론계의 현실주의적 학풍 속에서 수양한데다가, 북학의 거두 박지원의 손자가 되는 박규수의 실학적 기풍을 고스란히 물려받았기 때문으로 보인다. 일찍이 북학파는 대명의리론의 명분론과 대조적으로 청과의 현실적 사대관계를 인정하는 면모를 보여준 바 있다. 청과의 사대관

---

61) 「答李生邦憲書」(1894), 『金允植全集(下)』, 353～55면.
62) 대명의리론과 소중화론에 대해서는 정옥자 『조선중화사상연구』(일지사 1998)를 참조.
63) 같은 책.

계를 인정한다는 것은 현실적 권력관계로서의 사대를 추인하는 것으로서 규범주의적 정치관에서 벗어나 권력정치적 현실에도 민감하게 반응하는 것을 의미한다. 아울러 운양은 중국의 전국시대와 곧잘 비유되었던 근대국제정치의 동습도 일정하게 영향을 주었을 것으로 짐작된다.

그러나 운양의 의리론이 규범주의적 속성에서 완전히 벗어나 있는 것은 아니다. 의리는 고정불변의 것이 아니라 변하는 것이라고 인정되었지만, 특정 시기에 취해야 할 의리는 오직 한 가지로서 가치정향적인 것이기 때문이다. 따라서 그의 의리론에는 규범주의와 권력정치 간의 긴장이 항상 잠복하여 있다고 할 것이다. 이러한 사정은 운양이 의리와 더불어 강조하는 신(信)이라는 덕목에서도 확인된다.

운양은 조선 대외정책의 준거로서 자주 신이라는 개념을 강조하고 있다. 그러나 권력정치의 현실 앞에 신을 강조하는 것은 한가한 발상이 아닌가 하는 의문이 생기는 것은 당연하다. 이러한 점에 착안하여 그의 신에 대한 강조가 세계에 대해서 신의를 물으려는 발상이며, 나아가서 패도를 행하는 구미열강에 대한 왕도론적 비판이라고 해석되기도 한다.[64] 이에 대하여 장인성은 "운양에게 있어서 신은 주관적 신념에 기반한 것이 아니고 대국 주도의 국제사회에 대한 객관적 측정에서 나온 것이다. 운양은 공법의 역할이 한정된 권력정치의 장에서 만국공법을 준수하는 것으로부터 소국의 자주를 유지하려 한 것이다"며 권력정치 비판논리로서 신을 제시하였다는 주장에 이의를 제기하고 있다. 신은 세계를 향한 도덕적 의지의 표명이 아니라, 소국이 취해야 하는 대외적 행동의 신중성을 의미한다는 것이다.[65] 조경달씨의 입장은 확실히 지나친 확대해석으로 보인다. 조경달씨가 운양이 세계를 향

---

64) 趙景達「朝鮮における大國主義と小國主義の相剋」,『朝鮮史研究會論文集』,『朝鮮史研究會論文集』No. 22, 東京: 綠陰書房 1985, 873~74면.

65) 張寅性「19世紀儒敎知識人にみる開國と普遍主義」(東京大學 博士學位論文 1995) 238~39면.

하여 '신의를 물으려고' 했다는 근거로 제시하는 허기광과의 필담을 보자.

김윤식(金允植): 최근의 사태를 보면 오로지 강약만이 있지 공법은 부재합니다. 그러나 소국의 자수지도(自守之道)는 오로지 공법을 근수(謹守)하여 타국에 신(信)을 잃지 않는 것이라고 하겠습니다.

허기광(許其光): 만국공법도 제국이 협의하여 정한 법이 아닙니다. 즉 시세를 참량한 것으로 육국 시의 합종연횡(合縱連橫)의 설과 같습니다. 가령 공맹으로 하여 다시 일어나게 하더라도 시세에 따라 제어하지 않을 수 없을 것입니다. 다만 판법(辦法)은 소진(蘇秦) 장의(張儀)보다 반드시 뛰어나겠지요.

…

허기광: 노나라는 춘추시에 가장 약소하였으나 제·진보다 오래갔습니다. 귀국도 편소하지만 오직 백성을 어루만지고 병농공상(兵農工商)에 힘쓰면 역년을 구가하는 데 지장이 없을 것입니다. 맹자가 등문공에게 백성과 더불어 자수하고 권선할 뿐이라고 하였으니, 나라를 지키는 도는 이것보다 나은 것이 없다고 하겠습니다.

김윤식: 맹자의 말씀도 어찌할 도리가 없어서 나온 것입니다. 비유컨대 영약한 사람도 근검절약하면 노년에는 강장(强狀)한 사람보다 부유해진다고 하는 이치는 분명 있습니다. 그러나 한풍에 처해서 어느 겨를에 서서히 기가 대두하기를 기다리겠습니까.[66]

앞의 문답만 보면 운양이 허기광의 시세론에 대하여 신의를 강조한 것처럼 보이지만 뒤 문답을 보면 거꾸로 허기광의 자수론(自守論)을 한가한 논의로 비판하고 있다. 운양이 신을 강조하는 맥락은 분명하다. "어찌할 도리가 없어서"이다. 춘추전국과 같은 시대를 맞이하여 부강하지 못한 것이 안타깝지만 소국으로서는 선택의 여지가 없다.

허기광과의 논란은 '노변(魯變)-제변(齊變)'과 '자치(自治)-자강(自强)'

---

66) 「與許束文談草略」(1882), 『陰晴史』, 79~80면.

논쟁으로 이어진다. 허기광은 조선을 도의 나라인 노나라에 비유하고, 서양을 갑자기 노나라로 변하기 시작한 제나라에 비유하였다. 이에 대하여 운양은 약해지기는 쉬우나 강해지기는 어려우니 제가 노로 변했다는 말은 들었어도 노가 제로 변했다는 말은 듣지 못했다며 조선의 문약을 탄식하였다. 다시 허기광이 제나라로 변할 이유가 없으니 문약은 꺼릴 것이 아니라고 하자, 운양은 최근 사태를 보면 강해도 믿을 수 없는데 하물며 약해서 믿을 수 있겠느냐며 보국을 위해서는 자강만이 있을 뿐이라고 반박하였다. 허기광이 자강을 구하지 말고 자치를 구해야 하며 청심과욕해야 한다고 하자, 청심과욕하여 자치하면 곧 자강하게 된다며 일본의 사례를 거론하기도 한다.[67]

훗날 운양이 성인의 도를 어찌 오늘날 적용할 수 없겠느냐며 도덕국가론을 펼쳤을 때도 그것은 반드시 도덕으로 서양을 제어할 수 있다는 국제정치에서의 도덕우위론에 근거했다기보다는 "기교한 것을 창조하여 서양의 기계를 제압하는 것은 성인의 능사가 아니기" 때문이었다.[68] 더구나 도가 떨어져 망한 나라로서 베트남, 미얀마, 유구의 사례를 제시하는 것은 신이 방어의 논리이지 비판의 논리가 아니라는 것을 증명한다.

운양이 신을 강조한 것은 이와같이 자강에는 한계가 있는 약소국 조선이 취해야 하는 불가피한 선택이었다. 사실 우방에 신의를 잃지 않아서 손해를 볼 이유는 없다. 그러면 운양이 우방에 신의를 잃지 않으려고 강조하는 것은 무엇인가. 물론 앞의 인용문에서도 제시되었듯이 일차적으로는 공법의 준수(謹守公法)가 중요하다. 그러나 단순히 법의 준수만으로 끝나는 문제는 아니다. 운양은 1883년 제야에 윤태준과 함께 고종을 알현하여 다음과 같이 주청하였다.

대저 신(信)이라는 것은 나라를 지키는 대보(大寶)입니다. 안으로는 백성에

---

67) 「向夕許束文來訪筆談(1882)」, 『陰晴史』, 157~58면.
68) 「宜田記述評語三十四則」(1891), 『續陰晴史(上)』, 156~57면.

게 신을 잃지 않고, 밖으로는 우방에게 신을 잃지 않는 것, 자강의 도는 이것 외에 다름 아닙니다. 오늘날 백 가지 법도가 이완되었으나 가장 병이 든 것은 무신입니다. 정령이 조변석개하고 사업은 문구에만 그쳐 한 가지도 실심실사 (實心實事)하는 것이 없습니다. 비단 백성만 불신하는 것이 아니라 각국도 대개 불신의 마음을 가지고 있습니다. 상선벌악(賞善罰惡)이 신의 요체입니다.[69]

여기서 신을 잃지 않으려고 강조하는 것은 정책의 일관성과 공식성이다. 국내정치든 국제정치든 정책이 조변석개해서는 불신하게 되어 어느 것 하나 도 관철되지 못한다는 것을 지적하는 것이다. 사실 조선의 대외정책은 균세 를 확보한다는 명분으로 끊임없는 밀약으로 점철되었다. 사태를 더욱 악화 시킨 것은 협의 채널의 일원화되지 않았다는 것이다. 공식적으로 정부가 있 음에도 왕실에 출입하는 수많은 별입시(別入侍)와 왕실에서 파견한 수많은 밀사로 말미암아 주변국들은 어느 것이 조선의 공식적인 입장인지 분간할 수가 없었으며, 결국에는 어느 것도 신뢰하지 않는 상황이 되어버린 것이 사 실이다.[70] 운양이 고종을 알현하여 "바라옵건대 전하께서는 오늘부터 사의 로 강제하지 마시고 공신의 도를 확립하시어 시행할 수 있는지 여부를 심사 한 연후에 명령하시고, 백성의 호악을 관찰한 연후에 지속 여부를 결정하시 기 바랍니다"[71]라고 진언한 것도 정책의 신뢰성을 확보하려면 일관성과 공 식성이 요구되기 때문이었다.

---

69) 「追補陰晴史」(1891), 『續陰晴史(下)』, 583면.
70) 러일간의 대립 와중에서 제기된 중립론이 관철되지 못한 이유 중 하나도 일본이나 러시아 어느 쪽도 그것을 믿지 않았기 때문이라고 한다. 森山茂德 『近代日韓關係詞研 究』(동경: 동경대학출판회 1987) 117~45면.
71) 「癸未除夕日進奏新年祝語」, 『金允植全集(下)』, 52면.

(2) 안민평화론

안민(安民)은 보국(保國)과 더불어 운양의 유교적 안보관의 표리를 이룬다. 의리와 신으로 보국하고, 안민으로 태평을 이룬다는 것이다. 의리와 신이라는 규범적 덕목으로 보국한다는 발상이 유교적인 만큼 진정으로 큰 평화(太平)는 안민에 있다는 발상도 대단히 유교적이라고 할 만하다. 운양의 안민평화론(安民平和論)은 1919년 3 · 1운동 당시 제출한 독립청원서에 잘 나타나 있다.

> 도는 시를 따르는 것이 귀하고, 정치는 안민(安民)에 목적이 있는 것입니다. 도가 시를 따르지 않으면 달도(達道)라고 할 수 없고, 정사가 안민을 이루지 못하면 선정이라고 할 수 없습니다. … 일본이 한국을 병합한 후 10년이 흘렀는데 다소의 개량이 있었다고는 해도 안민이라고는 말할 수 없습니다. … 맹자는 제선왕에게 "연나라 백성이 기뻐하면 이를 취하되 그렇지 않으면 취하지 말라"고 하였습니다. 제선공은 이렇게 하지 않았다가 끝내는 심히 후회하였습니다. 이는 족히 좋은 귀감이라고 하겠습니다. 대저 시의는 성인도 어긋날 수 없는 것이며, 천심의 향배는 백성에게서 나타나는 것입니다. 백성이 불안하고도 강토를 유지한 경우는 없습니다.[72]

위의 인용문에서 운양이 제선공의 사례를 거론한 것은 자못 의미심장하다. 일본은 조선을 전쟁 없이 "평화적으로" 병합하였다고 하지만, 백성이 불안하다면 평화라고 할 수 없다는 것이다. 나아가 백성이 불안하고도 강토를 유지한 적이 없다는 경고를 통하여 조선을 독립을 촉구하고 있다. 나아가 그는 안민의 뜻에 따라 조선을 독립시키면 단지 조선만의 평화가 아니라 동양의 평화가 도래할 것이라고 지적하였다. 운양은 검사의 예비심문에 그는 이

---

72) 「對日本長書」(1919), 『續陰晴史(下)』, 607~608면.

러한 논리로 답하고 있다.

> (그렇게 하면) 소요는 자연히 진정될 것이다. 이름은 비록 독립이라고 하나 귀국의 조선에서의 권리는 전과 동일할 것이다. 이로부터 동양의 정세는 견고해지며 화평(和平)의 복을 공향(共享)하게 될 것이니 이보다 더 좋은 계책이 있겠는가.[73]

전통 유교적 국제질서에서 국내정치와 국제정치는 엄밀히 구분되지 않는다. 사대체제는 단순히 국제정치 체제일 뿐 아니라 일국의 국내정치, 왕권의 계승에까지 미치는 정치체제 일반과 관계되어 있는 것이었다.[74] 천자국과 제후국의 관계는 사대자소의 예에 따라 책봉과 봉삭, 그리고 조공의 제도로 규율되었으며, 상하의 군신관계로서 정의되었다. 이는 국제정치가 사실상 국내정치의 연장이었다는 것을 의미한다. 이러한 질서에서 평화는 국제정치적 문제로 한정되는 것이 아니라 국내정치적 문제로 귀속된다. 말하자면 평화는 단지 나라간의 전쟁 없는 상태가 아니라, 백성이 안분자족할 수 있는 태평 상태를 의미하는 것이다. 운양은 일찍이 봉건제(封建制)의 장점을 논하면서 다음과 같이 지적하였다.

> 천하만국 치자의 10분의 2는 불초일 것이나 위로는 천자를 두려워하고 옆으로는 다른 제후들의 문책을 두려워하며, 아래로는 공족세가(公族世家)의 의거를 두려워하여 하고 싶은 대로 못하였다. … 옛날에는 천자제후 중 무도자(無道者)는 천하가 허락하지 않았으니 위에는 국란이 있어도 백성은 아래에서 편안(民安)하였다.[75]

---

73) 같은 책 500면.
74) 이용희 저·노재봉 편 『한국민족주의』(서문당 1977) 168면.
75) 「十二封建論」(1870), 『金允植全集(下)』 535~41면.

운양은 유교적 시대질서의 원형이라고 할 수 있는 주대 봉건제가 가지는 장점으로서 안민(安民)을 드는 것이다. 봉건제하에서의 천자, 제후국 간의 상호 간섭은 근대국제정치의 주권이라는 기준에서 보면 내정간섭이라고 할 지도 모르나 국내·국제를 막론하고 정치의 명분을 안민에 두었다는 점에서 대단히 유교적이라는 느낌이다.

일반적으로 유교적 평화사상으로서 주목되는 것은 소위 공자의 대동사상 이다. 공자는 대동(大同)의 세상과 소강(小康)의 세상을 구분하고, 대동의 세 상에서는 대도가 행해져 천하가 공공의 것이 되었으며, 대문을 잠그지 않아 도 편안하게 살 수 있었다고 하였다. 반면 소강의 세계에서는 대도가 행해지 지 않는 관계로 천하는 사유물이 되었고, 성곽을 쌓고 못을 파서 방비를 강 화했으며, 병혁도 이것에 따라 일어났다고 하였다.[76] 공자는 대동의 세상을 궁극적 평화상태로 인식하였던 것이다. 그는 소강에서 대동으로 나아가기 위한 길로서는 주례(周禮)와 그것의 실천인 정명(正名)이 필요하며, 더욱 근 본적으로는 수신을 통한 교화로 나아가야 한다고 보았다. 내면적 완성과 백 성의 교화를 통하여 대동이라는 궁극적 평화상태를 달성한다는 방법론은 가 히 유교적 평화론의 정수라고 할 만하다. 2장에서 살펴보았듯이 운양은 20 세기 들어 대동학설에 찬성하고, 대동교에도 참여하고 있다. 그의 안민평화 론은 백성이 안분자족할 수 있는 이상적 정치체제의 수립을 평화의 전제조 건으로 한다는 점에서 공자의 대동사상과 맥을 같이한다고 할 것이다.[77]

---

76) 권오돈 역해 「禮運 第九」, 『禮記』(홍신문화사 1982) 192~94면.
77) 대동사상과 안민평화론은 사회구조의 변화를 평화의 전제조건으로 한다는 점에서
    공화주의의 완성을 평화의 핵심 조건으로 제시하는 칸트의 영구평화론과도 유사한 점
    이 있다. Immanuel Kant, "Perpetual Peace」, *Kant's Political Writings,* ed. by Han
    Reiss (Cambridge: Cambridge University Press 1970) 93~130면.

4. 의리의 국제정치

(1) 친청과 친일: 의리의 소재와 변화

운양은 의리(義理)의 소재에 따를 뿐이라고 하였지만, 그가 영선사행에서 면천 유배까지의 기간에 친청정책을 취한 것은 부인할 수 없는 사실이다. 따라서 그는 당시의 기간에 의리가 청에 있다고 판단하였다고 할 수 있다. 그러면 당시 의리가 친청에 있다고 판단하게 된 이유는 무엇일까. 운양은 영선사행시 천진의 양무관료들에게서 연미(聯美), 친중국(親中國)의 책략을 적극적으로 권장받았다는 것인데, 친중국의 이익은 이렇게 설명된다. 즉 조선은 내치외교에서 자주이고, 중국이 굳이 간섭하지 않지만 외교에 어두운 관계로 중국이 방조하지 않으면 많은 과오가 있을 것이다. 따라서 양국이 한집처럼 친밀해져 계기가 있을 때마다 음으로 도우면 외국의 오만을 제어할 수 있을 것이라는 논리다.[78] 운양도 이러한 논리에 동조하여 소위 속방 조약에 찬성하였음은 물론이다. 이것을 그는 양득(兩得)의 논리로 옹호한 바 있다.

그러나 운양이 친중국의 책략에 동조하게 된 데에는 이러한 표면적인 논리 이외에 몇가지 현실적인 판단을 내렸던 것 같다. 첫째, 그는 중국의 힘에 대하여 신뢰하였다. 그는 영선사행시의 체험에 기초하여 중국의 거대함에 대해서 이렇게 말한다.

북경에 이르기까지 내가 보고 지나친 길은 대개 황량한 지역에 지나지 않았다. 그런데 단지 촌락이라고 하는 곳이 1만호, 3천호의 규모였다. 중국인들에게 들으니 남쪽에는 촌락이 수만호에 이르는 곳이 많다고 하였다. 또한 강소·복건·광동성 등은 행인들이 서로 어깨를 부딪칠 정도로 번성하다고 한다. 일본의 대도시와 성곽들은 중국의 일개 촌락에 지나지 않는다고 하는 말이 역시

---

78) 「天津奉使緣起」(1891), 『金允植全集(下)』, 513~14면.

과언은 아니었다. 서양인들이 말하기를 일본은 중국의 두 개 성에 해당하고, 조선은 일개 성에 해당한다고 한다. 이는 영토와 인구만 가지고 말하는 것인데, 인물과 재화에 있어서는 조선은 일본의 10분의 1 혹은 1백분의 1에 불과하다.[79)]

청은 국력에서 조선과는 아예 견줄 수조차 없을 정도로 거대한 국가였으며, 일본과 비교해도 수배에 해당하는 초대국이었던 것이다. 특히 재정규모로 볼 때 천진기기국 동국 한곳의 1년 예산이 은자 60만량인데 비해,[80)] 조선 중앙정부의 1년 예산이 수백만량에 지나지 않는 상황이고 보면,[81)] 청의 국력이 얼마나 크게 감지되었을지 짐작할 만하다. 어찌 되었건 청은 영국, 프랑스, 독일, 러시아 등 다수 구미 강대국과 전쟁을 치르면서도 명맥을 유지하는 동양의 힘의 실체였다. 적어도 청국이 청일전쟁에서 패배하고 무술정변을 거치면서 급격히 반식민지화의 길로 접어들기까지는 청의 국력을 무시

---

79) 『續陰晴史(上)』, 156면.
80) 남국(南局)의 경우는 동국(東局)의 절반가량이라고 한다. 그리고 천진 외에도 상하이, 복건, 광동 등지에도 기기국을 설치하고 있다고 한다. 『陰晴史』, 205면. 리홍짱은 운양에게 천진기기국의 예산규모를 인지하고 있는지, 그리고 조선의 재정능력으로 이를 감당할 수 있는지를 묻고, 운양이 도저히 불가하다고 답하자 소국의 설치로부터 시작하는 것이 옳다고 지적하였다. 사실 천진기기국 관료들은 처음부터 예산의 광대함을 들어 조선 학도 공장들의 유학에 대하여 부정적이었다. 예컨대 동국 총판 반준덕(호: 매원梅園)은 중국인들도 기계에 대해서는 아직 제대로 통달하지 못하고, 총포는 능히 만들 수 있으나 비용이 너무 들어 서양에서 구입하는 것만 못하다는 사정을 설명하면서 조선의 학도들이 배운다고 해도 무슨 소용이 있겠느냐는 의문을 제기하였다. 수전국(水電局) 총병 문서(호: 지헌芝軒)도 같은 지적을 하였다(같은 책 39면). 다만 포총탄과 화약, 어학 등은 유용할 것으로 인정하였다. 조선은 후일 이러한 것들을 중심으로 기기국의 축소판인 기기창과 양어학당인 동문학(同文學)을 설치하게 된다.
81) 리홍짱(李鴻章)과의 1차 필담시 조선의 예산에 대해 묻자 이렇게 답하였다. 또한 군대의 숫자에 대해서는 명부에는 3만여 명으로 되어 있으나 실제로 노인 등을 제외하면 그 중 30%에 불과하다고 하였다. 같은 책 27~28면.

하는 것은 상상하기 어려웠을 것이다.

둘째, 운양은 안남(베트남), 면전(미얀마), 유구 등 조선과 비슷한 규모의 나라들이 차례차례 강대국들의 식민지가 되는 현실에서 상당한 위기감을 느꼈다. 특히 그는 영선사행 기간중 유구의 사신이 상하이와 천진을 왕복하면서 읍소하는 상황을 접하였으며,[82] 안남은 그의 청 체류 기간중 수도가 프랑스에 함락당하는 상황이었다. 따라서 운양이 느낀 위기감은 상당하였을 것이다.[83] 상기 국가들이 망한 전철을 되풀이하지 않으려면 어느 한 강대국이 아니라(專仗一國), 복수의 국가들과 수교하여 만일 고립무원의 상황에 부닥치지 않도록 해야 한다는 것이 중요한 교훈이었다.[84] 또한 지정학적으로 견지에서, 일본과 러시아의 위협에 대응하기 위해서는 청과의 협력이 필수불가결해 보였다.[85] 나아가 중국과의 속방 관계를 청산할 것이 아니라 오히려 동맹에 견줄 수 있는 특수관계를 맺어 안보를 확보하는 것이 무엇보다 긴요한 것으로 인식되었던 것이다.[86]

---

82) 「與許束文談草略」(1882), 『陰晴史』, 79~80면.

83) 『陰晴史』, 139면.

84) 같은 곳.

85) 운양은 러시아와 일본을 '압린(狎隣)'으로 표현하고 있는데(「天津奉使緣起」, 『金允植全集(下)』, 513면), 일찍이 송과 고려의 위협세력이었던 계단(契丹) 역시 압린이라 한 바 있다. 당시 송은 고려와의 외교를 단절하고 척화를 주장하는 등 스스로 고립을 자초하여 망하였다는 것이 운양의 판단이었다. 따라서 청과 조선이 송의 전철을 밟지 않으려면 상호 긴밀한 관계를 유지해야 한다는 것이 논리적 귀결이었다. 앞서 인용한 소동파 비판의 글(「論高麗買書利害箚子」, 『金允植全集(下)』, 570~71면)과 가사도 비판의 글(「答李生邦憲書」, 『金允植全集(下)』, 353~55면) 참조.

86) 중국이 안남을 지원하고 싶어도 거리가 멀고 국외자라서 한계가 있다는 중국 관료의 언급은 운양의 친중국적 감성을 자극하기에 충분했을 것이다. 「唐景星來談草」(1882), 『陰晴史』, 125~27면. 또한 조선은 다른 나라들과 달리 중국과 수륙으로 연해 있어 동삼성(東三省)의 울타리가 되기 때문에 중국도 내복(內服)으로 간주하는 등 전략적 이해가 있다고 보았던 것이다. 「天津談草緣起」(1892), 『金允植全集(下)』, 513면. 운양이 속방 조약에 기꺼이 동조했던 것은 중국의 속방이라고 천명하고도 조선의 유사시에 도

셋째, 일본과 중국의 전쟁은 시간문제라고 생각하였다. 실제로 운양의 청국 체류 기간중 양무관료들은 수시로 일본과의 전쟁에 대해서 언급하였다. 리훙짱은 원·고려 연합군이 일본 정벌에 실패한 것을 알고 있느냐고 물어 역사적 추억을 자극하였다.[87] 기기국 총판 허기광은 술기운이라고는 하지만 조선의 대일감정을 탐문하고, 일본의 병력과 재력은 별것 아녀서 가히 정벌할 수 있다고 격하하는 한편, 만약 중국이 일본을 정벌하게 되면 조선이 동참할 수 있느냐고 묻기까지 하였다.[88] 또한 당시 중국신문 『신보(申報)』는 일본이 중국의 조공국인 유구를 멸한 죄를 물어 일본을 정벌해야 한다는 논지를 주창하고 있었다.[89] 한편 일본의 경우도 갑신정변시 청군에 밀려난 이후에 이에 대한 보복을 주장하는 여론이 거셌다.[90] 갑신정변 뒤처리를 위하여 이노우에(井上) 대사의 수원으로 따라온 이노우에 가꾸고로(井上角五郎)는 김윤식·김홍집과의 면담에서 일본은 장차 청국과 전쟁을 하게 될 것이므로, 조선은 피해보상에 조속히 합의하고 제3자로 물러나 있는 것이 좋을 것이라고 충고하였다고 한다.[91] 운양 역시 당시를 회고하면서 이미 일본과

외주지 않으면 천하인의 비웃음을 사게 되어 중국으로서는 불가불 지원하지 않을 수 없을 것이라는 판단에서였다. 「保城問答中議約諸條」(1882), 『陰晴史』, 57면.

87) 『陰晴史』, 30~31면.

88) 「與許束文談草略(1882)」, 『陰晴史』, 79면.

89) 같은 글 82면.

90) 갑신정변 직전 김옥균이 고종과 명성황후에게 보고한 내용은 당시 세간의 분위기가 청과 일본 간의 전쟁을 시간문제로 인식하고 있었음을 잘 보여준다. 다만 김옥균은 청불전쟁의 변수를 들어 일본이 승리할 것으로 보았다는 점이 김윤식과 다르다. "일본과 청국 간의 거사가 머지않아 있을 것 같습니다. 이때를 당하여 조선은 일본과 청국의 전쟁터가 될 것이 틀림없사오니 장차 무슨 계책으로 스스로 보전하겠습니까? … 일본과 청국 두 나라가 교전하면 최후 승패에 대하여는 미리 헤아릴 수 없습니다만 지금 일본과 프랑스가 합세하면 승산은 결코 일본에 있습니다." 金玉均 著·趙一文 譯註 『甲申日錄』(建國大學校出版部 1977) 71면.

91) 『井上角五郎先生傳』(東京: 井上角五郎先生傳記編纂會 昭和 十八年) 74면. 이노우에 가꾸고로는 본인의 바람이기도 하거니와 정말로 청과 전쟁하게 되리라고 생각하였던 것

의 우호를 단절하였으니 일본은 반드시 군대를 파견하여 중국과 전쟁하게 될 이치라서 도성이 전장이 될 것으로 보고 피난민이 줄을 이었으며, 고종 역시 크게 염려하였다고 기록하고 있다.[92] 이렇듯 청일 양국간 전쟁이 장차 피할 수 없고, 당시 청의 국력이 일본보다 여전히 우월한 상황이라고 한다면 운양이 친청정책으로 기운 것은 어찌 보면 당연한 일이었는지도 모른다.

운양은 면천 유배 이전의 기간중 분명히 친청노선을 걸고 있었다. 그러나 그는 자신은 청당이 아니라고 강변하였다. 다소 모순적으로 보이는 그의 논리를 재구성해보면 의리의 판단에 따라 친청(親淸)하는 것과 청에 모든 것을 위임하려는 청당(淸黨)은 다르다는 것이다. 더구나 의리는 고정의 것이 아니므로 논리상으로는 의의 소재가 변하면 친일할 수도 있다. 사실 그는 동 기간중 일본인들과도 적극적으로 교류하며 자신이 청당시되는 것을 불식하려고 하였다. 그래서인지 그는 일본에서도 호의적으로 평가되었다. 탁원(琢園)이라는 호로 불린 일본인 이노우에 가꾸고로(井上角五郎)는[93] 운양의 정치적 성향을 다음과 같이 평가하고 있다. "김윤식은 민씨 계열의 사람으로서 청국 정부의 신용 또한 매우 두터웠다. 그는 심정적으로 청국에 기울고 있었으나 그의 사촌형 김만식과 더불어 은밀히 조선왕조의 자주독립을 희망하고 있었다."[94] 김윤식은 본래 청국당의 일원이었으나 "전적으로 청국에 의존할 정도는 아니었다"는 것이다.[95] 또한 운양을 "자신의 이익을 돌보지 않고 국익을 위하여 일하는 사람"으로 극찬하고 있다.[96] 한러밀약 사건 후 일본 외

같다. 그러나 그의 판단은 빗나갔으며, 정부대신들의 입장은 신중론이었다.

92) 「追補陰晴史」(1891), 『續陰晴史(下)』, 574면.

93) 「琢園序」(1884), 『金允植全集(下)』, 133면. 이노우에 가꾸고로가 박문국에서 일할 때 민영익이 그가 기거하는 곳을 탁원(琢園)이라고 칭하고 운양에게 서(序)를 위촉하였는바, 이에 운양이 작성한 글이다.

94) 井上角五郎 『漢城之殘夢』(東京: 春陽堂 1891) 한상일 역 『서울에 남겨둔 꿈』(건대출판부 1993) 33면.

95) 같은 글 49면.

무경 이노우에 가오루(井上馨)는 리훙쨩에게 보낸 편지에서 김홍집, 어윤중과 더불어 김윤식의 중용을 권고하였다.[97] 물론 이는 대러시아 견제라는 측면에서 청과 공통의 이해가 있었기 때문이기도 하지만, 동시에 운양을 친청적 경향에도 왕실의 돌출적 행동을 견제할 수 있는 합리적 판단의 소유자로 보았기 때문이다. 운양이 일본에서도 호의적으로 평가되었다는 것은 그의 친청노선이 나름의 시세 판단에 기초한 것이라는 것에 대한 반증인 셈이다.

이렇듯 운양의 친청노선이 나름의 의리관, 즉 시세판단에 따른 것이라면 청일전쟁을 계기로 일본에 협력한 것도 반드시 느닷없는 일만은 아닐 것이다. 그런데 일본과의 협력에 의가 있다고 판단하게 된 이유는 단지 청일전쟁에서 승리한 일본의 국력 때문만은 아니었던 것 같다. 당시 조선의 조정은 동학농민전쟁으로 최대 위기에 봉착해 있었는데, 운양은 이를 해결하는 방식은 내정개혁밖에 없다고 보았다. 그는 당시 선무사(宣撫使)로 활동하고 있던 친우 어윤중에게 보낸 편지에서 다음과 같이 지적하고 있다.

인심을 감복시키는 데는 신(信)만한 것이 없습니다. 선유(宣諭)하고 난 후에 마땅히 조정으로부터 명령을 내어 기왕은 불문하되, 이후 사술로 민간을 선동하는 것은 죽음을 면치 못할 것이며, 기일을 정하여 다시 이를 어기는 자는 법에 의하여 다스린다고 하면 어찌 광명정대하지 않겠습니까. 지금 한편으로는 호생의 덕을 베풀고 다른 한편으로는 괴수를 체포하면 어찌 복종하지 않겠습니까. … 다만 걱정이 되는 것은 지금 민심이 흩어져 물처럼 번지고 있는데 조정은 신이 없고 탐학은 여전하니 백성이 울분을 풀 수 없을 것이라는 점입니다. 오직 혼탁함을 물리치고 청렴을 드높여 폐단을 없애는 것만이 민심을 만회하는 길일 것입니다. 그러나 당신께서는 이러한 권한이 없으니 헛되이 말로

---

96) 같은 글 69면.
97) 「日本公使榎本武揚鈔呈外務井上函」(光緖十一年五月二十三日), 『李文忠公全集』 譯署函稿 卷之十七. 리훙쨩이 고종에게 김홍집, 김윤식, 어윤중을 중용할 것을 요구한 서한은 「覆朝鮮國王」(光緖十一年六月初五日) 『李文忠公全集』 譯署函稿 卷之十七.

미봉하여 간신히 목전을 수습한다고 해도 어찌 족히 뒤처리를 감당하겠습니까."[98]

그는 일본의 내정간섭을 막으려고 교정청(矯正廳)의 내정개혁에 대해서도 부정적으로 평가하고 있다. 즉 "자주개혁으로 간섭을 피하고자 하나 상황에 몰려서 취하는 문구에 불과하니 어찌 난을 평정하겠는가"라는 인식이다.[99] 운양의 기록에 남아 있는 교정청의 '의정혁폐조건십이조(議政革弊條件十二條)'는 '갑오경장 자율론'[100]의 근거 사료로 흔히 제시되는 것이나, 정작 운양은 교정청, 동학, 오또리의 개혁안을 같이 기재하고 있으며, 교정청의 조치를 회의적으로 본다는 사실이 흥미롭다.

운양은 강화유수 임명통지를 받기 이틀 전 자신의 일기에 ① 일본공사 오또리(大鳥)의 내정개혁안, ② 동학의 건의안, ③ 교정청의 개혁안을 일련으로 상세히 기재하고 있는데, 그 자체로 좋은 비교가 되어 마치 세 가지를 비교하려는 의도적인 기록이라는 느낌이 든다.[101] 오또리의 것이 근대적이라는 느낌이 드는 반면 동학과 교정청의 것은 전통적 논리를 답습하고 있어 비교되는데, 이로써 운양은 일본의 지원을 받아서라도 내정개혁을 관철하는 것이 당시의 국난을 해결하는 길이라도 판단한 듯하다. 도성 내에 평양전투에서 일본이 승리했다는 방이 나붙자 분개한 백성이 이를 찢는 등 인심은 일본 편에 있지를 않았다.[102] 그러나 운양은 개혁에 의가 있다고 보았던 것이다. 의리는 수시수인(隨時隨人)이라고 했는데, 수시(隨時)와 수인(隨人)이

---

98) 「與宣撫都御使魚一齋允中別紙」(1893), 『金允植全集(下)』, 349∼51면.

99) 『續陰晴史(上)』, 320면.

100) 유영익 『갑오경장연구』(일조각 1990); 이광린 『한국사강좌: 근대편』(일조각 1984); 林哲 「朝鮮における近代的改革運動に關する一考察」, 『國際關係論硏究』 4권(東京: 東京大出版會 1973).

101) 『續陰晴史(上)』, 320∼26면.

102) 같은 책 337면.

분리되는 곤란한 상황에 부닥쳐 그는 시(時)를 선택하고 있다. 이후 운양의 대일 협력에는 일본관의 전환도 한몫 하는데 이에 대해서는 후술한다.

(2) 일본관의 전환

1) 초기의 일본관: 왜양일체

운양의 초기 일본관은 상당히 부정적인 편이었다. 그는 일본인의 기질에 대하여 "부녀와 같아서 멀리하기도 가까이하기도 어렵다"라고 폄하하면서 신뢰할 수 없는 대상으로 인식하고 있다.[103] 또한 "우리나라 속담에 호랑이가 없는 굴에 너구리가 호랑이 행세를 한다는 말이 있는데, 일본을 두고 하는 말입니다"라고 한다든지,[104] "최근 일본은 중국을 경시하면서 겉으로는 조선과의 정리를 돈독히 하는 듯하나, 실제로는 동양의 대권을 장악하여 중국의 위에 군림하려고 하고 있습니다"라고 하여 일본의 성장을 못마땅해하는 발언을 하고 있다.[105] 이는 기본적으로 청국관료의 비위를 맞춰주기 위한 발언으로 보이지만, 일본에 대한 경계심이 상당하였음을 반증한다. 심지어 일본 정벌을 언급하는 청국관료의 실언에 대해서도 "일본을 성토하려고 하면 유구 병합을 명분으로 죄를 물어야겠지요"라고 장단을 맞추어줄 정도였다.[106] 이는 유구 병합과 대만 정벌에 이어지는 일본의 대외 진출에 대한 공포감이 있었기 때문이었다. 그가 임오군란의 소식을 접하여 일본의 책동이 우려된다며 청병의 신속한 파병을 요청한 것도 이러한 인식에서였다.

특히 운양은 메이지유신에 대하여 비판적으로 인식하고 있는데 기본적 논리에서는 위정척사론의 왜양일체(倭洋一體) 관념과 크게 다른 것이 아니었다. 천진군기소 총판 유향림과의 다음과 같은 필담은 운양의 메이지유신관

---

103) 「海關道談草」(1882), 『陰晴史』, 65면.
104) 「十八日周玉山談草」(1882), 『陰晴史』, 74면.
105) 「與許束文談草略」(1882), 『陰晴史』, 79면.
106) 같은 글 81면.

을 잘 보여준다.

　유향림(劉薌林): 일본 왕의 문제라고 한다면 서양화가 너무 지나치다는 것
입니다. 사업을 용맹하게 추진하고 힘써 백성을 교화 진작하는 정치는 가히 취
할 수 있습니다. 그러나 단점은 버리고 장점만을 취하는 것이 옳으니 의관정삭
(衣冠正朔)은 고치지 않는 것이 좋았을 것입니다.

　김윤식(金允植): 일본인들은 변신을 잘하는 것 같습니다. 일본의 문풍은 원
래 우리나라 남쪽 지방의 유림에서 유래하였습니다. 이후 중화의 서적을 구매
하여 문학지사도 많이 출현하였습니다. 그런데 서양의 풍을 듣고는 돌연 서양
화하였습니다. 가히 문명에서 다시 야만의 상태로 돌아가는 것이라고 하겠습
니다(下喬木而入幽谷).

　유향림: 일본 내지에는 아직 변신하지 않는 자들도 많다고 합니다. 장래 일
본 왕이 실각한다고 하면 이 때문일 것입니다.

　김윤식: 단지 법제와 의관정삭만을 바꾼 것이 아니라 문자도 제거하였다고
하는데, 일본도 동방문명의 구역에 속하니 반드시 유림들의 반발이 있을 것입
니다. 비록 부강하다고 말하나 민화(民和)를 얻었다고는 할 수 없을 것입니
다.[107]

　메이지유신이 중국의 양무운동과 같이 서양의 장기만을 취한 것이 아니라
모든 것을 서양화하였다는 논리이다. 전술했듯이 이는 쇄국론자들의 왜양일
체관과 하등의 차이가 없는 인식이다. 그는 나아가 일본인들이 "눈과 코를
같게 하지 못하는 것을 한탄하고 있다"는 희화적 표현으로 메이지유신을 조
롱하고 있다.[108] 그러나 이러한 비난의 이면에는 일본의 변신에 대한 안타까
움이 있다. 그는 일본이 메이지유신을 통하여 완전히 서양화되기 전까지는
동방문명권의 일원이었다고 보고 있기 때문이다. 운양은 그러한 안타까움을

---

107) 「與劉薌林談草(1882)」, 『陰晴史』, 95~96면.
108) 「與許束文談草略(1882)」, 『陰晴史』, 79면.

허기광과의 필담에서는 다음과 같이 표현하고 있다.

과거 백년 이래 자못 문풍을 숭상하였으나 오늘날에는 문자(文字)를 없애고 양문(洋文)만을 학습하니 이는 진나라의 정치가 다시 부활한 것이라고 하겠습니다. 동양 산천에 신이 있다면 이같은 일을 좋아할 리가 있겠습니까.[109]

이러한 동질감은 일본의 주자학이 조선에서 전파되었다는 인식에 기초하고 있다. 그는 임진왜란시 포로로 끌려가서 일본에 조선의 성리학을 전파한 강항(姜沆)에 대해서도 소상하게 인지하고 있다.[110] 운양은 서양이나 청국 관료들이 일본을 지나치게 폄하하는 데 대해서는 일본을 동양문명권의 일원으로서 포용하는 자세를 보여주기도 한다. 운양과의 필담에서 유향림은 서양인들은 일본인을 원숭이라고 한다고 언급하였다. 이에 대하여 운양은 일본인이 서양에서 모욕당하는 것에 대한 연민을 다음과 같이 표현하고 있다.

일본인이 다른 사람의 것을 잘 배우는 것은 진실로 서양인들의 말과 같습니다. 그러나 만약 의관과 정삭을 바꾸지 않았다면 어찌 모욕을 당하는 데까지 이르렀겠습니까. 일본인들이 모욕을 당하는 것도 역시 동양의 수치라고 하겠습니다.[111]

요컨대 운양의 메이지유신에 대한 비판은 전통을 버렸다는 것과 민심을

---

109) 같은 글 79면.
110) 운양은 지도 유배시 금계집(錦溪集)과 죽제집(竹齊集)을 읽었다면서 이를 계기로 강항(姜沆)에 대해서도 언급하고 있다. 금계(錦溪)는 일본군에 체포된 후 그의 의절에 감복한 일인들에 의해 명나라 사신에게 보내져 명나라에서 유학한 후 환국하였으며, 죽제(竹齊)는 강항과 더불어 일본에 체류하다가 9년 만에 환국하였다고 한다. 『續陰晴史(下)』, 13~16면.
111) 「與劉薌林談草(1882)」, 『陰晴史』, 95~96면.

얻지 못했다는 것에 집중되어 있으며, 부강 자체에 대해서는 인정하는 것으로 보인다. 이는 청국 관료들이 일본의 부강 자체를 무시하는 것과 좋은 대조를 보인다.[112] 예컨대 기기국총판 허기광이 자강의 폐를 논하며 자치에 힘쓸 것을 충고하자, 폐해가 노정되지 않은 자강의 사례로서 일본을 거론하고 있을 정도이다. "최근 일본은 자강을 추진하였는데 그 중심은 비록 비어 있지만 상하가 근검절약[節省]하고 백성을 부유하게 하는 것을 위주로 하여 나아가고 있습니다."[113]

이러한 운양의 초기 일본관은 일본이 문자를 버렸다는 등 잘못된 정보를 바탕으로 형성되어 있었다. 당시 그는 일본을 가본 적이 없었을 뿐만 아니라 일본인과 접촉할 기회도 없었다. 따라서 그가 외교관료로서 본격적으로 일본인의 실력자들과 접촉하게 되면 불가불 바뀔 수밖에 없는 운명이었다고 하겠다. 특히 갑오경장에의 참여가 그의 일본관 전환에 중요한 계기였다는 것은 전술한 바와 같다. 이후 청이 무술정변을 전후로 하여 급속히 반식민지의 길로 접어들고, 반대로 일본이 동양의 새로운 강자로서 부상하면서 운양의 일본관 변화는 가속화된다.

2) 러일전쟁과 일본관의 전환

운양은 유배지에 있으면서도 경성의 친지들과 연락하면서 주변 정세의 변화에 촉각을 곤두세우고 있었다. 그는 청이 독일에는 교주만, 러시아에는 여순구와 대련만을 조차당하고, 러시아군이 봉천을 점령하는 등 분할의 지경에 처한 반면 일본은 영, 독, 미 등과 연합하여 러시아 견제에 나서는 상황

---

112) 예컨대 군기소총판 유향림은 "일본이 부유하다고 하나 국채가 천만이나 됩니다. 강하다고 하나 수도의 병사를 제외하면 보잘 것 없습니다. 소위 부강이라는 것도 스스로 뽐내어 칭하는 것일 뿐입니다"라고 일본의 부강이 사상누각이라는 태도를 보이고 있다. 같은 글 96면.
113) 「向夕許束文來訪筆談(1882)」, 『陰晴史』, 158면.

을 목도하게 된다.[114] 그는 일본 전 총리 이또오 히로부미의 방한 소식에 접하여 "을미년 청일전쟁 후 입약할 적에 조선을 위하여 독립자주권을 세운 자"라고 기재하고 있다.[115] 또한 그의 조선, 청 순방에 대하여 "이또오의 이번 유람은 오로지 동양삼국의 연화단결의 취지라서 구주인들이 매우 꺼리고 있다고 한다"고 기록하고 있다.[116] 비록 인용의 형식이기는 하지만 별도의 반론을 펴지 않는 것은 수긍의 의미라고 하겠다.

청이 무술정변 이후 서태후가 권력을 장악하면서 친러정책으로 기운 것은 운양에게 다소 충격으로 받아들여진 것 같다. 황실의 안녕과 수구를 위하여 러시아의 보호국을 자처하는 행위는 결코 의리라고 할 수 없었기 때문이다. "도적과 다를 바 없는" 의화단의 난에 따라 동양의 대국 청은 거의 무정부 상태인 것으로 평가되었다. 운양은 한국을 넘겨줄 테니 만주에 간섭하지 말라, 또는 한국을 양국이 분할하자는 러시아의 대일 제의를 보고 경악하는바, 자세한 내막은 자치하고라도 이를 거절한 일본에 호감이 가는 것은 당연하였는지도 모른다.[117] 그리하여 마침내 "최근 동양의 대세가 기울어 서양에 대항하여 동양을 보존하고자 하는 뜻을 가지고 있는 것은 일본 일국뿐이다"는 동양의 보존자로서의 일본이라는 인식에까지 이르는 것이다.[118]

그는 제주도 유배시 일본 순사부장 후루야(古屋貞藏)의 내방을 받는 자리에서 일본의 재정 상황과 민관관계에 대하여 묻는다. 이에 대하여 후루야는 불요불급한 지출은 모두 정지하여 군비는 오히려 여유가 있는 편이며, 민관 간에는 불화도 있었지만 지금은 일심이라고 답하였다. 운양은 이를 일심을 위하여 주전(主戰)을 택하고 있다는 의미로 받아들이고 있다.[119] 일찍이 청

---

114) 『續陰晴史(上)』, 473~74면.
115) 같은 책 489면.
116) 같은 책 491면.
117) 같은 책 531, 537면.
118) 같은 책 552면.

국 관료들과 함께 일본의 국력을 평가하였을 때 청 관료들은 주로 일본 재정의 불안정을, 운양은 민관불화를 문제점으로 지적한 바 있다. 이제 일본의 재정상태와 민관관계가 건전하다는 정보에 접하여 일본관이 긍정적으로 전환하는 것은 당연하였는지도 모른다. 러일전쟁은 그의 일본관 전환의 극적인 계기가 된다. 러일전쟁은 일본이 서양의 비도덕국가 대항해서 싸우는 '정의의 전쟁'으로 묘사되고 있다. 그는 미국인들인 러일전쟁을 '세계공전(世界公戰)'이라고 한다는 보도를 인용하면서 "러시아의 패배를 바라지 않는 사람이 없으며 모두 다투어 일본을 돕고 있다. 이 전쟁은 가히 세계 초유의 의전(義戰)이라고 할 만하다"[120]고 평가하였다.

일본의 부흥은 심지어 우주의 운세이기도 한 것으로 받아들여진다. 그는 한반도 서해의 청어가 자취를 감춘 이후 동해와 남해에서 청어가 대풍인 상황을 일본 부흥의 징조라고 지적한다. "서해 청어가 쇠멸한 이후 갑자기 동해 청어가 증가하여 거의 옛날 서해 청어와 비등한 상황이다. … 통영 대구어 역시 풍성한데 통영 역시 일본해와 통하니 일본 홍왕의 징조에 감응한다고 하겠다.[121] 일본인의 기질에 대한 평가도 바뀌었다. 그는 상무 관계로 지도에 온 아다찌(足立寬吉)와 대화하고 난 후 "연소한데도 우내 형세를 능히 의론한다. 일본은 모든 사람이 이러하니 가히 경탄스럽다"[122]는 소감을 피력하고 있다. 일본인은 더이상 "부녀자와 같은" 존재가 아니었다.

(3) 러시아관: 의리의 부재

일찍이 황쭌셴(黃遵憲)의 『조선책략(朝鮮策略)』이 조선에 소개된 이래 한

---

119) 같은 책 584면.
120) 같은 책 81면.
121) 같은 책 74면.
122) 같은 책 7면.

동안 러시아는 두려움의 대상이었으나[123] 갑신정변을 전후한 시기부터 태동한 친러세력은 1, 2차 한러밀약사건에 따른 반발과 청·일 양국의 적극적인 견제, 갑오경장시의 부침에도 불구하고 끈질기게 이어져 아관파천에 이르고 있으며, 러일전쟁에서 러시아의 패배로 친러세력이 완전히 일소되기 전까지 견고하게 정치세력의 한 축을 형성하고 있었다. 그리고 그 중심에 고종과 명성황후 등 왕실이 있다. 왕실의 친러 경향이 집요한 만큼이나 운양의 대러 견제도 일관성이 있다. 그는 독특한 의리론에 기대어 청 또는 일본과의 협력을 넘나드는 가운데도 러시아에 대해서만큼은 한 번도 경계심을 늦춘 적이 없다. 이는 친러는 의리가 아니라는 그의 확고한 신념에 따른 것이다.

먼저 면천 유배 이전까지의 기간에는 '조선책략적' 인식의 연장선에서 러시아를 경계하였다. 즉 러시아의 팽창주의적 속성에 대한 확신에서 대러 견제의 입장을 취했던 것이다. 물론 비교적 공평하고 재화가 풍부하여 영토에 대한 욕심이 없는 것으로 인식되었던 미국을 제외하면 구미제국은 대부분 동양에 대한 침투 의도가 있다고 보았다. 그러나 지정학적 견지에서 보았을 때 가장 경계의 대상이 되는 것은 러시아와 일본이었다. 러시아는 부동항의 확보를 위해 일본은 대륙 진출의 교두보로서 조선반도가 긴요하다는 것은 상식에 속하는 문제였다. 러시아와 일본이 고려시대의 계단(契丹)처럼 '압린(狎隣)'으로 표현되고 있다는 것은 우연이 아니다. 특히 그중에서도 러시아는 조선과 영토를 마주하고 있어 유사시에는 즉시 실력을 행사할 수 있기 때문에 전통적인 해방(海防)의 전략도 유명무실해지는 위협적인 존재였다. 운양이 영선사행시 중국과의 북도호시(北道互市)를 혁파해서라도 러시아에 육로통상의 명분을 주지 않으려고 했던 사실은 러시아의 영향력 확대에 대한 공포심을 잘 보여준다.[124] 당시 러시아와의 접경지역에서는 조선인들이

---

123) 예외적으로 위정척사론자들은 오히려 그 허구성을 설파하였다. 「嶺南萬人疏」, 『承政院日記』(高宗 18年 2月 26日). 영남만인소의 원초안은 『日本外交文書』 第14券, 373~75면.

연해주로 월경하여 경작하는 일이 증가하고, 이에 대해 러시아는 자치의 제도로 우대하여 정착을 도와주는 등 인구유출현상이 심각하였던 것 같다.[125] 따라서 이러한 러시아의 영향력이 남쪽으로 흘러들어 오지 않으리라고 보장할 수는 없는 상황이었다.

러시아의 남하에 대한 의구심에 따라 운양은 어윤중과 상의하여 조중응을 러시아에 밀파하여 동정을 살피기까지 하였다.[126] 그러나 1884년 조러통상수호조약의 체결 이후 형성되기 시작한 친러세력은 갑신정변 전후 청일 대립의 불안한 정세를 계기로 급속히 성장하였으며, 러시아는 특히 별입시(別入侍)를 통하여 왕실의 환심을 사는 데 성공하였다.[127] 1차 한러밀약사건의 발발은 이러한 친러 경향의 성장에 힘입은 것이었다. 당시 외무독판으로 있던 김윤식이 이에 반발한 것은 당연하였으며, 그는 외무아문의 승인을 받지 않았다는 근거를 내세워 밀약의 무효를 관철하였다. 이로 말미암아 그는 민

---

124) 『陰晴史』, 131면. 문의관 어윤중의 임무는 북도호시 혁파와 북경에 상주사절을 설치하는 것이었다. 운양에 따르면 북도호시 혁파는 표면적으로는 중국 상민들의 체류비용을 민간이 부담하는 폐를 시정하기 위한 것이었지만, 내심으로는 러시아의 육로통상 요구를 피하기 위한 것이었다고 한다. 그래서인지 운양은 주옥산(周玉山)이 기왕 러시아와 통상하는 이상 육로통상을 굳이 피할 이유는 없으며, 북도호시 역시 혁파할 이유가 없다고 하자 북도호시 혁파는 본디 러시아의 육로통상 요구를 회피하기 위한 졸렬한 계책이었으니 무리할 이유는 없다고 후퇴하고 있다. 「海關署口談節錄」(1882), 『陰晴史』, 162면.

125) 井上角五郞(1891), 67면. 당시 연해주에 이주한 조선인 수는 무려 10만명에 이르는데, 조선정부는 필사적으로 이를 막았으나 실패하였다는 것이다. 인구의 유출은 중국 쪽으로도 마찬가지였다. 운양은 길림 이주민들의 중국 귀화문제가 외교 현안으로 제기되자 매우 난처해하고 있다. 『陰晴史』, 154면.

126) 조중응은 만주, 외몽고, 바이칼호, 퉁스크 등을 3년간 자유롭게 시찰하기로 되어 있었다. 그런데 3개월 만에 갑신정변의 소식을 듣고 급거 귀국『북행록(北行錄)』이라는 국방의견서를 고종에게 제출하였다고 한다. 細井肇, 앞의 책 34~41면.

127) 당시 러시아측의 별입시로는 김유원과 김학우가 출입하고 있었다고 한다. 井上角五郞(1891), 43면. 또한 웨베르 공사의 부인이 끊임없이 왕궁을 출입하여 명성황후와 친밀한 관계를 맺었다고 한다. 같은 책 67면.

씨당의 미움을 받아 탄핵당했고 위안스카이의 필사적인 비호로 복직하였는데, 그가 외무독판직을 떠난 사이 다시 2차 한러밀약사건이 발발하였음은 2장에서 살펴본 바와 같다.

면천 유배까지의 운양의 대러 견제가 주로 조선책략적 발상에 입각해 있었다면 갑오경장 이후에는 러시아의 팽창주의에 대한 경계에 덧붙여 개혁의 의에도 어긋나는 것으로 인식한다는 것이 특징이라고 할 것이다. 러시아는 이미 갑신정변 직후에도 군권의 침해에 대한 불만과[128] 신변 불안전의 공포를 가지고 있던 왕실을 자극하여 한러밀약을 추진하였지만, 갑오경장의 기간중에는 그 강도를 한층 높일 수 있었던 것으로 보인다. 주지하듯이 갑오경장은 국정의 고질적인 폐해로 지적되는 왕실의 정치간여를 금하고 왕실과 정부재정을 분리하는 등 군권 제한의 개혁조치들을 실행하였는데, 이에 대한 고종의 분노는 극에 달하여 "왕은 무용지물이니 대신들끼리 공화정치를 하라"고 격분하는 지경에 이르렀다. 여기에 러시아가 개입할 여지가 생길 수 있었던 것이다. 박영효와 구대신들 간 내각의 내분과 이노우에 공사의 입장전환을 계기로 왕실은 대대적인 반격에 나서 내각의 파괴에 착수하였다.[129]

---

128) 갑신정변 직후 발표된 국왕의 윤음은 마치 반성문과 같았다. 김윤식이 작성한 이 윤음에서는 국왕은 자수에만 힘쓸 것이며, 국정은 재상들 중심으로 운영할 것이라고 천명하고 있다. 이는 별입시 등을 통한 자의적인 정치와 척족 중심의 등용이 갑신정변을 초래하였으며, 근대적 개혁정책이 성공하려면 국왕의 자의적인 정치를 막고 정부 중심의 공적 통치행위가 필요하다는 운양의 인식에 기반을 둔 것이었다. 「常參綸音」(1885), 『金允植全集』, 82~83면. 그러나 김홍집, 김윤식, 어윤중 등 중립파 대신들이 권력을 장악한 것은 잠시뿐으로 국왕은 다시 척족세력을 중용하는 방향으로 나아가며, 그 와중에 한러밀약사건이 터지게 되는 것이다.

129) 왕실은 탁지부(度支部)의 재원 중에 눈에 띄는 것은 왕실 소유의 재산으로 만들었다. 둔전, 역전, 홍삼 등에서 징수되는 세금들은 전부 왕실 재산으로 만들고 조폐사업도 궁중에서 관장하려고 하였다. 또한 궁중은 관리 임면의 실권을 장악하여 유길준을 의주 관찰사로 좌천시켰다. 신군대에 대한 파괴에도 착수하여 일본 장교가 훈련한 8백명의 훈련대에 대한 해산 논의가 제기되었다.

박영효가 모반 혐의로 실각하여 도주한 이후 운양은 스기무라(杉村濬) 서기관을 찾아와 다음과 같이 말하였다고 한다. "궁중과 러시아 공사관이 이미 굳게 결탁해 있어 떼려야 뗄 수 없는 상황이다. 따라서 이노우에 공사가 조선을 떠나는 날에는 어떤 이변이 발생할지 예측할 수 없다."[130] 스기무라의 회고에 따르면 당시 러시아가 조선의 군권을 보호해주는 대신에 함경도의 한 항구를 러시아에 빌려주는 밀약을 맺었다는 소문이 파다했다고 한다.[131] 이러한 상황에 부닥쳐 운양은 왕비가 권세를 회복하는 데 열망한 나머지 강대국에 아부하여 땅을 나누어주며, 나라가 망하는 것도 신경 쓰지 않는다며 탄식했다고 한다.[132] 물론 스기무라 회고록의 신빙성은 논란의 여지가 있다. 하지만 적어도 운양의 입장에서는 러시아가 왕실을 자극하여 세력 확장을 꾀하고 있으며, 개혁의 의에 반한다고 판단하였을 것이다.

그런데 흥미로운 점은 수구세력이 친러의 입장을 취하는 것은 비단 조선뿐만 아니라 청도 마찬가지였다는 사실이다. 운양은 이를 예리하게 간파하고 있다. 운양은 청의 무술정변 소식을 다음과 같이 일기에 기록하고 있다.

　광서제가 구제도를 개혁하려 하자 만주 척신들이 반발하여 청정은 황제당과 태후당으로 나뉘어 대결하였다고 한다. … 서태후가 정권을 잡아 개화당 인사 10여 인이 유배되거나 처형되었는데, 리훙짱도 태후당에 붙었다고 한다.

130) 杉村濬 『在韓苦心錄, 1894~1895』(東京: 勇喜社 1932) 한상일 역 『서울에 남겨둔 꿈』(건국대학교출판부 1993) 218면.
131) 같은 책 226면. 당시 러시아 공사는 궁내고문 리젠드르를 통하여 다음과 같은 의견을 왕실에 전했다고 한다. 1. 민씨와 일본은 양립할 수 없다. 2. 조선과 일본 사이에는 대해가 있는 것에 반하여 러시아는 땅을 접하고 있는바, 지형상으로도 조선은 러시아와 친해야 한다. 3. 러시아는 세계의 최강국으로서 일본과는 비교할 수도 없는바, 최근 삼국간섭을 통한 요동반환이 이를 입증한다. 4. 러시아는 조선의 독립을 지지하고 내정간섭도 즐기지 않으며, 전제군주국가이기 때문에 조선의 군권을 충분히 보호할 수 있다. 같은 책 226면.
132) 같은 책 234면.

황제가 일본·영국과 연합하여 러시아를 견제하려 하자 태후당은 러시아에 붙어 개화당을 제압하여 신식제도를 막고 구제도를 복고시켰다. 이는 사적 압제에 편하게 하려는 것이다. … 때를 틈타 각국의 이권 요구가 분출, 중국은 분할의 지경에 놓였다."[133]

운양은 중국의 사태를 보면서 당연히 조선과의 유사성에 주목하였을 것이다. 나아가 서태후가 러시아의 보호국을 꾀하고 있다는 소식을 접하면서는 명성황후의 행태를 떠올렸을 것이다.[134] 가히 운양의 흉중에는 '친러=수구=망국'이라는 등식이 성립할 만하였던 것이다. 리훙짱에 대한 운양의 평가가 예찬에서 동정으로 전락한 이유도 리훙짱이 만년에 친러를 통하여 안녕을 구했기 때문이다.[135] 또한 의병장 유인석의 행적에 대한 언급도 주목할 만하다. 운양은 을미의병장 유인석이 제천향교에 보낸 통문에 "모 대국에게 지원을 구하여 국내에 진공할 것"이라는 내용이 있는 것을 적시하면서 그 모 대국은 곧 러시아인데 비록 망령되기는 하나, 압록강 연안의 비적들과 러시아가 음성적으로 지원할 우려가 없지 않다고 지적하고 있다.[136]

---

133) 『續陰晴史(上)』, 495~96면.

134) 같은 책 500면.

135) 운양은 리훙짱의 서거에 즈음하여 리훙짱은 사해에 이름이 높은 동양의 위인이다. 그러나 만년에는 노모하여 시국이 위급한 것을 보고, 러시아에 의지하여 안녕을 구하여 사람들의 비방을 받아 만절부종이라고 일컬어지니 애석하다는 소감을 피력하고 있다. 『續陰晴史(上)』, 611면. 이러한 동정론은 "당금의 시무를 아는 자는 리훙짱만한 사람이 없다"라고 하는 존경심과는 매우 대조적이다. 「時務說, 送陸生鍾倫遊天津」(1892), 『金允植全集(下)』, 20면.

136) 『續陰晴史(上)』, 545~46면. 이러한 일련의 상황을 고려하면 동아시아에는 부국강병의 하나의 모델로서 '러시아 모델'이 존재하였던 것이 아닌가 하는 생각을 하게 된다. 즉 전제군주제를 유지하면서도 부강해질 수 있는 하나의 전범으로서 러시아의 사례를 상정할 수 있었다는 것이다. 그리고 이러한 모델은 군권의 유지를 원하는 청정이나 조선 왕실에는 대단히 매력적인 것으로 받아들여졌을 것이다. 주지하듯이 청 황실은 전통적 정교체제는 고수한 채 서양의 장기만을 받아들이려고 한 양무운동 추진중에는 러시아와

한편 러일전쟁은 친러는 의리가 아니라는 운양의 인식을 더욱 강화하는 계기가 된다. 의리 판단의 근거는 다시 국제정세로 이동한다.

북경 인민들은 영일동맹설을 듣고서 이로써 러시아의 어육이 되는 것을 면하여 재생할 수 있게 되었다고 뛸 듯이 기뻐한다고 한다. 러시아가 동양에서 인심을 잃은 것이 이와같다.[137]

운양의 논리에 따르면 의리란 시의와 인정을 따르는 것인데 인심을 잃은 나라에 의리가 있을 리는 만무하다고 하겠다. 러일전쟁은 친러가 의리가 아니라는 것을 최종적으로 확인해주었을 뿐만 아니라 그의 일본관과 동양관 나아가서 전쟁관에도 상당한 영향을 준 것 같다. 물론 신문의 보도를 추인하는 방식이지만, 그는 일본을 서양의 비도덕국가 대항해서 싸우는 동양의 마지막 전사로서 그 전쟁을 '정의의 전쟁'으로 기술하고 있다.

미국 워싱턴 사람들은 모두 이 전쟁을 세계공전(世界公戰)이라고 하는데, 민간에서 모금한 기부금이 이미 1천3백만원이라고 한다. 영국민들의 기부금은 1억여 만원이고, 해외 청국 상인들의 기부금도 많으며, 우리나라 경성 상인들도 40만원을 기부했다고 한다. … 러시아는 구주의 전제군치(專制君治) 국가로서 정사가 부패하고, 남의 토지를 탐하는 성질이 대대로 불변하여 만국의 원수가 되었다. 러시아의 패배를 바라지 않는 사람이 없어 일본을 도우니, 이 전

대립하였다. 그런데 청일전쟁 패배로 상징되는 양무운동의 실패 후 거센 변법의 요구에 대항하여 친러로 돌아섰다는 사실은 러시아 모델에서 대안을 찾으려 한 것이 아닌가 한다. 또한 조선 왕실이 집요하리만치 친러정책에 집착한 것도 청·일 양국을 견제하기 위한 균세의 차원만은 아니고, 러시아를 모델로 상정하고 있었기 때문인지 모른다. 또한 중국의 입헌주의자들이 러일전쟁을 입헌군주제와 전제군주제의 대결이라고 하면서 일본의 승리를 입헌군주제 우수성이 입증된 것으로 선전하였다는 사실도 이러한 가설을 뒷받침한다.

137) 『續陰晴史(下)』, 8면.

쟁은 가히 세계 초유의 의전(義戰)이라고 할 만하다. 비단 동양을 진동할 뿐만 아니라 그 광영은 전 지구를 비춘다.[138]

(4) 망국과 의리

운양의 독특한 의리관은 그의 변신을 합리화해줄 수 있는 매우 유용한 논리였다고 하겠으나 망국의 상황에 부닥치게 되면서부터는 분열의 운명에 처하고 만다. 일본의 보호국이 된 상황에서의 의리, 더욱이 식민지가 된 상황에서의 의리는 과연 무엇이었을까.[139] 그러한 상황에서 시의와 인정을 따르고 중용을 취한다는 것은 어떤 것인가. 더욱이 그의 의리관은 출사를 전제로 한다. 그는 출사하지 않는 것을 의리로 간주하는 사람들의 편협성을 비판하였다. 의리가 맞지 않으면 떠나는 것으로 족한 것이 아니라 다른 나라에 가서라도 출사하는 것을 꿈꾼다고 하였다. 하나의 명분을 고수하는 것이 아니라 시의에 적절하게 대응하는 것이 의리라고 하였다.

국호와 종묘사직이 온존한 보호국의 상황에서는 선택의 여지가 그래도 있었다. 한편으로는 출사하면서 다른 한편으로는 국민의 실력을 배양하기 위한 애국계몽운동에 일조하였던 것이 운양의 대안이었다. 그러나 근대적 의미에서 식민지가 된다는 것은 『춘추(春秋)』를 아무리 뒤져봐도 전례가 없는 상황이었다. 그것은 종족 내에서의 단순한 왕조의 교체가 아니었다. 원이나 청처럼 이민족의 왕조가 들어섰으나 스스로 동화되어 중국이 되어버린 경우와도 달랐다. "속방이지만 내치외교는 자주"였던 전통적 사대관계와도 달랐

---

138) 같은 책 81면.
139) 위정척사 계열의 대답은 상대적으로 분명하였다. 의가 맞지 않으면 떠나서 명분을 지키는 것이 의리이기 때문이다. 유인석이 제시한 길에 따르면 의병을 일으켜 싸우거나(擧義掃淸), 떠나서 구제도를 지키거나(去之守舊), 죽음으로써 뜻을 이루는 것이다(致命遂志). 금장태 『한국유학사의 이해』(민족문화사 1994) 216면.

다. 근대적 의미의 망국의 상황에서(근대 민족국가체제에서만 발생하는 망국이라는 의미에서) 그의 의리론은 붕괴하였다.

10여 년 후 그는 한국의 독립을 허용하는 것이 시의(時宜)라는 논리로 일본을 설득하고 있으나, 이 경우 의리 판단의 주체는 더이상 조선이 아니라 일본이었다. 의리의 판단은 출사자만이 할 수 있다. 따라서 그는 조선 민족의 대표로서 하는 독립선언의 형식이 아니라 경학원이라는 일본 조정에의 출사자 입장으로 하는 독립청원의 방식을 택한다. 그러나 자신의 존재에서 유리되는 의리는 이미 분열적이다. 그는 관직과 작위의 박탈 후에도 조선의 독립에 의리가 있다고 주장하지만, 그것은 이미 의리라기보다는 민족주의라는 명분의 체계였다.

운양의 의리론이 완전히 분열하는 것은 경술국치 이후지만 보호국의 상황에서도 종종 분명한 지침을 줄 수 없는 무용의 덕목이 되고 만다. 그는 의병운동에 대해서는 무익하다고 말한다. 망국을 재촉할 뿐이기 때문이라는 이유에서다. 위안스카이에게 지원을 요청하는 상소를 보내는 행위에 대해서도 도무지 시세를 모르는 우견(迂見)이라고 일축할 수 있었다.[140] 그러나 헤이그특사사건에 대해서는 이중적인 시각을 보인다. 비록 사태의 진전에 무익하지만(無益於事), 아국의 형세를 만국에 폭로하여, 뜻하는 바는 이루었다는 것이다.[141] 안중근의 이또오 히로부미 저격사건에 대한 평가 역시 매우 이중적이다.

이또오의 이번 행차는 러시아 대장대신과 만나 만주사를 상의하고 장차 북경에 가서는 입헌 고문의 역할을 하려는 것이었으니, 대개 동양에 큰 관계가 있는 일이었는데 이번 변을 당하였다. 이또오는 일본 메이지유신의 공신으로서 세계적으로 저명한 인물이다. 큰 별이 홀연히 떨어지니 산하가 진동한다.

---

140) 『續陰晴史(下)』, 169면.
141) 같은 책 211면.

범인은 누구인지 모르겠으나, 역시 필시 애국자이니 죽음을 두려워하지 않는 자이다.[142]

사실 이또오의 사망을 접한 운양은 우선 우려가 앞섰을 것이다. 이로 말미암아 경술국치가 더욱 가속화될 것이기 때문이었다. 운양은 일본의 대한 정책에는 병탄파, 보호파, 동맹파의 3파가 있고,[143] 이또오는 보호론자임을 주지하고 있었다. 따라서 이로 말미암아 병탄파의 발언이 거세질 것으로 우려하지 않을 수 없었을 것이다.[144] 그런데 원래 운양의 의리론에 따르면 화를 자초하는 행동은 동기와는 상관없이 어리석은 것으로 격하되는 것이 원칙이다. 그러나 그는 안중근 역시 애국자라고 인정하고 있다. 비록 무익한 것일지는 몰라도 애국적 동기는 인정한다는 것 자체가 그의 의리론이 흔들린다는 증거이다. 아무리 도를 닦아 하학상달하고 시의통달해도 분명히 판단할 수 없는 상황에 직면하고 만 것이다.

5. 동양대국론

(1) 만주공화국: 동양의 유토피아

운양은 1901년 3월 제주도 유배시 『황성신문(皇城新聞)』의 만주공화국

---

142) 같은 책 306면.

143) 같은 책 174면.

144) 실제로 이또오 히로부미는 대한 보호정책으로 인해 야마가타(山縣), 테라우찌(寺內) 등 강경파에게 비난받아 곤경에 처해 있었다. 그는 운양이 있는 자리에서도 자신은 진심으로 조선을 위해 고심하는데 원망만 사니 한탄스럽다고 말하곤 하였다. 『續陰晴史(下)』, 258면.

기사를 접한다. 그는 이 기사의 전문을 일기에 기재할 정도로 상당한 관심을 표명하고 있다. 또한 1906년 5월에도 『황성신문』에 기재된 「은연성국일편 (隱然成局一篇)」이라는 기사가 지난번의 것과 상당히 유사한 것을 발견하고 이를 정리·기록하고 있다. 1901년의 기사는 『황성신문』이 러시아 신문을 인용하여 보도한 것이며, 1906년의 것도 『황성신문』의 기사인데 일본 신문에 근거한 듯하다.[145]

---

145) 1901년 기사: 우연히 한 가지 신기한 소문을 들었다. 『황성신문』에 게재된 「만주공화국」이라는 제목의 기사는 러시아 한 신문을 인용 보도하고 있는데, 내용은 다음과 같다. 만주에 한 공화국이 있는데 채금자(採金者)의 동맹단체로 성립하였다고 한다. 20여년 전 북만주에 세루사가(世繻斯加)라는 나라가 있었는데, 청에 멸망하였으며 현존하는 것은 자비고(茲比皐)라는 공화국으로서 50년 전에 건국되었다. 당시 청 정부가 이를 완전히 보호하지 못함으로써 채굴자들은 단체를 조직하고 통령을 뽑아 자위하였다. 19세기 중반에는 인구가 1만 명 정도였는데, 조주파오(操周巴伍)라는 인물이 통령이 된 이후 급속히 세력이 확장되어 송화강 상류 일대에까지 미치게 되었다. 송화강 상류의 허다한 평원에는 조주파오가 선임한 수령들을 두어 다스렸다. 백성의 재판권은 막료들에게 부여하였지만 사형선고는 조주파오가 직접 인가하였다. 관하 광부들이 채금한 금은 중앙행정청에서 수납하여 세금을 취하였는데, 광부에게는 금가에 상당하는 화폐나 인지로 보상하였다. 농부의 지세는 가볍게 하였고 상인과 제조업자에게도 상당하는 세금을 수납하였다. 군대는 정병 1병대를 두었는데, 각 지방은 청년병을 훈련하여 유사시에는 일정 규모의 정예병을 출전시킬 의무가 있다고 한다. 청일전쟁시에는 손자 자리돈구(茲犁敦玖)를 파견하여 3대의 정병으로 청국을 지원하였다. 조주파오의 덕망은 사방에 미쳤으니 청국 관리의 압제를 받는 농민들이 있으면 반드시 병사를 파견하여 압제자로 하여금 정치를 개혁하게 하였다. 지금 조주파오의 권한은 손자 자리돈구에게 전수되었는데, 조부와 마찬가지로 덕망의 정치가이며 명장이라고 한다. 바야흐로 러시아가 그 지역에 침입하자 힘을 다해 반항하고 있다고 한다. 『續陰晴史(上)』, 551~52면.

1906년 기사: 『皇城新聞』 4월 1일자에 「隱然成局一篇」이라는 기사가 실렸는데, 내용은 이러하다. 압록강 상류에 청국에도 한국에도 속하지 않는 반독립의 왕국이 있다. 동서로는 24~25리, 남북으로는 약 31리의 고원국가다. 인구는 5만여 명으로 여자보다 남자가 많다. 애초에는 무뢰한의 집단으로서 규율있는 마적과 같았다고 한다. 청국과 한국의 강도, 살인 범죄자들이 이 나라에 들어갔는데 이후 온순해져 폭행하지 않고 법률과 명령을 잘 지킨다고 한다. 사금(砂金)과 세금(洗金)을 업으로 삼으며 가죽제품을 만들어 천진, 봉천, 길림 등에 수출하기도 한다. 일용품은 안동, 봉천 등지에서 수입한다. 치외

지금의 싯점에서 보면 러시아와 일본이 각기 만주를 경략하려고 사전 정지작업 차원에서 중국에 속하지 않는 독립국가의 존재를 부각시키고, 이를 근거로 자신의 세를 확대하려는 의도로 조작한 것이라는 느낌을 준다. 1940년대 괴뢰국 만주국의 탄생에 훨씬 앞서 이러한 기사가 출현하였다는 것은 매우 흥미로운 사실이며, 동 기사들의 제작 경위와 러시아 일본의 전략은 한번 검토해볼 만한 가치가 있어 보인다. 그러나 더욱 관심을 끄는 것은 이러한 기사를 접한 운양의 반응이다. 당시 운양은 이를 어떻게 받아들였으며 이를 보고 무슨 생각을 했을까.

양 기사에 등장하는 나라들은 각기 공화국과 군주국이라는 별도의 정체를 하고 있는데, 통치자의 덕망, 실속있는 경제활동과 적절한 세금제도, 정련된 군대 등 모든 면에서 모범국이라는 것이 특징이다. 또한 인구 수만, 영토 수백 제곱미터의 소국에 불과하지만 청과 러시아라는 대국의 사이에서도 독립, 반독립의 상태를 유지하고 있다. 청국 황제와 책봉관계에 있고 길림장군에게도 조공하고 있지만 실질적으로는 주권을 행사하는 자주국이다. 러시아가 일시 정복하였지만, 통치를 포기하고 퇴각한 점에서도 엿보이듯이 힘으로는 복속할 수 없는 소강국이기도 하다.

법권국과 같아서 청, 한 양국이 손을 뻗치지 못하고 있다. 지금의 왕은 한둥거(韓壐擧)라고 하며 정부조직이 있어서 주권을 행사한다. 매 가정에 총기와 말이 있으나 약탈하는 법은 없다. 만약 외지인이 경계를 침범하면 거절하여 쫓아내는데 러시아가 일차 정벌하였으나 통솔하지 못하여 퇴거하였다고 한다. 이 나라와 청국과의 관계는 몽고왕의 청국과의 관계와 같다. 청국은 그 왕에게 황포를 하사하여 일국의 왕으로 인정하였다. 청일전쟁시 청국을 지원하여 봉천에 1만명의 병사를 파견하였으며 이에 황포를 하사받았다고 한다. 해마다 공물을 길림장군에게 증정한다고 한다. 신축년 정월의 『황성신문(皇城新聞)』에 게재된 만주공화국이라는 제목의 기사가 이와 대략 비슷하다. 다만 먼저 기사는 조주파오와 손자 자리돈구가 세습하여 통령이 되었다고 했는데, 이번 기사는 왕명이 한둥거(韓壐擧)라고 하여 다르다. 그러나 지난번 기사는 러시아의 탐보에서 나온 것이고 이번 것은 일본인의 탐보에서 나온 것이니 이상할 것도 없다. 먼저의 기사는 신축년 정월의 「음청사」에 상세히 기록하였다. 『續陰晴史(下)』, 179면.

이는 일찍이 춘추시대 제(齊), 진(晉)의 대국(大國)에 비하면 상대적으로 소국이었으나 모범적인 정교에 힘입어 가장 오래 존속했던 도덕국가 노(魯)의 모습이다. 더 나아가서는 당우삼대의 이미지에 닿을 수 있는 유교적 이상 국가의 계보에 속한다. 유교의 이상국가는 만승(萬乘)의 대국이 아니라 천승(千乘)의 소국이다. 덕치의 이념을 실행하려면 오히려 적정의 규모가 요구되는지도 모른다. 제나라에서 법가가 노나라에서 유가가 꽃핀 것도 우연이 아닐 것이다.

이러한 나라의 모습은 비록 규모의 차이는 있지만 강대국 모델의 체념 이후 운양이 지향해온 모범국가, 도덕국가의 모습과 크게 다르지 않다. 운양은 만주공화국 기사를 읽은 소감을 다음과 같이 피력하고 있다.

최근 동양의 대세가 이미 기울어져 일점 기색이 없고 서양에 대항하여 동양을 보존하고자 하는 것은 일본 일국뿐인데 손뼉도 마주쳐야 소리가 나는 법이다. 지금 이 기록을 보니 진실 여부는 알 수 없어도 정말로 그런 나라가 있고 그런 인물이 있다면 동양의 일점 생기(生氣)이니 어찌 행운이라 아니할 것인가.[146]

운양이 만주공화국을 동양의 일점 생기(生氣)라고 한 것은 이 나라가 실질적으로 러시아를 위시한 구미열강에 맞서 싸울 수 있는 국력을 가지고 있다고 보았기 때문은 아닐 것이다. 인구 5만여 명의 도시국가가 행사할 수 있는 국력의 한계는 말할 것도 없다. 운양이 약소국으로 자인하는 대한제국조차 인구 2천만의 적지 않은 규모였다. 운양이 착목하고자 한 것은 이 나라가 가지는 도덕성과 모범성이었을 것이다. 그러한 도덕성과 모범성이 동양 각국에 전파되어 동양의 부흥을 가져오고, 나아가서는 서양 국가들도 덕화시킬 수 있기를 기대한 것이라고 하겠다. 또한 일본 혼자 고군분투하는 상황에

---

146) 『續陰晴史(上)』, 551~52면.

서 만주공화국이 동양의 일점 생기가 될 수 있다는 사고는 동양공동체 의식의 발로에 불과하다. 그는 작지만 강한 모범국가의 발견을 계기로 동양연대의 지평이 확보되기를 기대하는 것이다.

(2) 동양삼국 동맹론

운양의 일본에 대한 적극적인 평가는 어디까지나 실력에 대한 것이지 도덕성에 관한 것은 아니었다. 일본의 '대러 항전'에 도덕적 가치를 부여한다고 해도 그것은 일본이 도덕국가이기 때문이 아니라 러시아가 동양을 차지하려는 비도덕국가라고 보았기 때문이었다. 그는 러시아에 맞서 싸우는 일본의 역할을 인정하면서도 일본의 침략성에 대한 경계는 늦추지 않고 있었다. 그는 러일전쟁이 시작되기 전 "만주의 청국인들이 러시아에 학대당하고 있지만, 장차 일본이 조선을 대하는 것이 러시아인보다 더욱 흉포할지 모른다"며 일본의 조선침략을 우려하고 있다.[147] 이러한 우려가 현실화되어 일본이 본격적인 조선의 속국화에 나서자 그는 조선이 유구와 다를 바 없게 되었다며 탄식한다.[148] 당시 일본의 조선 침탈 상황을 접하여 그는 "전국 각지가 일본인 천지이고 우리 백성을 학대하고 있다. 이게 도대체 무슨 세계인지 알 수가 없다."[149] 그리하여 마침내 을사늑약이 체결되어 "삼천리강토가 남의 것이 되고 황실이 있어도 허명인" 보호국이 되자 자포자기적인 심정에 빠지고 마는 것이다. 일본은 동양을 지켜냈지만 이제 동양의 압제자가 되어 동양을 도탄에 빠트리는 존재가 되었다. 이런 정세에 처하여 그는 동양삼국 동맹론에 관심을 두게 된다.

운양은 러일전쟁이 끝나고 미국 포츠머스에서 강화조약이 진행되고 있을

---

147) 같은 책 608면.
148) 같은 책 113면.
149) 같은 책 134~35면.

무렵 문인 라철에게서 편지 한 통을 받는다. 사실상 운양의 문인들이라고 할 수 있는 라철, 이기, 윤주찬, 오기호 등이 연서하여 정부에 상소를 올렸다는 것이다. 상소의 요지는 이번의 러일강화의 조건은 우리나라에도 큰 관계가 있으니, 마땅히 관원을 미국에 파견하여 듣고 강판해야 한다는 것이었다. 정부가 이에 응하지 않자 라철 등은 개인 자격으로 미국에 가기로 하였으나, 모두 빈한한 관계로 수를 내지 못하고 있었다. 마침 강진 사람 김형석이 경비를 지급하기로 하였으나, 이번에는 일본공사가 조회를 해주지 않았다고 한다. 그래서 부득이 토오꾜오에 가서 강화담판의 판결을 탐문하기로 하였다는 것이다.[150]

한 달여 후 운양은 『황성신문(皇城新聞)』에 다음과 같은 기사가 실린 것을 보게 된다. 라철과 오기호가 토오꾜오에서 일본정부와 각 대관 그리고 국시를 주도하는 유명 인사들에게 장서를 올렸다는 것이다. 장서는 한국의 독립이 동양의 대국에 관련되어 있음을 설명하고, 일본의 처사가 전후의 뜻이 다르며 기대하던 것과 크게 어긋난다는 취지였다. 또한 장서의 말미에 6개조의 청원을 덧붙였는데 1. 일본, 한국, 청국이 연합동맹하여 동양대국(東洋大局)을 영구히 보전할 것, 1. 한국의 독립주권을 보전하여 의정서 제3조의 취지를 실천할 것, 1. 주한공관의 공사 이하의 관리들은 공정 청렴하고 한국 관료들과 친면이 없는 자들을 파견하여 의정서 제1조의 취지를 실천할 것, 1. 한국정부에 권고하여 간신 모리배를 축출하는 한편 현량을 추천하여 정치를 쇄신하고 국민의 의혹과 원망을 사지 않도록 할 것, 1. 일본에 입국한 한국인 중 소위 운동 및 소개의 잡배들을 즉시 축출하여 양국간의 사적 통로를 차단하여 양국 교제사를 중시할 것, 1. 한국에 거류하는 일본인이 법을 위반하거나 사적 영리를 추구하는 것을 엄금하여 한국민들이 편안하게 업에 종사하도록 할 것 등이라고 하였다.[151]

---

150) 『續陰晴史(下)』, 148면.

이는 명백한 동양삼국 동맹론이다. 문제는 라철 등의 주장과 실천을 운양의 사상과 동일시할 수 있느냐는 것이다. 운양의 문집과 일기문에는 이를 입증할 수 있는 기록이 남아 있지 않다. 그러나 2장에서 자세히 검토하였듯이 상기 인물들과 운양과의 밀접한 관계로 보아 운양의 입장으로 보아도 무방하지 않을까 한다. 동양삼국 동맹론은 당시 대한자강회를 중심으로 주창되었으며, 일본에도 동조하는 세력이 일부 있었다. 운양은 특히 대한자강회 고문 오오가끼 다께오(大垣丈夫)의 활동에 주목하고 있다.[152] 라철 등이 일본에서 한국 독립과 삼국동맹을 요구하는 장서를 올린 것도 이러한 일부 동조세력의 지원을 기대했기 때문일 것이다. 동양삼국 동맹론은 동양삼국의 독립에 기초한 연대를 모색한다는 점에서 막연한 아시아연대론과는 다르다고 할 것이다.

(3) 동종동문론과 반동화주의

운양은 지도 유배에서 풀려난 후 1907년 7월 9년 반 만에 한성에 복귀한다. 그는 제도국총재, 중추원 의장 등 명예성 공직을 수행하는 한편 홍사단, 기호학회, 강구회 등 사회단체의 장으로서 활발한 애국계몽운동을 전개한다. 운양은 속국의 비애를 실력 양성을 통한 미래에의 기약으로 달랬다.

동궁문후관 자격으로서의 일본 방문(1908. 7. 15~9. 6)은 생애 최초의 일본

---

151) 같은 책 152~53면. 라철 일행은 이후 귀국할 여비가 없어 수개월간 토오꾜오에 체류하였으며 연말에야 겨우 돌아올 수 있었다. 같은 책 170면.
152) 그는 대한자강회 고문 오오가끼 다께오(大垣丈夫)의 활동에 대한 소감을 이렇게 말하고 있다. "다께오(大垣)는 지사이다. 일본에는 동맹파, 보호파, 병탄파의 세파가 있는데 다께오(大垣)는 동맹파로서 토오꾜오에 대한문제연구회를 설립하여 회장이 되고 자기 정부에 동맹을 권고하였다. 사태가 여의치 않자 그는 경성에 와서 조선인을 개발하여 조선의 국권회복을 꾀하고 일본인의 조선인 학대를 금지시키며, 조선인을 동포처럼 대하니 정말 기이한 사람이다." 같은 책 174면.

방문으로서 그의 일본관과 동양관에 적지 않은 영향을 주었던 것으로 보인다.[153] 그는 이또오 히로부미와 동행하여 도일한 다음 동궁 문후와 천황 예방 등의 공식적인 일정을 소화한 이후에는 대부분 시간을 이또오 히로부미의 사위 스에마쯔와 함께 시회와 유람을 즐기는 데 소비하였다.[154] 운양은 일본을 돌아보면서 근대화의 성과에도 놀랐을 것이나, 동양적 전통이 보존되는 사실이 더욱 인상 깊었을 것이다. 특히 일본이 "문자를 버리고 양문만을 학습"한다는 초기의 선입견과는 정반대로 한자를 혼용하는 국어정책을 취하고 있었다. 또한 한학이 존중되는 가운데 그 수준도 의외로 높았던 것이다.[155] 운양은 조선에서도 문장으로 이름이 높았던 편이었다. 따라서 일본인들이 앞을 다투어 그와의 교류를 청했을 것은 능히 짐작할 수 있는 일이다. 시회로 연속된 일정만큼이나 운양의 방일은 한자를 동양문화의 공통적 코드로서 인식하는 계기가 되었을 것이다. 아울러 귀국 후 더욱 거세진 '구서(求

153) 그는 당시 일본 방문중 기록을 『동사일기(東槎日記)』라고 하여 『음청사(陰晴史)』와는 별도로 기록하였는데 안타깝게도 전해지지 않는다. 따라서 일본 체류시 그의 행적은 일본 신문들의 기사와 『음청사(陰晴史)』의 전후 맥락을 통하여 추정해볼 수밖에 없다.
154) 운양은 시회를 상당히 좋아하였다. 흥이 동하면 다른 사람들이 날씨가 좋지 않다고 만류해도 다른 사람들을 독촉하여 유람에 나설 정도로 그는 이를 즐겼다. 그러고 보면 일본의 운양 접대는 최선이었던 셈이다. 스에마쯔 외에 동경제국박물관총장 마타노(股野琢, 호: 남전藍田), 문인 모리(森槐南) 등이 시회에 참석하였다. 『續陰晴史(下)』, 263, 298면. 한편 시첩인 『芝城山館納凉唱和集』 『芝城山館輕妙唱和集』은 합본 편집되어 운양에게 3백부가 우송되었다. 『續陰晴史(下)』, 269면.
155) 운양은 이제 메이지유신이라는 근대화의 결과, 신학문뿐만 아니라 전통적 한학과 문장도 꽃피는 것으로 사고하고 있다. "유신 이래 인물이 쌓이니 천지를 묘사하는 것만으로도 자연히 빛이 난다. 산또리(三島) 공의 비판(碑版) 문장 역시 보통의 묘비에 비할 바가 아니다. 공은 이미 몸소 이때를 겪었으니 지금은 노년이 되었어도 끓어오르는 소리로 국가의 흥성을 울리고 있다. 문인이 이와같은 때를 당하면 유감이 없는 법이다." 「書三島中洲第四集後」(미상, 식민지시대), 『雲養續集(下)』, 32면. 일찍이 운양은 통감부의 촉탁으로 산또리(三島)의 제자인 치바(千葉昌胤)를 규장각 주사로 쓴 적이 있다. 『續陰晴史(下)』, 297~98면. 또한 산또리의 문하인인 스나가(須永元)의 방문을 두 차례 받는다. 같은 책 389, 483면.

書)' 공세는 이러한 인식을 더욱 강화했을 것이다.[156] 운양은 이러한 판단에 기초하여 합방 이후 박규수의 동생 박선수가 저술한 『설문해자익징(說文解字翼徵)』의 출판을 의욕적으로 추진하였던 것이다.[157] 요컨대 운양의 방일은 동양을 재발견하는 계기가 되었다.[158]

일본 방문시 확보한 동양이라는 공간은 합방 후 운양의 도피처가 된다. 망국대부의 조국은 동양이 되었다. 합방이라는 망국의 현실은 운양처럼 출사와 현실참여를 중시하는 인물에게는 무척이나 괴로운 상황이었다. 무언가 의미있는 현실참여가 필요했으나, 식민지 정권에 출사할 수는 없는 일이었다. 그가 끝까지 중추원 부의장직만큼은 거절하였던 것도 그러한 사정이었다. 반면 고사 끝에 경학원장을 수락할 수 있었던 것은 그것이 동양과 학문의 영역이었기 때문일 것이다. 그는 일본에 출사한 것이 아니라 동양에 출사(出仕)한 것이다.

일찍이 운양은 신구학 논쟁에서 신학을 옹호하는 입장이었다. 그러나 이제 일본의 식민지가 된 상황에서 더이상 신학을 주창할 절박성은 없어졌다. 거꾸로 구학인 유학 전통의 보존이야말로 미래의 독립을 기약하며 민족의 정체성을 고수하는 길이라고 보았는지도 모른다. 다만 구학의 명칭은 동양학으로 대체되었다. 그는 일본인 교사 모로하시(諸橋轍次)의 내방 필담 후 그를 평하기를 "동양학술을 좋아하여 가히 같이 대화할 수 있는 자이다"라

---

156) 같은 책 425, 470~71면.

157) 『說文解字翼徵』은 김윤식의 주선과 테라우찌(寺內) 총독의 재정적 지원으로 1912년 출판되었다. 자세한 경과는 본서 3장 2절 참조.

158) 방일 이전에도 운양은 상당수 일본인과 시와 문장을 주고받는 등 일본이 나름대로 동양적 전통을 보전하고 있다는 것은 인지하고 있었다. 일찍이 이노우에 가꾸고로와의 교류도 있었거니와 이또오 자체가 한시를 즐기는 인물이었다. 조선의 정부 관리들은 통감 이또오와 함께 자주 시회를 가지곤 하였다. 또한 이또오는 조선의 유림들을 설복하기 위하여 종종 유학적 언술을 늘어놓곤 하였다. 예컨대 대동학회에서 "공맹의 도는 무실역행에 있지 언사의 겉치레에 있지 않다"는 요지로 연설하였다고 한다. 이를 기록하는 것으로 보아 이에 대한 운양의 인상은 깊었던 것 같다. 『續陰晴史(下)』, 233면.

고 하여 유학을 '동양학'이라고 표현하였다.[159] 『설문해자익징(說文解字翼徵)』에 대해서도 "동양 설문가(說文家)의 절학" "동양의 뛰어난 문자"이라고 하여 동양학의 범주로 분류하고 있다.[160]

운양과 일본 지인들은 무수히 많지만 가장 빈번히 교류한 일본의 동양학술 동호인으로서는 스에마쯔, 아베(阿部充家), 이마제끼(今關壽麿) 등을 들 수 있다. 스에마쯔는 이또오의 사위로서 일찍이 갑오경장시 사이온지(西園寺) 대사의 일행으로서 조선을 방문하여 운양과 대면한 바가 있었다.[161] 당시 짧은 일정에도 자주 방문한 것으로 보아 운양에게 업무 외적 관심을 두고 있었던 것으로 보인다. 그는 운양이 생애 처음으로 일본을 방문하였을 때 접대역을 맡아 각종 시회를 주관하는 등 돈독한 우의를 다졌다. 그는 합방 이후에도 운양에게 자주 시함을 보내 평을 구하고, 서신을 왕래하였다.[162] 특히 운양의 학사원상 수상을 강력히 추천하였던 것 같다.[163]

아베(阿部, 호는 無佛)는 학자라기보다는 언론인으로서 조선에 건너와 『매일신보(每日新報)』를 창간하였다. 운양은 그와의 첫 대면의 소감을 "한문 서적 읽기를 좋아하는 사람"이라고 기록하고 있다.[164] 이후 그는 운양가에 수시로 출입하며 돈독한 관계를 형성하였으며, 이를 계기로 운양은 신문사 사장과 기자 등 언론계 인사들과 폭넓게 교류하게 된다.[165] 그는 자신의 아

---

159) 같은 책 471면.

160) 같은 책 366, 376면.

161) 『續陰晴史(上)』, 334~36면.

162) 『續陰晴史(下)』, 390, 397면.

163) 운양은 스에마쯔에게 보낸 서신에서 스에마쯔 등 외하문원(猥荷文苑) 여러 공이 추천하였다는 소문을 들었다면서 "이 상에 선정되는 자는 경술박문의 학자가 아니면 반드시 전문 실학자로서 저서가 신 원리를 밝혀 세상에 유익할 것이 요구된다고 하는데, 자신처럼 진부한 유학자가 어찌 이에 부합하겠냐고 겸양의 치사를 하고 있다. 「答末松謙澄書」(미상 1915?), 『雲養續集(下)』, 23면.

164) 『續陰晴史(下)』, 401면.

165) 당시 운양가에 출입한 언론인들로서는 아베 외에 『경성일보(京城日報)』 사장 요시노

들에 대한 훈사(訓辭)를 운양에게 부탁하기도 하며, 『국민신문(國民新聞)』사장으로 취임하기 위하여 경성을 떠날 때에는 눈물로 작별할 정도로 절친하였다. 그는 독립청원서 사건 이후 일본 지인들의 발길이 끊긴 후에도 운양가를 찾는 우의를 보여주었다.[166]

이마제끼는 명실상부한 '동양학자'로서 일본의 중국학 1세대의 일원이라고 할 만한 인물이다.[167] 운양과의 첫 대면은 총독부 서기관으로서였는데,[168] 기회가 있을 때마다 운양을 찾아 교류하였다. 특히 그는 학술답사를 위해 중국에 가기 전 운양에게 들러 조언을 구하였는데, 운양은 「송금관천팽서유중화서(送今關天彭西遊中華序)」라는 글로서 이에 답하였다.[169] 그는 3·1운동 1년 후 운양에게 들러 자신이 저술한 『송원명청(宋元明淸) 유학연표(儒學年表)』를 증정하였다.[170]

운양은 이와같이 합방 이후 동양학을 안식처 삼아 망국의 현실에서 도피하였다. 그러나 운양이 원래 동양이라는 표상에 몰두하게 된 것은 구미열강

(吉野太左), 『매일신보(每日新報)』기자 나까무라(中村健太郎), 동사의 조선 기자 이상협, 김향복, 『제남일보(濟南日報)』주간 다나까(田中平逸), 『구주신문(九州新聞)』기자 이케다(池田貞記), 『국민신문(國民新聞)』기자 다이우찌(大內熊銳), 『천도교월보』주필 이종린 등이 있다. 그런데 운양은 이광수의 패설(悖說)을 싣는다는 이유로 가장 가까웠던 『매일신보(每日新報)』를 사절하는 압력을 가하기도 한다. 『續陰晴史(下)』, 479면.

166) 같은 책 525면.

167) 그는 수차례에 걸쳐 중국을 방문조사하고, 중국의 언어·화폐·경제에 대한 다방면의 연구서를 집필하였다. 東京大學 總合圖書館 書誌 資料 참조.

168) 『續陰晴史(下)』, 452면.

169) 같은 책 478면. 필드워크 차원에서 방중하기 전 운양을 면접한 일본의 중국학자는 이마제끼 이외에도 있다. 일본 대학교수 히라노(平野信)도 '경학시찰(經學視察)'을 위해 중국에 가는 도중에 운양을 방문하고 있다. 같은 책 479면.

170) 『宋元明淸 儒學年表』(東京: 神田印刷所 大正八年). 이마제끼는 본서에서 송대 이후 중국 유림의 업적을 연대기별로 정리하였는데, 공양춘추설(公羊春秋說)과 캉유웨이(康有爲) 등의 변론이 믿을 만한 근거가 있다고 평가하고 있다. 이를 운양에게 증정하였다는 기사는 『續陰晴史(下)』, 517면.

의 동양 분할, 구체적으로는 중국과 조선 분할에 대한 방어의식의 발로였다. 따라서 동양학술에의 집착이 동양연대의 의식으로, 나아가서 삼국의 독립에 기초한 동양평화론으로 전화될 소지는 항상 내재하여 있었다. 이러한 조짐은 1차 세계대전과 민족자결주의의 고양이라는 정세와 함께 서서히 나타나고 있다. 이마제끼에게 헌사한 송문(送文)은 하나의 징조이다.

이마제끼 군은 일찍이 다음과 같이 말하였다. "중국은 동아시아 인문의 발상지이다. 그 산천은 광막하고 풍기(風氣)는 박후(樸厚)하다. 성인은 비록 오래전에 떠났으나 경생학사들은 아직 선왕의 도를 말하고 있다. 이것이 내가 따라 유하려고 하는 바이다. 장차 서유하여 그 현인 호걸들과 교류하고 마음을 터놓고 정화(精華)를 구하면 반드시 교익(交益)의 도가 있을 것이다. 하나의 도덕과 같은 풍속, 교익의 도는 여기에 있지 않은가. 공자는 일찍이 부해(桴海)의 뜻이 있었다. 또한 서양인은 지구를 두루 편력하여 조각만한 장점이 있어도 거리낌 없이 나를 버리고 따르며, 다른 풍속이라도 이를 별개로 보지 않는다. 하물며 동종동문(同種同文)의 나라에서는 일러 무엇하겠는가." 하루는 관직을 버리고 행장을 갖추어 서쪽을 향할 즈음에 나를 찾아 고별하며 말하였다. "드디어 오늘 나의 뜻을 옮기려고 하는데 한마디 말로 나의 행색을 장려해주십시오." 나는 병상에서 궐연히 일어나 말하였다. 나는 그대가 사방에 뜻이 있어 남아의 뜻을 펼치려는 것으로 알았다. 바야흐로 지금 세계는 무력을 숭상하여 강장(疆場) 공명(功名)이 사람들이 부러워하는 바이다. 군은 혼자 이를 돌아보지 않고 문약 노병의 나라에 들러 유일(遺逸)을 방문하고 고전을 넓히려고 하니 우활(迂闊)하지 않은가. 아, 나는 군의 뜻을 안다. 무릇 문약(文弱)이라는 것은 문의 병이 아니다. 문명의 말실(末失)일 뿐이다. 전하여 말하기를 사람만 있으면 정사가 일어난다고 한다. 진실로 사람을 얻으면 일변하여 도에 이르는 즉 약이 강이 되어 천하에 무적이 될 수 있다. 성인이 어찌 나를 기만하겠는가. 군이 대륙에 뜻을 두고 현자를 구하려고 하는 것은 대저 동아(東亞)의 대국(大局)을 보존하고 더불어 태평(太平)의 복을 공향(共享)하려고 하는 것이지 만연하여 유람하는 것이 아닌 것이다. 무릇 사람이 궁하면 반본하고, 난하면 다스림을 생각하는 것이다. 지금 세계의 창생은 병혁의 해를 입어 살아갈 길이 없다. 이는 반본(反本) 사치(思治)의 때인 것이다. 무덕은 더럽혀서는 아니되고 힘을 믿어서도 아니된다. 모름지기 약은 조금만 쓰고, 이를 고르게 하는 것은 좋은 음식을 가지고 해야 한다. 장치구안(長治久安)의 도는 후자에 있지 전자에 있지 않다. 군은 가도록 하라. 초목 중에 만약 시무를 아는 자가 있으면 시험 삼아 취하여 물어보라. 반드시 내 말이 강촌 한량이 하는 소이가 아님을 알 것이다.[171]

이 글은 독립청원 연대서명 시도의 중단에서부터 3·1운동 사이의 기간인 1918년 9월 30일에 작성된 것이다. 즉 1차 세계대전의 정세 속에서 쓴 것이다. 국제적으로는 피비린내 나는 전쟁의 상황이었고, 국내적으로는 경제의 붕괴로 각국이 체제의 위기에 직면하고 있었다. 지금이 (궁칙窮則) 반본(反本) (난칙亂則) 사치(思治)의 시기라고 한 것은 제국주의 전쟁에 대한 염증과 더불어 식민지 정책의 파탄까지를 염두에 두고 있다. 실제로 '궁(窮)' 핍(乏)했고 '난(亂)'이 발생하고 있었다. 1918년 여름 일본에는 쌀 폭동이, 조선에는 민족 차별에 대한 저항사건이 있었다.[172] 아일랜드, 인도 등의 독립운동 소식 역시 전해지고 있었다. "동양(東洋)의 대국(大局)을 보전하고 태평(太平)의 복을 공향(共享)한다"는 취지는 애국계몽운동시의 삼국동맹론이나 독립청원시의 동양평화론의 논리와 완전히 동일하다.

운양의 사상에서 동양연대와 조선의 독립은 일정한 긴장을 유지하고 있었다. 그에게 동양연대는 일 주체로서 조선의 독립을 전제하는 것이었다. 반대로 조선의 독립을 추구할 경우에도 구미열강을 유인하는 균세를 취하기보다는 중국, 일본과의 협력을 중시하였다. 물론 그러한 긴장이 항상 이상적인 균형을 확보하고 있었던 것은 아니다. 중국과의 연대를 중시한 초기 친청정

---

171) 「送今關天彭西遊中華序」(1918), 『雲養續集(上)』, 40~41면.
172) 『續陰晴史(下)』, 475~76면.

책은 결과적으로 조선의 독립을 훼손하는 측면이 있었다. 특히 일본의 탈아(脫亞)정책으로 동양연대의 함의가 사실상 조선의 독립에 반하는 의미가 있게 되면서부터 연대와 독립의 균형은 자주 붕괴하였다. 러일전쟁을 계기로 동양연대 의식에 경도되었으나, 을사늑약 체결을 목도하고서는 독립의 가치가 정당히 부각되었다. 경술국치 이후에는 일시적으로 독립을 체념하여 동양이라는 가치에 투항하기도 하였다. 이후 3·1운동이 다시 독립의 의지를 회복하는 계기가 되었음은 물론이다.

그러나 그가 동양연대와 조선의 독립 간의 균형을 유지하기 위하여 항상 고심한 것만큼은 사실이다. 앞서 살펴본 동양삼국 동맹론도 그 일환이거니와 독립청원시 제시된 동양평화론은 대표적 사례일 것이다. 그는 각 주체의 독립을 전제로 해야 진정한 연대도 나아가 평화도 가능하다고 호소한다. "비록 독립이라고 하나 귀국의 조선에서의 권리는 전과 동일할 것이다. 이로부터 동양의 정세는 견고해지며 평화의 복을 같이 누리게 될 것이니 이보다 더 좋은 계책이 있겠는가."[173] 이러한 그의 입장은 동화주의(同化主義)에 대한 반대에서도 확인할 수 있다.

> 일본 동광회(同光會) 지부를 설립한다고 하는데, 그 고문이 되어달라는 부탁을 거절하였다. 이 역시 동화주의(同化主義)에 불과하다.[174]

반면 일본의 삼화주의자(三和主義者)이자 오랜 지구인 이노우에 가꾸고로(井上角五郎)의 조선황무지 개간안에 대해서는 높이 평가한다. "탁원(琢園) 군은 항상 우리나라의 빈곤함을 염려하여 구제의 방책을 강구하였는데 이번에 1억5천만의 거관을 들어 황무지를 개간할 예정이라고 한다. 종사원은 전부 조선인을 쓴다고 한다. 그는 30년 전에도 이 구상을 제기한 적이

---

173) 같은 책 500면.
174) 같은 책 547면.

있는데, 기어이 그 뜻을 이루니 그 백성을 궁휼히 여기는 마음이 감탄할 만하다. 독립청원 이후로 일본 친지들의 족적이 끊기었는데, 군만은 두 번에 걸쳐 바다를 건너와 바쁜 중에도 반드시 찾아오니 고인의 의를 보는 듯하다."[175]

---

175) 같은 책 511면. 이노우에가 삼화주의자(三和主義者)라는 것은 김옥균의 삼화주의에 적극적으로 동조하는 것에서 반증된다. 『井上角五郎先生傳』(東京: 井上角五郎先生傳記 編纂會 昭和 十八年) 119면.

유교와 근대 정치·경제

1. 유교적 공의 정치

(1) 봉건의 예찬

운양은 원래 유교적 전제군주제의 틀 내에서도 재상 중심의 정치를 이상적인 것으로 보고 있었다. 요순의 이상정치에 근접하는 하나의 방식으로서 이미 부동의 현실이 된 군현제(郡縣制) 자체를 부정하는 대신에 재상중심의 정치를 옹호하였던 것이다. 이러한 재상중시론의 근저에는 요순의 봉건제(封建制)에 대한 예찬이 자리하고 있다.[1] 1870년 그의 나이 36세가 되던 해에 집필한 「팔가섭필(八家涉筆)」에는 그의 봉건예찬론이 체계적으로 정리되어 있는데 이를 다소 길게 인용해본다.

유자(유종원柳宗元 ― 역자 주)는 성인의 공심을 알지 못하고 있다. 유자의 주장은 단지 작은 이익만을 보고 큰 폐해를 생각하지 않으니, 일인의 사사로움에 편리할 뿐이며 만민의 공(公)을 돌아보지 않는다. … 옛날 성인께서는 천하를 나누어 구역을 두었으니 말과 풍토가 달라 사해를 일인이 다스릴 수 없기 때문이었다. 우왕시에는 천하가 만국, 주나라 때에는 1천8백국이었는데, 전국시대에 이르러 상호 병탄하여 7국이 되고 진나라 이후에는 하나가 되었으니, 이

---

1) 여기에서의 봉건(封建)은 중세 유럽의 봉건제(feudalism)나 근세 일본의 봉건(封建)과는 다른 의미로서 주대 이전의 중국의 제도를 의미하는 것이다. 근세 일본과 중세 유럽의 외형이 비슷하다는 것에 착안하여 봉건제(feudalism)를 봉건(封建)으로 번역함으로써 여러가지 불필요한 오해를 초래하였다. 현재 우리가 사용하는 봉건이라는 개념은 제도론, 시대구분론, 헤겔적인 역사발전론, 맑스적인 생산관계론 등 다의적인 의미를 함축하고 있다. 특히 유럽에서는 근대에 접속되는 혹은 직전의 시대라는 이유 때문에 암흑의 시대라고 묘사되는 중세 유럽의 부정적인 이미지가 그대로 투영되어 있다는 것이다. 溝口雄三 『方法としての中國』(東京: 東京大學出版會 1989) 90~92면. 그러나 중국과 한국에서의 봉건이란 진한 이후 군현제로 바뀌기 이전까지의 고대 중국의 제도를 지칭하는 것으로서 도리어 긍정적인 이미지가 있다.

로부터 보면 나라가 적어지면서 난이 많이 진 것이 분명하다고 할 것이다. 유
자는 한·당의 소강(小康) 상태를 군현제의 효력인 것처럼 보고 있으나 3, 4백
년간 생민이 편안했던 것은 불과 2, 30년에 불과하다. 나머지는 겉으로는 무사
했던 것 같아도 생민은 곤궁함은 나라에게 금지하고 혁파하는 것보다 심했으
니 이는 무슨 연고인가. 사해의 운명이 일인에게 연계되었는데 일인의 어질고
밝음은 1천1백년간에 겨우 하나 정도이니 백성이 어찌 곤란하지 않을 수 있겠
는가. … 옛날 봉건의 시대에는 제후들이 천자의 지방으로 나라를 이루고, 경
대부들은 제후의 지방으로 일가를 이루어 각기 종묘를 받들고 자손에게 전하
였다. 이에 선비는 세록(世祿)이 있고 백성은 세업(世業)이 있어 안분하고 뜻
이 정립되어 요행의 풍이 없었으니 이것이 봉건의 첫번째 이익이다. 일인의 현
성이 나면 천하가 그 복을 입고 일인의 불초가 나면 기전(畿甸, 천자의 직할지
역) 이외에는 천하가 견고히 편안하니 이것이 봉건의 두번째 이익이다. 옛날에
는 안으로는 경사공족(卿士公族)이 있고 밖으로는 제후친척(諸侯親戚)이 있되
그 부귀의 차이가 심하지 않아 경거망동하기 어려워 덕으로 복종시킬 수는 있
어도 폭력으로 시킬 수는 없었으니, 사방을 돌아보아 꺼리는[四顧忌畏] 마음이
있었다. 후세에는 군주가 위에 독존하고 군신들은 아래에 기생하여 군주의 뜻
에 순종하면 살고, 거스르면 죽는 무소불위의 형세가 되었다. 이에 백성은 초
취해지고 호소할 곳이 없어졌다. 이것이 봉건의 세번째 이익이다. … 천하만국
치자의 10분의 1은 반드시 현자이고, 10분의 7은 반드시 중간이며, 나머지 10
분의 2는 반드시 불초일 것이다. 따라서 천하 백성의 10분의 2는 고통스럽더
라도 나머지 10분의 8은 괜찮으니, 후세 모두가 물과 불 중에 놓이게 된 것과
는 다르다. 또한 그 10분의 2의 불초도 위로는 천자를 두려워하고 옆으로는
다른 제후들의 문책을 두려워하며, 아래로는 공족세가(公族世家)의 의거를 두
려워하여 하고 싶은 데로 못한다. 이것이 봉건의 네번째 이익이다. … 옛날에
는 천자제후 중 무도자는 천하가 허락하지 않았으니 위에는 국란이 있어도 백
성은 아래에서 편안하였다. 이것이 봉건의 다섯번째 이익이다. 옛날에는 현사
가 그 나라에서 쓰이지 않으면 이를 떠나 다른 나라에 갔으니 세상이 인재를
버리는 법이 없었다. 지금은 조정에 출사하지 못하면 집에 폐하여 있을 뿐이
다. … 이것이 봉건의 여섯번째 이익이다. 옛날에는 변경에 소국들이 있어 오

랑캐의 정세를 습지하고 대비하였으며, 모두 능히 그 백성을 격려하여 스스로 그 땅을 싸워 보호하였다. 후세에는 한·당의 전성기에도 오히려 이적 때문에 항상 괴로웠으니 그 이유는 무엇인가. 봉건이 파괴되고 천하가 일인의 사유가 되자 사람들은 스스로 싸울 마음이 없어졌을 뿐만 아니라 변경에는 세습되는 장사와 장구한 계책이 없어졌기 때문이다. … 이것이 봉건의 일곱번째 이익이 다. 옛날에는 천자는 왕후를 다른 성(姓)의 나라에서 취하고 제후들은 서로 혼 인하여 귀천과 교린을 잃지 않았다. 국내적으로는 척족을 돌보는 사사로움이 없고 대외적으로는 왕후를 원조할 수 있는 길이 막히었으니, 외척이 발호하는 일이 없었다. 후세에 천자가 여염집 처자를 배우자로 삼게 되면서 갑자기 귀해 진 자들이 나라의 계책을 생각하지 않고 부녀자의 도를 따르지 않게 되었다. … 어둡고 유약한 군주는 종실대신을 믿지 않고 척족당을 신뢰하여 음으로 천 하의 권한을 주었다. … 이것이 봉건의 여덟번째 이익이다. 이 여덟 가지 이해 는 가장 쉽게 보이는 것이고 그밖에 천리와 인정에 부합하지 않는 것들이 열 거할 수 없을 정도로 많다. 그런데 후세에도 절대 그렇게 되어서는 안되는 것 은 일인의 사사로움에 의지하는 것이다. 무릇 일인의 사사로움은 비록 작다고 는 해도 그 세력은 심히 거대하여 만고의 공(公)을 폐하게 된다. … 대저 삼대 봉건은 천하를 공으로 하는 것이다. … 정전(井田)과 봉건(封建) 두 가지는 성 왕의 천하를 다스리는 규구(規矩)이다. 이 두 가지를 버리면 성왕이라도 하더 라도 인을 베풀 수가 없다.[2]

정리하자면 봉건의 여덟 가지 이익 중에 두 가지는 천자의 한 사람 전제 방지, 두 가지는 제후들의 폐정을 방지, 그리고 요행의 풍습 부재, 출사의 기 회 보장, 안보상의 이익, 척족의 폐단 부재가 한 가지씩이다. 그리고 그 전체 를 일관하는 것이 한 사람의 사사로운 통치를 방비할 수 있다는 점이다. 그 런 의미에서 봉건제도는 천하를 공(公)으로 삼게 하는 공의 정치제도라는 것 이다. 이렇듯 요순삼대의 정치를 이상적으로 보는 사고방식은 봉건의 경험

---

2) 「十二封建論」(1870), 『金允植全集(下)』, 535~41면.

이 없는 조선의 유학자들에게도 상당히 일반적인 경향이었다. 다만 봉건제는 군현제 자체를 전복시키기 위한 현실적 대안으로서 강조되기보다는 주로 토지제도의 개혁(즉 정전제)을 주장하는 근거로서 제기되었다고 한다.[3] 그런데 운양의 경우는 "봉건만으로 부족하다면 정전만으로도 부족한 것이다"고 하여 단지 요순삼대의 토지제도로서의 정전을 제기하는 데 머물지 않고, 정치체제로서의 봉건을 옹호하고 있다는 점이 특징이라고 할 것이다.[4] 그리고 그 핵심은 한 사람의 전제를 막고 정치의 공(公)을 확보하는 것이다.

본디 유교에서 공의 개념은 다의적이다. 「중용장구서(中庸章句序)」에 나오는 "천리의 공이 인욕의 사사로움을 이기지 못한다(天理之公卒無以勝人慾之私)"라고 할 때의 공은 어디까지나 인욕의 반대 개념으로서 서양의 public에 해당하는 의미가 아니다.[5] 이러한 천리로서의 공의 범주에는 사회적 덕목뿐만 아니라 효와 같은 개인적 덕목도 포함된다. 그런데 "일인지사(一人之私), 만민지공(萬民之公)"이라고 할 때의 공은 다분히 public의 의미에 근접한다. 이로부터 자명해지듯이 인용문에서 운양이 사용하는 공의 개념은 전자보다는 후자에 가깝다고 할 것이다.

한편 운양의 봉건예찬론은 단지 역사비평에 머무르지 않고 현실비판의 논리로까지 연장되는바, 그것이 다름 아닌 군주의 사적 통치를 견제하기 위한 위임정치론, 재상중시론이었다.

---

3) 장인성, 앞의 글 185면. 운양의 경우도 삼정의 문란을 바로잡기 위한 전제개혁을 주장하면서 요순삼대의 정전제를 근거로 들고 있다. 「三政策」(1862), 『金允植全集(上)』, 437~51면. 한편 중국에서 봉건론은 명말청초 고염무(顧炎武)의 경우에서처럼 지방분권을 옹호하는 근거로서 제시되기도 하며, 서양의회제도의 채용을 주장하는 논거가 되기도 하였다고 한다. 增淵龍夫「歷史認識における尙古主義と現實批判」, 『歷史家の同時代的考察について』(岩波書店 1983). 또한 일본은 오규 소라이(荻生徂徠)에서처럼 막번체제(幕藩体制)를 정당화하는 논리로서 변용되었다고 한다. 장인성, 앞의 글 199~200면에서 재인용.

4) 『金允植全集(下)』, 535면.

5) 朱子「中庸章句序」, 『中庸集註』.

(2) 위임 · 재상정치론

운양은 영선사행시 청의 양무관료들과의 수많은 필담을 통하여 청의 군제
와 군 인사들에 대한 다양한 정보를 수집하였다. 특히 그는 양무정책에서 리
홍짱의 역할과 그의 방하권지책(防河圈地策)에 대하여 극찬하면서 다음과
같이 말하였다.

유적(流賊)을 견제하는 방책으로는 이보다 나은 것이 없으니 전대 명나라도
이 법을 사용하였으면 어찌 천하를 유린당하였겠습니까. 단 명대에는 위임이
한결같지 못하였으니, 좋은 계책이 있다고 하여도 펼치지 못하였을 것입니다.
이러한 관점에서 보면 부상(傅相, 리홍짱)의 공일 뿐만 아니라 실은 조정에서
한결같이 위임하는[任人不貳] 조치가 적절하였기 때문이라고 하겠습니다.[6]

청의 양무정책이 성공적으로 진행되는 것은 일관된 위임정치, 즉 재상을
중시하는 데서 비롯하였다는 것이다. 이는 군주 한 사람의 사사로움에 맡겨
서는 안된다는 봉건예찬론의 발상이라고 하겠다. 운양은 청국에서 견학한
위임정치의 모델을 조선에서도 실현해보려고 하였을 것이다. 여기에는 앞으
로는 큰일이 생겼을 때만 천진에 오고, 국내 개혁에 전념해달라는 리홍짱의
요구도 일조하였을 것이다. 리홍짱은 수시로 운양에게 고종이 정치를 잘하
고 있는가를 묻곤 하였는데, 이에 대하여 운양은 국왕은 지난 일을 반성하고
일신하려고 하는데 보좌진이 부족하여 아직 괄목한 만한 성과가 없다고 하
였다. 이는 재상의 역할이 미미한 상황을 역설적으로 표현한 것으로 보인
다.[7]

운양은 임오군란 이후 영선사행에서 돌아와 자강정책을 추진하는 과정에

---

6) 「與許涑文筆談略」(1882), 『陰晴史』, 81면.
7) 『陰晴史』, 208면.

서 공이 확보되지 못하고 한 사람의 사사로움이 지배하는 상황을 목도하게 된다. 즉 각종 정책이 일관성있게 집행되지 못하고 수시로 변경되는데다가, 소위 별입시(別入侍)로 말미암아 국정의 공식성이 훼손되어 자강정책의 효과가 나타나지 않았던 것이다. 그는 고종에게 사의를 버리고 공신의 도를 확립해달라고 요구하기도 하였으나 상황은 호전되지 않았다.[8] 운양의 판단으로는 갑신정변은 이러한 사적 통치와 공(公)의 부재에 따른 당연한 귀결이었다.[9] 따라서 그는 갑신정변을 주도적으로 수습하는 과정에서 재상 중심의 공(公)의 정치를 확립하려고 하였던 것이다. 갑신정변 수습 후 발표된 국왕 윤음은 운양이 작성한 것인데 재상 중심의 정치를 통해 국왕의 사적 전제를 방지하려고 한 그의 의지가 묻어나고 있다.

오늘 이후 너희 만민과 약속한다. 짐은 스스로 총명한 척하지 않고 작은 사무에 간여하지 않으며, 간사한 소인들을 가까이하지 않을 것이다. … 임금의 책임은 재상을 선택하는 데 있으며, 재상의 직무는 현량을 추천하는 데 있다. 오늘 이후 국가의 난을 다스리는 데 있어 오로지 정부에 책임을 부여하고 위임할 것이다. … 무릇 사람을 쓰고 사업을 제어하는 있어서 반드시 공론으로 정한 연후에 내게 품하도록 하라. 그러면 내가 따르지 않은 것이 없을 것이다.[10]

실제로 갑신정변 직후 김윤식 등 중간파 개명관료들은 갑신정변의 진압과정에서의 공로를 기반으로 정권을 완전히 장악하게 된다.[11] 위안스카이의

---

8) 「癸未除夕日進奏新年祝語(1884)」, 『金允植全集(下)』, 52면.
9) 갑신정변 평가와 관련해서는 한국정치외교사학회 편 『갑신정변연구』(평민사 1985); 『사상과 정책』 vol. 1, no. 4(경향신문사 주최 갑신정변 100주년 기념 심포지엄 논문집, 1984); 『朝鮮史硏究會論文集』 no. 22 (朝鮮史硏究會 1985. 3) 등을 참조할 것.
10) 「常參綸音」(1885), 『金允植全集(下)』, 82~83면.
11) 당시의 상황을 윤치호는 "지금 우리 군주는 위협 속에 앉아 있어 모든 일을 능히 자유롭게 하지 못하고 있다. 좌상(김홍집)과 병판(김윤식)이 선봉이 되고 목인덕(묄렌도르

군영에서 단행된 인사에서 김윤식(병조판서와 강화유수), 김홍집(우의정, 연이어 좌의정), 어윤중(호조참판) 등은 주요 정부 요직에 임명된 반면 민종묵(閔鍾默, 한성판윤)을 제외한 민씨척족들은 대부분 정권에서 배제되었다.[12] 중간파 개명관료들은 고종이 개화당과 민씨척족들을 활용하여 국정을 독단적으로 운영한 것을 문제의 핵심으로 인식하였던 것이다.[13]

그러나 군주의 권력을 견제할 수 있는 정치구조가 형성되거나 제도화되지 않는 한 이는 일시적인 현상에 지나지 않을 운명이었다. 사실 고종이 상기의 윤음을 지킬 것인지에 대해서 많은 대신과 유생이 의심하였다. 예컨대 부사과 심기택 같은 이는 국왕윤음이 아주 극진하여 여러 사람을 고무시켰으나, 과연 확고하게 견지하고 오래도록 실행했는지는 감히 알 수 없다며, 병인년과 임오년의 것도 지키지 않은 전과를 거론할 지경이었다.[14] 실제로 얼마 지나지 않아 김홍집이 좌의정에서 물러났으며,[15] 선혜청당상 어윤중은 월권으로 탄핵당하였고,[16] 겨우 김윤식만이 외무독판의 자리를 유지하게 되었다. 특히 고종은 한러밀약을 경과하면서 내무부를 궐내에 설치하여 일체의 군국사무를 관장하게 하였는바, 내무부는 '기밀을 취급하는 곳'으로 규정되었다.[17] 내무부는 전환국, 기기국 외에 제중원과 혜상공국까지 부속기구로 삼

프)이 후진이 되고 모주가 되고 있으며, 청군이 원진을 치거나 방진을 쳐 군주가 핵심에 들어 있어서 일체 개화 등의 말은 아무도 감히 입을 열지 못한다"고 술회하고 있다. 『國譯尹致昊日記』, 294~95면.

12) 『高宗純宗實錄』(탐구당 1970), 『이조실록』386권(북한 사회과학원 민족고전연구소 역, 여강출판사 1993) 232~33면.

13) 갑신정변 이후 고종의 독단적 국정운영과 갑신정변에 대한 책임을 묻는 상소가 연이었다. 예컨대 판부사 송근수의 상소(『高宗實錄』 고종 21년 11월 19일), 부사과 송백옥의 상소(『日省錄』 고종 21년 11월 26일) 등이 그것이다.

14) 같은 책 277면.

15) 같은 책 267면.

16) 같은 책 358면.

17) 같은 책 402~403면.

았으며,[18] 사신파견이라는 외아문의 영역까지 업무를 확장하였다.[19] 결국 고종은 친위기구로 설립한 내무부에 대신들을 배제하고 민씨척족을 등용하는 등 이전의 독단적 국정운영을 답습하게 되었다. 이러한 상황에 부닥쳐 운양은 임시방편으로 대원군을 환국시켜 고종과 민씨척족 세력을 견제하려 하기도 하였고, 대원군의 유폐로 동 계획이 좌절되자 민영익, 위안스카이와 모의하여 정변에 의한 대원군 집정을 기도하기도 하였다. 그러나 조선 말기의 역사적 조건에서 전제군주제 자체를 변혁하지 않는 이상 요순삼대의 공의 정치를 기대하는 것은 원천적으로 불가능한 것이라고 하겠다.

한편 한 사람의 사적 통치를 막고 공을 확보한다는 운양의 초기 정치개혁 구상은 전제군주제 자체를 부정하는 논리에까지는 이르지 않는다. "서양 각국은 아래에서 의론을 제기하고, 위에 있는 자는 사심을 내지 않으니 실패하는 경우가 드물다"고 하여 일단 서양의 입헌정치가 공의 실현에 부합하는 것은 일찍부터 인정하고 있다.[20] 그러나 전제군주제를 입헌의회제로 바꾸는 것은 어디까지나 서양에서나 가능한 것으로 보고 있다. 즉 "한 사람의 전제를 타파하여 공상의 길을 넓히고 개인들로 하여금 그 힘과 능력을 다하고 권리를 보호하게 하여 국가의 부강을 이루는 것은 서양의 시무이다." 만약 "중국이(결국은 조선도— 역자 주) 서양의 제도를 모방하면 명분과 기강이 해이해져 아랫사람이 윗사람의 권한을 침해할[陵替] 우려가 있다." 역으로 왕도정치의 전통이 없는 서양이 동양의 제도를 모방하면 "왕의 악정으로 국세가 위약해져 인국에 병탄당하고 말 것이다."[21] 서양이 한 사람의 전제를 무너뜨리고 공의 정치를 확보한 것은 인정하지만, 그것을 조선에 적용하는 것은 시의에 적절하지 않으며, 조선은 왕도정치의 이상과 재상의 역할 강화로

18) 같은 책 406, 431면.
19) 같은 책 498면.
20) 『陰晴史』, 158면.
21) 「時務說, 送陸生鍾倫遊天津」(1892), 『金允植全集(下)』, 19~21면.

충분하다는 인식이다. 이러한 운양의 재상중시론은 면천 유배기까지도 의연
유지되고 있다. 1890년 작성한 「십육사의(十六私議)」에서는 재상의 중요성
을 다음과 같이 말하고 있다.

> 무릇 나라는 현명한 인재의 임명을 근본으로 삼고, 관은 득인으로 정치를
> 삼는다. 백 가지 선사를 일으키는 것은 현재 한 사람을 진출시킴과 같지 못하
> 고, 열 가지 폐정을 제거하는 것은 불초 한 사람을 물리치는 것만 같지 않다.
> 이는 고금의 위정의 큰 대강(大要)이다. … 우선 널리 중론을 물어 재상을 세
> 울 것인데, 위임하여 의심하지 말아야 한다. 군주는 재상에게 포덕하는 것이
> 며, 국가의 안위는 재상에게 관계된다. 인재를 얻으면 군주는 팔짱 끼고 아무
> 것도 하지 않아도 천하가 스스로 다스려질 것이다. 옛날 제환공은 궁녀를 총애
> 하는 문제(內寵)에 있어서는 거칠었으나 관중(管仲)에게 잘 위임하여 패업을
> 이루었다. 문선제 고양은 포학무도했으나 양음(楊愔)에게 잘 위임하여 군주는
> 위에서 어두웠어도 정사는 아래에서 맑았다. … 재상이 나라에 있어서 막중함
> 이 이와같으니 군주가 사사로운 감정으로 임명하거나 파면함을 아이와 같이하
> 면 지나치지 않겠는가. … 옛날의 명군과 현상은 모두 이 도를 썼다. 후세의
> 군주들은 그 재상을 의심하여 상호 혐의를 피하였으니, 인재 한 사람을 얻거나
> 불초 한 사람을 물리쳤다는 것을 듣지 못했다.[22]

이와 관련하여 한 가지 흥미로운 것은 정조(正朝)에 대한 평가이다. 운양
은 "정조대는 성인의 시대였으니 화민의 덕이 미물에까지 미치었다"고 칭송
하면서 정조를 성군으로 평가하고 있다.[23] 정조에 대한 최근의 일반적 평가
는 정조가 계몽군주로서 왕권의 강화를 통한 개혁을 도모하였다는 것이다.
이러한 관점에서 보면 운양이 정조를 적극적으로 평가하는 것은 그의 재상
중시론과 다소 모순되어 보인다. 그러나 운양이 영정조대에 높은 점수를 주

---

22) 「十六私議」(1890), 『金允植全集(上)』, 473면.
23) 「翠苔遺稿序」(1887), 『續陰晴史(上)』, 8면.

는 것은 두 군주가 탕평을 모토로 인재를 잘 등용하였다는 차원에서이다. 그
는 조명리(趙明履)의 연보에 서를 붙이면서 "공[조명리趙明履]은 영조대에
조정에 많은 공을 세웠으니 1백년 후에 사람들이 두 성군(영조·정조)의 치적
을 논하는 것을 보면 가히 공의 입조사업(立朝事業)이 어떠했는지를 알 수
있다"[24]고 하여 영정조대가 성군의 시대로 칭송받을 수 있게 된 이유를 훌
륭한 인신의 존재에 두고 있다.

(3) 정부강화론: 청 모델에서 일본 모델로

일본의 간섭하에 추진된 갑오경장은 이러한 전통적인 재상중시론이 변화
하게 되는 계기가 된다. 주지하듯이 갑오경장에 대한 평가는 크게 타율론과
자율론으로 나누어진다. 타율론은 갑오경장이 일본공사의 직접적인 지도와
강행으로 이루어졌다고 보며, 오또리 케이스께(大鳥圭介) 일본공사가 갑오
경장 개시 전에 조선정부에 강요한 '내정개혁방안강목(內政改革方案綱目)'
을 주요 근거사료로 제시한다. 대체로 1894년 7월 군국기무처의 설립에서
1896년 2월 아관파천에 이르는 전 기간을 갑오개혁 시기로 규정한다.[25] 초
기의 것을 갑오개혁, 군국기무처 폐지 이후 이노우에 공사의 영향력하에서
진행된 것을 을미개혁으로 구분하기도 한다.[26] 자율론은 일본의 영향력은
무시할 수 없지만, 갑오경장은 조선의 개화파 관료들이 주도하고 일본이 지
원한 개혁이라고 본다. 당시 조선의 개화사상 성숙도나 군국기무처의 구성
과 운영, 의안 등을 종합 검토하면 갑오경장의 자율적 성격이 드러난다는 것

---

24) 「道川趙公年譜序」(1892), 『續陰晴史(上)』, 221면.

25) 田保橋潔 「近代朝鮮における政治的改革」, 朝鮮史編修會 編 『近代朝鮮史研究』(京城:
朝鮮總督府 1944); 이선근 「갈등 속의 개혁: 갑오경장」, 신석호 등 편 『한국현대사(Ⅰ):
시련에 선 왕조』(신구문화사 1969); 천관우 「갑오경장과 근대화」, 『사상계』 Ⅱ(9)
(1954. 12).

26) 이선근 『한국사: 현대편』(을유문화사 1963).

이다. 주요 근거사료로는 교정청(矯正廳)이 제시한 '의정혁폐조건십이조(議政革弊條件十二條)'가 제시된다. 자율론은 군국기무처에 의해 실행된 것만을 갑오개혁으로 보고자 하는 경향이 있다.[27]

타율론과 자율론은 각각 사실의 한 측면을 주목한 것으로서 나름의 근거가 있다. 그런데 갑오경장 추진주체의 문제를 논외로 한다면 갑오 을미년에 추진된 일련의 내정개혁 조치들이 일본의 메이지 모델을 참고로 했다는 것은 이론의 여지가 없어 보인다. 왕실의 정치 간섭 배제와 정부의 기능 강화를 핵심으로 한 갑오경장의 정치개혁안은 정부의 권한 강화라는 점에서는 기존에 운양이 주장한 재상중시론과 궤를 같이하는 것이었지만, 국왕의 역할을 적지 않게 제한한다는 점에서는 차이가 있었다. 운양이 1880년대에 지향했던 정치체제가 청 모델이었다면 갑오경장은 일본 모델이었던 셈이다.[28]

그는 갑오경장 초기만 해도 기존의 발상에서 벗어나지 않고 있었다. 여기에는 대원군의 집권과 함께 민씨척족 세력들이 제거된 데다가 왕실도 정세를 예의주시하면서 정치 개입을 극도로 자제하고 있었기 때문이었다. 특히 자신이 작성한 대원군 명의의 동학효유문에 감동하여 귀화하는 자가 속출하는 등 대원군의 정치적 영향력을 절감하고 있기 때문이기도 하였다.[29] 그런데 대원군이 군국기무처의 권한에 불만을 느끼게 되어, 군국기무처 위원들과 갈등관계에 놓인 데다 자신이 인재로 보고 있던 김학우의 암살에도 관여

---

27) 유영익『갑오경장연구』(일조각 1990); 이광린『한국사강좌: 근대편』(일조각 1984); 林哲「朝鮮における近代的改革運動に關する一考察」,『國際關係論硏究』4(東京: 東京大出版會 1973).

28) 이와 관련하여 운양의 기록에 남아 있는 교정청의 '의정혁폐조건십이조(議政革弊條件十二條)'는 '갑오경장 자율론'의 근거사료로 흔히 제시되는 것이나, 정작 운양은 교정청, 동학, 오또리의 개혁안을 같이 기재하고 있으며(『續陰晴史(上)』, 320~26면), 교정청의 조치를 회의적으로 본다는 사실이 흥미롭다. 「자주개혁으로 간섭을 피하고자 하나 상황에 몰려서 취하는 문구에 불과하니 어찌 난을 평정하겠는가」, 같은 책 320면.

29)『續陰晴史』, 339면. 운양은 일본측에 의하여 김홍집, 어윤중, 유길준과 함께 대원군파로 분류되기도 하였다.

하게 되자 서서히 거리감이 형성되기 시작하였다. 이러한 가운데 이노우에 가오루(井上馨) 일본대사가 입국하여 왕실의 정치개입을 막기 위한 작업에 들어감과 동시에 운양은 정부강화론의 입장을 취하게 되었다.

1894년 11월 8일 일본공사관에서 있었던 이노우에와 김홍집, 김윤식, 어윤중 세 대신과의 대담에서 운양은 대원군을 어떻게 보느냐의 질문을 받고 "여하히 해도 친청주의로 중국을 연모하여, 무엇이든 중국식으로 하고 싶어 하는 사람이다. 오늘날 그러한 식으로 해서는 감당할 수가 없다"고 답하고 있다.[30] 김홍집이 대원군에 대한 강한 미련이 있었던 것에 비하여 김윤식은 이제 더이상 대원군으로는 안된다는 인식이 있었던 것이다. 이노우에가 제시한 대원군이 동학당과 내통한 편지는 이러한 인식을 더욱 강화시켰다. 대원군이 대안이 될 수 없다면 정부의 권한을 강화하는 것만이 왕실과 척족세력을 견제할 수 있는 유일한 방안임이 자명하였다. 이러한 정부강화론에는 3대신의 입장이 완전히 일치하였다. 특히 메이지 모델을 정부기능 강화의 주요 근거로 삼고 있음이 흥미있는 사실이다. 대담중 이와 관련된 내용을 인용하면 다음과 같다.

어윤중(魚允中): 조선이라고 하는 나라는 군권이 융성한 나라로서 끝내 정부는 유명무실하여 있어도 없는 것과 같습니다. 이 점에 있어서는 중국도 마찬가지인데, 정부가 어떤 처분도 할 수 없는 양상이라서 자연히 국위를 논할 수 없으며, 단지 왕실에 의하여 정부의 일을 처리하는 관습이 있습니다. 귀국은 이와는 완전히 달라서 유신 당시 정부조직이 자못 완전해지고, 또한 황실의 위엄도 분명히 되었습니다. 우리나라는 이와는 달리 수백년간 이러한 식에 익숙해져 왔기 때문에 일조일석에 변혁하는 것이 어렵습니다.

...

김홍집(金弘集): 우리나라도 원래부터 그러지는 않았습니다. 인사를 하는데

---

30) 「金弘集, 金允植, 魚允中トノ談話筆記」, 『秘書類纂朝鮮交涉資料(下)』, 319면.

도 각 대신이 주청하여 군주의 허락을 받았으며, 국왕이 직접 말하는 것은 부끄럽게 생각하였습니다. 정부로부터 세를 취한 것도 역시 적지 않았습니다. 3, 40년 전까지만 해도 그랬던 것입니다.

이노우에(井上馨): 말씀하신 것처럼 국무대신이 책임을 지고 국가를 운영하여 과실이 있어도 국왕에는 걸리지 않게 하고, 그 대신에 국왕도 신임한 이상 충분히 그 직을 수행할 수 있도록 해야 할 것입니다.

...

김윤식(金允植): "왕이 윗자리에 있어야지 어찌 아랫사람들의 일로 수고하는가(王在上安在下勞)"라는 말도 있습니다.[31]

운양을 비롯한 세 대신은 조선이 전제군주제 전통이 있어서 일조일석에 정부 중심의 국정운영으로 전환하는 것이 쉽지는 않지만 그 방향으로 나아가는 것이 옳다는 입장을 보여주고 있다. 그리고 이는 두말할 것도 없이 메이지 일본의 정치체제였던 것이다. 갑오개혁파는 일본의 메이지 천황과 같이 국왕을 개혁정치의 상징으로만 이용하면서 자신들이 장악하는 내각에 권력을 집중시키는 데 주력하였다. 특히 비록 열흘 만에 보류되기는 하였지만 군국기무처를 입법·자문기관인 의회로 바꾸기 위한 의회설립안을 군국기무처 회의에서 의결한 바도 있다고 한다.[32]

주지하듯이 갑오개혁은 박영효와 대신그룹 간 내각의 갈등과 이를 틈탄 왕실의 반격으로 실패하고 만다. 갑오경장의 실패는 입헌군주제가 전제되지 않으면 군주의 사적인 권력 사를 제한할 수 없다는 것을 절감하는 계기가 되었다. 여기서 한 가지 주목해야 하는 것은 일본과 조선에서 입헌이 요구되는 맥락과 절박함이 다르다는 것이다. 일본도 메이지유신 후 20년이나 지난 1890년에서야 입헌하였기 때문에 조선은 아직 시기상조라고 보는 것은 양

---

31) 「金弘集, 金允植, 魚允中ﾄﾉ談話筆記」, 『秘書類纂朝鮮交涉資料(下)』, 329~40면.
32) 유영익 『갑오경장연구』(일조각 1990) 206면.

국의 정치 전통의 차이를 놓치는 것이다. 일본에서의 입헌의 요구는 민권의 외피를 썼음에도 주로 지방 막번 세력들이 중앙정부를 견제하기 위하여 제기되었다. 따라서 중앙정부의 조직이 정비되지 않은 한에서의 입헌은 도리어 개혁에 필요한 권력의 집중에 방해될 수도 있었다. 반면 군주제 국가였던 조선에서의 입헌은 절대군주의 독단적 국정운영이 견제하기 위하여 요구되었던 것이다. 조선에서의 정치개혁은 일본과 달리 군주권의 제한을 제도화하지 않는 한 언제든지 전복될 수 있는 허약한 구조에 불과하였으며, 이것이 이노우에의 착오였는지도 모른다.[33]

덧붙여 지적하고 싶은 것은 중앙집권화가 곧 왕권강화는 아니라는 인식에 도달하지 않는 한 서양적 근대에 대응할 수 있는 근대형의 국가는 창출할 수 없었다는 점이다. 중앙집권화와 왕권강화를 구분하지 못하는 한 우리는 지방분권적인 일본의 전통이 근대화에 더 유리하게 작용하였다는 역설에서

---

33) 이와 관련하여 팔레 교수는 조선의 전통적인 국왕과 양반귀족(관료를 포함하여) 간의 형평과 그에 따른 지나친 안정성이 19세기 후반 국가의 목표를 달성하기 위한 적절한 정치권위를 창출하는 데 장애로 작용하였다고 지적하고 있다. James B. Palais, *Politics and Policy in Traditional Korea* (Cambridge, Mass: Harvard University Press 1975) 이훈상 역『전통한국의 정치와 정책』(신원 1993). 조선의 정치다이내믹을 군권과 신권의 대립으로 보는 것은 나름의 근거가 있다. 다만 조선에서의 군권과 신권의 긴장은 하나의 안정적 균형 모델로 고정화되었다기보다 시기에 따라 다양한 패턴을 보여준 것으로 생각된다. 조선 말기에 이르러 대원군과 고종이 누대에 걸친 세도정치로 추락한 군권의 강화를 위하여 투쟁하였다는 것은 사실이지만, 그렇다고 국왕의 권력이 형편없이 약화하였던 것은 아니다. 국왕은 엄연히 중앙과 지방의 모든 관료의 임면권을 가지는 강력한 존재였다. 갑신정변 직후와 갑오경장기, 그리고 명성황후시해사건 직후 정부가 일시적으로 국정을 장악한 시기도 있었으나 고종은 정세의 안정 추이를 보아 탄핵을 통하여 번번이 이를 전복하였던 것이다. 고종은 유교적 군주제보다도 유럽형 전제군주제를 지향했던 것으로 보인다. 앞의 인용문에서 김홍집이 국왕의 권력 남용에 대하여 "우리나라도 원래부터 그러지는 않았습니다"라고 지적한 것은 이러한 측면에서 이해될 수 있다. 특히 광무정권은 분명히 전통적 군주제를 벗어나서 러시아식 전제군주 모델을 지향한 것으로 평가된다.

벗어날 수가 없다. 중앙집권화된 관료행정 조직이 근대국가의 형성에 도리어 장애가 될 수는 없는 일이다. 19세기 후반 조선이 직면했던 문제는 관료행정 조직 자체의 중앙집권화가 허명에 불과했다는 것이고, 국왕의 자의적인 행태가 국정의 공식성과 일관성을 침해하여 정부의 권위를 훼손하였다는 것이다. 18세기 정조대의 계몽군주론을 19세기에 연장시키려 했던 고종, 국왕이라는 전통의 권위에 기대어 전통을 파괴하려 한 김옥균, 고종의 왕권강화 노력을 근대지향적인 것으로 평가하는 시각[34] 모두가 동일한 맥락의 오류라고 할 것이다.

(4) 전제군주제 비판: 광무정권 비판

운양은 아관파천 직후 면직되어 도성 밖에서 1년간 근신하고, 이후 9년 6개월간은 제주도와 지도에서 유배생활을 하게 된다. 동 기간은 고종이 광무개혁으로 대한제국의 황제가 되어 통치했는데, 그 권력의 행사방식은 전통적인 유교적 군주와도 차이가 있는 것이었다. 광무정권은 갑오, 을미시의 근대적 개혁조치들을 다시 복원시키고 황실의 권한을 강화하는 복구적 성격을 가지고 있었다. 운양은 유배기간에도 친지들의 편지와 신문을 통하여 광무정권의 각종 정책을 접하고 있었는바, 광무정권의 복구적 성격에 대하여 상당히 비판적 태도를 견지하고 있다.

우선 '구본신참(舊本新參)'의 명분으로 갑오, 을미의 개혁조치들을 원상 복구시킨 광무정권의 복구적 성격을 비판한다. 러시아의 절영도 조차, 아한도승은행(俄韓道勝銀行)의 설립과 관련한 파문을 겪은 후[35] 고종의 요구에

---

34) 이태진 「서양 근대 정치제도 수용의 역사적 성찰-개항에서 광무개혁까지」, 『진단학보』 84, 1997. 이태진씨는 1880년대 국왕 고종의 주도로 추진된 동도서기론적 개화정책은 단순한 유교정치 이념이 아니라 18세기 이래 탕평군주들이 시대 변화에 조응하여 갱신한 왕정관인 민국 정치이념으로서 뚜렷한 근대지향성이 있다고 보고 있다.

따라 제출된 대신들의 의견서도 복구적인 것에 불과했다.[36] 특히 중추원 의
장 신기선은 역적은 가족까지 처형하는 제도[孥戮之典]를 복구하려고 하여
독립협회의 반발을 사기도 하였는데,[37] 나중에는 연좌제를 복구하려다가 각
국 공사의 힐박으로 이루지 못하였다. 그는 나아가 평리원(平理院)을 세워
법부의 권한을 빼앗고, 정부의 관제를 육조로 칭하며, 성균관 경학생 50명을
진사로 선발하는 등 과거제도 부활시키려고 하였다. 운양은 이에 대하여 "참
정 신기선의 사업은 황실의 총애에 영합하기 위하여 나온 것인데, 천하의 대
세를 알지 못하고 국가의 위망을 돌아보지 않는 무지 망령된 행위"라고 탄
식하고 있다.[38] 지방관리의 임명도 다시 전례에 따라 이루어져 경성에 주선
하는 이가 있으면 앉아서도 되고, 없으면 이유 없이 갈리는 상황이 벌어졌
다.[39] 또한 별입시의 폐해가 다시 발생하기 시작하였다.[40]

　고종은 황실 직속의 기관을 설립하여 정부의 권한을 빼앗고 황실 재정을
확충하는 데 진력하였는데, 이 과정에서 활약한 대표 인물들이 김영준(金永
準), 이용익(李容翊), 이근택(李根澤) 등이었다. 김영준은 경무사의 직위를
이용하여 8도의 부민들의 재물을 강탈하였는데, 고종이 그에 대한 탄핵소청

---

35) 이는 외무대신 민종묵이 러시아공관의 요구에 자의적으로 서명함으로써 발생한 문
　　제로서 독립협회를 중심으로 반러 여론이 비등하자 러시아 황제가 스스로 철회하는 사
　　태에 이른다. 『續陰晴史(上)』, 470면.

36) 같은 책 473면

37) 독립협회는 이에 대하여 선왕의 인정이 아니며 갑오년에 이미 혁파한 것을 복구하는
　　것은 '하교목이입유곡(下喬木而入幽谷)'이라고 하여 반발하였다고 한다. 같은 책 492면.

38) 같은 책 510면.

39) 같은 책 503면. 지방관리의 임명이 공적에 따른 '택차(擇差)'에 의하여 공평하게 이
　　루어지게 된 것은 1904년이 되어서인데 운양은 이를 수십년래 초유의 일이라고 기록
　　하고 있다. 『續陰晴史(下)』, 88면.

40) 당시의 별입시는 노소별입시(老少別入侍)로 구분되었다고 하는데, 노별입시(老別入
　　侍)로는 조병식, 신기선, 민영주, 이용익, 소별입시(少別入侍)로는 이근호 형제, 이한영,
　　최영하가 활약하였다고 한다. 『續陰晴史(上)』, 510면.

을 받고도 풍문에 불과한 것을 가지고 근거 없이 탄핵하지 말라고 비답을 내렸던 것으로 보아 그의 배후에는 황실이 있었던 것 같다.[41] 황실의 재정 확충에 누구보다도 이바지한 것은 '괴걸' 이용익이었다. 이용익은 광산감독 시 러시아와의 밀약건으로 각국 공사의 탄핵을 받아 면직된 전력도 있거니와, 그가 본격적으로 수완을 발휘하게 된 것은 다시 고종의 신임을 받아 내장원경으로 복귀하면서부터이다. 그는 정부 탁지부 관할의 전답을 제외한 전국 각지의 산림, 어장, 목장 등에 과세하고 봉세관을 파견, 이를 직접 수납하여 황실의 재정에 귀속시켰다.[42] 운양은 제주도 유배시 이러한 내장원 파견 봉세관의 탐학이 민란의 원인이 되는 것을 직접 목격하였다.[43] 그는 탁지협판 겸 재판장으로 자리를 옮긴 후에는 지방수령들에게 조세를 연납한 수령들을 엄벌하였는데, 이에 각 수령이 전율하여 외국인들에게 빚을 내는 웃지 못할 사태가 속출하였다고 한다.[44] 그는 엄귀비(嚴貴妃)를 양귀비에 비유하였다는 이유로 탄핵당하여 일시 곤경에 처하였으나, 러시아의 구명운동과 고종의 신임으로 내장원경으로 복귀하였다. 이용익을 탄핵한 인물은 경협, 내경국장을 거쳐 경무사가 된 이근택이었다. 그러나 이근택은 일본 병사와 부화뇌동하여 대궐을 범하고 정부를 전복하려 하였다는 이유로 탄핵받아 면직 당하기에 이른다. 이로써 이용익과의 권력투쟁(爭權之局)에서 일시 패배

---

41) 같은 책 520면.

42) 같은 책 540면. 이용익의 사업 이전에도 개성판윤 김중환이 삼세 60만량을 걷으라는 고종의 칙령을 집행하는 과정에서 개성주민들은 삼포를 태우는 등 반발을 산 일이 있다. 같은 책 505면. 또한 홍덕과 고부의 민란도 균전사(均田使) 김창석이 민전을 빼앗아 명례궁(明禮宮)의 소속으로 하는 과정에서 발생하였다고 한다. 같은 책 510면.

43) 봉세관 강봉헌이라는 자가 내장원경 이용익의 명령으로 민전을 공전이라 하여 빼앗고, 공토, 목장, 어장, 염전, 삼림에 이르기까지 세를 매겼던 것이다. 같은 책 559면. 운양도 봉세관의 피해를 직접 경험하는데, 이전에 처분하였던 덕산 소재의 토지의 매수인이 매수한 토지를 내장원에 빼앗겼다며 운양가에 항의하는 사태가 벌어졌던 것이다. 같은 책 543면.

44) 같은 책 613면; 『續陰晴史(下)』, 33면.

하였다.[45] 이용익과 이근택은 원래 러시아당으로 일본의 기피인물이었으나, 러일전쟁에서 러시아가 패한 이후에는 친일노선으로 전향하여 재기하는 생존력을 보여주었다. 그들은 과거 출신의 전통 사대부와는 거리가 있는 인물들로서 광무정권의 권력구조가 전통 유교적 군주제와는 다르다는 것을 보여주고 있다.[46]

한편 황실은 위와 같이 확보한 재정을 황실사업을 추진하는 데 소비하였다. 황실의 권위를 세우기 위한 각종 중건, 이묘, 산릉, 천릉 사업으로 공사비가 급증하여 정부회의에서 1결당 30량의 토지세를 50량으로 증세하기도 하였다고 한다.[47] 또한 고종탄신연과 입기사(入耆社) 경축연에도 당시의 정부재정 상태에서는 엄청난 비용을 집행하였다.[48] 이러한 황실의 재정 운용은 정부 탁지부가 이미 파산하여 관원들의 월급도 총세무사가 보내주는 것으로 간신히 변통하는 상황[49]이고 보면, 진실로 어이없는 일이었다.

각종 이권이 열강에 넘어가는 상황에 대해서도 운양은 예의주시하고 있

---

45) 『續陰晴史(下)』, 34~35면.

46) 이근택은 충주가 고향으로 임오군란시 충주로 피난 온 명성황후에게 선어를 올려 총애를 받았으며, 이후 미관을 전전하다가 박영효에게 발탁되어 경위원 통감이 되었다고 한다. 細井肇, 앞의 책 82~83면.

47) 『續陰晴史(上)』, 541면.

48) 1901년의 고종 탄신연회에는 내외연상(內外宴床)이 6천여 상, 사찬반상(賜饌頒床)의 왕래가 거미줄과 같아 도로에 악취가 견딜 수 없을 정도였다고 한다. 같은 책 603면. 그 경비를 보면 탁지부 지출 20만원, 하사물품이 1백만원, 무수한 여령(女伶)과 무동(舞童)의 상전(賞典), 기생들 명주비단 몇백 필과 엽전 수만 량, 보석류 은(銀) 6, 7천원, 법전신건비(法殿新建費)가 30만원 등이었다고 한다. 또한 금속(金谷)의 신능(新陵) 비용도 수백만원에 이를 것으로 보이는데, 재정이 파탄이 나 조달할 길이 막막하다고 하였다. 더욱이 관원의 월급도 연체된 상황이어서 장차 일본 차관 50만원을 낼 계획이라는 것이다. 같은 책 607면. 또한 고종의 입기사(入耆社) 관계로 기로소(耆老所)를 개수하는 비용도 호대하였으며, 등극 40년 경축례로 각국 대사를 불러 축하하는 데 든 비용도 6백만원이라고 하였다. 『續陰晴史(下)』, 14~15면.

49) 『續陰晴史(上)』, 503면.

다. 그는 프랑스가 경의철도, 일본이 경부철도를 손에 넣었으며 장차 일본은 조선에 은행을 설립하고 군영을 설치한다는 보도를 접한다. 운양은 군정, 재정, 도로의 권한이 모두 외국인에게 넘어가 조선은 허명일 뿐이라고 그저 탄식할 뿐이었다.[50] 또한 당시의 조선을 둘러싼 국제 정세는 러시아가 일본에 한국의 분할을 은밀히 제의하는 상황이었다. 이러한 국내외 정세를 두루 조망하면서 운양은 다음과 같이 광무정권을 비판하고 있다.

러시아가 일본과 약조하여 만주를 러시아, 한국을 일본의 세력하에 두기로 했다는 설이 일본 신문에 보도되어 논란이 분분하다고 한다. 지금 조선의 국세로 보아 진실로 이런 우려가 없는 것이 아니다. 그런데 경성에는 풍향예대(豊享豫大)의 행사가 벌어져 기악(妓樂)에 젖어 있고, 팔로에는 진헌(進獻)이 물과 같이 흐르며, 정부에는 뇌물과 매관이 횡행한다. 국체가 이러한데 두려움을 모르니 이를 어쩌면 좋은가.[51]

러일전쟁이 일본의 승리로 기울자 조선의 내정은 갑오경장 직전과 비슷한 상황으로 귀결되었다. 정부는 날마다 회의를 하고 어전회의도 개최하였는데, 이는 일본이 조선의 정치를 개혁한다는 설이 나돌자 먼저 개혁을 하여 타국의 간섭을 받지 않으려는 계책이었다. 그러나 운양은 누적된 부패가 하루아침에 청산될 수 있겠는가 하고 의문을 제기하고 있다.[52] 이러한 가운데 운양은 전제군주제 자체에 대한 부정으로 나아가는 것 같다. 그가 직접적으로 조선의 전제군주제를 비판한 적은 없지만 러시아의 전제군주제에 대한 부정적 언급은 전제군주제 부정의 우회적 표현이 아닌가 한다. 결국 광무조선은 전통적인 유교적 군주국보다는 러시아식 전제군주제의 모습에 가까웠기 때문

---

50) 같은 책 505면.
51) 같은 책 602면.
52) 『續陰晴史(下)』, 79면.

이다.

러시아는 구주의 전제 군치(君治)의 나라로서 정사가 부패하다.[53]

러시아는 여순의 함락 이후 거국민정이 비등하여 자유, 허무당, 노동자, 학교생이 도처에서 봉기하고, 각 공장은 동맹파업하니 모두 정부의 압제를 규탄하고 있다. 러시아 황제는 부득이 정치를 개혁하여 민의 소원을 따라 자유권을 부여한다고 한다.[54]

(5) 의회입헌론의 수용

군주 한 사람의 사적인 권력행사를 제한하고, 정부대신 중심의 국정운영을 하는 것이 바람직하다는 것은 운양의 오래된 지론이었는바, 갑오경장의 실패와 광무정권의 전횡은 이러한 인식을 더욱 강화하는 계기가 되었으며, 의회라고 하는 제도적 장치가 필요하다는 인식으로까지 나아갔다.

이미 갑오경장기에도 의회 설립의 시도가 나타난 적이 있으나 이것이 본격화된 것은 독립협회의 의회개설운동에 이르러서였다. 서재필, 윤치호 등 독립협회 지도자들은 중추원의 기능을 강화하여 귀족원인 상원으로 만들고, 이를 통하여 정부와 국왕을 견제하려는 의지가 있었던 것이다.[55] 만민공동회(1898. 10. 28~11. 2)에서 채택한 '헌의6조'는 광산, 철도, 산림, 매찬 등의 이권과 차관, 차병 등 외국과의 조약체결시 중추원 의장의 동의가 반드시 있

---

53) 같은 책 81면.
54) 같은 책 129면.
55) 중추원은 소임이 없는 관원들을 소속시킨 중추부를 계승한 것으로 갑오개혁시 관제 개편으로 양산된 실직 없는 인사들의 대기 장소로서 마련된 기구였다. 중추원은 관제 상으로는 내각에서 자문하는 사항을 심사하는 기관이었지만 1896년까지 정부에서 자문하는 일이 없었으므로 내각의 부속기관과 다를 바 없는 유명무실한 기관이었다.

어야 한다고 밝혔다. 이러한 헌의6조에 대하여 운양은 "모두 국체에 유익하고 민생을 편안케 하는 것이다(皆有益國體便民生之事也)"라고 지지하고 있다.[56] 이로 보아 운양은 독립협회의 의회개설운동에 찬성하였다고 보아도 무방할 것 같다. 이후 독립협회는 군주제를 폐지하고 공화정을 실시하려 한다는 누명을 쓰고 간부 17명이 구속되고 혁파의 명령을 받았다가 만민공동회의 철야시위를 통하여 복설되는 과정을 거친다. 그러나 중추원 개원회의에서 박영효를 정부대신으로 추천한 것이 문제가 되어 다시 영구혁파의 명령에 처하며, 윤치호 등 독립협회 간부들은 거세되기에 이른다. 운양은 이러한 일련의 과정을 자세하게 기술하고 있는데, 의회 개설 문제에 대한 그의 관심이 상당하였음을 알 수 있다.[57]

의회 입헌이 다시 현실적 문제로 제기되는 것은 1904년 러일전쟁 후 일본의 보호국화가 노골적으로 추진되는 상황에서였다.[58] 일본의 식민지 침탈이 본격화되는 어수선한 정세 속에서 보안회(保安會), 일진회(一進會), 중립회(中立會), 진보회(進步會), 진명회(進明會), 공진회(共進會) 등 각종 민회의 창설 붐이 일어났다.[59] 운양은 처음에는 일진회 등의 활동을 독립협회의 연장으로 보고 기대가 있었던 것 같다. 그는 정부의 일진회 해산령에 탐관오리들이 반기고 있다고 냉소하고 있다. 또한 일본이 한때 일진회 해산을 종용하는 것을 보고 "일진회는 일찍이 일본의 음성적 보호를 받아 시정을 공격하

---

56) 『續陰晴史(上)』, 495면. 또한 한성신보와 독립협회에 보도된 헌의6조의 내용을 수록하고 있다. 헌의6조에는 그밖에 칙임관을 정부회의에 자문할 것, 장정을 실시할 것, 재정을 탁지로 일원화할 것 등이 포함되어 있다.

57) 같은 책 495~501면.

58) 이또오 히로부미(伊藤博文)는 1904년 명성황후의 조문사절로 조선을 방문한 자리에서 정부의 협심과 함께 의원(議院)의 필요성을 제기하였다고 한다. 『續陰晴史(下)』, 88면.

59) 보안회는 신기선을 중심으로 창설되었다. 일진회는 친일파 송병준이 윤시병을 내세워 조직한 단체이다. 진보회는 이용구가 일부 동학잔당 세력을 규합하여 결성하였으며 후에 일진회와 통합하였다. 진명회는 보부상들의 단체로 전날 길영수에 속아 독립협회 공격을 후회한다며 일진회에 협력하였다.

는데 거리낌이 없어 강경하였다고 하는데, 왜 낭패를 당하였는지 알 수가 없다. 생각건대 일본 정부가 민회공의가 일본의 대한정책에 방해가 될까 우려한 것이 아닌가 한다"[60]고 하여 일진회 등 민회의 활동에 우호감을 표명하고 있다. 그런데 이 과정에서 공의가 결집하기는커녕 도리어 분란만 확대되었던 것이다. 운양은 이러한 상황을 목도하면서 "정부는 단지 허명이고 일진, 공진회도 역시 노력만 하고 있을 뿐이다"고 평가하고 있다.[61] 일진회와 이완용 내각을 앞세운 일본의 권고개혁에 대해서도 부정적 인식을 보여주고 있다. "일본인들은 우리나라 내외사와 생민(生民) 이익 등의 문제에서 권고개선한다고 하나, 실질적인 효과가 없으며, 부화뇌동하여 뇌물이 성시를 이루고 인정이 험악하다. 이에 고담지사(高談之士)와 실지지인(失志之人)은 다수 배일론을 펼치고 있다."[62] 이완용의 친일내각, 일진회, 그리고 보수유림의 배일론 모두를 무익한 것으로 비판하는 것이다. 그러면 이에 대한 해결책은 무엇인가. 의회를 설립하여 공의를 결집하는 것이 유력한 방도일 것이다. 일진회가 각지의 의병을 진압하기 위하여 자위단을 파견하기로 한 것에 대하여, 식자들은 이로 말미암아 국론이 크게 분열되어 민생이 더욱 도탄에 빠질 것을 우려하고 있다고 지적한 것도 동일한 맥락이라고 할 것이다.[63]

의회 설립의 필요성에 대한 운양의 입장은 우선 민단(民團)에 대한 옹호에서 나타나고 있다. 그는 1907년 해배 명령을 받고 귀경하는 도중 조우한 전참판 조병승이 국가를 보전하기 위하여 민단의 설립이 필요하다고 주창하자, '진실로 지금의 최급무다'며 동의하고 있다.[64] 1909년 1월 순종의 남순 수행시에는 부산 민단의 번성함을 보고 부산 인물은 기호지방을 능가하니

---

60) 『續陰晴史(下)』, 112면.
61) 같은 책 128면.
62) 같은 책 133면.
63) 같은 책 231면.
64) 같은 책 209면.

모두 민단이 확립되어 경성 각부의 유명무실과 다르다고 감탄하고 있다.[65] 민단에 대한 옹호가 의회 설립론으로 이어지는 것은 당연하다고 할 것이다. 그는 1910년 일본인 히노또(日戸勝郞)에게 보낸 답장에서 다음과 같이 말하고 있다.

  귀국이 호의로서 수고를 마다 않고 대신 정리해주었습니다. 이에 제반 법도를 경장하기를 하루도 겨를 없이 하였습니다. 수십년 걸릴 문명제도를 하루아침에 몽매지향에 부가하니 백성이 따를 바를 모르고 도리어 원망이 일어났습니다. 이는 법이 불선하기 때문이 아니라 너무 서둘렀기 때문입니다(求治太急矯枉過正). 지금 귀하의 밝은 질문을 받들어 저는 늙고 무식하여 어찌 대답해야 할지를 모르겠습니다. 진실로 옛 정치를 부활시키는 것이 좋겠습니까. 비록 목하 민심이 잠시 위안된다고 하여 인순부패의 정치를 어찌 다시 오늘날에 시행할 수 있겠습니까. 그게 아니라면 대저 신법을 강제로 시행함이 옳겠습니까. 옛날의 종기는 여전한데 신정치의 효력은 아직 나타나지 않아 민생이 끼니를 보전하지도 못하는 것과 같습니다. 이는 신구 변통에 즈음하여 성쇠가 극히 어려운 때라고 하겠습니다. … 듣건대 큰 운하는 일목으로 지탱할 수 없으며 태산은 권석으로 이룰 수가 없습니다. 여론을 채용하지 않고 능히 정치를 하는 것은 일찍이 없습니다. 미개한 나라라면 의원의 설립을 거론할 수 없을 것입니다. 그러나 귀국은 이미 헌법정치를 동양에서 먼저 주창한 바 있습니다. 그 시험해본 실적을 가지고 이를 바야흐로 우리나라에서 실시하는 데 있어서 어찌 의회를 설립하여 입헌의 정치를 보완하지 않는 것입니까. 십실에 비록 작더라도 반드시 충신의 인물이 있습니다. 각 고을의 문학단정지사를 선발하여 경성에 모아 귀국의 고명한 국회의원을 초빙하여 의원규제를 가르치도록 하는 것입니다. 그런즉 연례로 개회하여 의사하도록 하고 귀국 의회와 더불어 성기연

---

65) 같은 책 277면. 한 가지 흥미로운 것은 의회에 대한 옹호와 함께 지방자치제에 대해서도 높게 평가하는 것이다. 학부대신 이완용의 제주 순찰시 군수 윤원구가 문명의 기초로서 지방자치법 설립에 연설하였다는 소식을 듣고 매우 반갑다는 소감을 피력하는 것이다. 같은 책 191면.

락(聲氣聯絡)하는 것입니다. 그런즉 모국(謀國), 교린의 도리와 지방 이해, 민간질고(民間疾苦)에 이르기까지의 미숙함을 깨우칠 수 있을 것입니다. 이와같이 하면 정교가 사방에 손쉽게 펼쳐지고 민은이 정부에 도달할 수 있게 될 것이며, 공의가 점차 확립되고 민정이 크게 복종하게 될 것입니다. 훗날을 위하여 의회의 기초를 가지고 헌법의 정치를 보완하면 좋지 않겠습니까. 저는 본디 이와같은 생각을 품고 있었으나 기회가 도달하지 아니하여 토로하지 않았는데 지금 밝은 질문을 주시어 어리석게 언급하였습니다.[66]

운양은 명백히 의회입헌주의를 옹호하는 것이다. 특히 여기서 주목되는 것은 입헌을 보장하는 제도적 장치로서 의회가 필요하다는 지적이다. 그는 한편으로는 여론을 수렴하고 국론을 통일하며, 다른 한편으로는 정부와 군주의 자의적인 국정운영을 견제하는 장치로서의 의회의 기능에 착안하는 것이다.

운양은 그에게 주어진 한계 내에서나마 의회주의를 실천하려고 하였는바, 중추원 의장으로서의 활동이 그것이다. 그는 1908년 4월 25일 중추원의장에 임명되었는데, 독립협회의 의회개설운동이 실패한 이후 중추원은 다시 정부의 단순한 자문기관으로 전락하였으므로, 명예직에 불과한 것이었다. 그런데 그는 이러한 자문기관의 한계를 넘어 보려고 시도한 적이 있는데, 그것은 다름 아닌 송병준의 탄핵건이었다. 송병준은 헤이그특사사건을 구실로 고종의 퇴위를 관철한 이후 노골적인 친일행위로 지탄을 받고 있었는데, 1909년 순종의 서순시 황제가 탄 열차 안에서 술에 취해 어담(魚潭)과 다투고 칼까지 뽑은 일로 물의를 빚고 있었다. 이에 송병준의 탄핵헌의가 중추원

---

66) 「答日戶勝郎書」(1910), 『金允植全集(下)』, 362~63면. 집필시기로부터 추측하건대 히노또(日戶勝郎)는 이또오의 저격 후 일본이 조선의 정치를 개혁하려고 노력하는데 도리어 원망만 사는 이유가 무엇이며, 해결책은 무엇으로 보느냐의 요지의 질문을 한 것으로 보인다. 히노또는 1909년 6월 25일 운양의 집을 방문한 이후 교류하고 있다. 『續陰晴史(下)』, 297면.

접수되자 통례를 깨고 이를 정부에 조회하여 징계를 청하기로 한 것이다. 이에 대하여 정부는 정부와 추원은 일체이므로 상호 공박의 권리가 없다고 조회를 반환하였다. 그러나 13도 유생과 청년회의에서 연이어 중추원에 탄핵헌의를 접수하였으며, 송병준은 마침내 면직되기에 이른다.[67] 또한 일진회가 한일합방 요구 성명을 발표하여 물의 빚자 이순하의 탄핵헌의를 접수, 송병준과 이용구를 성토하는 건을 가결하여 내각에 조회하였다.[68] 이러한 과정에서 운양은 의회의 필요성을 더욱 절감하였던 것으로 보인다. 그는 말한다 "근래에 소위 정회라고 하는 것들이 사욕으로써 국시를 동요시키니 탄식을 금할 수 없다."[69] 일진회, 대한협회 등의 정회가 사실상 정당의 기능을 수행하는 상황에서 의회의 부재는 국시의 동요와 직결되는 문제였던 것이다. 사실 의회가 존재했더라면 경술국치와 같은 국가 중대사를 단지 황제와 내각을 협박하여 재가를 얻는 방식으로 관철할 수는 없었을 것이다.

중국의 신해혁명은 의회입헌주의에 대한 신념을 더욱 공고히 하는 계기가 되었다. 물론 운양은 중국의 혁명파에 동조한 것이 아니라 군주입헌을 통하여 애신씨(愛新氏)의 명맥을 유지하려고 한 위안스카이의 편이었다. 운양은 혁명당이 군주입헌정치를 완강히 거부하여 위안스카이가 황제의 퇴위를 밀주하였다는 보도를 접하고, "위안스카이는 황실을 부지하기 위하여 군주입헌의 뜻을 역주해왔으나 이런 밀주까지 하게 된 걸 보면 시사를 알 수 있다"라는 소감을 피력하고 있다.[70] 공화제까지는 아니더라도 의회입헌주의는 시대의 대세임을 인정하는 것이라고 하겠다. 그는 독립청원서 제출사건시 독립을 허용하면 조선왕조가 부활하는 것이냐는 검사의 질문을 받는다. 운양은 이에 대하여 "그것은 공의(公議)에 따라야 하는 것으로 예견할 수 있는

---

67) 『續陰晴史(下)』, 282~83면.
68) 같은 책 314면.
69) 같은 곳.
70) 같은 책 355~60면.

것이 아니지만, 조선왕조가 복원되면 나쁠 것이 없다. 다만 국호를 복원하고 정부를 수립한 후 순종을 받들어 이조의 적통을 잇게 하면 이씨의 신민 된 자가 이론(異論)이 있을 수 있겠는가"고 답하였다.[71] 조선왕조가 복원되더라도 어디까지나 공의에 따라야 하며, 입헌의 틀 내에서 가능하다는 것을 명백히 밝히는 것이다.

의회입헌주의는 그의 전통적인 공의 정치관과도 모순되지 않는 것으로 설명된다. 서양의 의회헌법정치는 대동학설에 불과한데, 이는 요순과 공맹의 이상과도 완전히 부합한다는 것이다. 즉 대동학설은 본래 공맹에서 나온 것으로서 공맹 당시에는 "군주가 전제하던 시대로 대동의 설을 좋아하지 않았기 때문에" 공개적으로 주창할 수가 없었을 뿐이라는 것이다. 공맹 이후 2천여 년간 "무엇이 요순인 줄 모르고 있자 하늘이 백성으로 하여금 깨닫게 하여 서양에서 수많은 전쟁 끝에 비로소 압제할 수 없음을 알고 의회헌법정치를 펼치게 되었다"는 논리이다.[72]

운양의 정치개혁 구상은 공의 정치 실현이라는 이상에서는 일관되어 있으나, 제도적 측면에서 보면 봉건예찬론에서 입헌군주론자로 변모하였다. 이는 근대의 도전에 직면하여 유교적 정치전통을 재해석하여 대응하는 과정이었으며, 그런 의미에서 유교적 개혁구상의 근대적 확장이라고 할 수 있다. 공의 정치라는 유교적 정치이상은 권력의 정당성이라는 측면에서는 근대와 반드시 갈등하는 것이 아니었다. 다만 그러한 정치이상을 실현하기 위한 제도적 장치로서는 구미의 의회입헌주의가 장점이 있는 것으로 인정되었던 것이다. 이는 동시에 권력의 자의적인 행사를 막기 위한 법치주의 문제와도 관련이 있는데, 이에 대해서는 3절에서 다룬다.

---

71) 같은 책 500면.
72) 「大同敎緖言序」(1910), 『金允植全集(下)』, 178~80면.

2. 선비와 백성의 괴리

(1) 정치주체로서의 선비

구미의 근대정치체제는 유교적 전제군주제의 정치체제를 가지고 있던 조선에 중대한 도전이었다. 주지하듯이 구미 근대정치의 원리는 주권과 정당성, 그리고 법치주의(권력의 비인격성)이었으며, 제도는 의회입헌주의와 삼권분립이었다. 이 중에서 정당성과 제도에 대한 운양의 대응은 전 절에서 살펴본 바와 같다. 그런데 당시 공화제를 채택하는 국가는 미국과 프랑스 정도였기 때문에 주권의 소재 문제는 그다지 심각한 도전으로 감지되지 않았다. 운양은 왕권과 민권 사이에서 양자택일하는 대신에 정치주체로서의 선비[士]의 개념을 고수하고 있다.

유교 정치체제에서 정치의 주체는 국왕과 사대부이다. 그런데 운양은 유교 정치의 이상을 실현하는 데 있어서 군주의 역할보다는 재상을 중심으로 한 정부관료들의 역할을 중시하고 있었다. 성군이 나서 공의 정치를 수행하면 바랄 나위가 없겠지만, 모든 군주가 성군이기를 기대할 수는 없기 때문이었다. 그가 일찍이 봉건제를 옹호하면서 "(군현제에서는) 사해의 운명이 한 사람에게 연계되었는데, 한 사람의 어질고 총명함은 천백 년에 하나 얻기 어려우니 백성[民]이 어찌 항상 곤취하지 않을 수 있겠는가"[73]라고 지적한 것도 이러한 맥락이었다. 따라서 공의 정치를 실현하기 위한 정부관료들의 역할이 강조되는데, 다음과 같은 언급은 이러한 인식을 잘 보여준다.

오늘날 나라의 정세를 보면 죽음이 드리워진 환자와 같다. … 무릇 정부는 일국의 복심이며, 업무를 보는 제공은 구국하는 의사이다. 만약 동심협력하면

---

73) 『金允植全集(下)』, 536면.

원기를 부식하여 사지백체가 따르지 않음이 없을 것이다. … 서양인들이 이르기를 미국의 독립은 워싱턴 일인의 능력이 아니라 허다한 무명영웅들의 합력으로 이루어진 것이라고 한다. 일찍이 이 말을 깊이 음미해보았는데, 진실로 포용의 도량과 공제(共濟)의 기술이 아니었다면, 어찌 능히 이와같은 대사업을 이룰 수 있었겠는가. 오늘날 우리 정부의 제공들은 의사의 막중함으로써 복심의 요충에 처하여, 사지백체가 주야로 앙망하는 자이다. 비단 본국인들만 그런 것이 아니라 그 일거수일투족은 전 지구의 이목을 집중시키고 있으니 어찌 삼가지 않을 수 있겠는가. … 무릇 사람과 가문과 국가에 해를 끼치는 것에 당쟁과 같은 것이 없으니 멀리는 물론이고 본조 중엽 이래 사색당쟁으로 국세가 위약해져 금일의 화를 이루었다. … 근세 각국은 모두 정당이 있는데 모두 공이지 사가 아니다. 오늘 우리 정부의 당은 공인가 사인가. … 나라의 흥망을 알고자 하는 자는 먼저 장상의 화합 여부를 묻는다고 하였으니 장상이 불화한데 능히 나라를 일으킨 경우는 없었다. … 제갈량은 말하기를 궁중(왕실)과 정부는 일체가 되어 다름이 없어야 한다고 하였으니 이는 진실로 천고의 치국의 요결이다. 만약 궁중과 정부가 다른 마음을 먹고 내외의 법이 다르면 어찌 능히 천하와 더불어 싸울 수 있겠는가.[74]

운양이 여기서 미국의 독립사례를 들어 언급하는 허다무명영웅들이란 정부관료들을 의미한다. 이를 일반 민중을 지칭하는 것으로 해석하여 운양의 민중관에 일정한 변화가 나타난 것으로 보는 견해도 있으나,[75] 전후 문맥상

---

74) 「追補陰晴史」(1891), 『續陰晴史(下)』, 557~58면.
75) 조경달은 김윤식이 민중의 역사적 역할을 쉽게 인정하지 못하고 허다무명영웅을 둘러싸고 갈등하고 있다고 주장한다. 즉 "한편으로는 허다무명영웅=민중의 역사적 역할을 의식하면서도 다른 한편으로는 위정자의 역할을 일차적 의로 하고 있다"는 것이다. 趙景達 「金允植における民衆觀の相克」, 『アジア史硏究』(中央大 1987) 31~32면. 이에 대하여 장인성은 김윤식이 말하고자 한 것은 정부관료들의 정치적 역량의 중요성과 분파주의의 경계라면서 '민중의 발견'을 암시하는 것은 아니라고 비판하였다. 장인성 「19世紀儒敎知識人にみる開國と普遍主義」(동경대학 박사학위논문 1995) 259~60면. 김윤식이 강조한 것이 정부관료의 역할이며 민중관의 변화와는 관련이 없다는 장인성의 지

으로 볼 때 이는 분명히 정부관료들을 의미하고 있다. 즉 사지백체로 비유된 백성에 대하여 복심에 처한 의사로 비유된 정부제공의 동일어이다. 나아가 정부관료의 역할이 그렇게 중요한 만큼 당쟁으로 나라를 망하게 해서는 안 되며 일심협력해야 한다는 요지이다. 한편 궁중(왕실)과 정부는 일체가 되어야 한다는 지적에서 엿보이는 것처럼 군주 한 사람의 사적인 권력행사가 있어서는 안된다는 의식도 눈여겨볼 대목이다. 이는 미국의 독립이 최고지도자인 워싱턴 한 사람의 능력에서 비롯한 것이 아니라는 지적과도 미묘하게 상통하고 있다. 운양은 미국식 공화주의든 조선식 유교정치체제든 정부관료들의 역할에 주목하였으며, 조선의 경우에 한정하여 말하자면 군주도 민도 아닌 선비[士]를 정치의 주체로 설정하였던 것이다.

1) 출사의리론

정치주체로서 정부관료의 역할을 중시하는 만큼 운양에게 출사(出仕)의 의미는 각별하다. 즉 출사야말로 학문하는 이유이자 목표이며, 또한 출사 그 자체가 학문을 수양하는 과정이다. "학문의 도는 일상적으로 접하는 것에서 떨어지는 것이 아니다. 사물을 떠나 학문을 논하면 선적(禪寂)에 떨어지니 이는 학문이 아니다. … 군자의 도는 입지하는 것이 귀하니, 말하기를 천만 인 중에 내가 있는 것을 안다고 하였다."[76] 운양은 한 나라에서 쓰이지 않으면 다른 나라로 갈 수 있다는 것이 봉건제의 장점이라고 지적한 바도 있거니와 다음과 같이 말하기도 한다. "창여씨(昌黎氏)는 선비는 조정에 들지 못하면 산림에 묻힐 뿐이라고 하였다. 이에 대하여 나는 말한다. 선비는 당세에 쓰이지 않으면 이대(異代)에 출사함을 꿈꾼다."[77] 나아가 출사하여 정부

적은 옳다. 그런데 조경달의 오류는 미국 독립 예에서 제시한 허다무명영웅과 조선의 정부 제공을 별도의 대상으로 해석한 데서 비롯한다. 그런 의미에서 운양이 별도의 해석을 한 것은 아니다. 미국이든 조선이든 정부관료의 역할이 중요하다는 의미이다.

76) 「書贈朴琮烈」(1889), 『金允植全集(下)』, 327~28면.

의 업무를 맡는 것은 곧 도를 실천하는 행위로 옹호된다. "오늘날의 사람들
은 선비가 된다는 것을 강학하고 도를 논하는 데 있을 뿐이며, 시무는 궁구
할 것이 아니라고 하니, 어찌 그리 편협한가. 무릇 공경대부가 된다는 것은
도를 행하는 지위를 얻는 것이다. 이는 굳이 말을 하지 않아도 알 만한 것이
다."[78]

출사는 운양 의리관의 중요한 부분을 구성한다. 1백여 년이 지난 지금도
마찬가지지만 당시에도 불출사(不出仕)를 의리로 보는 시각이 팽배해 있었
던 모양이다. 이에 맞서 운양은 출사야말로 진정한 의리라고 옹호한다. 그는
다음과 같이 말한다.

우리의 선유(先儒)들은 출사하여 누구나 담당한 업무가 있었는데 수옹(遂
翁, 수암遂菴 권상하를 이르는 것으로 보인다—역주)에 이르러서 불출사를 의
로 삼았다. 그러나 이는 일시적인 것에 불과한 것이다. 그런데 이후 2백년간
유자의 철칙이 되어, 이를 존중하여 고치지를 않았다. 천하에 어찌 이렇게 판
에 박힌 의리가 있겠는가. 이렇게 된 것은 다른 연유가 아니다. 조정은 현자를
구하려는 뜻이 없고, 유자는 널리 구하려는 포부가 없는 까닭에 허문으로 서로
하찮게 여길 뿐 고집하여 변하려고 하지 않았던 것이다. 나는 선현의 출사가
중용인지, 후현의 불출사가 중용인지 모르겠으나 지금은 습속이 이미 오래 경
과하여 큰 역량과 큰 식견이 아니라면 가볍게 출사할 수도 없게 되었다. 모름
지기 출사하지 않더라도 출사하여 쓸 수 있는 실을 갖추어야 할 것이다.[79]

그런데 운양은 3장에서도 살펴보았듯이 다른 곳에서는 의리란 시운과 인
정에 따르는 가운데 중용을 취하는 것이지 한 가지를 고집하는 것은 아니라
고 정의하고 있다.[80] 이는 출사를 중시하는 의리관과 연계될 수 있다. 즉 운

---

77) 「宜田記述評語三十四則」(1891), 『續陰晴史(上)』, 148면.
78) 「宜田記述序」(1891), 『續陰晴史(上)』, 147면.
79) 「答李生邦憲書」(1894), 『金允植全集(上)』, 354~55면.

양에게 의리란 '출사하여 시세의 흐름을 살펴 중용을 취하는 것'이라고 하겠다. 이러한 의리관은 화서학파를 중심으로 한 위정척사론자들과 출사와 명분론에 면에 두루 걸쳐 좋은 대조를 보인다. 위정척사론자들은 소중화를 고집하는 한편 당시 개항정책을 추진하던 조정과 의가 맞지 않는다고 하여 향리에 묻혀 지냈던 것이다. 그들은 의를 지키려고 조선을 떠나거나 의병운동을 벌였을지언정 출사의 길을 선택하지는 않았다.

정치주체를 선비로 보는 운양의 입장은 그의 초기에 국한되지 않고 갑오경장과 광무정권을 거쳐 애국계몽운동기와 식민지시대까지 고수된다. 예컨대 그는 1910년경 일본인 히노또(日戶勝郞)에게 보낸 답장에서 의회제 도입을 주장하였을 때도 "백성이 어리석다고는 하지만 오히려 일득견이 있으니 각 고장의 문학단정지사를 가려 뽑을 것입니다(衆氓蚩蚩猶有一得之見抄選各郡文學端正之士)"라고 하여,[81] 선비[士]를 의회의 구성원으로 상정하고 있다. 또한 3·1운동시 제출한 독립청원서가 근거하는 것도 군자와 왕도의 민본주의의 논리였지 민주의 논리는 아니었던 것이다. 즉 그는 다음과 같이 말하였다. "인인군자라면 마땅히 관용해야 할 것입니다. … 맹자는 제선왕에게 만약 연나라 백성이 기뻐하면 취하고 그렇지 않다면 취하지 말라고 하였습니다. … 천심의 향배는 백성에게서 징험되니 백성이 불안한데 강토는 보유한 예는 일찍이 없었습니다."[82]

2) 선비 개념에서의 전통과 근대

운양에게 선비는 조선의 전통적인 지식인의 범주를 미묘하게 벗어나고 있다. 조선의 전통적 지식인상은 시문과 경서에 밝은 사람이라고 할 수 있는데, 운양은 이러한 자질만으로는 수기치인이라는 선비의 목표에 도달할 수

---

80) 「答李生邦憲書」(1894), 『金允植全集(下)』, 353~55면.
81) 「答日戶勝郞書」(1910), 『金允植全集(下)』, 362~63면.
82) 「對日本長書」(1919), 『續陰晴史(下)』, 607면.

없다고 보고 있다. 그는 조선의 선비 자질이 추락한 것은 학정(學政)의 이완과 과거제에 기인하는 것으로 보고 있다. 즉 소학-태학의 학교씨스템의 붕괴는 독학고루한 학풍을 낳고, 시문을 중심으로 한 과거제도는 과문(科文)만을 공부하는 선비들을 양산하였다는 것이다.[83] 운양이 제시하는 정치주체로서의 선비는 경술시무(經術時務)에 통달할 것이 요구된다. 그는 선비들이 과거문장에만 전념하는 것을 통탄하면서 "과업(科業)을 아는 외에 의리지학(義理之學), 경세지구(經濟之具), 관도지기(貫道之器)의 세 가지를 갖추어야 선비라고 이를 수 있다"[84]고 지적하고 있다. 그런데 이러한 지식인상은 과거를 통하여 진출한 조선의 사대부보다는 춘추시대 유자의 모습에 가까워 보인다. 그가 교육내용으로서 육예와 교육씨스템으로서 소학-태학의 옛 제도를 강조하는 것도 우연은 아니다. 운양은 다음과 같이 말한다.

> 오늘날의 선비들은 모두 닦지 않은 그릇이다. 장차 어떻게 인재를 취할 것인가. 진실로 선비를 취하고자 한다면 먼저 인재를 길러야 한다. 인재를 기르는 법은 옛날의 소-대학의 규제에 구비되어 있다. … 경향 각지에 학교를 세우고 준재들을 선발하여 정진하게 하면 온전한 재능을 갖추고 덕이 풍성한 선비들이 배출되어 나라가 사람을 쓰는데 유감이 없을 것이다. … 오호라 구주 제국이 사해에 웅장한 것은 학교 교육이 성하기 때문인 것이다. 동화시서지역(東華詩書之域)이라고 이르면서 한 칸의 학당도 없으니 어찌 한심하지 않으리오.[85]

한편 운양은 후기에 갈수록 지사(志士), 신사(紳士)라는 호칭을 자주 사용한다. 라철 결사의 일원이었던 노영현과 정인묵을 호남의 지사라고 호칭하고 있다.[86] 목포의 달재향숙을 세운 홍순필에 대해서도 지사라고 하고 있

83) 「松坪鄕塾記」(1888), 『續陰晴史(上)』, 58면.
84) 같은 글 59면.
85) 「論養才」(1890), 『金允植全集(上)』, 474면.

다.[87] 신사라는 말은 1895년의 독립경회 기록에 처음으로 등장한다.[88] 또한 순종의 남순에 수행하였을 때 한일 관리와 신(紳)·기(耆)·열녀(烈女)를 소견하였다고 기록하고 있다.[89] 주지하듯이 지사, 신사는 일본과 중국에서 정치개혁을 주도한 지식계층을 지칭하는 호칭으로 사용되었다. 운양에게 동 개념들은 관직이 없으나 근대지식으로 무장하여 시무에 밝은 인물들을 호칭하는 것으로 보인다. 운양은 애국계몽운동기 유길준의 취지에 찬동하여 흥사단장으로서도 활동하였는데, 흥사단의 사(士) 역시 지사, 신사에 해당한다. 이는 그가 근대지식으로 무장한 지식인을 정치주체로 상정하고 있음을 보여준다. 그런데 앞서 살펴보았듯이 이러한 지식인의 원형을 고대의 유자에서 찾고 있다는 것이 그다운 발상이라고 하겠다.

일찍이 일본은 조선의 식민지 지배 이전부터 부패하고 무능력한 조선 지배층의 대명사로서 양반의 존재에 주목하였다.[90] 양반이라는 개념은 오늘날 일본의 한국 연구자들에게도 조선의 지배계층을 지칭하는 가장 유력한 용어로서 정착되어 있다.[91] 그런데 박지원에 의하여 풍자된 이래 양반은 부패하고 무능력한 존재라는 이미지가 고정화되어 있다. 양반이라는 개념이 사회학 혹은 경제학적으로 유의미하다는 것은 부인할 수 없어 보이나, 정치학적 각도에서 보면 양상이 조금 다르다. 정치학적으로는 사대부와 선비가 양반 이상으로 현실적 의미가 있다. 운양도 양반이라는 표현을 거의 사용한 적이 없으며, 사대부와 선비라는 개념을 주로 사용하고 있는데, 후기로 갈수록 선

---

86) 『續陰晴史(下)』, 189면.

87) 「木浦達才鄕塾記」(1905), 『金允植全集(下)』, 247면.

88) 『續陰晴史(上)』, 365면.

89) 『續陰晴史(下)』, 277면.

90) 예컨대 1910년 細井肇이 저술한 『漢城の風雪と名士』의 부록 「兩班の衰亡」을 보라. 森山茂德 解說 『近代朝鮮論影印叢書 第17券 政治史1』(東京: ぺりかん社 1997) 271~78면.

91) 미야자와히로시 저, 노영구 역 『양반』(강 1996)이 대표적이다.

비를 중시하고 있다. 최근 진퇴에 분명했던 선비에 주목하여 선비정신의 부활을 주창하는 흐름이 있다.[92] 양반 이상의 정당한 관심이 선비의 존재양태에 줘야 한다는 의미에서 이러한 연구는 주목받아 마땅하다고 본다. 다만 운양의 경우를 들어 한 가지 첨언하자면 고대 유자의 이미지를 통하여 복원하고자 한 선비는 완고하여 대의명분에만 집착하는 존재가 아니라 수기치인의 뜻을 품고 있으면서도 신지식에도 민감한 존재였다는 사실이다.

(2) 사민론: 근대적 시민관의 부재

조선의 사회 신분은 크게 양인과 천인으로 구분된다. 양인은 다시 양반, 중인, 상민으로 구분되고 천인에는 노비, 백정 등이 포함된다. 농공상에 종사하는 상민은 적어도 법제상으로는 양인인 만큼 교육과 정치참여가 동등하게 허용되어 있었다. 물론 현실적으로는 다양한 제약이 존재하였다. 사농공상(士農工商)을 의미하는 사민(四民)은 바로 이 양인에 해당하는 신분이었다. 양반, 중인, 상민의 구분이 신분적 의미가 강하다면 사농공상의 구분은 사회적 역할 분담이라는 의미가 강조되는 것이다. 운양의 저작에는 양반, 중인, 상민이라는 말은 거의 나타나지 않고 사민이라는 표현이 자주 등장하는데, 이는 그가 신분보다는 사회적 역할을 중시하였다는 의미라고 하겠다. 운양은 다음과 같이 사민을 '세습'되는 신분이 아니라 자의로 '선택'하는 직업인 듯이 묘사하고 있다.

그대는 사람의 아들로서 나이가 20이 되었으니 마땅히 사민지업(四民之業)을 선택(擇執)하여 자립해야 하며, 헛되이 장년을 맞이해서는 안될 것이다. 무릇 선비가 되면 이름을 세워 벼슬을 하고, 농공상이 되면 풍요하기를 바라는 것이 사람의 마음이다.[93]

---

92) 정옥자 외 『시대가 선비를 부른다』(효형출판 1998).

그러나 유교 사회에서 관료가 되는 것과 생업에 종사하는 것이 동일한 가치를 가질 수는 없는 일이다. 관료가 된다는 것은 양반이라는 '신분'을 얻는 것과 직결되기 때문이다. 따라서 농공상의 상민을 포함한 양인 계층은 누구나 신분 유지 또는 상승을 위하여 관리가 되고자 했으며, 과거가 시행되면 생업을 전폐하고 과거에 응시하였다. 운양이 보기에 이러한 현상은 사회적 분업기능을 파괴하고 요행의 풍조를 확산시킬 뿐만 아니라 관리의 자질을 떨어뜨리는 부정적이었다. 이는 법제상으로는 동등한 양인이지만 양반과 평민의 신분적 차별이 엄존하는 조선 사회의 이중성이 배태한 필연적인 귀결인지도 모른다. 정치와 경제·정치사회와 시민사회의 분리에 따라 사회적 권력과 가치가 배분되는 근대 사회가 전제되지 않은 상황하에서는 신분질서가 사회분업의 원활한 작동에 더욱 유리하게 기능할지도 모른다. 그래서인지 운양은 사농공상의 직업이 신분적으로 고정되어 있던 고대사회를 더욱 이상적으로 보기도 한다.

> 옛날 봉건의 시대에는 선비는 세록(世祿)이 있고 백성은 세업(世業)이 있어 안분하고 뜻이 정립되어 요행의 풍속이 없었다.[94]

> 옛날에는 사민의 분별이 있어 각기 부류에 따라 군거(群居)하며 업에 종사하였다. 모두 자신의 업에 전념하여 기예가 정밀하였다.[95]

적서의 차별, 연좌율, 과부 개가 금지 등에 반대하고, 외손녀를 개가시키고 서종질로 손을 잇는 등 사회개혁적 성향이 유달리 강했던 운양이 이러한 발상을 한 것은 다소 의외로 보일 수도 있다. 그러나 운양이 현실적으로 고

---

93) 「書贈朴璟烈」(1889), 『金允植全集(下)』, 327~28면.
94) 「十二封建論」(1870), 『金允植全集(下)』, 535~41면.
95) 「松坪鄕塾記」(1888), 『續陰晴史(上)』, 58면.

대의 신분제를 복원하는 것이 가능하다거나 바람직하다고 본 것은 아닐 것이다. 어떻게 해서든 사회적 분업의 정상화와 전문화가 시급하다고 하는 인식의 표현으로 보면 되겠다. 운양은 그 대안을 과거제의 폐지와 천거제의 실시, 그리고 학교 교육의 강화에서 찾고 있다. 이에 대해서는 3절에서 논한다.

한편 갑오경장에 따라 신분제와 과거제가 폐지된 이후에는 사농공상의 구분은 사회적 역할 분담이라는 문자적 의미를 회복하였다. 학교도 더이상 '선비가 수양하는 곳'[96]일 뿐만이 아니라 농공상의 실업에 종사하는 백성이 신지식을 연마하는 곳으로 되었다. "전 주사 홍순필은 지사로서 항상 아국 학정(學政)이 유명무실한 것을 탄식하였다. 선비가 된 자는 견문이 고인의 조박함에서 벗어나지 못하고, 농공상업에 이르러서는 모두 신지식을 개발함이 없어 구습에 젖어 빈궁하다고."[97] 그러나 운양에게 학교 교육은 어디까지나 직업교육이었지 공민교육으로 받아들여진 것은 아니다. 그는 학교 교육의 중요성을 수도 없이 강조하였지만, 그 의미는 인재양성이라는 틀을 벗어나지는 않았다. 이는 정치주체가 여전히 민이 아니라 선비로 한정되는 것과 관련이 있다고 하겠다. 그런데 애국계몽운동의 전개와 함께 운양의 전통적 사민관에도 작은 변화가 감지되고 있다. 예컨대 그는 근대적 상공인을 신상(紳商)으로 존칭하고 있다. 그는 유길준과 더불어 수원의 농림학교를 방문한 적이 있는데, 현지에서 만난 차효순을 수원부의 유지(有志) 신상(紳商)이라고 기록하고 있다.[98] 또한 그는 애국계몽운동기 수많은 상공인과 접촉을 하고 있다.[99] 그밖에도 운양은 한성부민회 등의 민단, 위생회, 고아원, 학교 등의

96) 같은 글 58면.

97) 「木浦達才鄉塾期」(1905), 『金允植全集(下)』, 247면.

98) 『續陰晴史(下)』, 230면.

99) 예를 들면 유길준과 함께 인천의 신상회사(紳商會社) 방문(1907. 12. 4); 일본인 사업가와 식산사업 상담(1908. 1. 28); 고아원 지원요청을 위한 종로상업회의소 방문(1908. 10. 18); 척식회사 조합사무 상의(1908. 11. 27); 윤자정과 함께 척식회사총재(宇佐川) 방문(1909. 3. 14); 조종서 등과 농사조합건 상의(1909. 3. 30); 농사조합 총

사회단체, 기호학회, 대동학회 등의 학회에도 적극적으로 참여하고 있다.[100] 그러나 경제주체에 대한 재인식과 애국계몽운동에의 참여에도 근대적 시민 관이 운양의 전통적 사민관을 대체한 것 같지는 않다. 이는 당시 조선의 자 본주의가 근대적 시민계급의 형성에 이를 정도로 성숙하지 못했다는 데 일 차적 원인이 있겠으나, 다음에 살펴보는 바와 같이 그가 전통적 우민관에서 탈피하지 못하였기 때문이기도 하다.

(3) 우민관의 지속

1) 동학관: 비도

유교지식인 운양에게 민은 어디까지나 통치의 대상이었다. 학정과 탐학에 시달린 민이 봉기하게 된 동기는 이해할 수 있지만, 민이 스스로 정치의 주 체로 나서서 해결할 능력은 없다는 것이다. 운양의 동학관에는 이러한 민관 이 전형적으로 드러난다. 그는 1892년경에는 동학을 백련교와 같은 부류로 간주하여 그다지 심각하게 받아들이지 않았다. 자못 진퇴의 질서가 있어 괴 이하다고 해도 별다른 작폐도 없다는 인식이다.

> 십수년래 동학이라는 것이 있는데 겉으로는 유술(儒術)에 의탁해도 실은 협좌도(挾左道)로서 백련교와 같은 부류이다. … 별다른 작폐를 하지 않고 두 목의 명령에 따라서 진퇴하여 자못 정제된 축에 속한다고 하니 괴이한 일이 다."[101]

그런데 1993년 교조신원운동을 계기로 동학이 조직화하고, 조정에 위협 적 세력으로 되면서부터 운양은 이를 심각한 문제로 받아들이고 있다. 그는

회에 참석(1909. 6. 21, 1909. 7. 18); 제탄회사 발기회 참석(1910. 8. 11) 등이다.
100) 2장 「김윤식의 생애와 조선의 근대」 참조.
101) 『續陰晴史(上)』, 246면.

제5장 유교와 근대 정치·경제 **273**

동학을 중우집단으로 격하하고, 동학당의 괴수와 일반 농민들을 구분하려는 태도를 보여주고 있다. 그가 선무사 어윤중에게 보낸 다음과 같은 편지는 이러한 인식을 잘 보여준다.

최근 동학당의 일은 역시 일시의 시운인데 어찌 그리 쉽게 많은 군중을 모으는지 모르겠습니다. 그 행태를 보면 황건의 난이나 묘청의 난과 같은 재능은 없어 보입니다. … 소위 동학은 고서(孤鼠)가 모인 것과 같으며 부참만을 신봉하고, 다행히 걸출한 인재가 없어 심려할 바는 아닙니다. 다만 걱정이 되는 것은 지금 민심이 흩어져 물처럼 번지고 있는데, 조정은 신이 없고 탐학은 여전하니 백성이 울분을 풀 수 없을 것이라는 점입니다. 오직 혼탁함을 물리치고 청렴을 드높여 폐단을 없애는 것만이 민심을 만회하는 길일 것입니다.[102]

그는 동학의 번성을 일시적인 시운으로, 그리고 동학군을 오합지졸로 애써 격하하고 있는데, 이는 기본적으로 우민관의 발로라고 할 것이나, 동시에 동학농민을 역적으로 보지 않으려는 뜻도 있는 것으로 보인다. 황건이나 묘청의 난과 같은 재능이 없으며 일개 걸출한 인물도 없다는 것은 역설적으로 반란으로 보기에는 족하지 않다는 의미이다. 이는 당시 이건창이 동학을 민당(民黨)으로 칭하는 것은 난의 근본이 되며, 적도를 백성으로 인정할 수 없다며 강경탄압책을 주장한 것과 비교된다.[103] 즉 운양은 동학의 원인을 관리들의 탐학으로 보고, 부패의 척결을 통하여 문제를 해결하려고 했던 어윤중의 입장에 동조하는 것이다.

그런데 1894년 갑오농민전쟁의 발발하면서부터는 운양도 동학군을 적도

---

102) 「與宣撫都御使魚一齋允中別紙」(1893), 『金允植全集(下)』, 349~50면.

103) 『續陰晴史(上)』, 270면. 이건창은 선무사 어윤중의 행적을 비판하면서 이렇게 말했다고 한다. 그런데 어윤중은 동학을 민당(民黨)이라고 호칭하였다고 하여 식자로부터 서양의 민권자(民權者)와 같다고 탄핵당했다고 한다. 『梅泉夜錄』(韓國史料叢書 1, 국사편찬위원회) 125면.

(賊徒), 비도(匪徒)로 호칭하면서 진압하는 것 외에는 달리 방법이 없다고 보고 있다. 물론 괴수들만 제거하면 나머지는 쉽게 해산할 수 있다는 인식은 의연히 유지되고 있다. 그러나 동학군은 안녹산과 사사명에 비유된 전봉준, 김개남 같은 능력있는 '괴수'의 지휘를 받아[104] 자못 규율을 갖추고 있을 뿐만 아니라 민심을 얻고 있어 조정을 전복시킬 수 있는 세력으로 받아들여졌던 것이다.[105]

> 비도들은 지나는 곳을 추호도 범하지 않아 부민들이 즐겨 군량을 댄다고 하며, 관군이 고부에서 패한 이후로는 관군이 쉬운 것을 알고 더욱 거리낌이 없으며, 초토사는 중과부적이라고 한다.[106]

이러한 운양의 동학관은 유교적 인식에서 한 치도 벗어나지 않는 것이다. 그는 동학군 내에서도 일반 백성과 역적을 분리하여 사고함으로써 탐학부패에 견디다 못해 봉기한 민정 자체는 이해할 수 있다는 태도를 보여주고 있다. 그러나 일반 백성과 불괴한 역적을 분리하는 사고 자체야말로 민은 결코 스스로를 대표할 수 없다는 유교적 우민관의 근거가 되는 것이다.

2) 민당과 민단

운양은 제주도 유배시 방성칠의 난과 이재수의 난이라는 양 민란을 직접 체험하였는바, 그 자세한 경과는 2장에서 살펴본 바와 같다. 방성칠이 조정에 반기를 들고 제주의 독립까지 기도하였음에 비하여 이재수의 난에서는

---

104) 「錦營來札」, 『東學亂記錄(上)』, 93면.
105) 운양의 면천가 자체가 동학의 '피해'를 당한 일도 이러한 부정적 인식에 일조하였을 것이다. 즉 "동도(東徒)는 우리집에도 와서 40량을 내놓으라고 하였는데, 간신히 3량이 나왔으나 동도들은 받지 않고 그냥 갔다고 한다. 가히 두렵고 탄식할 만하다." 『續陰晴史(上)』, 334면.
106) 같은 책 311면.

천주교도와 봉세관을 주적으로 하였다. 또한 방성칠의 난이 화전민 중심이 었는데 비해서 이재수의 난에는 제주도 주민 대부분이 참여하였다는 사실도 다르다. 운양은 방성칠의 난이 발발하였을 때는 토적의 계책을 세우는데 참여하기도 하고, 난의 소식을 외부에 알리려고 제주도 탈출을 기도하기도 한다. 또한 방성칠에 대해서는 '방역(房逆)' 그를 따르는 주민들을 '난민(亂民)'으로 호칭하였다. 그러나 이재수의 난의 과정에서는 지방관과 더불어 중립적인 입장을 견지하였으며, 봉기에 참여한 주민들에 대해서도 '민당(民黨)'이라는 상대적으로 우호적인 호칭을 사용하고 있다. 다만 주민들이 봉기하게 된 사정에 대해서는 양 민란에 대하여 공히 동정을 표명하고 있다.

이러한 민당이라는 호칭에 주목하여 동시기 운양의 민중관에는 미묘한 변화가 있다고 지적되기도 한다.[107] 즉 조경달씨는 운양이 동학군에 대해서는 동도(東徒), 비도(匪徒), 적도(賊徒) 등으로 불렀으나 제주도 양대 민란에 대해서는 민당이라는 호칭을 사용하고 있으며, 이면에는 봉기 주민들의 정당성을 일정 정도 인정하려고 한 김윤식의 적극적인 자세가 있었다고 주장한다. 그리고 운양의 민중관의 미묘한 변화에는 독립협회운동과 청국의 캉유웨이의 변법사상이 영향을 주었다고 지적한다. 나아가 우민관의 극복은 입헌군주정체 수용의 가장 중요한 전제조건이었는데, 운양은 나름의 사상적 고투를 통하여 유교를 견지하면서도 입헌군주정체를 수용하게 되었다고 지적, 결국 우민관에 상당한 변화가 있었던 것으로 평가한다.[108] 그러나 씨의 주장에는 몇가지 문제가 있는 것으로 보인다.

첫째, 사실의 문제로서 운양은 제주도 양대 민란에 대하여 공히 민당이라는 용어를 사용한 것이 아니라 이재수의 난에 참여한 주민들에 대해서만 민당으로 호칭하고 있다. 명백한 반역의 혐의가 있는 방성칠의 난에 대해서는

---

107) 趙景達「金允植における民衆觀の相克」, 『アジア史研究』(中央大 1987) 37면.
108) 같은 글 38~42면.

'난민'이라고 할 뿐이다. 따라서 이는 시기에 따른 변화가 아니다.

둘째, 민당이라는 호칭은 그 자체로는 백성의 정치적 역할을 부여하는 것이 아니다. 비록 어윤중이 민당이라는 호칭으로 곤욕을 겪었다고는 해도 그 역시 동학의 정치적 역할을 인정한 것은 아니다. 그도 결국 김윤식과 더불어 이노우에 공사에게 동학당의 진압을 요청한 한 사람이다. 제주도 양대 민란에 대한 운양의 차별적 인식에서 보이는 바와 같이 이는 어휘 선택의 신중성 문제일 뿐이다. 조정에 반기를 들지 않는 이상 역도의 호칭은 주어지지 않는다.

셋째, 운양에게 의회입헌주의 혹은 입헌군주정체론의 수용과 민중관의 변화는 완전히 별도의 문제이다. 1절에서 검토한 바와 같이 운양은 유교적 논리의 연장에서 의회입헌주의를 수용하게 되었으며, 그 과정에서 구미정치제도의 장점을 수용한 것이지 민주주의 혹은 공화주의의 이념을 수용한 것이 아니다. "백성이 어리석다고는 해도 일득견이 있으니 문학단정지사를 뽑을 것입니다"는 논리도 민중관의 변화라기보다는 정치주체로서 선비의 개념을 고수한 것으로 해석하는 것이 옳다고 본다.

조경달씨가 운양에게 민중관의 전환에 적극적인 관심을 기울이는 이유는 씨의 다른 논문에서도 제기한 것처럼 운양의 '소국주의'에서 조선 나름의 독자적 근대의 가능성을 발견할 수 있다는 신뢰 때문인 것으로 보인다. 즉 운양이 단지 국가구상뿐만 아니라 민중관에서도 '근대적'일 수 있음을 보여줌으로써 운양의 사상을 급진개화파에 대한 완성된 대안으로 제시하려는 것이 아닌가 한다. 그러나 당시 조선의 정치적 근대 형성에서 핵심적인 문제였던 의회입헌론의 수용은 반드시 민중관의 전환을 전제로 하는 것이 아니었다. 즉 조선에서 입헌군주론을 둘러싼 담론들은 '군권 제한'의 문제였지 '민권 고양'의 문제는 아니었다. 이는 현재에 익숙해져 있는 진보사관을 과거에 투영하는 행위이다. 이러한 집착은 1절에서도 지적하였듯이 허다무명영웅을 관료가 아닌 일반 민중으로 오역하는 오류를 낳기도 하였다. 그러나 운양에게 '역사주체로서의 민중'은 결코 발견된 적이 없다.

이러한 사정은 민단(民團)이라는 어휘의 경우에도 마찬가지이다. 운양은 애국계몽운동기 이후 민단이라는 어휘를 즐겨 사용하고 있다. 운양은 1907년 해배 명령을 받아 귀경하는 도중에 조우한 전 참판 조병승이 시세가 대변하여 백성이 단결되지 못하면 나라를 보전할 수 없다며, 민단의 설립을 주창하자 "진실로 지금의 최급무다"며 동감을 표하고 있다.[109] 1909년 1월 순종의 남순 수행시에는 부산 민단의 번성함을 보고 부산 인물은 기호지방을 능가하니 모두 민단이 확립되어 경성 각부의 유명무실과 다르다고 감탄한다. 그러나 그는 동일한 현장에서 우민관의 일단을 내어 보인다. 즉 부산 체류시 순종의 방일설이 나돌아 결사대 450명이 감시하는 사태에 이르자 운양은 "민정은 비록 어리석지만 또한 귀하다고 하겠다"는 소감을 피력한다.[110] 이 논리를 뒤집으면 비록 귀하지만 어리석다는 한계는 벗어나지 못한다는 것이다. 1909년은 운양이 대동학설을 수용하여 의회입헌론의 입장을 확고히 하고 있던 때이다. 당시에도 이러한 언급을 보여줄 정도로 유학자 운양에게 백성은 어디까지나 교화의 대상이지 정치의 주체로서 파악되지 않는다. 그러나 운양은 제주도에서 양란의 경험을 통하여 백성의 의기 분출을 반역적인 것으로 누를 것이 아니라 좋은 방향으로 계도할 필요성을 절감하였던 것 같다. 그는 백성을 적극적으로 조직하여 나라 부강의 자원으로 삼아야 한다는 인식을 하고 있는 것이다. 민중관은 여전히 우민관에서 벗어나지 않지만 그 민중의 에너지를 적극적으로 동원하려고 하였다는 점이 새로운 것이다. "백성은 어리석지만 귀하다"고 지적한 것은 이러한 인식을 잘 보여준다.

---

109) 『續陰晴史(下)』, 209면.
110) 같은 책 277면.

3) 의병관: 역도

동학과 민란은 조정과 관리의 탐학부패에서 비롯된 것인 만큼 비록 우매하지만 일말의 동정이 주어졌으나 의병은 보수 유림에 의하여 주도되었고 배외의 기치를 내걸고 정부를 탄핵하였다는 점에서 비판의 대상이 되었다.

흥미로운 것은 운양이 한말의 의병운동을 청국의 의화단과 동일한 부류로 간주한다는 점이다. 의화단은 중국을 분할의 위기에 빠뜨리는 위험한 존재로 인식되었는데, 특히 운양은 을미의병장 유인석이 의화단과 암합하고 있다는 사실에 주목한다.

청국 산동성 토비가 봉기하였는데 의화단이라고 한다. 그 주된 뜻은 오랑캐를 몰아내고 청을 구하는 것이나, 그 행위는 도적과 같고 패륜하다. … 북경의 완고한 만인들 중 이에 은밀히 호응하는 자가 적지 않다고 한다. 각국 공사는 자국 병선들을 부르고 장차 정세를 보아 상륙한다고 하는데 이로 인해 분할의 계책이 성립할 우려가 있다고 한다.[111]

을미년 의병괴수 유인석이 관병에 패한 이후로 요동으로 도주하였는데, 배외척양의 말로 한국과 청국 자제들을 유인하여 사람들이 다수 믿고 따르며, 의화단과 서로 암합하여 장차 본국에서도 거사하려고 한다고 한다.[112]

---

111) 『續陰晴史(上)』, 531면.

112) 같은 책 534면. 유인석은 위정척사론의 거두 이항로의 제자이다. 그는 을미의병이 패한 후에 만주로 건너갔다. 1900년 일시 귀국하여 관서지방에서 항일운동을 하다가 1908년 문인들을 이끌고 블라디보스토크로 건너갔으며, 경술국치시 고종에게 블라디보스토크로 파천할 것을 요구하는 상소를 올리기도 하였다. 그는 제천향교에 "모 대국에게 지원을 구하여 국내에 진공할 것"이라는 내용의 통문을 보낸 적이 있는데, 그 모 대국은 다름 아닌 러시아였다. 외세를 배격한다면서 또다른 외세를 끌어들인다는 것은 어이없는 일인데, 이는 전제군주제라는 정체의 문제에서 러시아와 친화성이 있었기 때문이 아닌가 한다. 그의 항일정신은 높이 살 만하지만 수구론을 벗어나지는 못하였다.

조선의 국내 의병도 의화단 비판과 같은 논리로 비판된다. 예컨대 "원주 및 사군 의병이 봉기하여 배일을 성토하는데, 그 실은 화적과 다를 것이 없어서 백성이 살아갈 수가 없다고 한다."[113] 이는 비록 인용의 형식이지만 운양의 생각과 크게 다르지 않을 것이다. 말하자면 배일하여 조선을 구국한다고 하지만 실제로는 백성의 생업만 곤란하게 하고, 일본의 개입을 더욱 초래하여 정작 국익에는 하등의 도움도 되지 않는다는 논리이다. 사실 운양은 의병으로 인한 피해를 피부로 체험하고 있다. 그의 고향 귀천에 있던 종질 김유정이 의병 2백여 명에 의하여 의병대장이 될 것을 강권받아 매우 곤란한 지경에 빠졌던 것이다. 다만 운양은 일본만을 쳐다볼 뿐 의병을 진압할 병사 하나 없는 조선의 실정을 개탄할 뿐이었다.[114]

정리하면 운양에게 민은 정치주체나 역사주체로서의 의미가 없다. 동학에서는 우민, 민당과 민단은 국가의 자원, 민란과 의병은 역도(逆徒)로 인식되었고, 전체적으로는 통치대상의 범주에서 벗어나지 않았다. 그런 의미에서 그는 민본주의자였지 결코 민주주의자는 아니었던 것이다. 의회입헌이라는 근대정체의 채택과 역사주체로서의 민의 발견은 완전히 별개의 문제라는 사실이 운양 사상의 독특한 한 측면을 이루는 것이다.

그러나 근대화의 물결 속에서도 일부 급진주의 사상을 제외하고는 기층민중을 정치주체나 역사주체로 인식하는 경우는 없었다. 소위 근대국가들에서도 보통선거권이 일반화된 것은 20세기도 중반 이후의 일이었다. 따라서 우민관을 들어 김윤식의 정치사상과 근대와의 괴리를 강조하거나 폄하할 수만도 없는 일이다.

---

113) 『續陰晴史(下)』, 153면.
114) 같은 책 223면.

3. 도와 법

(1) 도망국망론: 망국내인론

운양이 살아갔던 19세기 말과 20세기 초는 바야흐로 제국주의시대였으며, 조선은 열강의 침탈로 말미암아 항상 풍전등화와 같은 위기에 처해 있었다. 그리고 마침내 일제의 식민지가 됨으로써 5백년 역사를 마감하고 망국의 운명을 경험하게 된다. 그런데 이러한 절체절명의 상황에서도 운양은 수없이 반복하여 도를 지키는 것만이 생존의 길이라고 역설하고 있다. 망국의 위기에서도 도 타령이나 하는 것은 고리타분하거나 한가한 논의가 아닐까. 더구나 운양은 산림의 처사가 아니었으며, 외교와 군사를 총괄하였던 핵심 중에서도 핵심 관료였다. 그런 그가 도를 힘주어 말했던 것은 무슨 연유이며, 그가 강조하는 도는 무엇인가. 다음의 글은 그가 망국의 위기에서 도를 역설하는 이유를 잘 보여준다.

서양을 제압하는 길은 다른 것이 아니다. 군주는 그 덕을 밝히고, 인신은 그 직무에 힘쓰고 관은 사람을 얻고, 백성은 업에 안분하는 것이다. 또한 통상을 허용할 수 있다면 허용하고 조약을 근수하며, 기계는 배울 수 있다면 배우는 것이다. 무익한 일을 만들지 말고, 정성과 유연함으로 신을 미물에게까지 미치게 할 것이다. 덕교(德敎)를 패연하게 펼쳐 사해에 넘치게 하면, 사해의 나라는 반드시 도가 있는 나라라고 존칭할 것이다. 이렇게 되면 비록 저들이 포화가 있다고 하더라도 어찌 함부로 휘두르겠는가. 사람은 반드시 스스로 모멸한 연후에 남들로부터 모멸당하는 것이며, 나라는 반드시 스스로 벌한 후에 남들로부터 정벌당하는 것이다. 근세 안남, 유구, 면전의 멸망은 어찌 스스로 초래한 바가 아니겠는가. 성인의 도는 어찌 오늘날에는 사용할 수가 없다고 하겠는가.[115]

일견 유교적 가치를 나열하고, 전통적 체제를 고수하며, 국제사회에는 도덕으로 호소하여 생존을 모색하자는 순진한 발상처럼 보일 수도 있다. 그런데 운양이 여기서 강조하고자 하는 핵심은 국내 정교체제의 정비이다. 개화한다고 요란하게 서양의 외양만 추구하고, 공이 아닌 사적 통치로 정교가 부패하면 외세의 침입을 불러 결국 망국의 운명에 처하고 말 것이라는 경고인 것이다.

또한 주목되는 것은 망국을 단순히 부도덕한 외세의 탓으로 돌리지 않고 국내 정교의 쇠락에서 찾는 망국내인론의 논리이다. 우리는 구한말의 역사를 조망하는 데 있어 식민사관을 경계한 나머지 조선의 멸망을 단지 일제의 침략에 의한 것으로 환원시키는 경향이 있다. 물론 일제의 치밀한 속국화 정책은 결코 간과되어서는 안되며, 조선 식민지화의 일차적 요인이다. 그러나 그러한 침략정책에 속수무책으로 당한 조선 위정자들의 무능력과 무책임성 역시 간과해서는 안된다. 외압이 없었더라면 자주적 근대화가 가능했다고 하는 식으로, 발전에서는 내발론을 강조하면서 망국에 대해서는 사실상 외인론으로 환원하는 것은 자기중심적 사고이다.

위의 인용문에서도 적시된 것처럼 운양은 안남, 유구, 면전 등 동남아 삼국의 멸망이 도의 붕괴=정교의 붕괴에서 비롯하였다고 인식하고 있다. 그런데 5장에서도 살펴보겠지만 운양은 동남아 삼국의 멸망 원인 가운데 하나로 국제적 요인을 지적한 바 있다. 즉 동남아 삼국은 복수의 국가와 폭넓게 수교(廣交)'하지 않고 특정 국가와 조약을 맺은 결과, 유사시에는 고립무원의 상황에 빠져버렸으며, 그 과정에서 청과의 관계를 완전히 청산하여 청국의 지원도 받지 못하였다는 것이다.[116] 운양은 영선사행시까지만 해도 이러한 국제적 요인을 중시하다가 귀국 후 국내 정치의 도락을 보면서 내부적

---

115) 『續陰晴史(上)』, 156〜57면. 음 1891. 2. 17.
116) 「天津奉使緣記」(1892), 『金允植全集(下)』, 513면.

요인을 더욱 강조하는 입장으로 선회하였다. 그러나 이는 시간적 선후의 문제는 아니었으며, 그는 이미 영선사행시에도 내부 요인을 직시하였다. 그는 당경성, 반매원 등 청국 관료들에게 안남, 면전 등이 구미열강에서 병탄되고 있는 사정을 자세히 탐문하였다. 그리하여 안남의 경우 "왕이 위약하고 국정이 불호하여 이와같은 지경에 이르렀다"는 것을 알게 된다.[117] 또한 유장원 역시 "안남 역시 중국의 속방이지만 길이 멀고 험하여 구할 수가 없으니 가련하다. 근래 그 나라의 국정이 불수(不修)하다고 들었는데 오늘날 이와같이 되었다"고 하여[118] 국제 문제와 함께 국내 정교의 부패를 망국의 원인으로 지적하였다.

『월남망국사』: 제2의 월남으로서의 조선

1906년 9월 29일 지도에서 유배중 운양은 『월남망국사(越南亡國史)』라는 책을 읽고 비분강개한다. 그는 이에 대한 소감을 다음과 같이 기록해두고 있다. "이를 보는 이로 하여금 비분을 자아내게 한다. 천지에 프랑스인처럼 난폭한 종족은 없는 것 같다. 오늘날 동양의 정세가 날로 위박해지니 우리나라와 같은 처지에서는 월남의 일을 슬퍼할 겨를이 없다."[119]

『월남망국사』는 1905년 9월 량치차오가 일본 요꼬하마의 한 주막에서 월남망명객 소남자(巢南子)[120]를 만나서 청취하고 대담한 것을 상하이의 광지

---

117) 『陰晴史』, 126～27면.

118) 같은 책 139면.

119) 『續陰晴史(下)』, 187면.

120) 『월남망국사』에 나오는 소남자는 월남 민족운동의 아버지 판 보이 짜우(潘佩珠)로서 가난한 사대부의 아들로 태어나 월남이 프랑스의 식민지로 전락하자 독립운동단체인 '유신회'를 결성하고 1905년 일본에 망명하였다. 일본이 월남 혁명가들을 추방하자 1909년 중국 광동으로 가서 '월남광복회'를 조직하였으나 프랑스 관헌에 의해 체포되어 월남으로 압송된 후 1940년 사망하였다. 이에 대해서는 최원식 선생의 『한국근대소설사론』에 소개된 내용에 전적으로 의존하였다.

서국(廣智書局)에서 책으로 펴낸 것이다. 량치차오의 『월남망국사』는 애국계몽운동기에 출판문화운동의 일환으로 여러 사람이 번역하여 일반에 소개된 책이다. 현채의 국한문혼용본이 1906년 11월 주시경과 이상익의 국문본이 각각 1907년 11월에 출판되었다. 당시 친일정권이 『월남망국사』를 1909년 5월 치안상의 이유로 금서 처분한 것만 보아도 동서가 애국계몽운동에 미친 영향을 짐작할 수 있다. 그런데 운양은 1906년 9월에 이를 읽었다고 기록한 것으로 보아 국내에 소개된 번역본이 아니라 광지서국의 원본을 본 것이다.[121]

본 서적에서 소남자가 술회한 월남 망국의 원인과 량치차오의 논평은 운양의 망국관과도 놀랍게 일치하는데, 운양의 사상에도 상당한 영향을 준 것으로 보인다. 이 중 중요한 대목을 몇가지 소개하기로 한다. 우선 월남이 망국에 이르게 된 배경에 관한 것이다.

현 왕조 초기에는 인재가 풍부하고 극력 진보를 추구하여 영토를 넓히고 부귀를 이루었다. 만약 월남의 군신이 항상 진보를 생각하여 힘써 백성에 이익되게 하고, 인재를 양성하고 재정과 군대를 길러 모사 진보하였다면 오늘날과 같은 지경에 이르렀겠는가. 그간 정교가 부패하고 사사건건 명과 청의 것을 모방하였다. 문인은 속학을 고수하여 자긍할 뿐이고 무인은 아희처럼 유치하였다. 가장 심한 것은 민권과 여론을 억제한 것이다. 무릇 나랏일 의론에 민당은 옆에서 탄식할 따름이다. 맹자가 말하기를 나라는 반드시 스스로 먼저 벌한 후에 남으로부터 정벌당한다고 하였다.[122]

---

121) 저자는 원래 애국계몽운동기 문학사에 과문하여 당시 조선에 『월남망국사』 번역본이 있는 줄 모르고 일본 토오꾜오대 도서관에서 광지서국 원본을 찾아 읽었다. 그후 졸저 초안을 일독해주신 최원식 선생의 소개로 『월남망국사』에 대한 다양한 번연본이 있는 것을 알게 되었으며 동서가 당시 조선 지식인에게 미친 영향과 의미도 파악하게 되었다. 『월남망국사』에 대한 깊이있는 분석은 최원식 「아시아의 연대: 월남망국사 소고」, 『한국근대소설사론』(창비 1986) 참조. 다만 본서에 나오는 인용은 김윤식 연구의 취지를 살려 광지서국에서 나온 원본을 기준으로 하였다.

정교의 부패가 망국의 근본적인 원인이라는 것은 운양의 생각과 완전히 일치한다. 특히 "나라는 스스로 먼저 벌한 후에 남에게 정벌당한다"는 맹자의 인용구는 운양 역시 일관되게 강조하여 온 격언이다.[123] 청과 조선이라는 다른 장소, 1891년(김윤식)과 1905년(량치차오)이라는 다른 시간에서 작성된 글임에도 완전히 동일한 발상이 나타난다는 점이 흥미롭다. 이는 양인이 근대에 대한 유교적 대응이라는 하나의 전형에 속한다는 사실을 반증하는 것이라고 하겠다.

구미열강(일본을 포함하여)이 약소국을 병탄하려고 할 때는 정사의 부패를 먼저 관찰한다는 것도 의미있는 대목이다. 프랑스는 가융(嘉隆) 초년에 신부를 보내어 포교를 하였는데, 이때 이미 월남을 엿보려는 뜻이 있었다고 한다. 당시는 월남의 군신이 화목하고 정교가 무결하였으며, 국중의 허실을 알 수가 없어 감히 움직이지 못했다. 그런데 사덕(嗣德) 초년 월남이 야만정교이고 민권이 날로 피폐하여 공론이 신장하지 않는 것을 보고, 이때가 월남이 망하는 시기라고 판단하여 상선과 병선을 보내어 통상을 요구하였다는 것이다. 3년간의 전쟁 끝에 프랑스가 퇴각하였던바, 이때라도 정사를 개혁하고 군대를 키웠다면 망하지 않았을 것이나 존군당(尊君黨)은 여전히 민권을 억압하고 허문을 숭상하고 무사를 천대하였다.[124]

우선 보호국으로 만들어 외국의 간섭 여지를 없앤 다음 병탄하는 수순은 일본이 조선을 보호국화한 과정과 일치한다. 즉 사덕(嗣德) 15년 월남 국왕은 프랑스의 맹약 요구에 따라 6성을 양여하고 프랑스의 보호를 청하는 조

---

122) 新民社員社 編 「越南亡國史」, 『越南亡國史』(上海: 廣智書局, 光緖三十四年) 2~3면.
123) 『맹자(孟子)』 이루장구(離婁章句)에 나오는 말이다. 즉 맹자가 인이 없으면 망할 수밖에 없다는 것을 강조하면서 이렇게 말했다. 전문을 인용하면 부인필자모연후인모지(夫人必自侮然後人侮之), 가필자훼이후인훼지(家必自毁而後人毁之), 국필자벌이후인벌지(國必自伐而後人伐之). 맹자는 이어서 태갑(太甲)을 인용하여 하늘이 만든 재앙은 오히려 피할 수 있거니와 스스로 만든 재앙은 피하여 살 수 없다고 강조하였다.
124) 新民社員社 編 「越南亡國史」, 『越南亡國史』(上海: 廣智書局 光緖三十四年) 3~4면.

약을 체결하였다. 그런데 이는 월남을 삼키려는 프랑스의 계략이었다는 것이다.[125]

간신과 왕실의 결탁에 의한 정사의 부패는 구한말의 상황과 크게 다르지 않다. 월남의 간신 진천성(陳踐誠)과 완문상(阮文祥) 두 사람은 국왕의 총애를 등에 업고, 프랑스인과 결탁하여 국익을 팔아넘겼다. 기밀원 대신에 프랑스인을 임명하게 하여 국가기밀을 유출하고, 순경(順京) 함락시에는 프랑스 군대를 끌고 들어오기도 하였다고 한다. 왕실의 탐욕도 망국에 일조를 하였다. 태후는 사덕(嗣德) 익종(翼宗)의 생모로 간신 원문상과 결탁하여 국정을 농락하였다. 익종은 사사건건 모친에게 의견을 구하였다고 한다.[126] 그들은 정인 군자를 모함하여 죽이거나 향리로 추방하여, 경성 함락시 국왕이 근왕의 칙소를 내렸을 때는 촌철의 호걸도 없었다고 한다. 조선과 마찬가지로 월남도 의인 수천백명이 항거하였는데, 나라가 망하지 않았을 때 이들을 등용하여 조정과 지방관에 두었으면 어찌 국가가 망하였겠는가 하는 지적이다.[127]

소남자는 월남이 이미 망한 상황에서 정교개혁과 국민계몽을 통하여 백년 후에라도 국권의 회복을 바라는 마음을 다음과 같이 토로한다. 이는 을사늑약 이후 운양의 행적과 관련하여 시사하는 바가 적지 않다.

지난 일은 돌이킬 수가 없다 나는 감히 프랑스 정부를 원망하지 않는다. 우리 월남인들 역시 망국을 자초한 것이 있다. 다만 프랑스인들로 하여금 백성의 지식을 열게 하고, 백성의 실력을 배양시키게 하여 우리 월남의 백년간의 부패 정교를 일소하였으면 한다. 그리고 여지가 있다면 스스로 떨쳐 백년 후에는 영웅이 일어나 이를 복귀해도 늦지 않을 것이다. 오호 다시 4년이 지나면 월남인

---

125) 같은 글 4면.
126) 같은 글 6~7면.
127) 같은 글 7~8면.

중 죽는 이가 반이 될 것이고 10년 후면 남는 이가 없게 될 것이다. 이는 지나친 우려가 아니니 저들은 진실로 우리 민족을 사람으로 대하지 않고 있다.[128]

량치차오는 소남자에게 프랑스의 야만적인 식민정책에 대하여 듣고 놀라움을 표시하면서 일본의 보호국이 된 조선도 제2의 월남이 될 징후가 보이고 있다고 우려를 표명한다.[129] 운양은 일찍이 유배지에서 을사늑약 체결 소식을 듣고 통곡하였다. 이후 일본인의 천지가 된 조선의 정세를 한탄하였던 운양에게 『월남망국사』가 전하는 식민지 주민들의 노예와 같은 비참한 상황은 각별한 의미로 다가왔을 것이다. 운양이 해배 후 애국계몽운동에 헌신하였던 것은 월남망명객 소남자가 망국의 조건하에서라도 정교개혁과 국민계몽이 이루어져야 한다는 희망을 피력한 것과 맥락을 같이한다.

마침내 조선도 일제의 식민지가 되자 도는 기약 없는 국권 회복을 위한 마지막 희망이 되었다. 경술국치 이후 운양은 수년간 병마에 시달렸는데 다른 한편으로는 자수의 뜻으로 일체 외출을 삼가고 있었다. 그런 와중에 그는 묵암(默庵) 가문의 효열전(孝烈傳)에 대한 병문을 요청받고 다음과 같은 글을 써주었다.

천지는 정기를 인간에게 부여하여 효열을 이루니 이는 도로 말미암아 생긴

---

128) 新民社員社 編「越南亡國史前錄」,『越南亡國史』(上海: 廣智書局 光緒三十四年) 8면.

129) 량치차오는 야만적인 식민정책이 실시되는 이유로 인종과 규모의 문제를 들고 있다. 먼저 인종의 문제로서 미국 독립 이후 식민지의 고혈을 짜는 식민정책은 폐지되었으나, 이는 어디까지나 동일한 인종의 사이에서만 적용된다는 것이다. 량치차오는 일본의 대만정책과 조선정책을 비교하면서 대만정책이 동화를 추구하고 있어 중국 고대의 인정과 유사함에 반해 조선은 제2의 월남이 될 징후를 보인다고 지적한다. 대만과 같은 수십만의 해적 산번(山番) 17, 18개를 동화하는 문제와 조선(월남도 마찬가지이다)과 같은 규모의 반개화 국민을 일국이 취하는 것은 다르기 때문이라는 것이다. 같은 글 9~11면.

것이다. 이에서 벗어나면 이적금수가 될 따름이다. 따라서 아래에서 풍속이 아름다우면 나라는 망하였어도 도는 위에서 엄존한다. 교화가 행해지지 않으면 나라가 존재하여도 도는 망한 것이다. 나라가 망하였어도 도가 있으면 그 나라는 망한 것이 아니다. 나라가 존재해도 도가 망하면 나라가 없는 것과 같다. 전하여 이르기를 이적에게도 군주가 있으니 오랑캐들의 무질서함과는 같지 않다고 한다. … 누가 선왕의 유풍이 이미 다하였다고 말하는가. 오호라, 우리나라는 본디 선국이라고 칭하여졌다. 지금 비록 시대가 변천하였다고는 하나, 풍교를 부식(扶植)하고 서로 강명(講明)하여 선왕의 도를 잃지 않는다면 동방군자지국을 이룰 수 있는 것이다. 오당지사(吾黨之士)들은 가히 힘써 노력해야 되지 않겠는가.[130]

망국 이전에는 도가 떨어지면 나라가 망한다고 역설했던 운양이지만, 이제 망국의 상황에 처해서는 도가 존재하는 한 나라는 망한 것이 아니라는 논리를 펴는 것이다. 이는 망국의 현실을 보상하려는 현실 외면의 심리라고도 볼 수 있다. 그러나 그로서는 달리는 희망을 가질 길이 없었던 것이다. 일찍이 망국 이전에도 부국강병보다는 도를 강조한 운양이지만, 이제 타국의 식민지가 된 조건하에서 부국강병을 논할 근거는 사라져 버렸다. 오히려 유교적 전통의 보존이야말로 미래의 독립을 기약하며 민족의 정체성을 고수하는 길이라고 보았는지도 모른다.

(2) 덕치와 법치

구미 근대정치의 원리는 주권과 정당성, 권력의 비인격성(법치주의)이며, 이를 구현하는 제도적 장치가 의회입헌과 삼권분립이라고 할 수 있다. 그런

---

130) 「李氏孝烈傳」(미상, 식민지시대 추정), 『金允植全集(下)』, 181면.

데 1절에서 검토했듯이 유교는 민본주의와 공의 정치를 표방하는 만큼 구미의 정당성 개념을 수용하는 데 있어서 넘지 못할 난관이 있었던 것은 아니다. 다만 민주주의 이념의 수용은 전통적 우민관의 극복을 요하는 문제였다. 하지만 군주냐 민주냐는 주권의 소재 문제도 입헌군주제의 수용으로 절충될 수 있었다고 본다. 운양이 민본주의에서 탈피하지 못하면서도 의회입헌주의를 수용할 수 있었음은 2절에서 살펴본 바와 같다.[131] 그러면 법치주의의 문제는 어떠한가. 본 항에서는 이 문제를 다룬다.

주지하듯이 유교의 통치이념은 인정(仁政)이라고 할 수 있는데, 인정은 형벌을 적게 하고 세금을 박하게 하는 것을 골자로 한다.[132] 힘에 의존하는 것이 패도라고 한다면 덕으로써 인을 행하는 것이 왕도라고 칭송되었다.[133] 그러나 유가가 한비자의 법가와 달리 법제도를 경시했다고는 할 수 없다. "선심만 가지고는 정사를 할 수 없으며 법만 가지고는 스스로 행해질 수 없다(徒善不足以爲政, 徒法不能以自行)"는 것이 유학의 가르침이다.[134] 그리하여 도와 법은 상호 보완적 관계로 정의된다. 위에서는 도를 헤아림이 없고 밑에서는 법을 지킴이 없는데(上無道揆也下無法守也), 나라가 보존되는 것은 요행이다.[135] 그러나 궁극적으로 덕치가 중심이 되는 것은 변하지 않는

---

131) 민본주의가 민주주의와 다른 점은 민이 스스로를 대표할 수 있느냐 없느냐, 즉 민이 정치의 주체냐 통치의 대상이냐는 점이라고 할 수 있다. 운양은 민을 어디까지나 통치의 대상으로 보았지, 정치주체나 역사주체로 본 적은 없다. 그에게는 군주와 선비만이 정치의 주체였던 것이다. 한편 민본주의와 민주주의는 민을 위한 정치라는 정당성의 측면에서 서로 유사성이 있다.

132) 梁惠王章句『孟子』成百曉 역『孟子集註』(전통문화연구회 1991) 27면.

133) 公孫丑章句『孟子』같은 책 97면.

134) 離婁章句『孟子』같은 책 195면. 주자는『맹자(孟子)』의 이 구절에 대하여 정자를 인용, 위정에서는 모름지기 기강(紀綱)과 문장(文章)이 있어야 하니, 근권(謹權, 감사), 심량(審量, 도량), 독법(讀法, 법률), 평가(平價, 경제)가 모두 있어야 한다는 의미로 해석하고 있다.

135) 같은 책 197면.

다. 즉 선정(善法)은 선교(德敎)가 민심을 얻는 것만 못하다(善政不如善敎之得民也)는 것이다.[136]

유교 정치체제는 법제도 더욱 도덕에 의한 통치가 가치있다고 보는 한에서 왕과 관료들에게는 무한대의 인격의 요구되었다. 정치가 부패 타락하는 것을 방지하기 위하여 제도적 견제장치를 강구하기보다는 주기적인 정풍과 잦은 인사가 이루어졌다. 왕은 물론이고 지방관들도 행정과 사법의 전권을 행사하는 조건하에서 공정한 정치가 이루어려면 풍부한 학식과 함께 높은 도덕성이 요구되었던 것이다. 이러한 덕망과 학식을 겸비한 군자를 선발하는 제도가 과거제였으나, 과거제가 공리(功利)의 독점에 따른 타락을 방지하는 기능까지 수행한 것은 아니다. 주자학이 놀라울 정도로 도덕적 엄격성을 요구한 것은 주지의 사실이다. 이에 대하여 와따나베 히로시(渡辺浩)는 학자라고 하는 사회적 생산기능이 분명하지 않은 집단이 공리를 독점한 것에 따른 필연적인 결과로 해석하고 있다. 즉 학자 집단은 공리 독점의 명분을 위정자의 인격성에 두고 스스로 도덕적 수양을 강제하였다는 것이다.[137] 이러한 정치사회학적 해석은 상당한 적실성이 있어 보인다. 다만 덕치의 강조는 공맹 이래 유교의 오래된 전통이며, 법치의 이념이 도입되지 않는 한 근본적으로 대체될 수 없는 성질의 것이었다.

그런데 과거제의 정착에 따른 학자 지배가 확립된 이래(중국은 송, 한국은 조선 이후), 주자학은 원시유교보다 더욱 도덕적 엄격성을 요구한 것이 사실이다. 조선유학사의 대논쟁인 사단칠정 논쟁과 인물성동이 논쟁도 바로 이러한 정치사회학적 맥락에서 이해되어야만 한다. 양 논쟁 공히 인의예지라고 사단의 해석을 둘러싼 것이었다. 즉 사단과 칠정은 분리해서 사고할 수 있느냐 없느냐, 사단을 인간만이 가지고 있다면 인간과 물은 같으냐 다르냐

---

136) 주자에 따르면 여기서 정(政)은 법도와 금령을 일컫는 것이고, 교(敎)는 도덕과 제례를 의미한다고 한다. 盡心章句『孟子』앞의 책 383면.
137) 渡辺浩『東アジアの王權と思想』(東京: 東京大學出版會 1997) 76~88면.

를 두고 끝없는 논쟁을 전개했던 것이다. 퇴계와 호론(인물성이론)이 사단을 강조하면서 인간이 인간답기 위한 도덕적 수양을 강조하는 입장이었다고 한다면, 율곡과 낙론(인물성동론)은 도덕적 낙관론에 기대면서 주자학의 논리적 정합성을 고수하는 입장이었다. 인간의 이성이 아닌 감성을 두고 벌인 세계 사적으로도 희귀했던 양 논쟁은 사대부의 공리 독점에 따른 모순의 한 표현이라고 할 수 있다. 특히 인물성동이 논쟁은 노론 내부에서 전개되었다는 사실에 주목할 필요가 있다. 18세기 중반 이후 조선은 노론의 일당 독재가 지속되었는바, 서울 주변에 사는 권문세가(경화사족)의 귀족화 경향이 두드러졌다.[138] 인물성동이 논쟁은 이에 따른 도의 타락 가능성을 견제하는 비판의 기능이 있는 것이 아닌가 한다. 중국에서는 양명학이 등장하여 학자 집단의 공리 독점에 따른 모순을 해결하고자 하였다고 한다면, 조선에서는 주자학 내부, 나아가 한 당파 내부에서 이러한 경향이 출현하였다는 것이 특징이라고 하겠다. 요컨대 사단칠정과 인물성동이 논쟁은 단지 철학적 문제를 둘러싼 사변적 논쟁에 지나지 않았던 것이 아니라 끊임없이 도가 강조되어야 만하는 조선의 전통 정치체제의 속성을 말해주는 대표적 사례라고 할 것이다.

운양 역시 이러한 정치적 전통에서 유리되어 있지 않았으며, 그가 부국강병 이상으로 도의 사수를 주창한 것도 정치집단의 도덕이 타락하면 붕괴할 수밖에 없는 유교 정치체제의 특징과 관련되는 것이다. 그런데 구미 근대정치가 도입되면서 그의 사상에도 일정한 변화가 나타나고 있다. 무엇보다 구미 입헌 모델의 채택 자체가 작지 않은 변화이다. 전제왕권을 견제하고 공의를 형성하는 제도적 장치로서 의회제도를 도입하자는 주장은 덕치 중심의 사고에서 벗어나는 것이다. 또한 운양은 만국공법의 공정한 기능에 대하여 회의하면서도 '교제의 대신(大信)'인 조약을 숙지하고 근수할 것을 역설하고 있다.

---

138) 유봉학 『연암일파 북학사상 연구』(일지사 1995) 24~36면 참조

무릇 조약이라는 것은 나라를 지키는 보배이며, 개인에 있어서는 호신의 부적과 같은 것이다. 모든 사람들이 조약을 알면 호신하여 외국인의 모멸을 받지 않을 수 있다.[139]

사실 운양이 신이라는 덕목을 강조한 것은 국제적 의미에서든 국내적 맥락에서든 단지 도덕에의 호소가 아니라 법의 숙지와 준수, 그리고 법 집행의 공식성과 일관성이 중요하다는 맥락에서였다.[140]

운양이 법의 기능 확대를 긍정하였다는 것은 산소 분쟁에 관한 일화에서도 엿볼 수 있다. 본디 유교는 송사를 가급적 회피하는 것을 미덕으로 삼고 있다. 공자는 송사로 다스리는 것은 지엽적인 것이며, 근본을 다스림으로써 송사를 없게 하는 것이 귀하다고 가르쳤던 것이다.[141] 운양도 송사는 가급적 회피하는 모습을 보여주고 있다. 즉 종인 김중식이 청주 공묘 근처에 집을 지어 족인들의 반발을 사는 분쟁이 벌어지자 끝까지 설복과 회유로써 타협을 유도하고 있다.[142] 그런데 후일 해주 종산의 벌목계약건 문제로 분쟁이 발생하자 적극적으로 송사에 응하는 변화를 보여주고 있다. 나아가 최근의 재판은 '송리(訟理)'에 따르는 것이 아니라 뇌물로 좌우된다며 법리의 중함을 지적하고 있다.[143]

운양은 이또오 히로부미의 장례식 참석차 방일하여 카쯔라 타로(桂太郎) 수상과 면담하는 자리에서도 양법의 제정과 실행을 주장하였다. 즉 일본의

---

139) 「十六私議」(1890), 『金允植全集(上)』, 504면.
140) 예컨대 그는 광무정권이 갑오개혁시 탕감한 부채를 환급조치하고 족징법(族徵法)을 부활하여 실시하는 것을 보고 "조정의 신이 이와같으면 어찌 백성을 얻겠는가" 하면 한탄하였다. 『續陰晴史(上)』, 613면.
141) 顔淵第十二 『論語』 成百曉 譯 『論語集註』(傳統文化研究會 1990) 242면.
142) 『續陰晴史(上)』, 429~31면.
143) 이 분쟁은 청풍김씨 족보 편찬 비용을 충당하기 위하여 해주 종산의 나무를 벌목하여 팔기로 하는 과정에서 김익환이라는 자가 종중을 대표한다고 자칭하여 계약하고 경성의 종친회는 다른 이와 계약하는 사태로 인해 발생하였다. 『續陰晴史(下)』, 408~12면.

척식정책이 토지의 수탈과 타인의 압제를 두려워하는 백성의 반발로 말미암아 아무런 효과도 보지 못하는 현실을 지적하고, '양법'을 다수 제정하여 먼저 백성으로 하여금 이해시키고 이익을 보게 하면 복종할 것이라는 해결책을 제시하고 있다.[144) 비슷한 시기 운양은 히노또(日戶勝郞)라는 일본인에게 보낸 편지에서도 일본의 대한정책이 반발을 사는 것은 "법이 나쁘기 때문이 아니라 너무 서둘렀기 때문"이라며, 신법을 강제로 시행하는 것보다는 의원을 설립하여 공의를 형성하는 것이 좋다는 의견을 제시하고 있다.[145) 민심을 얻는 방법으로 단지 덕치를 제시하는 것이 아니라 적절한 법제도의 실시를 주장한다는 것은 의미있는 변화라고 할 것이다. 그러나 이러한 변화는 어디까지나 법가적 사유의 긍정이지 법치주의 수용을 의미하는 것 같지는 않다. 법치는 덕치를 보완하는 것이지 대체하는 것으로 인식되지는 않는다.[146)

사실 도덕국가 조선에 법치의 이념을 도입하는 것은 지난한 과정이었다고 보인다. 갑오경장시 이노우에와 대원군의 면담 일화는 그러한 하나의 단면을 보여준다. 대원군이 「선이약법삼장일집응가지야(先以約法三章壹執應可知也)」라는 글로 자신의 의견을 밝히자 이노우에는 인민의 권리의무 등의 문제에서는 천장, 만장도 부족할 지경인데, 2천년 전의 일을 논하는 것은 무익할 뿐이라고 힐박하였다. 이에 대하여 대원군은 자신의 뜻은 한고조의 경우처럼 민심 수습의 중요성을 지적하였을 뿐이라고 해명하였다.[147) 민심의 수습을 중시하는 사고와 근대적인 법제도의 정비를 중시하는 사고가 대비되

---

144) 같은 책 310면.

145) 「答日戶勝郞書」(1910), 『金允植全集(下)』, 362~63면. 추측하건대 히노또는 이또오의 저격 후 일본이 조선의 정치를 개혁하려고 노력하는데 도리어 원망만 사는 이유가 무엇이며 해결책은 무엇으로 보느냐의 요지의 질문을 한 것으로 보인다. 그는 1909년 6월 25일 운양의 집을 방문한 이후 교류하고 있다. 『續陰晴史(下)』, 297면.

146) 법치주의는 법의 지배를 의미하지만, 법가는 군주의 인격적 통치를 전제로 법의 도구적 활용을 강조하였다는 점에서 다르다.

147) 「井上伯大院君談話筆記」, 伊藤博文 編 『秘書類纂 朝鮮交涉資料(下)』, 255면.

고 있다. 이노우에는 당시 정부대신들에게도 조선에서는 규칙과 실제 행정
이 다르다며 온종일 불평한 적도 있다고 한다.[148] 일찍이 민영익도 조선은
군주와 신민이 모두 법의 중함을 알지 못한다고 한탄하면서 먼저 법의 중함
을 알게 한 연후에야 개혁할 수 있다고 말한 적이 있다고 한다.[149] 사법부의
독립에 관한 인식도 마찬가지이다. 전통적으로 국왕과 지방관들이 행사하였
던 재판권은 갑오개혁에 의해 법부 관할로 되었으나, 광무정권은 평리원을
설립하여 다시 법부의 재판권을 빼앗았던 것이다.

(3) 과거제에서 선거제로

중국(송대 이후)과 조선에서 과거제는 유교적 관료정치체제를 유지하는 근
간이었다. 중국 구체제의 특징은 '지식인 지배'로 규정되기도 하는데,[150] 그
것은 학자이자 관료인 사대부(scholar-officer)가 정치와 문화를 함께 지배하
였기 때문이다. 학자와 관료집단이 일치하도록 제도적으로 매개한 것이 과
거제이다. 중국에서 과거는 신분과 가문, 연령, 재산에 관계없이 모든 남자
에게 문호가 개방되어 있었다. 과거에서 문제 삼는 능력은 오직 시문 작성과
유교 경전에 대한 수험자의 지식이었다. 이러한 과거제를 통하여 선발된 관
료는 문화능력과 도덕능력이 검증된 자로 사회적으로 인식되었는데, 그 지
위는 절대로 세습되지 않았다고 한다.[151]

조선은 원칙상 과거가 모든 양인에게 개방되어 있었으나, 실제로 운영하

---

148) 『續陰晴史(上)』, 352면.
149) "우리나라는 상하 모두 법의 중함을 알지 못하였다. 현재 우리나라의 대전회통은 5
    백년간의 대법인데 지금 지켜지는 것은 10 중 1~2에 불과하다. … 법의 중요성을 알게
    한 다음에야 개혁할 수 있다."(『時事新報』 明治十九年八月二十日).
150) 小島祐馬 『中國の革命思想』 참조.
151) 佐藤愼一 『近代中國の知識人と文明』(東京: 東京大學出版會 1996) 11~12면.

는 과정에서는 주로 권문세가 출신이 선발되는 등 불공정한 면이 적지 않았으며, 과거 외에도 음관(蔭官)으로 관료가 되는 길이 있어서, 중국과 완전히 동일하다고는 할 수 없다. 이와 관련하여 중국은 송대 과거제가 확립된 이후 귀족제가 완전히 붕괴되었다고 하지만,[152] 조선은 양인 내에서도 양반, 중인, 상민의 신분적 구분이 있었다. 그러나 크게 보아 과거제가 주자학의 교학화에 이바지하고, 지식인의 정치와 문화 지배를 공고화시켰다는 것은 이론의 여지가 없으며, 유교적 관료체제를 밑받침하는 골간이었다.

과거제를 기축으로 한 유교적 관료체제는 구미와 일본의 사상가들에 의하여 선진적인 제도로 인정되기도 하였다. 예컨대 볼테르는 문화도덕적으로 우수한 교양인들로 구성되는 중국의 관료체제에 대하여 감탄을 금치 않았다고 한다.[153] 그런데 정작 운양은 과거제를 강력히 비판하고 있다. 조선 말기에 과거제가 유명무실화되어 매관매직이 성행하였다는 것은 주지의 사실이다. 운양은 당대 과거의 풍경을 다음과 같이 묘사하고 있다.

합격자는 세도가문 출신이거나 아니면 반드시 뇌물을 쓴 자이다. … 매번 과거장에 들어가면 문득 남의 글을 빌리거나 원고를 훔쳐 제출하며, 한 사람이 원고를 내면 만인이 베낀다. 시정잡배들이 번잡하게 장내에 들어가 시제가 나오면 사방에서 시끌벅적하여 시권을 던지는 것이 눈과 같이 잠깐 사이에 산처럼 쌓인다. … 이렇게 아니하면 사람들이 공이라고 일컫지를 않으니, 이로써 놀잇감이나 장난감이 되고, 인심을 위로하는 재료가 된다. 매번 과거의 소문을

---

152) 渡辺浩 『東アジアの王權と思想』(東京: 東京大學出版會 1997) 76면.

153) 佐藤愼一, 앞의 책 12면. 반면 존 스튜어트 밀은 1842년 철학자들(philosophes)의 손에 지배를 위임하자는 콩뜨의 구상을 비판하면서 중국의 예를 거론하였다. 그는 한 나라의 가장 지적인 교양인들이 경쟁시험을 통해 강력한 관료제에 집중할 경우 관료제는 무적이 되고, 자유와 진보가 저해된다고 지적하였다. 또한 관료 자신도 조직규율에 속박되어 지적 활동도 정체된다는 것이다. 그는 이러한 학자지배(pedantocracy)의 폐해가 나타나는 실례로서 중국과 러시아를 거론하였다. 渡辺浩 『東アジアの王權と思想』(東京: 東京大學出版會 1997) 77면.

들으면 사민이 모두 업을 버리고 구름처럼 모여들어 하루의 요행을 바라니 과거를 베풀어 선비를 뽑는 뜻이 진실로 이러한가.[154]

과거는 더이상 인재 선발의 기능을 수행하지 못하고 있음은 물론 통치를 정당화해주지도 못하는 실정이었던 것이다. 그런데 흥미로운 것은 운양이 과거제 자체가 인재 선발에 좋은 제도가 아니라는 인식이 있다는 점이다. 즉 운양이 과거제를 비판한 이유는 단지 과거제가 타락하여 본래의 기능을 수행하지 못하고 있다는 차원이 아니었던 것이다. 운양은 도리어 과거제의 시행에 따라 인재가 떨어지고 각종 폐단이 생긴 것으로 보고 있다.

인재 선발의 방법으로는 주나라의 '이향삼물빈흥지법(以鄕三物賓興之法)'[155]을 가장 훌륭한 것으로, 한나라의 천거제도를 그다음으로 보고 있다. 위·진 시대에도 천거제가 있었으나 상벌이 없는 관계로 사사로움을 좇는 폐단이 있었다고 지적한다. 그리고 수나라에 이르러 문사를 가지고 사람을 취하여 인재 선발법이 무너지기 시작하였다는 것이다. 한편 우리나라 경우를 보면 신라의 낭도제도(郎徒制度)는 고대를 따른 것은 아니었어도 자못 실용의 인재를 얻을 수 있었다고 한다. 고려시대에는 명공현사들이 학교를 열어 학도들을 받았는데, 학문을 이루어 이름을 세운 자는 다수 등용되어 활약하는 것이 자못 볼 만하였다고 칭찬한다. 그러나 쌍기(雙冀)가 처음으로 과거를 실시한 이래로 인재가 쇠미하기 시작하였다는 것이다.[156] 운양은 고대 추천제도의 우수성과 과거제에 따른 문제점을 다음과 같이 말한다.

요순삼대에는 하나의 관직을 두어 인재를 선발하게 하지 않았으며, 사람들이 모두 인재를 추천할 수 있었다. 후세에 전조(銓曹, 이조와 병조)를 설립하여

---

154) 「十六私議」(1890), 『金允植全集(上)』, 475~76면.
155) 『周禮』 地官大司徒 편에 나온다.
156) 「十六私議」(1890), 『金允植全集(上)』, 471~72면.

선비들이 모두 이 경로를 통하여 출사하게 되었다. 이로 인하여 추천에 따른 상벌의 격식이 불분명해졌으니, 이것이 현명한 인재의 진출이 막히게 된 이유이다. 무릇 인재가 많다고 하더라도 한 사람의 이목으로 두루 알 수가 없고, 명철한 요임금도 어려운 것이다. 오늘날에는 이전부터의 행실을 참고하거나 여염의 평가를 채택하지 않고, 단지 예를 좇아 관리를 충원하는데, 직분에 맞는 자는 열에서 한둘도 없다. 또한 인사담당관(銓官)이 자주 교체되어서 정치의 격식을 익히지를 못하고, 권한이 서리들에게 돌아가서 마음대로 조종하고 있다. 이에 현우의 구별이 없고, 다툼과 탐관의 풍습이 날로 성하다. 연고 선발과 뇌물 증여 등 제반 폐단이 속출하고, 각자 자신의 이익을 도모할 뿐 백성과 나라를 걱정하지 않는다.[157]

과거제에 대한 대안으로 제시되는 것은 재상 중심의 추천과 천과(薦科)이다. 운양은 고위 관료를 선발하는 일은 군주가 직접 나서지 말고 재상에게 일임하라는 권고를 하고 있다. 즉 "군주는 마땅히 널리 탐문하여 인정을 따라 어진 정승을 두고, 전적으로 인재 선발의 책임을 주어 의심하지 말며, 천거의 공과에 따라 상벌을 내리면 나라의 관이 비는 법이 없을 것이다."[158] 천과(薦科)는 추천된 일부의 사람들에게만 시험을 보게 하는 제도이다. 운양은 천과에는 세 가지 장점을 있다고 지적한다. 첫째, 천거가 반드시 공정하다고는 못하더라도 시정잡배가 끼지는 못할 것이다. 둘째, 선발 인원이 정해져 있으면 채점하기도 쉬워서 시권이 산처럼 쌓이는 폐단도 없을 것이다. 셋째, 천거되지 못한 자는 안분자족하여 생업을 버리고 과거에 응시한 노고를 겪지 않아도 된다. 이러한 천과는 중종 때 현량천과의 명칭으로 실시한 적이 있고, 임오군란 이후에도 운양이 상소하여 일시 실시된 적이 있으나 이후 폐지되었다고 한다.[159]

---

157) 같은 글 470~71면.
158) 같은 글 473면.
159) 「十六私議」(1890), 『金允植全集(上)』, 475~76면.

과거제를 폐지하고 추천, 천과를 실시하게 되면 단지 과문만이 아니라 경술과 시무에 능한 인물들이 선발될 것으로 운양은 기대하고 있다. 그런데 이러한 인재들을 길러내려면 학교 교육이 번성할 것이 요구된다. 운양이 천법(薦法)을 논하면서 양재(養才)를 부록으로 달아 학교 교육을 강조한 것은 이러한 맥락에서이다. 운양에게 학정의 이완과 과거제의 폐단은 동전의 양면으로 이해된다. 학교 씨스템의 붕괴는 독학고루한 학풍을 낳고, 시부(詩賦)를 중심으로 한 과거제도는 과문(科文)만을 공부하는 선비들을 양산하였다는 인식이다.[160] 역으로, 천거제의 활성화와 학교 교육의 강화 역시 겸비되어야 하는 것이다. 그리고 학교는 과문 중심의 교육이 아니라 경술과 시무를 겸비한 인물을 길러내는 장이 되어야 함은 물론이다. 과거제에 대한 운양의 불만은 과거의 제도적 불합리성과 함께 과거에 요구된 지식의 고루성에 관한 것이라고 하겠다.

한편 김윤식은 애국계몽운동기에 들어서는 구미의 선거제도 수용할 수 있다는 입장을 보여주고 있다. 운양은 히노또(日戶勝郞)라는 일본인에게 보내는 답장에서 의회제 도입을 주장하였다. 그런데 의회의 구성을 위해서는 '선거'행위가 있어야 한다. 이와 관련하여 운양은 다음과 같이 말한다. "십실(十室)에 비록 작더라도 반드시 충신의 인물이 있습니다. 백성이 어리석다고는 해도 일득견이 있으니 문학단정지사를 뽑을 것입니다."[161] 선거라고는 해도 민이 자신들의 대표를 선출하는 행위라기보다는 문학단정한 선비를 뽑는 행위로 이해된다. 이는 고대의 천거행위에 대한 회상을 통하여도 상상할 수 있는 것이다. 물론 운양은 선거에는 단순한 인재 선발의 의미만 있는 것이 아니고 여론 수렴과 공의 형성 기능이 있다는 것을 인지하고 있다.[162] 운양이

---

160) 「松坪鄉塾記」(1889), 『續陰晴史(上)』, 58면.

161) 「答日戶勝郞書」(1910), 『金允植全集(下)』, 362~63면.

162) "이렇게 하면 정교가 사방에 손쉽게 펼쳐지고 민은이 정부에 도달할 수 있게 될 것이며, 공의가 점차 확립되고 민정이 크게 복종하게 될 것입니다." 같은 책 363면.

선거제를 수용할 수 있었던 것은 과거제에 대한 집착이 강하지 않고, 고대의 천거제에 대한 강한 신뢰가 있었기 때문이 아닌가 한다. 구미 정치사상과 제도를 수용하는 데 있어서 요순삼대의 역사가 원용되는 것은 선거제의 수용에서도 발견된다.

4. 부국론

(1) 절용론에서 부국론으로

전통적 유교정치체제는 농업경제체제에 기초를 두고 있다. 상품경제가 발달하기 이전의 구미 역시 농업경제가 중심인 것은 다르지 않으나, 유교체제는 농업을 중시하는 가치관에 뿌리박고 있다는 것이 특징이다. 농업 중시의 가치관은 농자천하지대본이라는 말로 대변되거니와 처음으로 쟁기와 보습을 만들어서 농사를 가르쳤다는 신농씨의 고사 역시 농업의 비중을 잘 보여준다. 군자와 소인의 준별은 엄격하지만 선비 역시 조정을 떠나면 귀농하는 것을 미덕으로 여기고 있다. 상품경제와 시장이 미발달한 상태에서 부는 기본적으로 토지에서 산출되는 것으로 인식되었다. 또한 농업생산력의 증대에는 한계가 있으므로 부의 새로운 창출보다는 균분이 중시되었다. 운양은 1862년(철종 13년), 조정이 민란의 수습책으로 삼정의 대책을 구하자 이에 응모하는 글에서 다음과 같이 논하였다.

무릇 매사에는 강목과 경위가 있으니 토지세(田賦)는 강(綱)이자 경(經)이요, 군포와 환곡은 목(目)이자 위(緯)라고 하겠습니다. 듣건대 국가는 과소함을 걱정하지 않고 고르지 못한 것을 걱정하며, 가난을 염려하지 않고 불안정한 것을 염려한다고 합니다. 우리나라는 산과 계곡의 사이에 처하여 진귀한 물건들이 산출되지 않고 외래의 선박들이 항구에 모이지 않아 가히 가난하고 과소하다고 하겠습니다. … 삼대의 정전(井田), 한의 한전(限田), 당의 균전(均田), 송의 방전(方田)은 모두 토지를 위주로 하여 민산을 고르게 하였는데, 민산이 고르게 되자 나라의 재용은 여유로웠던 것입니다.[163]

운양은 조선을 농업국가로 규정하여 토지정책을 핵심적인 사안으로 보고, 이에 따라 새로운 부의 창출보다는 균분을 중시하는 전형적인 전통적 사유를 보여주고 있다고 하겠다. 이러한 체제에서 근검절약이 나라의 재원을 확보하기 위한 유일한 길로 받아들여진 것은 어찌 보면 당연하다고 하겠다. 운양 역시 초기에는 다른 유학자들과 마찬가지로 절용(節用)만이 국가를 보전하는 방법임을 역설하고 있다.

무릇 재물을 쓰는 도는 부득이하면 비록 많이 쓴다고 하더라도 원망하지 않으나 쓰지 않아도 될 것을 쓰면 비록 적게 쓴다고 하더라도 반드시 비방이 있게 됩니다. 그러므로 무익한 비용을 줄여 유익한 곳에 돌리고, 불급한 것을 줄여 당장 급한 일에 전념한다면, 사업이 흥하고 백성의 비방은 잦아들어 행록이 이어질 것입니다. 그 요령은 극기하여 절용(節用)하는 데 지나지 않을 따름입니다.[164]

당시 절용론은 단순히 고리타분한 도덕원칙의 강조라고 할 수 는 없다.

---

163) 「三政策」(1862), 『金允植全集(上)』, 438~39면.
164) 「以領選使渡灣時疏」(1881), 『金允植全集(下)』, 32면. 이 글은 1881년 운양이 영선사에 임명되어 청국으로 가던 도중 국경을 넘으면서 상고한 글이다. 운양은 사행 도중 관찰사 조병세로부터 잦은 사신의 왕래에 따른 민폐를 들은 바도 있거니와, 마침내 결심하고 이와같은 글을 올리게 되었다. 운양은 당시 백 가지 폐가 조세의 과중한 징수(厚斂)와 남용에서 비롯한다고 보고 기회를 엿보다가 상소를 감행하였다고 한다. 이 상소가 올라가자 조정에서는 논의가 분분하여, 자칭 유식하다는 모대관도 상소의 부적당함을 통척하였다고 한다. 그러나 운양은 후렴(厚斂)과 남용이 임오군란을 불러일으켰다는 신념을 굽히지 않는다. 같은 책 34면.

특별히 새로운 재원이 확보되지 않은 상태에서 국고의 낭비는 정부재정을 파탄시킬 뿐만 아니라 이를 보전하기 위한 민부의 수탈로 이어져 국가경제 체제 전반이 붕괴할 수 있는 위험성이 있기 때문이었다. 그러나 파탄 직전의 국가를 근본적으로 개혁하여 자강을 추진하려면 절약만으로는 안되고, 새로운 재원을 확보함과 동시에 민부의 증대를 통한 국가재정의 내실화가 절실하였다는 점에서 절용론의 한계는 명백한 것이다.

청에의 영선사행은 운양이 절용론의 한계를 극복하여 부국론으로 나아가는 중요한 계기가 되었다. 운양은 청국 체류시 정위량(丁韙良)의 『부국책(富國策)』을 탐독하여 구미의 경제원리를 배우는 한편,[165] 양무관료들과의 접촉을 통하여 다양한 부국책을 충고받게 된다. 청국 관료 나풍록과의 필담은 운양의 변화된 인식을 잘 보여준다.

김윤식(金允植): 현재 폐방의 부강은 마땅히 무엇을 우선시해야 된다고 보십니까?

나풍록(羅豊祿): 급하면 가지[標]를 다스려야 하고, 완만하면 근본을 다스려야 할 것입니다. 흥학돈화(興學敦化)는 근본이고 이재치병(理財治兵)은 표라고 하겠습니다.

김윤식: 이재치병은 진실로 지금의 급무입니다. 그러나 치병은 또한 재정이 있은 연후에 가합니다. 폐방은 생재의 방도가 없으니 가지를 다스리려고 한다고 해도 어찌 쉽게 말할 수 있겠습니까.

나풍록: 귀국은 재원이 많은데, 다만 강구하지 않을 따름입니다.

김윤식: 폐방의 재원은 단지 산천의 천연자원입니다. 그러나 이를 공법에 따라 채취하지 않으면 헛수고가 되어 무익할 것입니다. 진실로 공법대로 채취하려고 하면 비용이 크게 들 것인데 이를 조달할 방법이 없습니다.

나풍록: 광산과 같은 것은 자체가 담보가 되어 다른 차관과 같지 않습니다.

김윤식: 다른 나라들은 혹 차관을 했는지 모르지만 폐방은 오직 옛 법을 지

---

165) 『陰晴史』, 134면.

키는 나라가 되어 감히 해볼 엄두가 나지 않습니다.

　나풍록: 개광(開鑛)에 관한 한 귀국이 스스로 궁리하면 되는 것입니다. 반드시 돈을 빌려 개광할 필요가 없습니다.[166]

　필담에서도 엿볼 수 있듯이 운양은 비교적 이른 시기에 서양의 경제원리를 파악한 것 같다. 자강을 추진하려면 토지에서 산출된 부를 절용하는 것만으로는 부족하며, 새로운 재원을 적극적으로 개발해야 한다는 것을 자각하였던 것이다. 운양은 리훙짱 등과의 면담에서 이재의 방법으로 개광, 차의 재배, 양잠, 목축 등을 누차에 걸쳐 권유받았는데,[167] 그 스스로도 차의 재배에서 얻는 이익이 인삼에 못지않을 것으로 인정하고 있다.[168] 흔히 운양은 초기에는 양무자강에 주력하다가 면천 유배를 계기로 강병보다는 부국을 우선하는 노선으로 전환한 것으로 지적된다. 하지만 인용문에 예시된 것처럼 운양은 영선사행 시기에도 이미 강병은 부국(理財)의 기초가 없이는 달성할 수 없다는 인식이 있었다. 다만 상황이 위급한 만큼 부해지기를 기다려 자강할 수 없다는 판단하에 자강과 자치, 강병과 부국을 동시에 추진하려고 했던 것이다.[169] 실제로 운양은 임오군란 이후 영선사행에서 돌아와 강화유수로 재직하면서 위안스카이와 협력하여 강화군대의 육성에 주력하면서도, 다른 한편으로는 당경성과 더불어 강화 근처의 광맥 탐사에도 많은 노력을 기울였다.[170] 또한 외아문 협판으로서 민간의 차관교섭에도 협력하고,[171] 각종

---

166)「羅刹史談草」(1882),『陰晴史』, 176면.

167)『陰晴史』, 31, 55면.

168) 같은 책 97면. 운양의 관찰로는 중국의 세수원 중에서 으뜸은 염전이고 둘째가 차의 재배였다.

169) 운양은 허기광과의 필담에서 허기광이 맹자를 인용하여 자수가 나라를 보전하는 최선의 방책이며, 자강보다는 자치에 힘쓰는 것이 좋다고 하자 맹자의 말씀도 어쩔 수 없어서 하신 말이며 한풍에 처하여 어찌 자수에만 전념할 수 있겠느냐고 반발하였다. 또한 일본의 예를 들어 자치하면 곧 자강하게 된다고 하여 자강에 대한 강한 의지를 표명하였다. 「與許束文談草略」,『陰晴史』, 79～80면.

상회와 회사의 설립에도 관여하였다.[172] 그는 후일 초기 자강정책의 실책을 시인하고 양병보다는 부국 우선의 입장을 취하게 된다. 운양은 「16사의(十六私議)」 양병편에서 다음과 같이 말한다.

내가 천진에 있을 적에 리훙짱과 그의 막료들이 천하의 형세를 말하면서 자강을 권고했는바, 이를 듣고 공감하지 않은 적이 없었다. 이후 친군영이 설치되고 기기창을 설립하여 자못 무비를 닦았다. 이후 8, 9년간 세고를 겪으며 헤아려 보니 양병이 금일의 급무가 아님을 알게 되었다. 지난날 천진에서의 여러 논의는 대개 우리나라의 형세를 깊이 알지 못한 연유라고 할 것이다. … 오늘날 관료 봉급이 끊어지고, 공시(貢市)는 정지되었다. 나라의 자원은 기울고 백성의 힘은 고갈되었다. 단지 병사 칠팔천 명을 양성하고자 하여 내외의 원망이 생기고 민심이 흩어지고 있으며, 병사들의 식량도 종종 바닥이 나고 있다. 이대로 가면 반드시 우환을 자초할 것이니, 어찌 외국의 능멸을 막을 수 있겠는가.[173]

운양이 인정하고 있듯이 이는 기본적으로 정책의 실책이라고 할 것이다. 재정파탄의 상황에 처해 있던 조선의 실정상 강병과 부국을 동시에 추진하는 것이 무리였던 것이다. 그러나 그 이면에는 초기의 부국강병 정책의 일관

---

170) 『陰晴史』, 222면. 탐사 결과 고려산에서는 철광이 발견되기도 하였으나 마니산 등 강화 일대의 대부분 산에서는 쓸 만한 광산이 발견되지 않았다. 내륙지방에는 틀림없이 광석이 매장되어 있을 것으로 예상되었으나 수송 등의 문제가 있어서 사실상 무의미한 것으로 인식되었다.

171) 운양은 강화에서 주조 일을 하던 신완묵의 차관사에 관여한다. 이 문제로 일본에서 신완묵과 안면이 있던 미국인 이선득(李仙得), 일본인 츠다(津田仙) 양인이 내방하여 열흘간 교섭을 벌였으나 역시 외아문이 승인하지 않아서 실패하였다고 한다. 같은 책 226～27면.

172) 평안도민을 중심으로 대동상회와 경성인을 중심으로 장통상회 설립되었으며, 권연국(연초회사), 양춘국(양조회사), 두병국(제과회사) 등도 차차 설립되었다. 같은 책 227면.

173) 「十六私議」(1890), 『金允植全集(上)』, 481～82면.

된 실행을 방해한 정교의 부패 문제가 있다. 새로 선포한 정책과 법령이 수시로 번복되고 왕실과 척족의 지나친 정치 관여로 정부의 공신력이 추락하는 상황에서 개혁정책이 실효를 거두기를 기대하는 것은 애초에 무리였는지 모른다.

(2) 호부론: 경제주체로서의 부민

운양이 초기에 경제에 관심을 기울인 것은 양병의 재원을 확보하려는 것이었다. 영선사행 이전에는 주로 절용을 강조했다면 영선사행을 계기로 더욱 적극적인 이재책으로 자강의 재원을 확보하려고 하였던 것이다. 그런데 그는 부국론에 천착하는 과정에서 부국을 위해서는 궁극적으로 민부의 형성이 전제되어야 한다는 인식에 도달하게 된다. 특히 그는 『부국책』의 열람을 통하여 구미 자본주의의 경제원리를 상당히 터득하였던 것 같다. 운양은 예의 나풍록(羅豊祿)과의 필담에서 구미의 부국책에 대하여 다음과 같이 언급하고 있다.

> 나풍록(羅豊祿): 제가 영국 런던에 1년 있을 때 서양인의 이재에 관한 서적을 읽었는데 깊은 근거가 있는 말이었습니다. 국가를 경영하는 자는 반드시 알아야 할 것이니 왕안석(王安石)이나 유안(劉晏)에 비할 것이 아닙니다.
> 김윤식(金允植): 서양인들의 이재는 반드시 부민을 우선하여 민이 부하면 나라도 따라서 부해지는 방식인 것 같습니다. 다른 나라와의 통상에 있어서도 먼저 부요(富饒)하게 한 후, 자국 백성이 통상에서 이득을 보게 합니다. 일인 일기의 사사로움이 일어나지 않으니 그 이익 보는 범위가 심히 넓습니다. 지금 그 방법을 모방하려고 하면 자못 더딜 것[迂緩] 같습니다. 그러나 재정을 담당하는 자는 이러한 마음으로 힘쓰지 않으면 안될 것입니다.[174]

---

174) 「羅刺史談草」(1882), 『陰晴史』, 176면.

여기서 운양이 지적하는 것은 두 가지이다. 첫째, 민부가 전제되어야 정부 재정도 부유해지며, 통상에서도 실효를 볼 수 있다는 것이다. 이는 마치 자유방임주의를 연상시키는데, 후일 적극적인 부민의 육성이라는 발상으로 이어진다. 둘째, 구미의 경제에는 일인 일기를 넘어서는 공동이익의 영역이 존재한다는 발상이다. 이는 국부라는 개념을 지칭하는 것으로 보인다. 국부(재정)와 민부는 대립적인 것이 아니며, 민부야말로 곧 국부라는 인식에 도달한 것이다.

운양은 호부론(護富論)에서 부민의 적극적인 보호·육성을 통한 국부의 증대를 역설하고 있다. 민부가 부국의 기초라는 발상은 유교적 사유에도 있는 것이지만 민부의 주체로서 부민을 상정하는 것은 새로운 사유방식이다. 본디 "부(富)하고자 하면 불인(不仁)하고 인(仁)하고자 하면 불부(不富)하게 된다"[175]는 것이 성인의 가르침이었다. 운양도 "선왕께서 백성의 생산을 제어하여 빈부의 격차를 없애려고 하였으나, 사람의 근면함이 같지를 않고 운명의 풍색(豊嗇)도 다르니 비록 성인이라고 하더라도 이를 고르게 할 수는 없다"고 하여 전통적 사유방식에서 일탈하고 있음을 간접적으로 시인하고 있다. 빈부의 차이를 줄이려고 했던 왕망과 왕안석의 정책은 부자는 파산하게 하고 빈자는 더욱 가난하게 만든 무익하였던 것으로 비판된다.[176] 부민을 보호·육성하는 것이 부국의 지름길이라는 사고는 구미 자본주의 원리에 대한 나름의 파악에 기초하는 것으로 보인다. 운양은 구미 자본주의 경제체제에 대하여 다음과 같이 평가한다.

서양 각국은 오직 백성을 부하게 만드는 것을 업으로 삼는다. 백성에게 흥식(興殖)과 농작의 이익이 있으면, 정부는 이를 다방면으로 지도하고 법을 세워 보호한다. 비록 국왕이라도 감히 백성에게서 털끝 하나라도 취하지 못하며,

175) 『孟子』滕文公章, 145면.
176) 「十六私議」, 『金允植全集(上)』, 496면.

국가에 대사가 있으면 혹 부민에게서 차관하는데, 반드시 이자를 계산하여 상환하며 기한을 어길 수 없다고 한다. 철로, 전선, 공장[機器各倉] 등의 대규모 사업도 종종 부민이 운영하여 세를 거둔다고 한다. 이에 따라 국가는 직접 간여하지 않아도 저절로 이익을 얻는다. 부민은 건축(樓臺), 피복, 오락(써비스) 등을 경영하고, 빈자는 부민에게 임노동을 팔아서 생계를 유지한다. 이에 국가와 백성이 공히 그 이익을 누리며, 빈부가 같이 공존한다. 이것이 서양이 사해를 넘나들며 위용을 떨치는 소이인 것이다.[177]

우리는 여기서 부민이 전통적인 부농이나 부상이 아니라 자본가 계급을 지칭하는 개념임을 알 수 있다. 즉 부민은 작게는 건축, 의류, 써비스 등에 종사하는 소자본가에서 시작하여 크게는 철도, 전선, 기계공업 등 기간산업에 종사하는 산업자본가를 아우르는 개념이다. 한편 "빈자는 부민에게 임노동을 팔아서 생계를 유지한다"는 언급에서 엿보이듯이 토지의 속박에서 벗어난 임노동자의 존재를 상정한다는 것도 흥미로운 대목이다. 자본가나 노동자 계급은 전통적인 사농공상의 사민 개념과는 이질적인 존재임은 두말할 나위도 없다. 철도와 전선 같은 공공사업도 민간자본에 위임하는 것이 바람직하다는 것은 작은 정부를 지향한다는 의미로 해석된다. 운양은 조선이 나아가야 할 방향도 이러한 자본주의 경제체제임을 명확히 하고 있다. 그는 말한다. "무릇 부자가 되고 싶어하는 정리는 천하 사람들이 같으니 비단 서양만이 그런 것이 아니다. 엄격한 규칙을 만들어 약탈의 악습을 금지하고 탐관의 폐해를 단절시켜야 한다. 백성이 안심하고 업에 종사하여 이익을 추구하게 해야 한다. 이렇게 하면 십수년 후에는 철로, 전선, 기기창을 경영하는 백성이 나오지 않겠는가."[178]

구미 자본주의 지향의 운양의 경제구상은 '조선자본주의 구상'이라고 규

---

177) 「十六私議」(1890), 『金允植全集(上)』, 497~98면.
178) 같은 책 498면.

정되기도 한다. 운양은 당시 진행되던 조선 농민층의 지주적 분해를 용인하고, 지주층을 산업자본가로 전환하려고 했던 후진국 자본주의화의 전형적 방향을 추구하였다는 것이다.[179] 한편 운양이 강병정책을 사실상 포기하고 부국우선의 정책을 취한 것은 당시 조선의 재정능력이 대국과는 비교할 수도 없는 연성국가라는 자각에 따른 것이라는 지적도 있다. 그리하여 운양의 부국 우선의 소국주의는 북학과 박규수의 계보를 잇는 '유교적 레쎄페르'라고 규정하기도 한다.[180] 특히 운양이 부국의 방법으로 부민의 육성을 주장한 것에 대해서는 유교적 레쎄페르가 구미적 자유방임주의와 합류한 것으로 평가하고 있다.

운양의 경제구상을 무엇이라고 하든 전통 유교적 사유방식에서 상당히 벗어나 있는 것만큼은 틀림이 없다. 구미의 정치제도 수용에서는 얼마든지 '성인의 도'를 원용할 수 있었지만, 자본주의 원리는 고전에서는 발견할 수 없는 완전히 생소한 것이었던 것이다.

한편 운양이 부민의 보호·육성을 주장한 것에 착안하여 그가 지주를 개혁주체로 설정한다고 주장하는 논의가 있다. 박기서 교수는 일본의 후꾸자와 유끼찌(福澤諭吉)를 한국의 김윤식, 유길준과 비교하면서 "후꾸자와는 구시대의 무사계급을 김윤식과 유길준은 구래의 지주계급을 '변혁의 주체'로 설정하였다"고 주장한다.[181] 후꾸자와는 메이지유신의 주역이었던 사족(士族)을 자본주의화의 담당자로 설정하였는데, 이 사족은 전통적 무사계급 출신으로 실업에 종사하는 인텔리겐치아임과 동시에 국가의 특권을 받는 정상자본가(政商資本家)였다는 것이다. 한편 조선의 개화파들에게서는 후꾸자

---

179) 조경달, 앞의 글 82면.

180) 木村幹 「近代朝鮮の自國認識と小國論―金允植に見る朝鮮ナショナリズム形成の前提」, 『愛媛法學會雜誌』 21券 2~3号(1994. 10~1995. 1) 146~50면.

181) 박기서 「한일 근대 개화사상의 비교―개혁주체론을 중심으로」, 『경희사학』 14(박성봉교수회갑기념논총 1987) 612면.

와의 사족과 같은 변혁주체가 발견되지 않는다면서 개화파들은 지주층을 산업자본가로 전환하려는 구상이 있었으므로 지주를 변혁주체로 설정하고 있다고 해석한다.[182]

　　그러나 이러한 해석에는 다소 무리가 있어 보인다. 전술하였듯이 운양은 군주도 민도 아닌 선비를 정치주체로 설정하고 있으며, 이들은 수기치인과 더불어 경술시무에도 밝은 신지식인 그룹으로 규정되고 있다. 이는 후꾸자와의 사족 개념과 상당히 유사해 보인다. 후꾸자와의 사족 역시 전통적 무사계급 출신을 중심으로 하면서도 '낭사(浪土), 호농(豪農), 유자, 의사, 문인 등 정신을 고상하게 하는 자'로 규정되고 있기 때문이다.[183] 운양이 후꾸자와와 다른 것은 이러한 선비가 근대 경제를 담당하는 주체가 아니라는 점이다. 운양에게 정치주체와 경제주체가 분리되어 있으며, 경제주체로서의 부민의 정치적 의미는 납세자로 한정된다. 운양이 농민의 지주적 분해를 용인하면서 그에 따른 원시적 자본축적을 통해 지주들이 산업자본가로 성장하기를 기대한 것은 그들이 정부의 충실한 세수원임과 동시에 고용창출과 사회공헌을 통하여 국부의 증대에 기여할 수 있다고 보았기 때문이다. 유길준의 흥사(興土), 흥농(興農), 흥공(興工), 흥상단(興商團)의 구상에서도 정치주체와 경제주체의 역할은 구분되어 있다. 정치주체와 경제주체를 구분하는 발상이야말로 여전히 강하게 온존하고 있는 전통적 사유방식이라고 할 것이다.

(3) 식산흥업론

1) 통화정책

　　근대 경제체제의 형성에서 화폐제도의 확립은 기본적 전제라고 할 것이다. 근대적 통화의 확립은 국가재정, 국민경제 및 대외무역의 안정과 직결되

---

182) 같은 글 600～608면.

183) 福澤諭吉 「時事小言」(明治 14).

고, 식산흥업(殖産興業)과 기업성장의 전제조건이었기 때문이다. 조선은 전통적인 농업경제국가로서 상품경제가 발달하지 않았던 만큼 화폐의 기능도 일부 재화의 유통에 한정되었다. 운양의 초기 저작에서도 근대적 화폐관은 발견되지 않으며, 어디까지나 상품화폐관을 가지고 있었던 것으로 보인다. 그는 다음과 같이 말한다.

무릇 돈[錢]이라고 하는 것은 백성을 편안케 하고자 하는 것이지 이익을 취하는 도구가 아니다. 옛날 우·탕왕이 홍수와 가뭄의 재해에 처하여 빈민들로 하여금 구리를 채취·주조하게 하여 생활할 수 있게 하고, 막힌 재화를 통하게 하였는데 후세에도 편리하여 폐하지를 않았다. 무릇 돈의 경중은 재화와 더불어 오르고 내리니(與物低昻) 털끝만큼이라도 균형을 잃으면 백가지 폐단이 같이 일어난다.[184]

여기서 운양이 말하고자 하는 요지는 화폐의 가치는 정부가 임의로 정해서는 안된다는 것이다. 즉 화폐의 가치는 화폐 자체가 체현하는 가치, 예컨대 광석을 채취하고 주조하면서 창출된 가치에서 한 치라도 벗어나서는 안된다는 것이다. 우·탕왕의 고사에서와 같이 화폐의 발명은 물물교환의 불편함을 덜고, 재화의 유통을 편리하게 한 것으로 인정된다. 그러나 화폐의 명목가치와 실질가치의 분리는 있을 수가 없다. 운양에게 돈은 금, 은, 동과 같은 어디까지나 자체로 가치를 체현하는 상품화폐였던 것이다. 이러한 상품화폐인 만큼 정부가 자의적으로 돈의 가치를 높게 매기는 행위는 화폐증발과 동일하게 인플레이션을 유발하는 것으로 비판된다.

상평통보가 숙종 이래 2백년간이나 사용되었는데도 물가가 고르고 만민이 신뢰하였던 것은 '득중(得中)'하였기 때문으로 평가된다. 이에 반하여 당시 20년간 네 번이나 화폐를 바꾸고, 당백, 당오전 등 악전을 주조하여 문제

---

184) 「十六私議」(1890), 『金允植全集(上)』, 477면.

를 일으켰다는 것이다. 정부가 화폐 주조 비용을 아껴 잉여를 취하는 악전 주조 행위는 '재원이 고갈되고 백성이 궁핍해지는 소이'인 것으로 강력히 비판된다. 비판의 화살은 당시 정부가 재정조달을 위해 발행하였던 당오전을 향한다. 첫째, 당오전은 정작 국가재정 확충에도 이바지하지 못한 것으로 지적된다. 당오전은 경기, 해서, 호서 연해 등에서만 사용되었다고 한다. 그런데 사적 거래에서는 당이 이하의 가치로 거래되는 반면, 팔도의 조세는 엽전으로 징수하는 까닭에 당오전으로 납부하여 수령, 이속, 중개인들만 차액을 챙기고 국가는 도리어 손해를 보고 있다는 것이다. 둘째, 화폐가 가벼우면 실물이 중해지는 것은 당연한 이치로서 물가가 10년 전보다 열 배, 백 배가 되었기 때문에 당오전의 실질적 구매력은 이전의 반문에도 못 미친다는 사실이다. 결국 백성이 높은 인플레이션으로 고통받을 뿐만 아니라 당오전으로 조세를 걷는 국가 역시 열 배의 이익을 잃는다는 지적이다.[185]

이에 대한 운양의 대안은 이미 발행된 당오전은 당이로 바꾸고, 발행 예정인 당오전은 폐지하는 것이었다. 당오전의 평가절하는 이미 다수의 당오전을 소지하는 외국 상인들의 반발을 초래할 것이라는 반론이 있었다. 그러나 운양의 이에 대한 입장은 단호하다. 사적으로는 당이로 거래하면서 평가절하에 따른 배상을 요구하는 것은 어불성설이라는 지적이다. 배상 이후에나 폐지할 수 있다고 한다면 차관을 내서라도 변통해야 한다고 운양은 주장한다. 이것이 훗날의 더욱 큰 손실을 막을 수 있기 때문이다.[186] 실제로 운양은 외아문독판 재직 당시 당오전의 폐지를 강력히 추진한 바 있다. 즉 그는 갑신정변의 혼란에 편승하여 당오전 폐지의 명령을 내릴 것을 강력히 주장했던 것이다. 당시 조정은 당오전의 폐해를 알면서도 각국 상인이 본전의 손실을 항의할 것이라고 하여 폐지하지 못했는바, 갑신정변시 각국 상인이 분

185) 같은 글 478~79면.
186) 「十六私議」(1890), 『金允植全集(上)』, 479면.

주히 흩어진 기회를 활용하여 폐지 명령을 내리자는 제안이었던 것이다. 당시 우의정 김홍집이 소란을 우려하여 운양의 제안에 반대하자 그는 정색하고 다투었으나 결국 실패하였다고 한다.[187]

한편 운양은 금은전의 사용에 대해서도 반대하였다. 금은전을 유통하게 되면 금은의 해외유출이 일어나 정작 국내에서는 사용되지 못할 것이라는 이유에서이다. 다른 나라들은 자국의 토산품과 제조품은 많이 수출하는 반면 타국의 재화는 별로 매입하지 않아 금은의 유출현상이 발생하지 않지만 상공업이 미발달한 조선은 금은의 유출을 막을 수 없다는 것이다. 또한 그는 지폐의 사용에 대해서도 소극적이었다. 조정에 금석과 같은 신용이 있다면 지폐를 발행해도 무방할 것이지만, 그렇지 않은 한에서는 당오전의 폐해를 능가할 것이라는 판단이다.[188] 다른 나라가 금은전을 사용한다는 것은 본위화폐제도를 지칭하는 것으로 보이는데, 운양은 아직 본위화폐 제도에 대해서는 인지하지 못하는 것으로 보인다.

운양은 갑오개혁을 계기로 근대적 통화제도에 대하여 인지하게 된다. 이와 관련하여 조선의 내정개혁을 독려하고자 와 있던 이노우에 공사와의 회담기록이 남아 있다. 이노우에는 김홍집, 김윤식, 어윤중과의 회담에서 국정 전반과 함께 재정정책에 대해서도 훈수하였다. 어윤중은 동학농민전쟁으로 파산 직전에 놓인 정부재정을 보전하기 위하여 지폐를 발행하고, 관련 비용은 홍삼 판매수입으로 충당할 계획을 밝혔다. 이에 대하여 이노우에는 지폐라는 것은 언제든 금으로 태환해줄 수 있어야 한다는 것을 지적하였다. 특히 백성에게야 강제할 수 있을는지 모르지만 외국인들에게는 언제든지 금은으

---

187) 「追補陰晴史」(1891), 『續陰晴史(下)』, 582면. 운양이 폐지하려고 하였으나 실패한 것으로는 환곡도 있다. 그는 병술(1886년) 봄 광주유수 재직시 광주 환곡의 폐해가 엄청난 것을 보고 이의 폐지를 영의정 심순택에게 상의하였으나 따르지 않아 포기하였다고 한다. 같은 글 580면.

188) 「十六私議」(1890), 『金允植全集(上)』, 480면.

로 태환해주어야 해당 지폐를 신용하게 된다는 점을 강조하였다. 따라서 정부의 세입과 세출을 계량하여 잉여분만큼 지폐를 발행하는 것이 바람직하다는 의견을 제시하였다.[189] 운양은 당시에야 비로소 근대적 통화제도의 전모를 파악한 것 같다. 화폐는 어디까지나 재화의 가치에 조응해야 한다는 차원에서 악전 주조를 통한 재정조달에 반대하였던 운양이었던 만큼 이노우에의 의견에는 충분히 공감할 수 있었을 것이다. 자본주의화에서 근대적 통화제도의 확립은 불가결한 것이었지만, 이를 추진하기 위해서라도 정부재정의 내실화가 급선무였던 것이다. 즉 세입과 세출계산에 입각한 재정지출, 왕실과 정부예산 중 불요불급한 부분의 삭감을 통한 건실한 재정의 확보가 화폐금융제도 개혁의 대전제였다고 할 것이다. 사실 갑오정권은 '신식화폐발행장정'을 공포하여 조세 금납화에 조응하는 근대적 본위화 제도를 채택하였으나 재정 궁핍으로 본위화가 거의 주조되지 않은데다가 금융기관의 설립, 징세기구 개혁, 국고제도 수립 등 후속조치가 시행되지 않아 실효를 보지 못하였던 것이다.

화폐 금융제도의 개혁은 광무정권 이용익의 주도로 다시 시도된다. 광무정권은 1898년 금본위제를 채용하기로 하였으나 재정문제로 일시 보류하였다. 이어서 1901년에는 '화폐조례', 1903년에는 '중앙은행조례'와 '태환금권조례'를 공포하여 제도적 장치를 마련하였다. 그러나 금 보유량이 절대적으로 부족한 상황에서 이는 공염불에 불과하였다. 1897년 금본위제로 이행한 일본으로 금이 대량 유출된 데다가, 예산의 40%에 달하는 막대한 군사비와 대규모 황실사업으로 초래된 만성적인 재정적자 상태에서는 재원을 조달할 재간이 없었던 것이다. 더욱이 정부와 황실 재정보충을 위하여 백동화를 남발함으로써 인플레이션을 유발하는 자가당착적 정책이 시행되기도 하였다.

---

189)「金弘集, 金允植, 魚允中トノ談話筆記」,『秘書類纂朝鮮交涉資料(下)』, 332~33, 335면.

운양은 유배지에서 광무정권의 통화정책을 접하고 있다. 그는 1901년 장차 지폐를 발행한다는 소식에 "본위화도 없이 헛되이 지폐를 발행하는 것은 백성을 병들게 하고 나라를 망하게 하는 근원이니 탄식을 금할 수 없다"고 기록하고 있다.[190] 또한 1903년에도 "백동화로 물가가 비등하고 있다. 장차 이용익의 주도로 은행을 설립하여 지폐를 사용한다고 하는데, 만약 지폐가 통용되면 그 폐해가 더욱 심할 것이다"[191]는 평가를 하고 있다. 운양은 근대적 본위화폐제의 필요성을 인정하면서도 여건의 미비로 반대하는 것이다. 그로서는 본위화폐제를 실시한다면서도 백동화와 같은 악전을 주조하는 행위를 이해할 수 없었다. 전 절에서도 살펴본 것처럼 그는 광무정권에서 전개된 각종 연회, 분묘, 서경 설립 등의 호화판 황실 사업을 비판하였다. 막대한 군사비와 더불어 호화판 황실 사업은 국가재정의 파탄을 가져왔을 뿐만 아니라, 이를 보전하기 위하여 내장원경 이용익의 주도로 각종 잡세를 수취한 결과 민생의 파탄을 초래하였기 때문이다. 허다한 잡세를 폐지하여 백성의 생업을 돕는 것이 부국의 지름길이라는 것이 운양의 지론이었다. 운양의 부국론은 민간자본의 육성을 꾀한다는 점에서 관료와 황실의 자본이 주도적 역할을 하였던 광무정권의 식산흥업정책과는 차별적이었다.

2) 조세정책

운양의 조세관은 한마디로 '대관(大寬)'으로 요약할 수 있다. 즉 조세를 가볍게 하여 백성의 생업을 돕는 것이 궁극적으로는 국가재정도 살찌우는 부국의 지름길이라는 인식이다. 그는 당태종이 위징(魏徵)의 건의를 따라 부역과 세금을 가볍게 하여 부국과 민생의 안정을 가져왔다는 고사를 거론하면서 "크게 손해를 볼 수 있는 자는 반드시 크게 이익을 보며, 지나치게 거

---

190) 『續陰晴史(上)』, 613면.
191) 『續陰晴史(下)』, 59면.

두면 반드시 큰 화가 있는 것이 천리의 상도(夫能大損者必有大益, 行厚斂者必獲厚禍)"라는 입장을 견지하였다.

먼저 그는 당시 조세의 가장 큰 부분을 차지하던 지세에서 대동세 이외의 잡세와 횡렴을 일체 혁파할 것을 주장하였다. 그는 고대의 십일세(10분의 1)를 이상적인 기준으로 보았다. 논 1결당 12두를 걷는 대동세는 대충 십일세에 부합하는 것으로 보지만 소작이 이루어지면 두 배의 부담이 있으므로 이미 과중한 것으로 보았다. 더욱이 실제로는 이러한 대동세 이외에 허다한 잡세와 횡렴이 이루어져 1결당 30여 두, 4, 5백 관이 걷히는데, 이 중 상당부분이 대부분 지방관리와 중간상인들에 의하여 포탈되는 실정이라는 것이다. 그런데 "보국은 보민에 있으며 보민의 길은 대관결정(大寬結政)이므로 대동세 이외의 잡비 횡렴은 일체 혁파해야 한다"라는 주장이다. 또한 각 고을의 은결(隱結)을 원장부에 기록하고, 관리를 줄여 정상적인 급료를 지급하여 백성을 침어하지 못하도록 해야 한다고 지적한다.[192]

"세금을 가볍게 하여 부국을 이룬다(經稅而致富國)"는 원칙은 상세와 선세에서도 일관되게 유지된다. 그에 따르면 원래 조선의 입법은 인후하여 포구, 시장, 어염, 노전 등에서의 세수가 적었는데, 근년 들어 나라의 재정이 어려워져 각종 잡세를 신설하였으나, 실효는 없고 민폐만 끼치고 있었다. 따라서 3년간 시한으로 일절 잡세를 징수하지 않고, 백성이 스스로 흥업하여 회생하기를 기다린다. 이후 법률을 제정하여 관에 신고하도록 하고, 관은 사업의 대소에 따라 세금을 매기고 상적에 기재한 다음 허가증을 발급해주도록 한다는 것이다. 운양은 선박에서도 선정국(船政局)이 주관하여 선적에 기재하고 허가증을 발급하는 방안을 제시한다.[193]

운양의 조세론은 기본적으로 세수를 통한 재정 확충에 주안점이 있다기보

---

192) 「十六私議」(1890), 『金允植全集(上)』, 486~88면.
193) 같은 글 494~95면.

다는 농어민과 상공인을 보호·육성하는 데 있다고 할 것이다. 세수가 적게 되면 적자 재정의 우려가 없는 것이 아니지만, 불요불급한 지출을 줄임으로써 해결하자는 것이다. 재정의 부족은 지출의 용도가 부적절하기 때문이라는 것이다. 균형재정이나 흑자재정을 유지하면서도 세금을 적게 거둔다는 의미에서 그는 분명히 작은 정부를 지향하고 있었다고 하겠다. 그가 적은 세금으로 식산흥업을 장려하는 고전자본주의적 발상으로 나아갈 수 있었던 것은 '경세이치부국(輕稅而致富國)'이라는 전통적 가르침에 충실했기 때문이라고 할 것이다.

3) 상공인정책: 공시론

운양이 백성의 경세(輕稅)를 주장한 것은 백성의 조세부담을 줄여 산업의 부흥을 도모하고자 함이었다. 그런데 전항의 호부론에 대한 검토에서도 밝혔듯이 그는 궁극적으로는 산업자본가의 형성을 기대하고 있었다. 그러면 여기서 보호·육성해야 할 부민으로 지목된 계층은 누구일까. 이에 대한 일반적 해석은 지주층을 의미한다는 것이다.[194] 즉 운양은 지주적 농민 분해와 미곡 수출로 치부하게 된 지주층을 산업자본가로 전환하려고 했다는 것이다. 운양은 토지의 균분보다는 균세에 역점을 두었고, 토지 균분의 이상 모델인 정전제나 한전제보다는 양전(量田)에 효율적인 방전제를 선호하였다. 또한 농업생산물을 소작농과 나누어야 하는 지주의 입장에서 보았을 때 1결에 12두를 부과하는 대동세도 이미 과하다는 입장에서도 엿보이듯이, 지주를 옹호하였던 것만큼은 부인할 수 없다. 조선 자본주의화에서 토지 재분배를 통한 자영농의 육성이 바람직한가, 아니면 지주층의 산업자본가 전환이라는 후발자본주의 모델이 적합하였는가는 별도의 검토를 요하는 문제이다.

---

194) 조경달(1987); 박기서, 앞의 글 612면; 김용섭 『한국근대농업사연구(하)』(일조각 1995) 57~60면 참조.

다만 운양이 산업자본가 후보로 상정한 것은 전통적 지주계층만은 아니었다는 것을 지적하고 싶다. 공시론(貢市論)은 이에 대한 구체적인 반증이 된다.

운양이 공시론에서 보호·육성하려고 했던 공민(貢民)과 시민(市民)은 전통적 계층이었다. 공민은 대동법의 시행 이후 성장한 직업군이다. 대동법은 공납제(貢納制)의 불편함과 폐단을 없애고자 효종 이후 시행되었다. 즉 각종 공물의 가격을 토지세에 부과하여 1결당 12두의 미곡을 선혜청에 납부하게 하고, 서울에 주거하는 백성 중에서 공민(貢民)을 정하여 공물을 진상한 대가를 선혜청에서 미포(米布)로 지급받게 했던 것이다. 이 공물의 대가를 공가라고 하였는데 가격을 매우 후하게 쳐주어 열 배의 이익을 얻을 수 있었다고 한다. 그런데 조선의 재정이 파탄지경에 이르러 공가를 지급하지 못하게 되고, 그 누적분이 많게는 4, 5만관 적어도 6, 7천관에 이르렀다는 것이다. 공민들은 빚을 내 공물을 진상하였는데, 부채가 산처럼 누적되어 마침내 파산하는 자가 속출하였다. 이에 따라 평민은 공적(貢籍)에 올라 있는 가문과는 혼인도 하지 않는 실정이었다. 이전에는 고가에 거래되던 공권(貢券)은 무료로 주어도 받지 않고, 공민들은 도리어 자퇴하려 하지만 그것 역시 허락되지 않는 진퇴양난의 상황에 부닥쳤던 것이다.

이에 따라 일각에서는 대동법을 폐지하고 정부가 직접 공물을 거래하자는 의견도 제기되고 있었다. 정부가 직접 처리하면 열 배에 달하는 공가의 손해를 줄일 수 있다는 장점이 제시되기도 하였다. 그러나 이에 대한 운양의 입장은 단호하다. 소리를 탐하여 공민의 직업을 빼앗는 것은 정부가 취할 태도가 아니라는 것이다. 대신 공물 중에 긴급하지 않은 것은 파하고 남길 것은 남기되, 앞으로는 반드시 먼저 공가를 받은 후에 진상하게 하고, 미지급분은 국가 재정이 호전되면 지급하자는 대책을 제시한다. 공민의 직업을 박탈하는 것은 국체에 손해를 끼치고, 백성의 원망만 사는 어리석은 행위에 불과하다는 것이다. 백성이 생업에 매진할 수 있게 정부가 적극적으로 배려해야 한다는 입장은 여기서도 일관되게 견지되고 있다고 하겠다.

시민(市民)은 주지하듯이 종로의 시전상인들을 지칭하는 것이다. 이들은 조선의 건국 이래 독점적 상권을 보장받으면서 조정에 요역(徭役)과 진배(進排)를 제공하는 정부와 공생의 관계였다. 그런데 고종 이후 한편으로는 요역과 진배가 끊이지를 않고, 다른 한편으로는 개국조약에 따라 개잔한 외국 상인들의 침탈을 받아 날로 피폐하여 공민들의 처지와 다를 바 없게 되었다고 한다. 마침내 시민이 철시 폐업하고 외아문 앞에 모여 7, 8일간 연좌농성하는 사태가 발생하기에 이르렀다.[195] 이런 소식을 접한 운양의 동정심은 절절하다. 시민은 누세에 걸쳐 조정의 은덕을 입은 '무고전연지적자(無辜顚連之赤子)'이므로, 조정은 절대로 그들을 적국의 호랑처럼 보아서는 안된다는 것이다. 운양은 이에 대한 대책으로서 조약을 개정하여 외국 상인들의 상잔을 성외로 축출하고, 그것이 불가하다면 일정 구역 내에서만 영업하게 하는 방안을 제시한다. 그리고 시민에 대해서는 1년의 상세를 상잔의 대소를 보아 가급적 가볍게 부과하여 봄가을에 걸쳐 분납하게 하고, 요역과 진배의 폐를 제거할 것을 주장하였다.[196]

외국 상인의 국내 침탈의 문제에 관하여 운양은 일찍이 「한성개잔사의(漢城開棧私議)」이라는 별도의 글에서도 다룬 적이 있다. 「한성개잔사의」를 작성한 것은 1885년으로, 당시 한성에 상잔을 연 것은 일부 일본 상인도 있었지만 주로 청상인들이었다. 청상인들이 한성에 개잔한 것은 '조청상민수륙무역장정'에 근거한 것이었다. 동 장정을 체결한 조선측 당사자는 조영하, 김홍집, 어윤중이었는데, 한성개잔에 따른 심각한 폐해를 예상하지 못했던 것 같다. 운양은 우리나라 조약의 세 가지 실책을 논하면서 한성개잔의 사례를 거론하였다. 당시의 당사자들이 조선의 실정을 헤아리지 못하고 가볍게 조약을 체결하여 오늘의 사태에 이르렀다는 것을 질책하였다.[197]

---

195) 시전상인들은 1887년과 1890년에 청, 일 상전의 철시를 정부에 요구하였고, 1890년 정월에는 철시를 단행하여 정부수요품 조달과 판매처분을 거부하였다.
196) 이상 「十六私議」(1890), 『金允植全集(上)』, 488~91면의 내용 요약.

운양이 한성개잔 문제를 긴급한 현안으로 제기한 이유는 영국, 독일, 이탈리아, 러시아 등 타국와의 조약에도 청의 선례를 따라 한성개잔이 허용되어 있기 때문이었다. 반면 청과 협의하여 동 문제를 시정하면 각국 역시 이의를 제기할 수 없을 것이라는 판단도 작용하였다.[198] 한성개잔의 폐해에 대한 운양의 대안은 양화진이나 마포 같은 성 밖의 일정한 구역으로 옮기자는 것이었다. 이러한 곳은 성안에 있지 않을 뿐이지 한성이라고 칭할 수 있기 때문에 조약에도 위배되는 것이 아니라는 논리이다. 운양은 청과의 무역장정 8조에 미비한 사항은 수시로 상의하여 고친다고 되어 있는바, 청국을 설득하면 충분히 가능하다고 판단하였다.[199] 실제로 운양은 청에 한성개잔의 문제점을 지적하고 시정을 요구한 바가 있다고 한다.[200] 그러나 이에 따르는 막대한 변상문제가 제기되어 실현되지 못했던 것이다. 공시민의 보호·육성에 대한 운양의 애착은 그의 호부론이 지주층만을 대상으로 한 것은 아니었음을 보여준다고 할 것이다.

---

197) '附論條約三失' 같은 글 505면. 운양은 한성개잔의 폐해로서 실업의 증대, 상인간의 쟁투에 따른 송사의 증대, 유사시 내통 가능성 등 보안상의 문제, 시전상인들의 몰락, 인천의 폐항 위험성, 치외법권으로 외국 상민에 고용된 백성의 처벌 불가능, 각국 상잔이 범죄자의 도피처가 될 가능성, 도적이 성행하여 양민들이 무고한 피해를 당할 위험성 등 여덟 가지를 지적하고 있다. 「漢城開棧私議」(1885), 『金允植全集(上)』, 468~69면.
198) 영국과의 조약 2관에 명시되기를 장차 다른 조약국이 한성개잔의 허용을 철회하면 영국도 이를 인용하지 않겠다고 하였기 때문이다.
199) 「漢城開棧私議」(1885), 『金允植全集(上)』, 470면.
200) '附論條約三失' 「十六私議」(1890), 『金允植全集(上)』, 505면. 한편 한성개잔의 이전을 요구한 것은 아니지만 1882년 청국 상인들의 행패에 대한 진수상의 엄호의 부당함을 호소하는 편지를 해관도 관찰사 주복에게 보낸 적이 있다. 「與津海關道周玉山書」(1883), 『金允植全集(下)』, 303~10면.

제6장

결론

1. 김윤식의 유교적 근대 수용

개항에서 식민지시대에 걸친 운양의 생애는 유자에서 외교관, 정치가, 유배객, 계몽운동가, 동양학자, 독립지사로 이어지는 격변과 우여곡절의 삶이었다. 40세에 이르기까지는 유신환과 박규수의 문하에서 수학하면서 유교적 교양의 수양에 몰입했던 유자로서의 삶이었다. 대과에 급제한 이후에는 정치적으로 성장, 청에 영선사로 파견되어 대미 수교교섭을 벌이고, 귀국 후에는 자강정책을 담당하는 전문관료, 그중에서도 전문외교관료로서의 행보를 보였다. 그는 갑신정변을 계기로 정치가로 변신, 민씨정권에 대항하여 대원군의 환국과 집정을 추진하였으나, 그 과정에서 결국 실각하여 유배객의 신세가 되었다. 갑오, 을미개혁시에는 갑오개혁파와 더불어 정부 중심의 국정운영을 추진하다가 왕실의 반격으로 또다시 실각, 광무정권 기간 내내 유배에 처했다. 친일 이완용 정권하에서 복권된 후로는 정치보다는 애국계몽운동에 심혈을 기울였으며, 경술국치 이후에는 사실상 정계에서 은퇴하여 동양학에 귀의하였다. 민족자결주의가 고양되는 국제정세 속에서 3·1운동을 맞이한 그는 독립청원서를 제출, 친일의 오명을 벗고 독립지사로서 생을 마감하였다.

운양은 근대정치를 적극적으로 수용하는 와중에서도 전통적 세계관을 유지하였다. 20세기로의 전환기에 거세게 밀어닥친 사회진화론과 역사발전론의 공세에도 불구하고, 그에게는 정체 또는 진보로 양단될 수 없는 시간의 영역이 존재하였으며, 그 영역은 우주적 차원의 기수 전개에 닿아 있는 것이었다. 역사의 '진보'라는 개념은 우주관으로부터 역사관이 분리되어야만 성립할 수 있나, 윤리적 존재론에 철저했던 운양은 우주와 역사의 분리를 감지한 적이 없다. 그가 '개화'라는 말을 거부하고 '시무(時務)'라는 개념을 고집하였던 것은 문명적 편견에 대한 불만과 더불어 개화론이 내포하는 진화론적 사고를 이해할 수 없었기 때문이었다. 운양에게는 군주제의 몰락과 공화주의 신장, 그리고 사회주의 운동과 민중세력의 고양도 결코 '진보'라는 차원에서 파악되지 않으며, 어디까지나 시운(時運)이라는 범주에서 벗어나는 것이 아니었다.

그를 포함한 집권 노론낙론계가 근대화에 호의적일 수 있었던 것은 단순히 인물성동론(人物性同論)에 입각해서도 아니며, 더욱이 '주기론의 진보성' 때문도 아니었다. 인간을 포함한 만물의 선함에 대한 낙관적인 신념, 더욱 근본적으로는 선, 사단 등 윤리의 근거를 기의 '밖'이 아니라 '안'에서 구하는 이기일원론의 체계가 구미문명의 수입에 더욱 유연한 자세를 가질 수 있게 하였던 것이다. 이는 인간이 인간다우려면 '이'의 감시가 필요하다고 보아, 이질적 문명에 비타협적이었던 명덕주리의 위정척사론과 대비된다.

구미에서 전파된 근대의 이미지는 신학문과 부국강병을 한편으로 하고, 천주의 인격신관을 다른 한편으로 하는 이중적이었다. 정교분리에 따른 정치권력의 세속화, 신학과 과학의 분리는 유교적 지식인에게는 낯선 것이었다. 근대 수용의 이면은 종교적 심성의 발양이었다. 현대 한국 종교의 원형이 대부분 구한말에 태동한 것은 결코 우연이 아니며, 근대 수용의 과정에서 종교가 정치에서의 해방되었기 때문이다(구미의 경로와는 반대로). 운양은 일단 주기일원론의 전통에 기대어 윤리적 존재론의 확인을 통하여 이원적 발상에 대응하였다. 하지만 종교의 계몽·교화적 기능에 착안하면서부터는 유교를 종교로서 재확인하여 대동교라는 일종의 공교(孔敎)운동에 동참하는 한편 대종교에도 적극적으로 협력하였다. 그러나 이는 근대적 현상을 추인한 것이지 종교적 심성의 발로는 아니었다.

근대에 수용하는 과정에서 운양이 전개한 철학적 사유는 시간과 윤리(종교)의 문제가 전통과 근대 사이에 가로놓인 심연이라는 것을 잘 보여준다. 전통사유와 근대사유 간의 긴장은 근대의 정치적 승리로 귀결되었지만, 철학적으로는 여전히 미해결의 문제로 남아 있다.

근대적 외교 관념이 주권국가의 등장에 따른 빈번한 전쟁을 대체하는 효

과적인 수단으로서 부각된 것이라고 한다면 '인신무외교(人臣無外交)' 관념
은 조선의 소원한 대외관계에 조응하는 것이다. 즉 운양이 '북사동통(北事東
通)'으로 표현했던 중국과의 연행사절 및 일본과의 통신사절로 엄격히 한정
된 조선의 대외관계를 표현하는 것이 '인신무외교' 관념이라고 하겠다. 이러
한 '양단의 직선적 세계'는 중국의 '동심원적 세계관'과도 차이가 있었다.
이러한 '인신무외교'의 발상을 버린다는 것은 비단 구미제국과 수교하는 것
을 의미하는 것만은 아니고, 조선조에 들어 사실상 단절상태에 있었던 중국
과의 다양한 교류를 복원시킨다는 의미가 있었다. 조선이 전통적 대외관계
에서 벗어난다는 것은 단순히 사대질서를 탈피하는 것일 뿐만 아니라 인신
무외교의 '해금'상태에서 벗어나는 것을 의미하였던 것이다. 역사적 기억이
외교의 정당성을 복권하는 데 일익을 담당하였다. 운양은 조선이 5백년간
쇄국하여 신라, 고려에도 미치지 못하면서 소중화로 자칭하는 것, 남송이 고
려와 외교를 단절하여 고립을 자초한 것 등을 비판하고 있다.

운양의 대외관에서 독립과 속방의 의미는 매우 독특하다. '자주는 가하되
독립은 불가하다'라고 한 것은 독립국을 강대국의 의미로 해석하였기 때문
이다. 조선이 중국의 '속방'이라는 사실을 시인한 것은 전통적 속방은 근대
적 보호국인 '속국'과 달리 자주권이 있었다는 차원에서였다. 운양은 본디
춘추시대 '봉건적 국제질서'를 이상적인 것으로 사고하고 있었다. '하나의
천자국'과 '다수의 제후국' 간의 예에 입각한 국제질서는 일인의 전제를 막
고 '공의 정치'에도 부합하는 모델로서 칭송되었다. 그러나 중국이 군현제
이후 '하나의 중국'이 되면서 중국과 조선 간의 관계가 춘추시대와 같을 수
없다는 사실에 긴장이 있었다. 이러한 긴장이 근대국제질서의 전파에 따라
'자주와 독립 간의 긴장'으로 노정되었던 것이다. 갑오개혁을 거치고 20세기
에 접어들면서 운양의 독립관도 변화하게 되었다. 특히 경술국치 이후에는
민족자결주의의 세계적 확산에 따라 독립은 부강할 수 있는 실력을 갖춘 나
라만이 누릴 수 있는 강대국의 권리가 아니며, 약소민족이라고 하더라도 자

신의 운명을 결정할 권리가 있다는 인식에 도달하였던 것이다.

운양의 대외관에서 오늘날의 안보관에 해당하는 것을 찾으려고 한다면 보국안민론이라고 할 수 있다. 보국을 위하여 요구되는 덕목이 '의리(義理)'와 '신(信)'이었다. 그의 의리론에는 유교적 규범주의와 권력정치 간의 긴장이 잠복되어 있다. 그의 의리론은 위정척사파의 명분론적 의리론과는 달리 상당히 현실주의적인 면모를 가지고 있다. 의리는 고정의 것이 아니라는 의미에서이다. 그러나 특정 시기에 취해야 할 의리는 오직 한 가지이기 때문에 가치정향적 속성에서 벗어나 있다고는 할 수 없다. 이는 신이라는 덕목에서도 마찬가지이다. 특히 신이라는 덕목은 국내정치와 국제정치의 연속성을 담보한다. 의리와 신이라는 규범적 덕목으로 보국한다는 발상이 유교적인 만큼 진정으로 큰 평화(태평)는 안민에 있다는 발상도 대단히 유교적이다. 운양에게 평화는 단지 나라간의 전쟁 없는 상태가 아니라 백성이 안분자족할 수 있는 태평상태를 의미하는 것이다.

운양의 외교노선을 한마디로 정의하자면 의리의 국제정치론이라고 할 수 있는바, 의리판단에 따라 주변국관이 달라진다. 의리에 따라 '친청'하는 것과 청에 일체를 위임하는 '청당'은 다른 것으로 간주한다. 또한 의리는 고정의 것이 아니므로 논리상으로는 의의 소재가 변하면 친일할 수도 있다. 러일전쟁은 그의 일본관 전환의 결정적 계기가 되었는바, 러일전쟁은 불의의 나라 러시아에 대하여 벌이는 '의전(義戰)', 일본은 동양을 보존할 수 있는 유일한 나라로까지 격상되었다. 그의 의리론은 국제정세에 대한 판단뿐만 아니라 국내정치에 대한 판단과도 연동하여 있다. 운양이 갑오개혁시 친일협력을 한 것은 그의 내정개혁에 대한 의지와 매치되었기 때문이었다. 또한 그가 수미일관하게 반러정책을 취한 데에는 '친러=수구=망국'이라는 준거틀이 작용하고 있다. 운양은 러시아가 왕실을 자극하여 세력확장을 꾀하고 있으며, 궁극적으로 개혁의 의에 반한다고 판단하였다. 그는 서태후의 친러정책의 이면에는 수구의 논리가 작동하고 있다는 것을 간파하고 있다.

운양은 일찍이 동방문명에 대한 동질감이 있었는데, 이러한 동질감은 러일전쟁을 계기로 동양삼국 동맹론으로 진전되기도 하였다. 두 차례의 방일은 동양의식이 강화되는 계기가 되었으며, 합방 이후 '동양학'을 매개로 동종동문론(同種同文論)을 제기하기도 하였다. 그런데 운양에게 동양연대와 독립은 일정한 긴장을 유지하고 있었다. 그는 조선의 독립을 추구할 때에도 구미열강을 유인하는 '균세'를 취하기보다는 중국, 일본과의 협력을 중시하였다. 그러나 동양연대를 미명으로 추진되었던 동화주의에는 단연코 반대하였다.

근대 정치·경제 수용에서의 핵심 키워드는 입헌주의와 자본주의였다. 운양은 유교적 개혁구상이 입헌주의와 자본주의의 수용에까지 확장될 수 있음을 보여준다. 다만 그 과정에서 전통적 논리가 동원된다는 점이 흥미로운 사실이다.

운양은 일찍이 요순삼대의 '봉건제(封建制)'를 예찬하였는바, '군현제(郡縣制)'와 달리 일인의 전제를 막고 '공(公)의 정치'를 실현할 수 있다는 점에서였다. 이러한 공의 정치론은 영선사행과 갑신정변을 계기로 위임·재상정치론으로 이어졌다. 이는 국왕의 자의적 국정운영에 따른 정치의 공공성 훼손에 대한 비판이었다. 재상정치론은 갑오개혁기에 이르러 '정부강화론으로 이어졌으며, 광무정권기에는 전제군주제 자체를 비판하였다. 나아가 그는 '공의 정치'를 보장하기 위한 제도적 장치로서 의회의 필요성을 주창하기에 이르렀다. 이는 국론통일을 꾀하고 정부와 군주의 자의적인 국정운영을 견제할 수 있는 장치가 필요하다는 차원에서였다. 봉건(feudalism)과는 다른 의미에서)을 옹호하는 논리였던 '공의 정치론'이 근대적 의회입헌을 주장하는 논리로 원용된 것이다. '공의 정치'라는 유교적 정치이상은 권력의 정당성이라는 측면에서 근대와 반드시 갈등하는 것이 아니었으며, 다만 그러한 정치이상을 실현하기 위한 제도로서는 구미의 의회입헌주의가 장점으로 가지는 것으로 인정되었던 것이다.

그런데 의회입헌론의 수용은 반드시 민중관의 전환을 전제로 하는 것이 아니었다. 당시 조선에서 입헌군주론을 둘러싼 담론들은 '군권 제한'의 문제였지 '민권 고양'의 문제는 아니었다. 운양에게 민은 정치주체나 역사주체로서의 의미가 있지 않다. 동학은 우민, 민란과 의병은 역도로 인식되었고, 민당(民黨)과 민단(民團)이라고 호칭할 경우에도 국가의 자원이라는 통치대상의 범주에서 벗어나지 않았다. 그러한 의미에서 그는 '민본주의자'였지 결코 '민주주의자'는 아니었던 것이다. 의회입헌이라는 근대 정체의 채택과 역사주체로서의 민의 발견은 완전히 별개의 문제라는 사실이 운양 사상의 독특한 한 측면을 이루는 것이다. 그는 군주와 민주 사이에서 양자택일하는 대신에 '정치주체로서 선비(士)'의 개념을 고수하고 있다. 또한 경제주체에 대한 재인식 및 애국계몽운동에의 참여에도 근대적 '시민관'이 운양의 전통적 '사민관(四民觀)'을 대체하지도 않았다.

유교 정치체제는 법제보다 도덕에 의한 통치가 가치있다고 보는 한에서 왕과 관료들에게는 무한대의 인격이 요구되었다. '덕치'의 강조는 공맹 이래 유교의 오래된 전통이며, 운양 역시 이러한 정치적 전통으로부터 유리되어 있지 않았다. 그가 망국의 위기에 처해서도 부국강병 이상으로 도의 사수를 주창한 것은 정치집단의 도덕이 타락하면 붕괴할 수밖에 없는 유교 정치제제의 특징과 관련되는 것이다. 그런데 근대정치가 도입되면서 그의 사상에도 일정한 변화가 나타나고 있다. 의회제를 도입하자는 주장 자체가 덕치 중심의 사고에서 벗어나는 것이며, 민심을 얻는 방법으로 적절한 법제도의 실시를 주장한 것도 의미있는 변화라고 할 것이다. 그러나 이러한 변화는 어디까지나 '법가적 사유'의 긍정이지 '법치주의'의 수용을 의미하는 것은 아니다.

근대정치의 원리는 주권과 정당성, 권력의 비인격성(법치주의)이며, 이를 구현하는 제도적 장치가 의회입헌과 삼권분립이라고 할 수 있다. 그런데 유교는 민본주의와 공의 정치를 표방하는 만큼 구미의 정당성 개념을 수용하는 데 있어 넘지 못할 난관이 있었던 것은 아니다. 운양은 구미의 의회제도를 수용한 것은 물론 요순삼대의 '천거제'를 원용하여 구미의 '선거제'도 수용할 수 있었다('선거제'는 '과거제'보다 훌륭하다는 발상). 군주냐 민주냐는 주권의 소재 문제도 입헌군주제의 수용으로 절충될 수 있었다고 본다. 그러나 민주주의 이념의 수용은 전통적 우민관의 극복을 요하는 문제였다. 또한 법치의 이념 역시 어디까지나 덕치를 보완하는 것이지 대체할 수 있는 것으로 사고되지는 않았다.

운양의 경제사상은 '절용론(節用論)'에서 '부국론'으로 나아갔다. 자강을 추진하기 위해서는 토지에서 산출된 부를 '절용'하는 것만으로는 부족하며, 새로운 재원을 적극적으로 개발해야 한다는 논리였다. 그는 부국론에 천착하는 과정에서 '국부'의 존재양태에 주목하고, 부국을 위해서는 궁극적으로 민부의 형성이 전제되어야 한다는 인식에 도달하게 된다. 민부의 주체로서 '부민'을 상정하는 것은 새로운 사유방식으로서 부민은 자본가계급을 의미하는 것이다. 또한 그는 임노동자의 존재도 상정하고 있다. 구미의 정치제도 수용에서는 얼마든지 '성인의 도'를 원용할 수 있었지만, 자본주의 원리는 고전에서는 발견할 수 없는 생소한 것이었다. 그러나 경제주체로서의 '부민'의 정치적 의미는 납세자로 한정된다. 정치주체와 경제주체를 구분하는 발상이야말로 운양의 사상에서 전통의 비중을 느끼게 해주는 하나의 단면이라고 할 것이다.

운양은 전통적 유교사상에서 출발하여 주권을 원리로 하는 근대국제정치, 그리고 입헌주의를 요체로 하는 근대정치, 자본주의적 근대경제의 수용으로 나아갔다. 그런데 이러한 사상적 변화가 자율적 전개양상을 보여주었다기보다는 상황추수적인 면이 있었던 것이 사실이다. 이는 그가 전형적 사상가라기보다는 정치가이자 문인에 가깝다는 사정과도 관계가 있을 것이다. 그러나 그가 문명개화론자와는 달리 근대를 추인하는 소극적 모습을 보여준 것은 그만큼 전통의 무게를 강하게 느꼈기 때문이기도 하다. 근대 수용과정에서도 전통의 연장을 꾀했다는 점이야말로 그의 사상을 하나의 전형으로 다룰 수 있는 근거이기도 하다. 사실 그의 근대 수용방식에는 전통의 그림자가 적지 않게 드리우고 있다. 그는 진화론적 역사관을 끝내 거부하였으며 정치의 주체를 선비[士]에 한정하였다. 또한 권력정치의 현실에서도 도리를 포기하지 않았는바 균세의 국제정치보다는 의리의 국제정치론을 전개했다.

그는 전통의 논리를 동원하여 근대를 수용하려고 하였으나 전통과 근대 간의 넘을 수 없는 심연은 여전히 긴장으로 남아 있었다. 그런데 이러한 전통과 근대 간의 긴장은 조선이 일제의 식민지가 되면서 증발되어버렸다. 조선의 식민지화는 유학자 김윤식을 민족주의자로 변신시켰다. 민족자결이라고 절체절명의 과제에 직면하여 전통과 근대의 긴장은 증발되어버렸다(민족주의 자체가 근대적 현상이라는 역설이 있지만). 일찍이 그는 '신구학(新舊學) 논쟁'에서 신학을 옹호하는 쪽이었으나 식민지의 현실하에서 더이상 신학을 주창할 절박성은 없어졌다. 도리어 구학인 유학전통의 보존이 미래의 독립을 기약하며, 민족의 아이덴티티를 보존하는 길이라고 생각했는지도 모른다. 역으로 그는 독립 이후의 정체에 대하여 공의에 따라 결정해야 한다고 주장하여 논리상으로는 공화제도 수용할 수 있다는 입장을 보여주고 있다. 민족주의 내부에는 '근대정치'와 '성인의 도'가 공존할 수 있는 것이다. 그러나 이는 전통과 근대 간 긴장의 해소라고는 할 수 없다. 한국에서 '민족주의 이후' 시대가 와 '우리는 누구인가'라는 아이덴티티의 문제가 본격적으로 제기되면 과거를 돌아보지 않을 수 없을 것인바, 전통과 근대의 긴장은 또다시 대두할 것이다.

2. 19세기와 역사적 상상력

필자는 본서 모두에서 오늘날 19세기 연구가 내포하는 역사학적·국제정치학적 그리고 국가전략적 의미를 지적한 바 있다. 이제 김윤식 연구를 마무리하면서 서론에서의 문제제기에 대한 나름대로 대답을 제시해보려고 한다.

(1) 조선에서 전통은 근대화의 근본적 질곡이었나

식민지근대화론 유의 식민사관에 대응하고 19세기 조선에 자주적 근대화의 계기를 발견하려는 차원에서 문명개화론, 이른바 개화당이 학계 주목을 받았다는 것은 서론에서 지적한 바 있다. 그렇다면 전통의 폭넓은 저변을 형성했던 유교지식인은 어떠했을까. 김윤식 연구를 통해 새삼 발견하는 것은 전통의 놀라운 잠재력과 풍부함이다. 그는 전통의 논리를 동원하여 근대국제정치는 물론 의회입헌론까지 수용하는 유연한 모습을 보여주었다. 최근 연구에 따르면 완고한 전통론인 위정척사론조차도 근대와 불상용의 관계는 아니라는 것이다.

사실 19세기 조선에 다가온 근대의 실체는 부국강병 이상도 이하도 아니었다. 당시 조선이 직면한 구미열강 중에는 미국 같은 공화제 국가도 있었지만 영국과 일본 같은 입헌군주국, 그리고 심지어 러시아 같은 전제군주국도 있었다. 그 모두가 근대국가, 제국주의 국가였으며 그들의 공통점은 산업의 부흥과 그로부터 축적된 부를 통해 강력한 군대를 가지고 있었다는 것이다. 우리가 근대의 합리성에 대한 편견에서 벗어나 19세기적 눈으로 당시를 들여다보면 조선의 전통이 구미의 근대와 충돌할 결정적인 이유는 없다. 이 문화가 주는 이질감은 오히려 당연할 뿐이다. 조선은 구미의 근대에 충격을 받았지만 그것은 도저히 받아들일 수 없기 때문이 아니라 구미제국의 엄청난 국력 때문이었던 것이다.

물론 신학과 과학, 역사관과 시간관, 존재론과 윤리론 등 세계관의 차이는 결코 작지 않았으며, 이것이야말로 19세기 조선이 이해하기 어려운 근대의 이면이었다. 그러나 근대국가로의 길을 막은 것은 결코 전통이 아니었다. 근대 모델을 추구했던 개화당이 실패해서도 아니다. 제국주의 도전을 극복할 수 있는 정치적 리더십의 부재와 정치 엘리뜨들의 분열 때문이었다. 전통과 근대의 기계적 대립을 상정하는 사고는 자칫 역사 패배주의의 토양이 될 수 있다.

(2) 근대국제정치와 충돌한 전통의 실체는 무엇이었나

19세기 조선의 근대 수용은 국제정치를 매개로 이루어졌다. 근대문물의 수용은 먼저 개국과 수교가 이루어져야 했기 때문이다. 구미열강과의 수교는 근대국제질서를 받아들인다는 것을 의미했다. 이런 의미에서 근대의 확산은 근대국제질서의 전파이기도 하다. 따라서 전통과 근대의 긴장은 우선 국제정치 영역에서 발생했다고 할 수 있다. 그러나 근대국제정치와 충돌한 전통의 실체가 무엇이냐에 대해서는 좀더 정밀한 검토가 필요하다.

구미의 근대국제질서에 편입되기 이전에 동아시아에는 천하관에 기초하고, 예(禮)라는 규범에 의하여 규율되며, 조공과 책봉제도로 운영되는 질서가 작동하고 있었던 것은 부인할 수 없다. 이러한 사실로부터 전통적 사대질서와 근대국제정치의 충돌이나 긴장을 상정하는 것이 당연시되기도 한다. 구미열강에 대해 중국적 질서를 따르라고 요구했던 중국의 경우에는 이러한 문제설정이 타당할지도 모른다. 또한 소중화를 자부했던 화이론자들의 관념에서도 이러한 흔적을 발견할 수는 있다. 그러나 실질적으로 조선이 전통적 사대질서에 강한 집착을 보였는지는 의문이다. 최초에 구미열강이 수교를 요구했을 때 조선이 보여준 복잡한 반응도 개국을 할 것이냐 말 것이냐의 문제였지, 청과의 사대질서를 지킬 것이냐 말 것이냐의 문제는 아니었다.

적어도 김윤식은 기존의 사대질서를 지켜야 할 가치있는 전통으로 보지 않았으며 오히려 '폐문'과 '해금'으로 특징지어지는 조선의 전통적 대외관계를 비판적으로 인식하고 '외교'의 정당성을 강조하고 있다. 이는 국제정치

분야에서 전통과 근대의 긴장을 전통사대질서와 근대주권질서의 대립으로 환원할 수 없음을 의미한다.

오히려 유교와 근대국제정치의 긴장이 가장 크게 나타나는 부분은 주권이라는 발상이었다. 속방과 속국을 구분하고 자주와 독립을 별개의 문제로 인식하는 사고에는 근대국제정치에 대한 저항감과 경계심이 반영되어 있다. 물론 이는 속방에 집착한다거나 독립을 원천적으로 거부하는 것이라기보다는 약소국 조선이 처한 현실에 순응하려는 발상으로 보인다. 그러나 실학의 전통을 계승한 김윤식의 유교적 현실주의에서도 주권이라는 개념은 상상하기 어려웠다. 전통 유교적 사유에서 주권이라는 개념이 자라나기는 어렵다는 것은 부인하기 어려워 보인다. 또한 시세판단을 중시하면서도 나라를 지키는 방도로서 신의와 의리를 강조하는 김윤식의 국제정치관에는 분명 유교적 사유가 짙게 드리우고 있다. 권력정치와 규범주의의 긴장인 셈이다. 김윤식처럼 자주를 주장하면서도 주권과 독립을 이해할 수 없었으며 균세의 국제정치보다는 의리의 국제정치론을 전개하였다는 점이야말로 근대국제정치와 충돌한 전통의 실체에 가까울 것이다.

그러나 이러한 전통과 근대 간의 긴장은 오래 지속되지 못하고 조선이 일제의 식민지로 전락하면서 증발되어버렸다. 민족자결이라는 절체절명의 과제에 직면하여 선택할 수 있는 길은 너무도 자명했기 때문이다. 독립과 주권은 최고의 가치로 고양되었으며 권력정치의 현실 앞에 도리론은 설자리가 없었다. 오늘날 다소 과잉이라고 할 정도로 우리 국민의 국제정치 관념을 지배하고 있는 강한 주권의식은 실로 식민지 경험의 소산이라고 할 만하다.

(3) 외교의 복원과 역사적 상상력

오늘날 한반도를 둘러싼 정세가 19세기 말과 유사하다고 한다. 탈냉전에 따라 중국과 러시아를 포함한 모든 강대국과의 외교가 복원되고 이념보다는 국익을 앞세운 치열한 외교전이 전개되고 있다는 점에서 타당한 지적이다. 19세기 말이 근대의 확산이라는 문명사적 전환기라면 21세기 초는 탈근대의 서막을 알리는 문명사적 전환기라는 점도 공통점이다.

1백년 전의 역사가 되풀이되어서는 안된다고도 한다. 물론 그렇게 될 리는 없다. 19세기 말 조선왕조가 완연한 쇠퇴기로 접어들어 국력이 가장 허약해졌을 때 서세동점을 맞이한 것이 우리의 불행이었다. 우리의 국력은 1백년 전과 비교해 비약적으로 성장했다. 정부의 재정이 일본 메이지정부의 30분의 1 정도에 불과했던 19세기 말보다 우리의 경제력은 세계 10위권으로 비약적으로 발전했으며, 우리의 정치체제는 취약한 왕조국가에서 성숙한 민주주의 국가로 변모했다. 따라서 단지 불행했던 역사가 되풀이 되어서는 안될 뿐만 아니라 우리의 신장된 국력을 기초로 새롭게 열린 역사적 기회를 살려 나가야만 한다.

19세기 말의 민족사가 주는 가장 큰 역사적 교훈은 분열의 극복이다. 조선이 식민지로 전락하게 된 것은 정치 엘리뜨들의 자기부정적 분열 때문이다. 물론 조선은 버틸 힘도 없었고 외교전략도 허술했지만 그것으로 국권이 넘어가지는 않는다. 권력 획득을 위한 당파적 대립도 정치의 속성이고 보면 반드시 비난할 것만은 아니다. 문제는 청당, 일본당, 러시아당이라는 말에서 나타나듯이 나라의 '안'이 아니라 '밖'에서 정치적 지지를 얻는 데 열중했던 자기부정적 분열이기 때문이다. 더욱이 유일한 국권의 행사자인 국왕조차 이러한 정치적 게임에 휘말렸다는 것도 치명적이었다. 이런 상황에서 정치적 공동체는 더이상 지속하기 힘들 터이다.

오늘날은 민주공화제를 채택하고 있으며 민주주의 공고화를 이룬 만큼 전제군주제 정체를 가지고 있던 19세기 말과는 같을 수가 없다. 그러나 정치 엘리뜨들의 자기부정적 분열은 크게 나아진 것 같지를 않다. 우리의 정치세력들이 친미사대니 친북좌파니 하는 레떼르를 붙여 서로 공격하는 모습은 19세기 말 청당이니 일본당이니 러시아당이니 하던 것과 과연 얼마만큼 다른가. 특정 국가에 대한 친소와 태도로 정치적 보수와 진보가 나뉘는 경우가 어디 흔한가. 지금은 19세기도 아니고 냉전시대도 아니고 탈근대를 바라보는 시기이다. 대한민국이 하나의 정치적 공동체라면 이러한 자기부정적 분열은 시급히 극복되어야 한다.

19세기 말에서 현재에 이르는 우리의 근대 형성과정을 돌이켜보면서 느끼게 되는 것은 이제 우리 나름의 국가 비전과 모델을 설정할 시기가 되었다는 것이다. 19세기 말의 외교사 속에서 우리는 근대국가 모델로 청 모델, 일본 모델, 심지어 러시아 모델까지 경합하였다는 것을 확인할 수 있다. 일제강점기에는 일본 모델에 따라 일본화가 이루어진 과정이었다. 냉전과 분단 이후 수십년간은 미국 모델에 따른 미국화가 진행되었다는 것을 부인할 수 없다. 더 적나라하게 말하면 우리는 주변 4강에게 모두 지배당한 경험이 있다. 중국을 걱정하지 않고 지낸 시기는 지난 1백년 정도에 불과하며, 일제강점기로 35년간을 보냈으며, 냉전과 분단 이후 수십년 동안은 미국의 압도적인 영향력에 있었다. 심지어 러시아의 지배를 받은 적도 있으니 아관파천이 그것이다.

이렇듯 우리의 근대는 일반적 의미에서 구미의 근대가 확산한 것일 뿐만 아니라 주변 개별 강대국들의 국가발전 모델에 의해서도 깊은 영향을 받았다. 이제 21세기 탈근대를 내다보는 시기이다. 탈근대 모델은 더이상 수입 모델이 아니라 우리 나름의 국가발전 모델을 설정할 필요가 있다. 바야흐로 우리 국민에게 가장 적합하고 국민적 에너지를 극대화하고 우리 정치공동체의 구성원 다수가 행복할 수 있는 탈근대국가 모델이 무엇인지 성찰해야 할 시기이다. 그것이 거창한 수사적 국가비전보다 더욱 중요하다.

마지막으로 강조하고 싶은 것은 외교적 상상력과 전략이다. 지난 1백년간의 경이적인 국력신장에도 우리의 외교적 상상력은 여전히 빈곤하다. 돌이켜보면 우리는 역사적으로 외교라는 것에 익숙하지 않은 나라이다. 특히 만주족 국가인 청이 스스로 중국으로 귀화한 이후로는 당·송 시대에 신라와 고려가 누렸던 외교의 여지가 완전히 소멸하였다. 거대한 하나의 중국과의 일대일 관계, 그것도 아주 제한적인 사대관계만 있었을 뿐이었다. 오죽하면 김윤식도 "우리는 본디 다른 교제가 없어서 북으로 중국과 사대하고 동으로 일본과 통신할 뿐이었다"고 했겠는가. 19세기 구한말에 일시적으로 외교의 공간이 열렸으나 오래지 않아 일제의 식민지로 전락했다. 해방 이후 수십년간은 사실상 미국만 바라보면 되었다. 주변 4강과의 외교관계가 완전히 복원된 것은 1990년대 초나 되어서이고, 남북관계가 정상화된 것은 21세기에 들어서이다. 외교다운 외교는 이제 시작이라고 할 것이다. 사정이 이렇다 보니 우리의 외교는 아직 서툴기 그지없다.

이럴 때 필요한 것은 역사적 상상력이다. 19세기 말 김윤식도 삼국시대와 고려시대로부터 외교적 상상력을 구하고자 했다. 19세기 말 우리 외교사는 균형과 신뢰의 중요성을 일깨워준다. 청에서 일본으로, 일본에서 러시아로, 다시 일본으로 갈지자 행보를 반복한 조선의 외교에서 균형이나 외교적 신뢰를 발견하기는 어렵다. 조선이 외교적으로 고립된 것은 눈치 빠르게 강한 국가에 편승하지 못해서가 아니다. 일본의 부상, 영일동맹, 미일밀약 등 국제정세의 흐름과 권력이동을 예리하게 간파하는 것도 중요하지만 외교적 균형과 신뢰를 유지하는 것이 더욱 중요하다. 오늘날 우리를 둘러싼 외교공간에서는 미국과 중국, 중국과 일본 사이에서 적절한 '균형 잡기'가 요구된다. 물론 그 균형은 다소 '기울어진 균형'(unbalanced balance)일 수밖에 없다. 미국은 우리의 유일한 동맹국이기 때문이다. 우리를 둘러싼 강대국들에서 고른 신뢰를 획득하는 것이 중요하다는 것은 굳이 말할 필요도 없겠다.

【참고문헌】

1. 기본 사료

國史編纂委員會 編『陰晴史』探求堂 1958.

_____ 『續陰晴史』探求堂 1960

『雲養公家狀』(次男 金裕問 整理).

李斌承 編『雲養續集』京城: 大東印刷株式會社 昭和 五年.

『天津談草』서울大學校 中央図書館 古図書番号 4206-17.

韓國學文獻研究所 編『金允植全集』亞細亞文化史 1980.

2. 관련 사료

(공문서)

古宮博物院 編『淸光緖朝中日交涉史料』臺北: 文海出版社 1963.

高麗大學校 亞細亞問題研究所 編『舊韓國外交文書』1968.

國史編纂委員會 編『高宗純宗實錄』探求堂 1970.

_____ 『高宗時代史』探求堂 1967~72.

_____ 『修信使記錄』探求堂 1958.

_____ 『承政院日記』探求堂 1967~1968.

_____ 『駐韓日本公使館記錄』時事文化史 1963.

국회도서관 편『韓國民族運動史料, 三・一運動編』국회도서관 1959.

金容九 編『韓日外交未刊極秘史料叢書: 韓末外交史關係 日本의 主要未刊文書』
    亞細亞文化史 1995.

『對外觀』東京: 岩波書店.

王彦威 編『淸季外交史料』臺北: 文海出版社 1964.

伊藤博文 編『秘書類纂朝鮮交涉資料』東京: 原書房 1970.

李炳憲 編『三・一運動秘史』時事時報社 1959.

日本外務省 編『日本外交文書』東京: 日本國際連合協會 1963.

『淸季中日韓關係史料』臺灣: 中央硏究院 近代史硏究所 1972.

『特命全權大使美歐回覽實記』東京: 岩波書店.

(문집 · 전기)

今關壽麿『宋元明淸儒學年表』東京: 神田印刷所 大正 八年.

金弘集『金弘集遺稿』고려대학교출판부 1976.

閔泰瑗『甲申政變과 金玉均』1947.

_____『金玉均傳記』을유문화사 1972.

朴珪壽『朴珪壽全集』亞細亞文化史 1978.

朴珪壽 著, 金允植 編『說文解字翼徵』

朴泳孝「朴泳孝의 建白書―內政改革에 대한 1888年의 上疏文」, 김갑천 역『韓
      國政治硏究』2호, 서울대학교 한국정치연구소 1990.

福澤諭吉『福澤諭吉全集』東京: 時事新報社 1926.

杉村濬『在韓苦心錄』한상일 역『서울에 남겨둔 꿈』建國大學校出版部 1993.

三好徹『史伝 伊藤博文』東京: 德間書店 1995.

細井肇『漢城の風雪と名士』森山茂德 解說『近代朝鮮論影印叢書』第17券 政治
      史 1, 東京: ぺりかん社 1997.

梁啓超 編『越南亡國史』上海: 廣智書局 光緖 三十年.

魚允中『魚允中全集』亞細亞文化史 1978.

_____『從政年表』국사편찬위원회 1958.

兪吉濬『兪吉濬全書』一朝閣 1971.

兪莘煥『兪莘煥全集』亞細亞文化史 1984.

尹致昊『尹致昊日記』探究堂 1971.

伊藤博文『伊藤公全集』東京: 明立印刷株式會 昭和 二年.

李鴻章『李文忠公全集』臺北: 文海出版社 1962.

自由討究社 編 『李朝文臣』 東京: 東京堂 大正 十一年.

_____ 『各種朝鮮評論』 東京: 東京堂 大正 十一年.

鄭觀應 『鄭觀應集』 上海: 上海人民出版社 1982.

井上角五郎 『故紙羊存』 明治 四十年.

井上角五郎 著, 한상일 역 『漢城之殘夢』 建國大學校出版部 1993.

井上角五郎先生傳記編纂會 『井上角五郎先生傳』 東京: 昭和 十八年.

韓國學文獻研究所 編 『金玉均全集』 亞細亞文化史 1979.

洪大容 『湛軒書』 여강出版社.

黃遵憲 『朝鮮策略』 檀國大學校出版部 1977.

黃玹 『梅泉野錄』 國史編纂委員會 1955.

(신문 · 잡지)

『國民新聞』

『都新聞』

『독립신문』 寬勳클럽信永研究基金 1983.

『東京朝日新聞』

『萬朝報』

『報知新報』

『時事新報』

『新聞集成明治編年史』 東京: 林泉社 1940.

『漢城旬報』 寬勳클럽信永研究基金 1983.

3. 김윤식 연구

姜在彦 「濟州道流配期の金允植」, 『季刊三千里』 6號, 1976.

권석봉 「영선사행에 대한 일고찰 — 특히 軍械學造事를 중심으로」, 『역사학보』 17 · 18 합집, 1961.

金文子 「3 · 1運動と金允植 — 獨立請願書事件を中心に」, 『寧樂史苑』 29號, 1984.

김용섭 「철종 임술개혁에서의 應旨三政疏와 그 농업론」, 『한국근대농업사연구』 일조각 1975.

_____「갑신·갑오개혁기 개화파의 농업론」, 『한국근대농업사연구』 일조각 1975.

김의진 「운양 김윤식의 서학수용론과 정치활동」, 연세대학교 석사학위논문 1985.

남부희 「김윤식의 독립청원서에 대하여」, 『경희사학』 14(박성봉교수회갑기념논총), 1987.

木村幹 「近代朝鮮の自國認識と小國論―金允植に見る朝鮮ナショナリズム形成の 前提」, 『愛媛法學會雜誌』 21券 2~3号, 1994. 10~1995. 1.

송병기 「김윤식·리홍장의 보정·천진회담」, 『동방학지』 44·45集, 1984.

原田環 「1880年前半の閔氏政權と金允植―對外政策を中心にして」, 『朝鮮史硏 究會論文集』 22号, 1985.

이상일 「운양 김윤식의 사상과 활동 연구」, 동국대학교 박사학위논문 1996.

李嘯谷 「朝鮮王朝末期にける「中華思想」の實踐: 雲養金允植の場合」, 朝鮮史硏究 會例會報告 1999. 5.

이희평 「김윤식의 동도적 세계관 일고」, 『동양고전연구』 제3집, 1994.

張寅性 「儒敎知識人における開國と普遍主義」, 東京大博士學位論文 1994.

정옥자 「운양 김윤식(1835~1922) 연구」, 고병익선생회갑기념사학논총간행위원 회 『고병익선생회갑기념사학논총』 한울 1985.

趙景達 「金允植における民衆觀の相克」, 『アジア史硏究』 11号, 1987.

_____「朝鮮における小國主義と大國主義の相剋― 初期開化派の思想」, 『朝鮮 史硏究會論文集』 22集, 1985.

최진식 「김윤식의 자강론 연구」, 『대구사학』 제25집, 1984.

4. 관련 연구

(단행본)

姜在彦 『近代朝鮮の變革思想』, 東京: 日本評論社 1973.

_____『朝鮮の開化思想』, 東京: 岩波書店 1980.

_____『조선의 서학사』, 민음사 1990.

溝口雄三 編 『儒敎ルネッサンスを考える』, 東京: 大修館書店 1991.

_____ 『方法としての中國』, 東京: 東京大學出版會 1989.

권석봉 『청말대조선정책사연구』, 일조각 1986.

금장태 『한국유학사의 이해』, 민족문화사 1994.

_____ 『동서교섭과 근대한국사상』, 성균관대출판부 1984.

김용구 『세계외교사』, 서울대출판부 1989.

김용덕 『조선후기사상사연구』, 을유문화사 1977.

김원모 『근대한미교섭사』, 홍성사 1982.

_____ 『개화기 한미 교섭관계사』, 단국대학교출판부 2003.

김한규 『고대 중국적 세계질서』, 일조각 1982.

김홍철 『외교제도론』, 민음사 1985.

金榮作 『韓末ナショナリズムの硏究』, 東京: 東京大出版會 1975.

노대환 『동도서기론 형성 과정 연구』, 일지사 2005.

渡辺浩 『東アジアの王權と思想』, 東京: 東京大學出版會 1997.

藤間生大 『近代東アジア世界の形成』, 東京: 春秋社 1977.

_____ 『壬午軍亂と東アジア世界の成立』, 東京: 春秋社 1987.

柳夫章 『飜譯語成立事情』, 東京: 岩波新書 1988.

李姸淑 『'國語'という思想』, 東京: 岩波書店 1996.

민두기 『중국근대 개혁운동의 연구』, 일조각 1985.

박은숙 『갑신정변 연구』, 역사비평사 2005.

박충석 『한국정치사상사』, 삼영사 1982.

박충석·유근호 『조선의 정치사상』, 평화출판사 1980.

兵下武志 『近代中國の國際的契機—朝貢貿易ッステムと近代アジア』, 東京: 東京大出版會 1990.

森山茂德 『近代日韓關係史硏究』, 東京: 東京大出版會 1987.

송병기 『근대한중관계사연구』, 단국대학교출판부 1985.

시마다 겐지 저, 김석근·이근우 역 『주자학과 양명학』, 까치 1986.

신승하 『근대 중국의 서양인식』, 고려원 1985.

신용하 『한국근대민족주의의 형성과 전개』, 서울대출판부 1987.

_____ 『한국근대사회사상사연구』, 일지사 1987, 1989.

安倍健夫『元代史の研究: 中國人の天下觀念 — 政治思想史的 試論』, ハバード 燕
    京: 同志社 1956.

安部健夫『淸代史の研究』, 東京: 創文社 1971.

역사문제연구소 편『한국의 근대와 근대성 비판』, 역사비평사 1996.

유봉학『연암일파 북학사상 연구』, 일지사 1995.

유영렬『개화기의 윤치호연구』, 한길사 1985.

유영익『갑오경장연구』, 일조각 1990.

이광린『개화당연구』, 일조각 1973.

_____『개화파와 개화사상연구』, 일조각 1989.

이완재『초기개화사상연구』, 민족문화사 1989.

이용희『일반국제정치학(상)』, 박영사 1962.

이용희 저, 노재봉 편『한국민족주의』, 서문당 1977.

이원형『조선서학사연구』, 일지사 1986.

張偉雄『文人外交官の明治日本』, 東京: 柏書房 1999.

전봉덕『한국근대법사상사』, 박영사 1981.

전해종『동서문화의 비교사』, 일조각 1976.

_____『중국의 천하사상』, 민음사 1988.

_____『한중관계사연구』, 일조각 1977.

정문길 외『동아시아, 문제와 시각』, 문학과지성사 1995.

최종고『한국의 서양국제법수용사』, 박영사 1982.

최창규『근대한국정치사상사』, 일조각 1972.

하우봉『조선후기 실학자의 일본관 연구』, 일지사 1989.

하원호 외『개항기의 재한 외국공관 연구』, 동북아역사재단 2009.

한국사상사연구회 편『조선유학의 개념들』, 예문서원 2002.

한국정치외교사학회 편『갑신정변연구』, 평민사 1985.

_____『조선조 정치사상 연구』, 평민사 1987.

한국철학사연구회 편『한국철학사상사』, 심사 2003.

한우근『이조후기의 사회와 사상』, 을유문화사 1967.

한형조『주희에서 정약용으로』, 세계사 1996.

Anderson, Benedict. *Immagined Community*: Reflections on the Origin and Spread of Nationalism. London: Verso 1983.

Chien, Fredrick F. *The Opening of Korea: A Study of Chinese Diplomacy 1876~1887*. Hamden, Conn: Shoe String Press 1967.

Cohen, Paul A. *Discovering History in China-American Historical Writing on the Recent Chinese past*. New York: Columbia University Press 1984.

Deuchler, Martina. *Confucian Gentlemen and Barbarian Envoys, The Opening of Korea, 1875~1885*. Seattle 1977.

Fairbank, J. K. ed. *The Chinese World Order*. Cambridge, Mass.: Harvard University Press 1968.

Gong, Gerrit W. *The Standard of 'Civilization' in International Society*. New York: Oxford University Press 1984.

Hsü, Immanuel, C. *China's Entrance into the Family of Nations*. Cambridge, Mass: Harvard University 1968.

Kim, Key-Hiuk. *The Last Phase of the East Asian World Order: Korea, Japan and the Chinese Empire, 1860~1882*. University of California Press 1980.

Palais, James B. *Politics and Policy in Traditional Korea*. Cambridge. Mass: Havard University Press 1975.

Said, Edward W. *Orientalism*. New York: Pantheon Books 1978.

Teng, Ssü-yu & Fairbank, J. K. *China's Response to the West*. Cambridge Mass: Harvard University Press 1979.

(논문)

강만길 「유길준의 논문 「중립론」」, 『창작과비평』 8권 4호, 1973.

구선희 「개화기 조선의 대청정책 연구」, 고려대학교 박사학위논문 1996.

권석봉 「조선책략과 청측의도」, 『전해종박사화갑기념사학논총』, 1979.

권오영 「동도서기론의 구조와 그 전개」, 『한국사시민강좌7』, 한길사 1990.

_____ 「신기선의 동도서기론 연구」, 『청계사학』, 1984. 6.

김경창 「조선속방론이 근대극동국제관계에 미친 영향」, 『경희대 논문집』 3,

1964.

김기혁 「근대조선에 있어서 한·청·일관계의 전개」, 『사상과정책』 4, 1984.

김달중 「중국의 대한교섭 및 통제정책: 1880년대를 중심으로」, 『연세대 사회과학논집』 12, 1981.

金鳳珍 「東アジア知識人の國際秩序觀 — 鄭觀応/福澤諭吉/兪吉濬の比較考察」, 東京大學校 博士學位論文 1991.

김수암 「조선의 근대외교제도 연구」, 서울대학교 박사학위논문 2000.

김영작 「한·중·일 3국의 개국에 관한 비교연구」, 『동북아』 창간호 동북아문화연구원 1995.

김영호 「개화사상의 형성과 그 성격」, 『한국사』 16, 1975

김용구 「서양국제법이론의 조선전래에 관한 소고(Ⅰ)」, 『태동고전연구』 제19집, 1993.

김한규 「한대 중국적 세계질서의 이론적 기초에 대한 시론—특히 『鹽鐵論』에 보이는 儒法論爭을 중심으로」, 『동아연구Ⅰ』, 1982.

노대환 「동도서기론의 의미와 가치」, 『구리문화』 제13호, 2005.

渡邊昭夫 「外交とは何か — その語源的考察」, 『外交フォーラム』 no. 56, 1993.

동덕모 「동양에 있어서의 전통외교의 개념—한국의 전통외교를 중심으로」, 서울대학교 국제문제연구소 『논문집』 제8호, 1984

민회수 「1880년대 육용정(1843~1917)의 현실인식과 동도서기론」, 『한국사론』 제48집 2004.

박기서 「유길준과 福澤諭吉의 정치사상 비교연구」, 홍익대학교 박사학위논문 1989.

박일근 「박정양공사의 派美와 미청충돌」, 『근대한미외교사』, 박우사 1968.

박찬승 「19세기 후반 동도서기론의 전개」, 『근대이행기의 사회와 사상』, 서울대학교 한국문화연구소 제5회 학술토론회 논문집 1993.

박충석 「동북아 근대사에 있어서의 서구 수용」, 『동북아』 제4집, 동북아문화연구원 1996.

朴忠錫 「李朝後期における政治思想の展開」, 『國家學會雜誌』 88. 9～89. 2.

浜下武志 「東アジア國際体系」, 渡邊昭夫 外 編 『講座國際政治Ⅰ—國際政治の

理論』東京: 東京大出版會 1989; 권호연 역「국제정치이론」한울 1992.

손형부「박규수의 대미개국론과 조선수교」,『전북사학』10, 1986.

_____「박규수의 개화사상 연구: 대외개방 의식의 측면을 중심으로」전북대학교 박사학위논문 1991

송병기「주일청국공사 何如璋의 主持朝鮮外交議에 대하여」,『동양학』11, 1981.

_____「소위「三端」에 대하여: 근대 한청관계사의 한 연구」,『사학지』6, 단국대학교 1972.

原田環「朴珪壽の對日開國論」,『人文學報』17号, 京都大學人文科學研究所 1979.

_____「1860年代前後における朴珪壽の政治思想」,『朝鮮學報』第86輯, 1978.

_____「朝鮮の近代化構想──兪吉濬と朴泳孝の獨立思想」,『史學研究』143, 廣島史學研究會 1979.

_____「조선의 근대화사상」,『대동문화연구』18, 1984.

月脚達彦「朝鮮開化思想の構造──兪吉濬『西遊見聞』の文明論的立憲君主制論」,『朝鮮學報』4月号, 1996.

유봉학「18·9세기 대명의리론과 대청의식의 추이」,『한신논문집』5, 1988.

_____「북학사상의 형성과 그 성격」,『한국사론』8, 1982.

尹健次「開化派の形成と開化思想」,「朝鮮近代教育の思想と運動」, 1982.

윤대식「동맹에서 부국강병으로: 상앙 변법의 법 일원성을 중심으로」,『국제정치논총』제44집 3호, 2004.

尹素英「1880年代初期の魚允中の朝鮮近代化構想」,『お茶の水史學』お茶の水女大史學科讀史會 1990.

이광린「개화기 한국인의 아시아연대론」,『한국사연구』61, 2호.

이성규「중화사상과 민족주의」,『철학』37호, 1992.

이완재「개화기에 있어서「청·조종속문제」에 대하여」,『한국학논집』11, 1987.

이용희·신일철 대담:「사대주의──그 역사적 해석을 중심으로」,『지성』2·3월호, 1972.

이춘식「「左傳」에 있어서의 사대의 의미」,『史叢』14, 1985. 4.

_____「한대의 기미정책과 사대조공」,『사학지』4, 1970.

이태진「서양 근대 정치제도 수용의 역사적 성찰──개항에서 광무개혁까지」,『진단학보』 8호, 1997.

장영숙 「고종의 정치사상과 정치개혁론 연구」, 상명대 박사학위논문 2005.

장인성 「쇄국·개국 공간의 대외사유」, 『동북아』 제2집, 1995.

조광 「한국근대문화의 실학적 기초」, 『한국사학』 1, 1980.

佐藤愼一 「模倣と反撥: 近代中國思想史における'西洋モデル'について」, 『法學』 1988.

주진오 「개화파의 성립과정과 정치·사상적 동향」, 『1894년 농민전쟁연구 3』, 역사비평사 1993.

최윤수 「동도서기 논리와 민족담론의 해석」, 『동양철학연구』 제38집, 2004.

秋月望 「魚允中における'自主'と'獨立'」, 『朝鮮學』 創刊号, 九州大學朝鮮學硏究 會 1990.

平石直昭 「막말 「양이」론의 특질: 조선·중국과의 비교를 중심으로」, 『동북아』 제3집, 동북아문화연구원 1996.

한형조 「한국철학, 그 학문적 성립은 가능한가?」, 『정신문화연구』 제16권 제3호, 한국정신문화연구원 1993.

_____ 「조선조 후기 인물성동이론, 그 논쟁의 기원에 대하여」, 『한국학대학원 논문집』, 한국정신문화연구원 1993.

【찾아보기】